원문에 토를 달고 번역하고 주와 해설을 붙인

碧巖錄 1

원오극근 저 · 석지현 역주 해설

민족사

碧巖錄
[1]

나를 이끌어 주신 덕산(悳山), 환성(幻惺)
두 분 노스님,

산에서 도시에서
알게 모르게
이 길을 가고 있는 모든 분들,

그리고 음으로 양으로
역(逆)으로 순(順)으로

나를 드와준 분들께
이 책을 드립니다.

머리말

내가 《벽암록》을 처음 만난 것은 지금부터 33년 전(1973년)이다. 그 당시 내용은 잘 알 수 없었지만 벽암록의 언어들은 나에게 있어서 엄청난 충격이었다. 나는 그때 삼각산 화계사에 머물고 있었는데 그 절에는 덕산(德山), 환성(幻惺) 두 분 노스님이 계셨다. 이 두 분 노스님의 도움으로 나는 비로소 선문(禪門)에 들어설 수 있게 되었다. 덕산스님으로부터는 공안참구법과 수행자의 마음가짐을, 그리고 환성스님으로부터는 선시(禪詩)와 벽암록을 배웠다.

그후 운명의 바람은 나를 인도로 데리고 갔다. 이때부터 내 인생은 그야말로 파란만장한 드라마가 되었다. 탄트라에서 → 바이블에서 → 오쇼 라즈니쉬에서 → 라마크리슈나에서 → 하레 크리슈나에서 → 바가바드 기타에서 → 우파니샤드를 거쳐 나는 다시 선시와 벽암록으로 되돌아왔다. 말하자면 여행의 출발지점으로 다시 되돌아온 것이다. 이렇게 되돌아오는 데 꼬박 33년이 걸린 셈이다.

《벽암록》 역주작업을 하는 8년 동안 알게 모르게 많은 분들의 도움이 있었다. 그중에서도 민족사 윤창화 사장님의 독촉은 압권이었다. 더 이상의 진전이 없어서 맥이 풀려 있을 때면 으레 빚쟁이가 묵은 빚을 독촉하듯 "지금 벽암록 몇 칙(則)이나 완성됐느냐"고 다그치는 것이었다. 그럴 때마다 나는 세 칙(三則) 정도 앞당겨서 말하곤 했다. 그리고 나서는 다음의 빚독촉까지 내가 앞당겨 말한 그 부분까지를 완성하기 위하여 죽어라고 밀어붙이곤 했다. 이렇게 하여 이 벽암록 100칙의 역주작업이 비로소 완성된 것이다. 윤 사장님의 빚독촉이 없었더라면 나는 지금도 벽암록의 늪 속에서 허우적거리고 있을 것이다. 이런 윤 사장님이 때로는 원망스럽기도 했지만 정말 마음 속 깊이 감사드린다.

그리고 지금까지 《벽암록》이란 이름으로 책을 펴낸 모든 분들께 감사드린다. 왜냐하면 그분네들이 아니었더라면 이 벽암록은 망각의 잿더미 속으로 영영 사라져버리고 말았을 것이기 때문이다. 사람들의 머리 속에 '벽암록'이라는 이 세 글자가 새겨진 것은 순전히 그분네들의 공로가 아닐 수 없다.

그 동안 시행착오도 많이 했고 부서지기도 많이 했고 (당연히 먹어야 할) 욕도 많이 먹었지만 내 삶에 후회는 없다.
이제 더 이상의 시행착오는 없다.
이제 더 이상의 기회도 없다.
남은 시간은 산인(散人, 非僧非俗)으로서 겸손하게 살아가고 싶다.

2006년 7월 7일 아침
나도산 아래서
다모관음 석지현

일러두기

1) '할(喝)'은 '큰소리 지르다', '꾸짖다'는 뜻으로 '갈'이라고 읽어야 한다. 그러나 우리나라 선가(禪家)에선 전통적으로 '할(許葛切)'로 읽어왔다. '일갈(一喝)'의 경우도 '일할'로 읽었다. 숙고 끝에 우리 귀에 낯익은 '할'의 발음을 그냥 따르기로 했다.
2) 《벽암록》의 각 칙(則)에는 원래 제목이 없었다. 각 칙마다 제목을 붙인 것은 후대의 일이다. 그런데 이 각 칙의 제목이 판본마다 달라서 독자를 혼란스럽게 하고 있다. 그래서 이 책에서는 각 본을 대조한 결과 가장 표준이 되는 《벽암집종전초(碧巖集種電鈔)》(1394년)의 각 칙 제목을 택하기로 했다.
3) 이본(異本) 대조 중 《촉본(蜀本)》과 《복본(福本)》은 《벽암록》 주석서인 《불이초(不二鈔)》와 《종전초》를 참고했다. 왜냐하면 이 두 판본은 유실되어 없기 때문이다. 《일야본(一夜本)》은 스즈키(鈴木大拙)의 교정본(1942년)을 참고했다. 그리고 문맥이 통하지 않는 곳의 의문제기는 《암파문고신본(岩波文庫新本)》(1997년)을 참고했다.
4) 순서는 원문 → 번역 → 해설 → 이본대조 순으로 배열했다.
5) 번역 가운데 ( ) 안의 문장은 문맥의 원활한 흐름을 위해 앞뒤 문장이 연결되도록 역자가 임의로 집어넣은 것이다.
6) 번역은 착실하게 원문을 따랐다. 그러나 직역만으로 그 뜻이 통하지 않는 곳은 부득이 우회적인 뜻 번역을 시도할 수밖에 없었다. 이 경우 직역을 한 다음 ( ) 안에 뜻 번역을 써넣었다. 또한 문장구조가 워낙 복잡한 곳은 그냥 뜻 번역만을 시도했는데 이런 경우는 극히 드물다.

7) 《벽암록》 원전에는 수시(垂示)의 단락구분이 없다. 그러나 보다 선명한 뜻 파악을 위해서 번역에서는 편의상 수시를 다시 ㉠, ㉡, ㉢ …… 식으로 세분했다.
8) 본문 문장의 흐름을 보다 분명하게 파악하기 위해서 각 칙의 문장(본칙의 평창과 송의 평창)을 그 흐름에 따라 세분했다.
9) 귀에 익은 선어(禪語)들은 굳이 한글의 발음법칙을 따르지 않았다.
 ㉠ 자노적(這老賊, 한글 발음법칙을 따르자면 '자로적'이 된다.)
10) 《벽암록》 100칙 가운데 다음에 열거하는 칙들은 원전에서 '수시'가 없다.
 제6칙, 제14칙, 제18칙, 제26칙, 제28칙, 제30칙, 제34칙, 제36칙, 제44칙, 제48칙, 제52칙, 제58칙, 제64칙, 제67칙, 제71칙, 제72칙, 제78칙, 제80칙, 제83칙, 제93칙, 제96칙
11) 본서에서 사용한 기호 및 부호는 다음과 같다.
 【 】 각 칙 안에서의 내용별 구분(수시, 본칙, 본칙의 평창, 송, 송의 평창) 표시.
 ◎ 해설 속의 본칙과 송의 표시.
 △ 해설 속의 착어(본칙 착어, 송의 착어) 표시
 (← 본문의 이본대조 가운데 참고사항이나 좀더 구체적인 예문 표시.
 ( ) 원문 속의 착어(본칙 착어, 송의 착어) 표시.

차 례

제1권: 제1칙~제20칙 수록   제3권: 제46칙~제75칙 수록
제2권: 제21칙~제45칙 수록   제4권: 제76칙~제100칙 수록

- 머리말 ·· 7
- 일러두기 ·· 9
- 해설 ·· 13

- 보조서〔普照序〕 ·· 57
- 방회서〔方回序〕 ·· 59
- 주치서〔周馳序〕 ·· 61
- 삼교노인서〔三敎老人序〕 ·· 64

제1칙 _ 무제가 달마에게 묻다〔武帝問達磨〕··············· 71
제2칙 _ 조주의 지도무난〔趙州至道無難〕················· 104
제3칙 _ 마대사, 몸져 눕다〔馬大師不安〕··················· 130
제4칙 _ 덕산, 위산에 이르다〔德山挾複子〕··············· 145

제5칙 _ 설봉의 온대지〔雪峰盡大地〕 ·········· 177

제6칙 _ 운문의 나날이 생일날〔雲門十五日〕 ·········· 196

제7칙 _ 법안, 혜초의 물음에 답하다〔法眼答慧超〕 ·········· 225

제8칙 _ 취암, 하안거 말에 설법하다〔翠巖夏末示衆〕 ·········· 244

제9칙 _ 조주의 네 개 문〔趙州東西南北〕 ·········· 263

제10칙 _ 목주, 승의 온 곳을 묻다〔睦州問僧甚處〕 ·········· 282

제11칙 _ 황벽의 머저리 같은 놈〔黃檗酒糟漢〕 ·········· 300

제12칙 _ 동산의 마 삼 근〔洞山麻三斤〕 ·········· 325

제13칙 _ 파릉의 은완리성설〔巴陵銀椀裏〕 ·········· 346

제14칙 _ 운문의 대일설〔雲門對一說〕 ·········· 365

제15칙 _ 운문의 도일설〔雲門倒一說〕 ·········· 378

제16칙 _ 경청의 형편없는 놈〔鏡淸草裏漢〕 ·········· 397

제17칙 _ 향림의 서래의〔香林西來意〕 ·········· 422

제18칙 _ 숙종이 탑 모양을 묻다〔肅宗請塔樣〕 ·········· 437

제19칙 _ 구지 화상의 한 손가락〔俱胝指頭禪〕 ·········· 470

제20칙 _ 용아의 조사서래의〔龍牙西來意〕 ·········· 493

해 설

I. 《벽암록》에 대하여

1. 벽암록은 어떤 책인가

벽암록은 어떤 책인가
 "벽암록은 선의 문헌 가운데 첫 번째로 꼽는 책〔宗門第一書〕이다"—이 말은 벽암록 복간본을 펴낼 때 편자인 장명원이 책의 머리에 붙인 말이다. '종문(宗門)'이란 '선문(禪門, 禪家)'을, '제일서(第一書)'란 '첫 번째로 꼽는 책'이란 뜻이다. 장명원 이후부터는 《벽암록》을 거론할 때면 으레히 '종문제일서(宗門第一書)'란 이 다섯 글자가 붙게 됐다. 그러면 어째서 벽암록이 '선의 문헌 가운데 첫 번째로 꼽는 책'이란 말인가. 그것은 이 뒤에 나오는 '(벽암록이 출현하기까지)중국선의 흐름'을 보면 알 수 있다.

벽암록은 어떤 책인가
 벽암록은 선종(禪宗)문화의 총결산이다. 선은 불립문자(不立文字)로 시작하여 언어문자를 통한 탐구〔不離文字〕로 그 절정을 이룬다. 이 언어문자를 통한 탐구는 송대(宋代)에 들어와서부터 본격화됐는데 선승들의 문질인 선어록(禪語錄) 출간은 당(唐)시대에 이미 있었다. 《조주록(趙州錄)》, 《임제록(臨濟錄)》 등이 이때 출간됐는데 송대에 들어와선 이를 근거로 《조당집(祖堂集)》(전20권), 《전등록(傳燈錄)》(전30권)과 같은 방대한 공안사서(公案史書)가 출간됐다.

이 공안사서 출간이 있은 다음 본격적인 공안의 주석서가 나왔는데 그것이 바로 《벽암록》(전10권)이다. 말하자면 벽암록은 선종문화의 절정기에 피어난 한 송이 연꽃이라고 할 수 있다. 벽암록이 출간되자 이와 유사한 공안주석서들이 잇달아 출간됐다. 그러나 어느 누구도 벽암록의 영향권을 벗어나지는 못했다. 사실 이 벽암록만큼 후대의 선승들과 사대부(士大夫, 지식인)들에게 막대한 영향을 준 책은 일찍이 없었다. 말하자면 벽암록은 가장 최초며 제일 뛰어난 공안주석서라 할 수 있다.

벽암록은 어떤 책인가

벽암록은 선수행자들이 반드시 읽어야 하는 필독서다. 선수행을 하는 것은 깨달음을 얻기(체험하기) 위해서다. 그 깨달음을 통해서 다시 태어나기 위해서다. 그렇다면 깨달음의 체험은 어떤 식으로 가능한가. 공안참구(公案參究, 공안탐구)를 통해서 가능하다. 공안의 암호해독(公案打破)을 통해서 가능하다. 공안의 암호해독은 어떻게 해야 하는가. 깨달은 선지식(善知識, 스승)을 만나 직접 가르침을 받는 것이다. 그러나 깨달은 선지식을 만나기란, 아니 깨달은 선지식은 그리 흔치 않다. 그렇다면 또 다른 방법은 없는가.

…… 여기 《벽암록》이 있다. 벽암록의 공부와 공안참구의 좌선수행을 통해서 깨달음의 암호해독은 가능하다. 그러므로 이 벽암록은 선수행자들에게 있어서는, 아니 길을 찾는 모든 사람들에게 있어서는 반드시 지참해야만 하는 필독서이다. 말하자면 벽암록은 목숨보다 더 소중한 책인 것이다. 이제 더 이상 논하지 말라. 도에 대해서, 깨달음에 대해서, 부처에 대해서, 그리고 선(禪)에 대해서 더 이상 논하지 말라. 벽암록을 읽지 않고는 더 이상 아무것도 논하지 말라.

벽암록은 어떤 책인가

벽암록은 깡그리 불에 탔다가 약 190년 뒤에 되살아난 〈부활의 책〉이다. 원오의 제자 대혜종고(大慧宗杲)는 벽암록 판각과 잔본을 모두 회수해서 소각해 버렸다. 그래서 벽암록은 불에 탄 흔적도 없이 사라져 버렸다. 그러나 그로부터 약 190년 뒤에 거사 장명원에 의해서 이 벽암록은 복간됐다. 죽음의 문을 열고 불사조처럼 되살아난 것이다. 불에 탄 흔적도 없이 사라져 버린 벽암록이 왜 다시 되살아났는가.

그것은 벽암록의 언어는 불에 타거나 사라져버리는 그런 언어가 아니기 때문이다. 우리 누구나의 본성 속에 원래부터 있었던 바로 나 자신의 언어이기 때문이다. 이 벽암록의 마지막 페이지를 덮을 때 벗이여, 그대는 비로소 이 말을 이해할 수 있을 것이다.

벽암록은 어떤 책인가.
벽암록은 그대 자신의 책이다.
벽암록은 언어의 끝이다.
이 이상의 언어는 없다.

2. 벽암록이 출현하기까지 ─중국선의 흐름─

벽암록은 설두(설두중현)와 원오(원오극근), 이 두 사람에 의해서 완성됐다. 설두는 《조당집》《전등록》 등의 책에서 옛 공안 백 가(100칙)를 가려뽑아 여기에 각각 송(頌, 詩)을 붙여 《설두송고백칙(雪竇頌古百則)》이란 책을 출간했다. 이 《설두송고백칙》에 원오는 수시(垂示, 서문), 착어(著語, 촌평), 평창(評唱, 비평과 해석)을 붙여 비로소 《벽암록》이 완성된 것이다. 그러므로 이 벽암록 속에는 ㉠ 옛 공안(古則), ㉡ 설두의 송(頌古), ㉢ 원오의 수시, 착어, 평창이라는 시대적으로 다른 세 개의 영역이 겹쳐져 있다. 그러므로 이 벽암록을 올바로 읽기 위해선 각기 다른 이 세 개의 영역을 정확히 이해하지 않으면 안 된다. 이 세 개의 영역을 이해하기 위해선 중국의 선종사(禪宗史) 속에서 이 세 개의 영역이 어떤 위치를 차지하고 있는가를 살펴봐야 한다.

중국선은 인도의 선승 보리달마(菩提達磨, ?~530?)로부터 시작된다. 보리달마로부터 비롯된 중국선은 혜가(慧可) → 승찬(僧璨) → 도신(道信) → 홍인(弘忍) → 혜능(慧能)으로 전승되었다고 보는 것이 일반적인 견해다. 그러나 오늘날 이 분야를 연구한 학자들은 이 전법(傳法)의 계보는 허구성이 많기 때문에 신빙성이 없다고 보고 있다.

선이 중국사회에서 큰 세력을 갖게 된 것은 오조홍인(五祖弘忍)의 제자인 신수(神秀, 606~706)에 의해서이다. 신수는 측천무후(則天武后)의 초빙으로 당(唐)의 수도인 장안으로 가서 선을 널리 전파시켰다. 그런데 신수의 일파를 정면으로 비판하고 도전한 사람이 혜능의 제자인 하택신회(荷澤神會, 668~758)였다. 신회에 의해서 비로소 혜능계의 남종돈오선(南宗頓悟禪)이 신수계의 북종점오선(北宗漸悟禪)을 압도하게 됐다.

그러나 신회의 계통은 얼마 지나지 않아 사라져 버리고 말았다. 대신 선은 혜능의 또다른 제자인 남악회양(南岳懷讓, 677~744)으로부터 → 마조도일(馬祖道一, 709~788) 계통과 청원행사(青原行思, ?~740)로부터 → 석두희천(石頭希遷, 700~790)의 계통으로 발전해 갔다. 이 가운데 전자로부터는 위앙종(潙仰宗), 임제종(臨濟宗)이, 그리고 후자로부터는 조동종(曹洞宗), 운문종(雲門宗), 법안종(法眼宗)이 나와 선의 다섯 종파(五宗家風)가 형성됐다.

이 다섯 종파의 형성시기는 대략 당말(唐末)에서 오대(五代)의 100여 년간인데 이때는 13명의 황제가 번갈아 등극하는 등 중국의 정치상황은 극심한 혼란기였다.

그 당시 활약한 선승들은 이 다섯 종파를 세운 선승들(潙山, 771~853: 仰山, 814~890: 臨濟, ?~867: 洞山, 807~869: 曹山, 841~901: 雲門, ?~946: 法眼, 885~958) 이외에 조주종심(趙州從諗, 778~897), 덕산선감(德山宣鑑, 782~865), 설봉의존(雪峰義存, 822~908), 현사사비(玄沙師備,

835~908) 등이었다.

이때가 되면 신수, 혜능 시대에 엿보이던 선의 교학적인 접근태도는 완전히 자취를 감춰버리고 만다. 대신 각처에서 제자들을 가르치고 있던 선승들의 개성이 돋보이는데 그들의 선수행 지도방법에 관심이 집중되기 시작한다. 이것을 가풍(家風)이라고 하는데 임제의 할(喝)과 덕산의 봉(棒)은 바로 그 좋은 본보기다. 이런 분위기 속에서 선승들의 어록이 제작되고 선문답〔公案〕이 부각되기에 이른다. 그리하여 마침내는 〈조사서래의(祖師西來意)〉와 같은 전형적인 선문답 형식이 완성됐다. 이때 만들어진 선문답들은 《전등록》 등의 책으로 집대성, 1700종류〔千七百公案〕로 오늘날까지 전해오고 있다.

송대(宋代)로 들어와서는 학구적이며 비판적인 당시 문화의 영향을 받아 전시대(前時代, 唐代)의 선문답을 가려뽑아 그 경지를 시로 읊거나 비판하는 형식으로 자신의 역량을 발휘하려는 풍조가 일기 시작했다. 이를 공안선(公案禪)이라 일컫는데 이 공안선을 통해서 다음의 네 가지 형식이 발전했다.

㉠ 대별(代別) : 대어(代語)와 별어(別語)의 준말이다. '대어'란 '상대가 대답을 못할 때 질문을 한 쪽에서 대신 대답을 해 주는 것'이다. '별어'란 '상대방의 대답이 신통치 않을 때 별도로 이쪽에서 다시 한번 대답하는 것'이다.

㉡ 송고(頌古) : 옛 공안의 경지를 시로 읊는 것.

㉢ 염고(拈古) : 옛 공안의 독후감을 산문체로 기술하는 것.

㉣ 평창(評唱) : 평론제창(評論提唱)의 준말. 옛 공안의 배경을 기술하고 공안 자체를 비판하고 주석하고 선양하는 것.

공안선의 이 네 가지 형식에 새로운 지평을 연 사람은 분양선소(汾陽善昭, 947~1024)였다. 그는 또한 선의 체계적인 연구방법을 제시한 사람이기도 했다. 그는 임제의 제6대 법손(法孫 : 法을 이은 후손)이었는데 처음에는 조동종계의 선을 참구, 동산오위(洞山五位)를 깊이 연구했다. 그런 다음 30여 년 동안 중국 전역을 행각하면서 당시의 선지식과 종사들을 모두 친견했는데 그가 만난 선의 거장들은 무려 70여 명에 달한다. 그리하여 그는 다섯 종파〔五家〕의 선풍(禪風)을 모두 익힌 다음 수산성념(首山省念)을 만나 크게 깨닫고 임제선에 정착했다.

그는 아주 박학다식했으며 굳이 어느 한 종파의 지도방법만을 고집하지 않았다. 그는 1,700가지 선문답〔千七百公案〕을 그 유형에 따라 18가지로 체계화〔汾陽十八問〕시키기도 했다. 그는 또한 운문에 의해서 시작된 대별(代別)을 활성화시켰으며 송고(頌古)형식을 최초로 만들었다. 그래서 그를 송고의 창시자로 일컫는데 그의 송고(분양의 《百則頌古》)는 당시 선승들과 지식인들로부터 열렬한 환영을 받았다. 아울러 선승들 사이에서는 송고 창작의 열풍이 불기 시작했다. 분양의 이 송고를 발판으로 하여 송고의 형식과 내용을 고도로 발전시킨 사람은 설두중현인데 그는 불후의 송고명작(설두의 《頌古百則》)을 남겼다.

설두중현은 운문종의 사람(운문의 4세)이었는데 이 운문종은 특히 선의 문학적인 표현을 중요시하는 경향이 있었다. 설두의 이 《송고백칙》은 송고문학의 절정으로서 설두는 이 송고백칙을 통해서 응축될대로 응축된 시어로 자신의 경지를 읊고 있다. 설두의 이 송고에는 다음의 여섯 가지 특징이 있다.

첫째, 그 기상이 웅대하다.
둘째, 선의 안목이 분명하다.
셋째, 직관적인 예지가 번뜩인다.
넷째, 시상(詩想)의 방향전환이 무척 빠르다.
다섯째, 시정(詩情)이 풍부하다.
여섯째, 문장의 자유자재한 구사력이 돋보인다.

설두의 이 송고를 정점으로 언어탐색을 통해 선의 핵심을 포착하려는 본격적인 문자선(文字禪)의 시대가 도래하게 된다. 이제 선은 더 이상 불립문자(不立文字)가 아니다. 이 문자선을 궁극적인 곳까지 밀고 올라가서 더 이상 올라갈 수 없는 데까지 간 것이 바로 원오극근의 《벽암록》이다. 원오는 옛 공안 백칙(100則)과 이에 대한 설두의 송고백칙어 각각 〈수시〉, 〈착어〉, 〈평창〉을 붙였는데 이것이 바로 《벽암록》 10권으로 집대성된 것이다. 관우무당(關友無黨)의 벽암록 후서(後序)에 의하면 원오는 제자들의 청으로 세 번에 걸쳐 벽암록을 강의했다고 한다.

첫 번째 강의 = 성도(戌都)의 소각사(昭覺寺)에서,
두 번째 강의 = 협산(夾山)의 영천원(靈泉院)에서,
세 번째 강의 = 상서(湘西)의 도림사(道林寺)에서,

그러나 이 세 곳에서 공안 100칙 전체를 강의한 것인지 아니면 공안 100칙을 세 번에 나눠 강의한 것인지는 확실치 않다. 분명한 것은 두 번째 강의 장소인 협산의 영천원이 벽암록 강의와 가장 인연이 깊다는 것이다. 그 증거로서 우리는 벽암록 제1권 제1칙 맨 앞에 있는 다음의 문구를 들 수 있다.

"師住澧州 夾山靈泉禪院評唱雪竇顯和尙頌古語要"

그리고 《벽암록(碧巖錄)》이라는 이 '碧巖'의 두 글자는 영천원의 방장실에 걸려있던 편액에서 유래됐다고 한다. 협산의 이 영천원은 당대(唐代)의 선사 협산선회(夾山善會)가 선풍을 드날리던 곳이며 지금도 노천온천(露天溫泉)으로 유명하다. 협산선회와 어떤 승의 선문답에서 이 '碧巖'이란 말이 유래됐는데 다음과 같다.

어떤 승이 협산선회에게 물었다.
"어떤 것이 협산의 경치(夾山境 또는 〈협산의 경지〉)입니까?"
협산선회가 말했다.

"원포자귀청장후 조함화락벽암전(猿抱子歸靑嶂後 鳥啣花落碧巖前, 잔나비가 새끼를 안고 푸른 봉우리 뒤로 돌아간 다음 / 새는 꽃을 물고 날아와 푸른 바위〔碧巖〕앞에 떨어뜨리네)."

이처럼 원오는 제자들의 청에 의해서 세 번씩이나 강의한 것이기 때문에 벽암록은 원오 개인의 취향에 의해서 만들어진 것이 아니었다. 당시 선종계(禪宗界)에서는 설두의 송고를 가장 중요시 여겼으며 이 설두송고에 대한 정확한 해설을 원하고 있었다. 이런 절박한 상황 속에서 마침내 원오에 의해서 설두송고 강의본인《벽암록》이 출현하게 된 것이다.

벽암록이 나오자 설두송고에 대한 완벽한 해석이 성립, 선종어록의 새로운 체재가 확립됐다. 원오는 선종의 어록뿐 아니라 여타의 불경들도 매우 중요시 여겼다. 그래서 그는 방문객들을 모두 보내고 난 뒤 깊은 밤에는 반드시 불을 밝히고 앉아 경전을 읽곤 했던 것이다.[1]

그는 이렇게 하여 불경뿐 아니라 그 당시 유통되고 있던 모든 책들을 남김없이 읽었다고 한다. 이렇게 쌓은 독서실력과 확철대오(廓徹大悟)의 체험을 바탕으로 비로소 옛 공안 백칙과 이에 대한 설두의 백칙송고를 강의,《벽암록》으로 집대성되기에 이른 것이다. 그런데 문제는 벽암록 출현 이후 선승들은 너나없이 벽암록의 문자공부에만 몰두, 선수행을 소홀히 하는 경향이 있었다는 것이다.

그래서 원오의 제자 대혜종고(大慧宗杲, 1089~1163)는 벽암록 판각과 책들을 모두 한 데 모아 소각해버렸다. 영천원에서 본격적으로 벽암록을 강의할 당시 원오의 나이는 대략 40세경(1106년 전후)이었다. 이로부터 약 20년 후(1125년) 벽암록은 전10권으로 출간됐는데 대혜가 벽암록을 불태운 것은 원본출간으로부터 대강 29년 뒤(1156년)가 되는 셈이다.

---

1) 원오의 이름 극근(克勤)은 '자기를 극복하고〔克己〕' '수행을 게을리하지 않는다〔勤勉〕'라는 말에서 유래됐다.

그러나 대혜가 벽암록을 소각한 것은 그의 스승인 원오의 강의가 결코 잘못돼서가 아니었다. 수행자들이 스승의 본뜻을 저버린 채 벽암록의 언어학습만을 익히고 수행은 게을리했기 때문에 이런 폐단을 없애기 위해서였다. 말하자면 대혜는 벽암록을 소각함으로써 스승 원오의 참뜻을 다시 한 번 더 되살려냈다고 할 수 있다.

그러나 그로부터 약 150년 후 원나라 초기(1314~1320)에 거사 장명원(張明遠)에 의해서 벽암록은 다시 복간됐다. 불 속에서 영영 재로 사라져 버렸던 벽암록이 불현듯 쿨사조가 되어 다시 되살아 난 것이다. 그리고 원오극근(圜悟克勤)에서 비롯된 벽암록 평창체(評唱體)의 공안비평과 주석 문장은 후대의 선승들에게 전해져 계승됐다. 그리고 이와 더불어 벽암록 체제를 본뜬 공안의 주석서들이 잇달아 출간됐는데 그 가운데 대표적인 것들은 다음이다.

- 《종용록(從容錄)》, 전6권, 萬松老人評唱 天童覺和尙頌古, 1224년
- 《무문관(無門關)》, 無門慧開, 1228년
- 《공곡집(空谷集)》, 전6권, 林泉老人評唱, 投子靑和尙頌古
- 《허당집(虛堂集)》, 전6권, 林泉老人評唱, 丹霞淳和尙頌古

그러나 그 누구도 원오의 벽암록 평창을 넘어가지는 못했다. 벽암록 이후 중국의 선은 원오의 제자 대혜가 주창한 간화선(看話禪)과 조동종 계열인 천동정각(天童正覺, 1091~1157)의 묵조선(默照禪)이 서로 대립, 발전, 계승하면서 정토신앙(淨土信仰)과 혼합하여 오늘에 이르고 있다.

3. 벽암록의 저자들

《벽암록》은 설두중현과 원오극근, 두 사람에 의해서 완성됐다. 설두는

운문종 계열의 사람이고 원오는 임제종 계열의 사람이다. 그러나 이 두 사람은 모두 기질이 강한 촉(蜀)지방 사천성(四川省) 출신으로서 설두는 1052년 입적했고 원오는 1063년에 태어났다. 그러므로 이 두 사람 사이에는 11년이라는 시간의 격차가 있다.

● 설두중현(雪竇重顯, 980~1052)

그는 송 태종 태평흥국(太平興國) 5년 4월 8일 사천성 수주(遂州)에서 태어났다. 집안은 부유했으며 대대적으로 유학(儒學)을 이어왔다. 그는 20세에 출가하여 처음에는 경전공부를 하다가 석문(石門)의 문하로 들어가 선수행을 시작했다. 여기서 얼마 후 석문의 지시로 지문광조(智門光祚, ?~?)를 찾아갔다.

지문광조 밑에서 선수행을 하고 있던 어느 날 그는 지문에게 이렇게 물었다. "한 생각도 일어나지 않았을 때 무슨 잘못이 있습니까?" 지문은 그를 가까이 오라고 불렀다. 그러자 그는 지문 가까이로 다가갔는데 지문은 느닷없이 불자(拂子)로 그의 얼굴을 쳤다. 그 순간 그는 무슨 말인가를 하려고 입을 벌리는데 지문은 또 불자로 그를 때렸다. 그러자 그는 문득 큰 깨달음을 얻었다. 이것은 지문 문하에 있기 5년 후의 일이었다. 그는 그 후 취봉(翠峰)의 영은사(靈隱寺)에 머물다가 설두산(雪竇山)으로 옮겨 여기서 30년 간 제자들을 가르쳤다. 그래서 사람들은 그를 일러 설두(雪竇) 화상이라고 불렀는데 그 후 그의 이름이 중국 전역에 알려지게 됐다.

어느 날 그는 설두산을 거닐다가 문득 자신의 삶이 얼마 남지 않았다는 걸 알고 산천의 경치를 자세히 감상했다. 그리고는 시자(侍者, 비서)에게 이렇게 말했다. "내 어느 때 다시 예 와서 이 경치를 보겠는가?" 시자는 울먹이며 임종게를 청했으나 설두는 이렇게 말했다. "난 평생동안 너무 많은 말을 했다. 내 또 무슨 할말이 있겠는가." 그는 절에 돌아와서 그 다음 날 주장자 · 발우 · 옷 등 자신의 소지품을 모두 대중들에게 나눠준 다음 목욕하고 옷갈아 입고 북쪽을 향해 단정히 앉아서 입적했다. 이때가 송

(宋) 인종(仁宗) 황우 4년(皇祐四年, 1052년) 6월 10일, 그의 나이 73세였다.

남달리 시적인 감성이 풍부했고 문장력이 뛰어났던 그는 운문의 4세로서 운문종을 크게 중흥시켰는데 그의 법(法)을 이어 받은 제자만도 구려 70여 명이나 된다. 조정에서는 그에게 명각대사(明覺大師)라는 시호를 내렸다. 그에게는 벽암록의 저본이 된《설두송고백칙(雪竇頌古百則)》이외에《동정어록(洞庭語錄)》,《설두개당록(雪竇開堂錄)》,《폭천집(瀑川集)》,《조영집(祖英集)》,《염고집(拈古集)》,《설두후록(雪竇後錄)》등의 저서가 있다.

● 원오극근(圜悟克勤, 1063~1135)

원오가 살았던 시대는 송의 정치상황이 가장 심각했던 때였다. 이런 극심한 현실 속에서 원오는 태어나 불멸의 책《벽암록》을 완성시킨 것이다. 그러면 이제 그의 생애를 말하기 전에 그가 태어난 시대의 정치상황부터 살펴보자.

당(唐)은 중국 역사상 가장 찬란한 문화를 꽃피웠으나 안록산·사사명 등 절도사들의 반란으로 결국 망해버리고 말았다. 송을 세운 태조는 이런 폐단을 없애기 위해 지방의 절도사들을 모두 문관으로 교체, 국가의 재정권과 군통수권, 운영권 등을 모두 문관들이 장악하게 했다. 그 결과 소동파(蘇東坡), 황산곡(黃山谷), 왕안석(王安石) 같은 문인들이 대거 등장, 선승들과 유학자들의 활발한 교류가 시작됐다. 이들은 모두 선(禪)에 조예가 깊었던 사람들인데 특히 소동파와 황산곡은 오도송(悟道頌)을 지을 정도로 선의 경지가 높았다. 이렇게 하여 송대(宋代) 사상의 지도원리는 선이 그 주축을 이루게 됐다.

그러나 송의 이런 문치(文治)정책은 결국 국가의 무력화를 가져와 국력이 형편없이 약해지고 말았다. 이 틈을 타서 북방의 이민족들이 침입하기 시작했는데 특히 거란의 침입이 극심했다. 거란은 '요(遼)'라는 이름으로 건국, 송의 제3대 진종(眞宗, 998~1021) 때가 되자 대거 남침, 송의 지역 깊숙이 쳐들어왔다. 송군(宋軍)은 있는 힘을 다해 싸웠지만 결국 포위되어 화의(和議)협상을 벌이게 됐다. 이 협상의 결과로 송은 요에 은(銀) 10만 냥과 비단 20만 필을 주기로 했다. 이처럼 북쪽에는 강적 '요'가 버티고 있었고, 서쪽에는 또 티베트계의 '서하(西夏)'가 건국, 송의 서쪽을 침략해 들어왔다. 송은 수년 동안 서하와 싸웠지만 물리치지 못하고 결국 보상품을 주는 형식으로 휴전협정을 체결하고 말았다.

이 결과 송의 국력은 극도로 쇠약해져 버렸다. 여기에다가 내부적으로는 또 왕안석을 선두로 한 신파(新派)와 소동파 등이 주축이 된 구파(舊派)의 대립이 심화되기 시작했다. 이 틈을 타서 '요'는 다시 송의 땅 700리까지 밀고 내려왔다.

휘종(徽宗, 1115년) 때가 되자 '요'가 쇠퇴하고 이번에는 만주지방의 삼림지대에 살던 수렵민족 여진족(女眞族)이 세운 나라 '금(金)'이 발흥, '요'를 무너뜨리고(1125년) 대거 남침을 개시하여 송의 수도 개봉(開封)을 포위, 함락시켜 버렸다. 황제인 휘종과 아들 흠종(欽宗)을 비롯, 황족과 관리들 3,000여 명을 포로로 잡아가 버렸다. 이렇게 하여 '송'은 건국 167년 후 일시적으로 멸망상태에 빠지고 말았다. 이때 흠종의 아우인 강왕(康王)이 탈출, 남경(南京)에서 즉위, 고종제(高宗帝)가 되어 간신히 '송' 황실의 명맥을 이어갔는데 고종 이후를 남송(南宋)이라 부른다. 고종은 '금'의 세력이 두려워 아예 양자강 이남으로 이주, 전당(錢塘)에 도읍을 정하고 임안부(臨安府, 지금의 杭州)라 칭했다.

한편 '금'은 하남, 섬서, 화북지방을 모두 병합, 광대한 영토를 차지하게 됐다. 고종은 항복의 굴욕적인 조건으로 '금'과 평화협정을 체결하여 일시적인 소강상태가 됐다. 그러나 이번에는 남송 제4대 영종(寧宗) 12년(1206년) 징기스칸이 몽골에서 흥기, 이종 10년(理宗十年, 1234년) '금'을 멸망시켜 버렸다. 금을 멸망시켜 버린 몽골군은 그 세력을 유럽까지 확장시켰는데 징기스칸의 손자 후빌라이가 마침내 중국땅에 '원(元)' 나라를 세웠다. 남송 단종제 원년(端宗帝 元年, 1276년), 몽골군은 대거 남하, 남송의 수도 임안부를 함락시켜 버렸다. 애산(厓山, 廣東省)의 전투에서 남송군은 대패, 송(北宋, 南宋)은 이렇게 하여 건국 320년(1279년)만에 역사의 무대에서 완전히 사라져 버리고 말았다. 이런 때에 원오는 태어났다.

원오가 태어난 것은 제4대 인종(仁宗)의 말년(1063년)인데 남송 고종 9년 73세로 입적할 때(1135년)까지 73년이라는 그의 생애는 '송' 문화의 난숙기, 그 시작과 끝에 해당한다. 원오가 선의 거장인 종사(宗師)로서 활약하던 시대는 국가가 가장 위기에 처했던 때였다. 그렇다면 이제 좀더 진지하게 그의 일생을 보자.

그는 사천성 성도(成都)에서 가까운 숭령(崇寧)에서 태어났다. 그의 집안은 대대로 유학자의 집이었는데 유난히 총명했던 그는 젊은 나이에 출가하여, 경전공부를 하다가 후에 선문(禪門)으로 들어갔다. 대위문하(大潙門下)에서 경장주(慶藏主)라는 이를 만나 조동선지(曹洞禪旨)를 깊이 참구한 다음 경장주의 지시에 의해서 황매산(黃梅山=五祖山)의 오조법연(五祖法演)을 찾아갔다. 오조법연은 원오와 동향인 사천성 사람으로서 임제종을 중흥시킨 거장이었다. 원오는 이런 오조법연을 찾아가 안하무인격으로 선문답을 시도했다. 그러자 오조법연은 조용히 이렇게 말하고는 방장실로 들어가 버렸다.

"자네가 지금은 제법 말솜씨를 자랑하지만 그것만으로는 생사윤회를 벗어날 수 없네. 뒷날 병상에 누웠을 때 외로이 깜박이는 등불을 보며 스스로를 다시 한 번 점검해 보라."

그러나 원오는 오조법연의 이 말을 개의치 않고 그대로 산을 내려와 다시 행각을 하다가 그만 독감에 걸려 사경(死境)을 헤매게 됐다. 그때 문득 오조법연의 말을 기억하고는 독감이 다 나은 후에 다시 오조법연을 찾아갔다. 오조법연은 그를 기꺼이 시자로 맞아 들였다. 그로부터 보름 후 오조법연과 동향인 진(陳) 아무개라는 이가 관직을 버리고 사천성으로 돌아가는 길에 오조법연을 찾아왔다. 독적은 귀향의 선물로 깨달음을 얻어가기 위해서였다. 오조법연은 다음의 시를 인용하면서 그의 물음에 자세히 대답해 줬지만 그러나 진 아무개는 오조법연의 말을 전혀 이해하지 못하고 돌아갔다.

  (양귀비가) 자주 소옥이를 부르는 건 다른 뜻이 아니라
  낭군(안록산)에게 자신의 목소리를 알리기 위해서네.
  (頻呼小玉無多事　只要檀郎認得聲)

 이때 시자로서 옆에 있던 원오는 이 시구를 듣자 뭔가 감이 잡혔다. 그래서 진 아무개가 돌아간 뒤 오조법연에게 이렇게 물었다.
 "스님께서 시구를 읊어줬는데 진씨는 그 참뜻을 깨달았습니까?"
 오조법연이 말했다.
 "그는 단지 시구를 읊는 내 소리만을 들었을 뿐〔認得聲〕이다."
 원오가 말했다.
 "그가 이미 스님의 목소리를 들었다면 그걸로 충분하지 않습니까? 그것이 어째서 잘못됐단 말입니까?"
 오조법연은 그 순간 목소리를 높여 자문자답식으로 이렇게 말했다.
 "어떤 것이 '조사서래의'인가. 정전백수자. 점!〔如何是祖師西來意 庭前栢樹子. 聻!('점(聻)'이란 말은 '정전백수자(庭前栢樹子, 뜰 앞의 잣나무)'란 대목을 잘 여겨보라는 뜻의 간투사다.)〕"
 이 말을 듣는 순간 원오는 문득 크게 깨달았다. 이렇게 하여 확철대오를 경험한 원오는 향을 피우고 옷깃을 여민 다음 오조법연에게 세 번 큰절을 했다. 그리고는 붓을 들어 이렇게 오도송을 썼다.

  금압향이 타오르는 비단 장막 속
  콧노래 생황 불며 취하여 돌아가네
  소년의 이 한 가닥 풍류는

오직 당사자만이 홀로 알고 있을 뿐.
(金鴨香銷錦繡幃　笙歌叢裏醉扶歸
少年一段風流事　只許佳人獨自知)

원오는 그후 성도의 소각사, 협산의 영천원, 상서의 도림사, 진강(鎭江)의 금산용류선사(金山龍遊禪寺) 등에 머물면서 제자들을 가르쳤다. 그런데 그가 가는 곳마다 납자(선 수행자)들이 구름같이 운집, 미처 모두 수용할 수 없는 지경에까지 이르렀다.

그가 설두의《송고백칙》에 수시, 착어, 평창을 붙여《벽암록》을 세상에 내놓은 것은 40세경이었다. 이때 그는 홀로 계신 노모를 뵙기 위하여 고향에 갔다가 성도의 소각사에 머물고 있을 무렵이었다(그 후에도 그는 영천원과 도림사에서 각각 벽암록을 강의한 바 있다). 만년에는 다시 사천성으로 돌아와서 줄곧 거기 머물다가 다음과 같은 임종게를 쓴 뒤 붓을 놓고 그대로 호흡을 멈춰버렸다.

이미 무공(無功)의 경지에 이르렀으니
임종게를 남길 필요가 없네
오직 인연을 따를(따라 갈) 뿐이니
잘들 있게. 잘들 있게.
(已徹無功　不必留頌
　聊爾應緣　珍重珍重)

이때가 소흥(紹興) 5년(1135년) 8월 5일 그의 나이 73세 때였다. 조정에서는 원오선사(圜悟禪師), 불과선사(佛果禪師), 진각선사(眞覺禪師)란 시호를 내렸다. 문하에는 대혜종고(大慧宗杲)와 호구소륭(虎丘紹隆)을 비롯하여 100여 명의 제자들이 있었다. 대혜종고는《벽암록》을 태운 장본인이며 우리나라 보조국사 지눌(普照國師 知訥)의 정신적인 스승이었고 그 유명한《서장(書狀)》의 저자였다. 동시에 간화선(看話禪)의 기치를 높이 들었던 당사자다. 그리고 고려 말의 선승인 태고보우(太古普愚)와 나옹혜근(懶翁惠勤)은 법맥상으로 볼 때 원오극근의 제자인 호구소륭의 8대 후손에 해당한다.

저서로는《벽암록》(전10권)을 비롯하여《어록(語錄)》(전20권),《심요(心要)》(2권),《격절록(擊節錄)》(2권) 등이 있다.

II. 벽암록의 구조

1. 벽암록의 7중 구조

벽암록은 다음과 같이 7중 구조로 되어 있다.
① 수시 ② 본칙 ③ 본칙착어 ④ 본칙평창 ⑤ 송 ⑥ 송의 착어 ⑦ 송의 평창

① 수시(垂示) : 일종의 머리말(序文)과 같은 성격을 띠고 있다. 그러나 본칙의 내용과는 직접적인 관계가 없다. 그래서《장본(張本)》의 제2칙 수시가《일야본(一夜本)》에서는 제1칙 수시로 들어가 있는가 하면, 또 몇몇 칙에는 아예 수시가 없는 경우도 있고 수시의 문장이 중복되는 예도 적지 않다. 말하자면 수시는 본칙을 읽기 위한 일종의 마음가짐을 서술한 단상(斷想)이라고 할 수 있다.《일야본》에서는 이〈수시〉를〈시중(示衆, 청중에게 알림)〉으로 쓰고 있다. 이 수시는 원오 자신이 직접 쓴 문장이라고 하는데 충동적이고 즉흥적이며 과장이 심하다.

② 본칙(本則) : 옛 공안(古則, 또는 公案)으로서 벽암록 핵심부분에 해당한다. 100개의 옛 공안이 벽암록의 기본골격을 이루고 있는데 앞의 수

시와 뒤의 착어, 본칙의 평창, 송, 송의 착어, 송의 평창은 모두 이 본칙의 이해를 돕기 위한 부착돌들이다. 따라서 이 100개의 옛 곤안에는 《금강경》문구를 비롯, 달마에서 대용지홍(大龍智洪, 1000~?)에 이르기까지 개성이 각기 다른 선승들의 갖가지 선문답이 총 망라되어 있다. (그러나 그 유명한 조주의 '無'자 공안은 여기 없다. 이 '無'자 공안은 원오의 제자 대혜종고에 의해서 강조되다가 무문혜개(無門慧開)의 《無門關》에서 그 절정을 이룬다.)

③ 본칙의 착어(本則著語) : 착어란 일종의 촌평(寸評)으로서 하어(下語)라고도 한다. 속담과 속어의 투성이며 문장의 응축력이 뛰어나다. 여기에 원오 특유의 익살스러움이 가미되어 정신을 여간 차리지 않으면 이해가 불가능하다. 동시에 전광석화와도 같은 원오의 직관력과 예리함이 번뜩이고 있다. 언어의 충격력이 대단하므로 이 착어의 숙독만으로도 순간적인 깨달음이 가능하다. 이 착어에는 다음의 네 가지 특성이 있다.

첫째, 반어(反語)적이다.

둘째, 역설적이다.

셋째, 냉소적이다.

넷째, 욕설적이다.

④ 본칙(本則)의 평창(評唱) : 평창이란 평론제창(評論提唱)의 준말이다. 평창에는 대체로 다음과 같은 두 개의 역할이 있다.

첫째, 본칙의 배경이 되는 고사(故事)와 인물 소개. 둘째, 본칙 자체에 관한 설명과 주석. 그러므로 이 평창을 토대로 본칙을 다시 읽으면 본칙 전체의 윤곽이 잡힌다. 그러나 문장 전체가 속어체(俗語體)로 쓰여져 있기 때문에 기존의 문장체 한문 해석만으로는 그 정확한 해득이 불가능하다. 이 점을 감안하여 〈속어·낱말〉 항목을 별권(《벽암록 속어·낱말사전》)으로 설정했다. 그러므로 이 사전을 자세히 보게 되면 속어체의 해석에 별 어려움이 없을 것이다. 속어체 해석의 한두 가지 예를 든다면 다음과 같다.

- 대가지(大家知) : 누구나 (다)알고 있다. 여기서의 '大家'는 '일반대 중'을 말한다. 이 경우 '大'는 '일반대중'을, '家'는 大자에 붙은 어조사다.
- 수시~시득(須是~始得) : 당연히 ~하지 않으면 안 된다. 이 문구는 선문(禪文)에서 가장 많이 쓰이므로 암기해 두어야 한다.
- 끽다거(喫茶去) : (입닥치고) 차나 마시게. 여기서의 '去'는 부정적인 기분을 나타내는 어조사이므로 해석할 필요가 없다.
- 일일시호일(日日是好日) : 날마다 생일날. 여기서의 '好日'은 '좋은 날'이 아니라 '생일날'을 뜻한다.
- 불방기특(不妨奇特) : 정말 대단하다. '不妨'은 '정말, 몹시'의 뜻이다.

⑤ 송(頌) : 옛 공안 100개 하나하나마다 붙인 설두의 공안시(頌古)를 말한다. 설두의 이 공안시는 그 격조가 높고 기상이 험준하다. 그리고 선적(禪的)인 직관력과 시적인 영감이 풍부하다. 시상(詩想)의 방향전환이 무척 빠르고 문장의 세련미가 돋보인다. 그래서 예로부터 설두의 이 송고(頌古 = 頌)를 공안시의 백미라고 일컬어 왔던 것이다. 물론 설두 이전에도 시가(詩歌)의 형식을 빌어 선의 진수를 드러낸 〈신심명(信心銘)〉, 〈증도가(證道歌)〉와 같은 작품이 없는 건 아니었다. 그러나 설두처럼 자신의 깨달음을 이토록 직관적인 예지와 영감에 찬 언어로 읊어낸 예는 일찍이 없었다.

설두는 벽암록의 이 100칙 송고에서 절구(絶句), 율시(律詩), 고시체(古詩體) 등 한문의 다양한 시체(詩體)를 자유자재로 구사하고 있다. 그래서 당송팔대가의 한 사람인 소동파는 설두의 송고를 일러 한림지재(翰林之才)가 있다고 극찬했던 것이다. 설두는 이 송고의 시적인 표현을 통해서 선의 근본정신을 다시 한 번 되살려내려 했는데 설두 이후 '설두송고'의 영향을 받지 않은 선승이 없었다. 그 중에서도 특히 임제의 후예들(임제계통의 선승들)은 설두의 영향을 가장 많이 받아 눈부시게 발전했다. 즉 임제의 역동적인 기상과 설두의 문학적인 세련미가 결합하여 그 정점에 이른 것이 바로 원오의 이《벽암록》이다.

⑥ 송(頌)의 착어(著語) : 설두의 공안시 한 대목 한 대목 밑에 붙인 원오의 촌평이다. 본칙의 착어에 비해서 그 긴장감이 다소 떨어지는데 그것은 본칙이 아니라 그 본칙의 경지를 읊은 송(頌)의 착어이기 때문이다. 이 송의 착어에는 대체로 본칙의 착어가 갖는 특성과 크게 다르지 않다. 그리고 이 착어에는 때로 같은 말의 중복이 많다. 그것은 원오가 세 번의 벽암록 강의에서 세 번에 걸쳐 착어를 내린 것을 제자들이 그때 그때마다 기록했거나 기억했던 것들을 그대로 필기해서 책으로 편집했기 때문이다. 이 때문에 문장의 중복이 있게 된 것이다.

⑦ 송(頌)의 평창(評唱) : 설두의 송고에 대한 원오의 평창이다. 기본골격은 본칙평창의 경우와 크게 다르지 않다. 다만 본칙 100개는 여러 사람의 필체로 쓰여진 데 비해서 이 〈송〉은 설두 한 사람의 작품이기 때문에 평창에서의 설명도 여기 한정될 수밖에 없다. 그러므로 이 〈송〉의 평창은 본칙평창에 비해서 대체로 짧은 경우가 많다. 문장의 참신함이 다소 떨어지고 긴장감이 풀어지는 느낌이 드는데 이것은 동시에 본칙과 송의 차이점이기도 하다.

〈벽암록의 7중 구조〉

2. 벽암록 읽는 법

　벽암록은 여느 책과는 달라서 그냥 무턱대고 읽어서는 그 뜻을 전혀 알 수가 없다. 왜냐하면 벽암록의 기본골격이 7중 구조로 되어 있으며 저자도 한 사람이 아닌 두 사람이기 때문이다. 그것도 동시대의 사람이 아니라 이 두 사람 사이에는 11년의 격차가 있다.
　옛 공안 100칙을 가려 뽑고 이 100칙 하나하나에 송(頌)을 붙인 설두는 시정(詩情)이 풍부하고 기상이 준엄하다. 그리고 동시에 언어의 절제미가 그 절정에 이르고 있다. 그러나 손수 〈수시〉를 쓰고 〈본칙착어〉, 〈본칙평창〉, 〈송의 착어〉, 〈송의 평창〉을 강의한 원오는 아주 해학적이며 역설적이다. 그리고 그 문장에서 재치가 물고기 비늘처럼 번뜩이고 있다. 이렇듯 전혀 다른 취향을 가진 두 사람이 기묘하게 한데 어우러져 《벽암록》이 태어난 것이다. 이 점을 염두에 두고 자, 지금부터 벽암록을 어떤 식으로 읽어야 하는가를 살펴보자.
　우선 첫 번째로 수시(垂示)를 읽어야 한다. 여기서 주의할 것은 수시의 한 문장 한 문장을 완벽하게 이해하려 해서는 안 된다는 것이다. 이 수시는 원오 자신이 직접 쓴 것이지만 즉흥적이며 선동적이고 다소 과장이 심하다. 그리고 본칙과 직접적인 연결이 없는 독립된 문장이다. 벽암록 100칙 공안 가운데는 수시가 아예 없는 공안이 여러 개 있다. 원오가 쓰지 않고 그냥 넘어간 것인지, 아니면 장명원이 복간본 편집과정에서 빼먹은 것인지 그 정확한 이유를 알 수가 없다. 그러므로 가벼운 마음으로 수시를 읽은 다음 이해가 잘 안 되는 대목은 우선 그대로 놔두고 본칙으로 넘어가기 바란다.
　본칙(本則)은 벽암록 전체의 핵심이다. 이 본칙은 언어풀이만으로 이해할 수 있는 부분과 언어해석만으로는 그 속뜻을 알 수 없는 부분으로 되어 있다. 뒤에서 좀더 자세하게 언급할 것이지만 언어풀이만으로 이해할 수 있는 부분을 사구(死句)라고 하는데 공안의 외곽에 해당한다.

이에 대하여 언어해석간으로는 그 속뜻을 알 수 없는 부분을 활구(活句)라 한다. 이 활구는 공안의 내부에 해당하는 것으로서 좌선수행을 통한 의문제기(공안참구)로서만 그 속뜻을 꿰뚫을 수 있다. 10)칙 공안 하나 하나의 번역과 해설 부분에서 이 활구와 사구를 명확히 구분해 놨으므로 이 양자를 구분하는 것은 그리 어렵지 않을 것이다.

활구의 간파는 그대로 깨달음으로 이어진다. 그러므로 이 활구가 감이 잡히지 않거든 일단 뒤로 미뤄두고 사구적인 부분만이라도 잘 이해하도록 해야 한다. 그런 다음 본칙 한 대목 한 대목 밑에 붙어 있는 착어는 읽지 말고 일단 본칙의 평창으로 넘어가야 한다. 왜냐하면 이 착어 속에는 해학적이며 역설적인 원오 특유의 독자적인 견해가 응축되어 있기 때문이다. 원오의 이 특유함이 때로는 본칙의 분위기를 깨버리는 경우도 있다. 그리고 또 본칙과 본칙의 착어는 제각각 독립된 문장이다. 그러므로 굳이 억지로 연결시켜 읽을 필요는 없다. 그러나 원오의 이 착어 속에는 번개같은 선지(禪智)가 번뜩이고 있기 때문에 결코 소홀히 해서도 안 된다. 그러나 여기선 일단 착어를 그대로 놔두고 본칙의 평창으로 넘어가야 한다.

평창은 본칙공안의 배경과 그 참구방법을 아주 자세하게 기술하고 있기 때문에 때로는 문장이 중복되는 경우가 있다. 이렇게 본칙의 평창을 읽어 본칙의 윤곽을 잡은 다음 이번에는 설두의 송(頌)으로 넘어가자.

송(頌)은 본칙에 대한 경지나 감상을 읊은 시(詩)다. 그러므로 가능하면 소리내어 시를 읊듯(원문을 읽을 경우는 시조를 읊듯) 읊으며 그 뜻을 음미해야 한다. 이런 식으로 송 전체를 읽어 그 윤곽을 잡은 다음 다시 송의 첫 구절로 와서 한 구절 한 구절을 그 뜻이 가슴에 와 닿을 때까지 소리내어 읽어야 한다. 송의 한 구절 한 구절 밑에 붙어 있는 원오의 착어는 여기서도 일단 그대로 놔두고 곧바로 송의 평창으로 넘어가야 한다.

송의 평창은 본칙의 평창에 비해서 문장도 짧고 박진감도 약하다. 이것은 또한 동시에 본칙과 송의 차이점이기도 하다. 송의 평창을 다 읽었다면 이제 다시 맨처음의 수시로 되돌아가야 한다.

가벼운 마음으로 수시를 읽고 난 다음 본칙으로 들어가라. 본칙 한 대목 한 대목을 읽어가면서 그 밑에 붙어있는 본칙의 착어를 읽어야 한다. 이 착어에서 운만 좋다면 마른 하늘에 벼락이 치듯 한 소식(깨달음)을 할 수도 있다. 착어를 모두 읽었다면 다시 한 번 본칙의 평창을 읽어야 한다. 그런 다음 다시 설두의 송을 읊으며 그 한 대목 한 대목 밑에 붙어 있는 송의 착어를 읽어야 한다. 그런 다음 마지막으로 송의 평창을 읽어야 한다. 이렇게 하여 이제 벽암록 한 칙의 읽기가 끝나는 것이다.

그리고 (한문이라서) 원문 읽기가 힘든 사람은 필자의 번역과 해설을 이런 식으로 순서를 밟아 읽으면 된다. 그러면 벽암록의 핵심은 거의 파악할 수 있을 것이다. 지금까지의 〈벽암록 읽기〉 순서를 간추린다면 다음과 같다.

〈벽암록 읽기 제1단계〉
① 수시를 읽을 것 → ② 본칙을 읽을 것 → ③ 본칙의 평창을 읽을 것 → ④ 송을 읽을 것 → ⑤ 송의 평창을 읽을 것.

〈벽암록 읽기 제2단계〉
⑥ 다시 수시를 읽을 것 → ⑦ 다시 본칙을 읽으면서 → ⑧ 본칙의 착어를 읽을 것 → ⑨ 다시 본칙의 평창을 읽을 것 → ⑩ 다시 송을 읽으면서 → ⑪ 송의 착어를 읽을 것 → ⑫ 다시 송의 평창을 읽을 것.

III. 판본과 주석서

벽암록에는 네 개의 판본과 대표적인 두 개의 주석서가 있다.

1. 네 개의 판본

앞서도 언급했지만 원오는 제자들의 요청으로 세 번에 걸쳐 각기 다른 세 곳에서 벽암록을 강의했다.

첫 번째 강의는 그의 나이 40세경 성도(成都)의 소각사(昭覺寺)에서 행해졌다. 이때의 강의노트를 토대로 만들어진 것을 《촉본(蜀本, 趙大師房眞本)》, 또는 《천본(川本, 四川本)》이라고 한다. 이것이 첫 번째 판본이다.

두 번째 강의는 협산(夾山)의 영천원(靈泉院)에서 대대적으로 행해졌다. 이때의 강의노트를 근거로 만들어진 것을 《복본(福本)》이라고 한다. 이것이 두 번째 판본이다. 현재의 유통본(《張本》) 첫머리에는 강의 장소를 바로 이 협산 영천원(靈泉院, 靈泉禪院)으로 기록하고 있는데 그것은 이때의 강의가 가장 핵심적이었기 때문이 아닌가 한다. 여하튼 벽암록은 이 영천원과 가장 인연이 깊다. 《벽암록》의 '벽암(碧巖)'이란 말이 영천원 방장실의 편액에서 유래된 것만 보더라도 이를 충분히 짐작할 수가 있다.[2)]

세 번째 강의는 상서(湘西)의 도림사(道林寺)에서 행해졌다. 이때의 강의노트를 근거로 만들어진 것이 《일야본(一夜本)》 계통인데 이것이 세 번째 판본이다. 두 번째 강의와 세 번째 강의는 정화년(政和年, 1111~1117년)에서 선화년(宣和年, 1119~1125년)에 걸쳐 행해졌다고 한다.

이렇게 세 개의 판본이 유통됐는데 원오의 제자 대혜는 이 세 개의 판본과 이미 간행된 책들을 모두 회수해서 소각해 버렸다. 그러나 그로부터 190년 후 원나라 초(1297~1309년)에 거사 장명원은 흩어진 사본들을 모아 다시 복간했는데 이를 《장본(張本)》이라고 한다. 이것이 바로 네 번째

---

2) 이 영천원에는 지금도 노천온천(露天溫泉)이 나고 있는데 원오는 이 온천수로 차를 달여 마시며 벽암록 강의 초안을 썼다고 한다. 그리고 차인(茶人)들이 즐겨 사용하고 있는 '다선일미(茶禪一味)'라는 말은 원오로부터 비롯됐다는 설이 있다.

판본이다. 지금 우리가 접하고 있는 벽암록은 이《장본》이다.

이《장본》은《촉본》을 저본으로 하고《복본》과《일야본》계통을 참고하여 덧붙이고 뺀 것이다.《촉본》과《복본》은 현재 전하지 않는다. 다만 주석서인《불이초(不二鈔)》와《종전초(種電鈔)》의 인용문에 의해서 추정할 수밖에 없다.

《일야본(一夜本)》은 일본의 선승 도겐(道元, 日本曹洞宗의 始祖)이 송(宋) 유학 당시 신인(神人)의 도움으로 하룻밤(一夜)에 필사했다고 전해지는 책으로서 현재 일본 가하(加賀) 대승사(大乘寺)에 소장돼 있다. 이 소장본을 스즈키(鈴木大拙)가 교정,《불과벽암파관격절(佛果碧巖破關擊節)》(上下 2권)이란 이름으로 1942년 간행(岩波書店)했다. 이때 스즈키가 목인노(木人老) 거사에게 기증한 책이 있는데 지금 필자가 소장하고 있다.

2. 두 개의 주석서

벽암록 주석서는 중국과 우리나라에는 거의 없고 일본에만 집중적으로 있는데 50종이 넘는다. 그러나 이 많은 주석서들 가운데 다음의 두 가지를 쌍벽으로 꼽는다.

《碧巖錄 不二鈔》, 전10권, 禪語辭書類聚 三

저자는 불이사문(不二沙門) 기양방수(岐陽方秀)로 1650년에 목판본으로 간행된 이 주석서는 순한문체로 쓰여졌는데 다음의 두 가지 특징이 있다.

첫째, 벽암록 안에 있는 모든 고사(故事)와 숙어의 출전을 일일이 밝히고 있으며 여기에 저자 자신의 착실한 논평을 가하고 있다. 이는 벽암록 독해뿐 아니라 광범위한 선어사전(禪語辭典)으로서도 충분한 이용가치가 있다. 둘째, 벽암록 본문의 이본(異本) 대조를 최초로 시도하고 있다. 이 주석서는 《장본》을 근거로 《촉본》과 《복본》을 대조, 그 차이점을 상세하게 열거하고 있다. 아울러 이 주석서는 처음부터 끝까지 객관적이며 학구적인 태도로 일관하고 있다. 1993년 일본 禪文化硏究所에서 영인 발행되었다.

《碧巖錄(碧巖錄索引 附 種電鈔)》, 전10권

저자는 대지실통(大智實統)으로 《불이초》보다 89년 늦은 1739년에 목판본으로 출간됐는데 《벽암록(碧巖錄)》을 《벽암집(碧巖集)》이라 쓰고 있다. 이 주석서의 특징은 다음의 네 가지다.

첫째, 《불이초》와 같은 입장에서 치밀한 이본대조를 시도하고 있다는 점이다. 그러나 《불이초》처럼 단순한 이본대조에 그치지 않고 어느 판본의 문장을 택해야 문맥이 통할 수 있는가를 정확히 지적하고 있다. 아울러 이본대조의 대목들이 《불이초》에는 전혀 언급되지 않은 곳이 상당수 포함돼 있다.

둘째, 주로 《벽암록》 문장의 내용해석에 중점을 두고 있다. 저자의 정확한 간파력과 예리한 직곤력은 선수행자들의 공안참구(활구참구)에 적지 않은 도움이 된다. 한소식을 한 선지식이 아니면 이런 식의 주석은 불가능하다.

셋째, 《벽암록》 복간본을 펴낼 때 장명원은 《촉본》을 근거로 《복본》과 《일야본》을 참고하면서 문장을 빼기도 하고 덧붙이기도 했다. 이런 편집 과정에서 빼서는 안될 글자들을 빠버리고 덧붙여서는 안될 대목들을 덧붙인 곳이 적지 않다. 이 주석서에서는 이 점을 감안, 《촉본》과 《복본》을 근거로 문맥이 통하지 않거나 해석이 애매한 곳을 과감하게 자르고 덧붙이는 일을 서슴지 않았다. 이 점을 비판하는 학자들(岩波文庫 新版의 역자들)도 있지만 그러나 이런 수정작업을 거치지 않으면 《벽암록》의 문맥과 해석은 그 투명도가 훨씬 떨어진다. 저자는 분명한 안목으로 자신감을 가지고 이런 빼고 더하기의 수정작업을 시도하고 있다. 필자도 《벽암록》 뜻풀이를 쓰면서 《종전초》의 이런 입장에 적지 않은 도움을 받았다.

넷째, 이 주석서는 《벽암록》 본문 전체(수시, 본칙, 본칙착어, 본칙평창, 송, 송의 착어, 송의 평창)를 수록하고 있다. 그리고 문장의 한 대목 한 대목마다 그 바로 밑에 주석을 붙이고 있기 때문에 본문 이해에 많은 도움이 된다. 그러나 아쉬운 것은 순한문체로 쓰여졌기 때문에 일반독자들이 읽을 수 없다는 점이다. 1994년 일본 禪文化硏究所에서 영인 발행되었다.

이 두 개의 주석서 이외에 중요하다고 생각되는 것들은 다음의 책들이다.

加藤咄堂, 《碧巖錄大講座》 전15권, 일본 平凡社, 1939년.

평범한 거사였던 강의자는 주로 《종전초》의 입장에서 이야기식으로 친절하게 해석을 붙이고 있다. 특히 그 흐름에 따라 벽암록 본문을 단락지은 것은 본문의 체계적인 이해에 많은 도움을 주고 있다. 벽암록에 나오는 선승들의 개인 이야기에 많은 지면을 할애하고 있다.

朝比奈宗源 역주, 《碧巖錄》 전3권, 日本 岩波書店, 1937년.

암파문고 구판. 본문 밑에 주석을 붙이고 왼쪽 페이지에 번역문을 싣고 있는데 지금은 절판됐다. 성실한 번역과 주석인데 속어쪽의 해설이 약하다는 지적이 있다.

入矢義高 外 3인 주석, 《벽암록》 전3권, 일본 岩波書店, 1997년.

암파문고 신판. 한 페이지 상단에는 본문을 하단에는 번역을 그리고 왼쪽으로 몰아서 어휘해석을 붙이고 있다. 이 책의 특징은 최초로 벽암록의 본격적인 속어해석을 시도하고 있다는 점이다. 그러므로 이 책을 보게 되면 그 동안 우리가 벽암록을 얼마나 잘못 읽었는가를 알 수 있다. 한 가지 아쉬운 점은 너무 속어해석에만 치중한 나머지 활구(活句) 대목을 전혀 고려하지 않았다는 것이다.

末木文美士 編, 碧巖錄硏究會 譯,《벽암록》전3권, 일본 岩波書店, 2003.
　벽암록연구회를 결성한 8명의 소장파 일본 학자들이 합심하여 만든 이 책은 벽암록 속어해설의 결정판이라 할 수 있다. 고증(考證)은《불이초》를 참고했고 뜻에 대한 고찰은《종전초》와《벽암록대강좌》(전10권, 加藤咄堂)를 저본으로 삼고 있다. 그러나 아쉬운 것은 활구에 대한 언급이 전혀 없고 단지 단어와 문장의 해설에만 치중하고 있다는 것이다.

白蓮禪書刊行會,《벽암록》전3권, 선림고경총서 35, 36, 37, 藏經閣, 1993년.
　우리나라에서 간행된 단순 번역서. 글자 번역에 치중했다. 그래서 뜻이 잘 통하지 않는 부분이 종종 있다. 그러나 우리나라에서 최초로 벽암록 전문을 옮긴 것이기 때문에 그 나름대로 가치가 있다. 아울러 을유자(乙酉字, 세조 11년(1465년) 제작된 금속활자)로 찍은 벽암록 영인본(보물 제1093호, 삼성출판박물관 소장)을 싣고 있어 흥미롭다.

　이 밖에 몇 개의 번역서가 우리나라에서 더 나왔다. 그러나 그 대부분이 부분번역이거나 아니면 원오의 평창을 모두 빼버린 것들이다. 다음과 같은 현대 중국어판(白話版) 번역본, 영역, 독일어 역, 불어 역 등이 있지만 역시 그 대부분이 사구적인 문자풀이의 수준을 크게 벗어나지 못하고 있다.

任澤鋒 編譯,《碧巖錄》現代 漢語版, 佛光文化事業有限公司, 1997년.
　대만에서 간행된 이 책은 수시와 송을 모두 빼버렸다. 그리고 평창문도 멋대로 잘라서 극히 일부만을 번역하고 주석을 붙였다.

영역(英譯)

R. D. M. Shaw, *The Blue Cliff Records*, London: Michael Joseph, 1961.

T & J. C. Cleary, *The Blue Cliff Records*, Boston & London: Shambhala, 1992. : 단순한 글자 번역이다.

독역(獨譯)

W. Gundert, *Bi-yän-lu*, München: Carl Hanser Verlag, 3 vols., 1960~73. : 벽암록 전역이다.

A. Seidl. *Das Weisheitbuch des Zen*, München: Carl Hanser Verlag, 1988. : 50칙까지 번역이다.

불역(佛譯)

M. Beloni, "Trois cas du PI YEN LOU." in *Tch'an Zen-racines et floraison*, Hermès Nouvelle sèrie 4, Paris: Les Deux Oceans, 1985, pp.271~193. : 제1칙, 63칙, 64칙의 번역이다.

Ⅳ. 공안

1. 공안이란 무엇인가

공안(公案)이란 '깨달은 사람들의 언행이나 선문답'을 뜻한다. 그러나 원래 '공안(公案)'이란 '공부안독(公府案牘)'의 준말로서 여기에는 다음의 세 가지 뜻이 있다.

첫째, (결제가 떨어진) 관공서(公)의 문서(案).

둘째, 국가가 제정한 법률.

셋째, 법원의 최종 판결문.

위의 세 가지는 국민이견 누구나 지키고 따라야만 하는 법령으로서 옳고 그른 걸 판단하는 기준이 된다. 이 '공안'을 선에서는 '누구나 따라야만 하는 절대진리'를 뜻하는 말로 사용하고 있다.

그렇다면 선에서 말하고 있는 절대진리란 어떤 것인가. 구체적으로는 '깨달은 사람들의 언행이나 선문답'을 말한다. 이 언행과 선문답은 문자로 기록되어 어록(語錄)으로 구체화됐는데 이 어록은 후세 수행자들의 규범이 됐다. 선사들의 이 언행이나 선문답은 국가의 법률이 절대적 권위를 갖듯 수행자라면 누구나 다라야만 하는 절대적 권위를 가지고 있다. 그와 동시에 이것은 수행자가 깨치고 못 깨치고를 판정하는 그 기준이 되기도 한다. 그래서 관공서의 문서인 공안(公案)에 비긴 것이다.

이 '공안'이란 말을 선의 전용어로 처음 쓴 사람은 황벽(黃檗)과 목주(睦州)였다. 이 공안은 당대(唐代)에 시작되어 송대(宋代)에 와서 아주 성행했다. 조주(趙州)와 운문(雲門) 등은 특히 이 공안의 대가들이었다. 《전등록(傳燈錄)》 등에는 당시의 공안 1700여 가지가 총망라되어 있다. 《벽암록》에는 이 1700공안 가운데 100개를 간추려서 기본 골격을 이루고 있다.

2. 공안의 이중구조 — 활구(活句)와 사구(死句)

모든 공안은 예외없이 활구(活句)와 사구(死句)의 이중구조로 되어 있다.
'활구'란 무엇인가. 그것은 문자해석만으로는 그 참뜻을 알 수 없는 대목을 말한다. 말하자면 언어나 문자적인 해석이 불가능한 곳이다. '사구'란 문자풀이만으로도 충분히 그 뜻을 알 수 있는 부분을 말한다. 활구가 공안의 내부라면 사구는 공안의 외곽에 해당한다. 덕산연밀(德山緣密)은 다음과 같이 말했다.

> 말 가운데 말이 없는 것을 '활구'라 하고
> 말 가운데 말이 있는 것을 '사구'라 한다.
> (語中無語 名爲活句 語中有語 名爲死句)

'말 가운데 말이 없다[語中無語]'는 것은 문자로 해석할 수는 있지만 그러나 문자해석만으로는 그 참뜻을 알 수가 없다는 뜻이다. '말 가운데 말이 있다[語中有語]'는 것은 문자해석만으로도 충분히 그 속뜻을 알 수 있다는 뜻이다.

선수행자들이 공안을 통해서 깨닫는 것은 사구적인 부분이 아니라 활구를 통해서이다. 이 활구는 대체적으로 수행자의 물음에 대한 선사의 대답이 주류를 이루고 있다. 그러나 때로는 수행자를 시험하기 위하여 선사가 활구로 묻는 경우도 있고 경전의 어느 한 구절이나 옛 조사들의 언어나 행동을 활구로 빌려 쓰는 경우도 있다.

이 활구에 지속적으로 의문을 제기하고 집중(공안참구)함으로써 어느 날 문득 문자해석이 불가능한 부분을 직접 감지하게 된다. 이것을 일러 '공안(활구적인 부분)을 부셔버렸다[公案打破]' 또는 '한소식했다' '견성(見性)[3]했다'고 하는 것이다.

그러나 대부분의 사람들은 공안 전체를 그냥 사구적인 문자해석식으로만 이해하려 하고 있다. 그러나 활구를 사구적으로 해석하여 알려고 한다면 절대로 관념적인 이해의 수준을 넘어가지 못한다. 머리로서의 이해를 통해서는, 이 분별심을 통해서는, 해탈은커녕 중생제도는커녕 자기 자신조차 구제할 수가 없다. 그러나 이 활구 참구(參究, 끊임없는 의문제기와 집중)를 통해서 직접체험을 하게 되면 그 직관력은, 그 예지의 빛은 영원히 꺼지지 않는다. 또 덕산연밀은 다음과 같이 말했다.

반드시 활구를 참구하고 사구는 참구하지 말라. 활구를 통해서 힘을 얻게 되면 그 지혜의 빛은 영원히 꺼지지 않는다. 그러나 사구를 통해서 힘을 얻게 되면 자기 자신조차 구제할 수가 없다(須參活句 莫參死句 活句下薦得 永劫不忘 死句下薦得 自求不了).

필자가 토를 달고 번역하고 주와 해설을 붙인 본 《벽암록》에서는 100칙 공안 하나하나마다 어느 대목이 활구이고 사구인지를 정확히 구분했다. 공안 속의 활구 부분은 (몇 개의 예외를 제외하고는 대부분) 한자음을 적은 다음 괄호를 열고 한자를 써넣고 쉼표(,)를 찍고 글자풀이를 해 놓았다. 그리고 사구 부분은 그냥 글자풀이만을 실었다. 일례를 든다면 다음과 같다.

승이 파릉에게 물었다.
"어떤 것이 취모검입니까?" ㉠
파릉이 대답했다.

---

3) 원칙적으로는 '견성'이 아니라 '현성'으로 읽어야 한다. 왜냐하면 여기서의 '見'자는 '(성품을) 보다(견)'는 뜻이 아니라 '(성품이) 드러나다(현)'는 의미이기 때문이다.

"산호지지탱착월(珊瑚枝枝撐著月, 산호의 가지마다 달빛을 받아 빛나고 있다.)" ⓒ

―《벽암록》, 제100칙「巴陵吹毛劍」

㉠은 사구 부분이요, ㉡은 활구 부분이다.

그렇다면 "왜 ㉠(의 부분)이 사구이고 ㉡(의 부분)이 활구인가"라고 묻는다면 이 물음 자체가 바로 공안참구의 시작이라는 걸 알아야 한다. 이제 더 이상의 설명은 불가능하다. 그래도 굳이 설명을 필요로 한다면 그 물음 자체를 설명으로 되받아 쓰는 방법밖에 없다. 즉, "왜 ㉠(의 부분)이 사구이고 ㉡(의 부분)이 활구인가"라고 묻는 그대에게 "왜 ㉠(의 부분)이 사구이고 ㉡(의 부분)이 활구인가"라고 반문하는 방법밖에 없다. 이 반문이 바로 물음에 대한 대답이다.

왜냐하면 우리는 지금 언어의 한계점에 도달했기 때문이다. 이 의문을 통해서, 이 의문에의 응집력을 통해서 그대 자신이 온통 의문의 덩어리(疑團)가 되어 이 언어의 한계를 돌파해야 한다. 그래야만 비로소 왜 "㉠(의 부분)을 사구라 하고 ㉡(의 부분)을 활구라 하는지" 그대 스스로가 알게 될 것이다. 그래서 수산성념(首山省念)은 이렇게 말했던 것이다.

물음은 대답 속에 있고 대답은 물음 속에 있다(問在答處 答在問處).

'공안'은 또한 '화두(話頭)'[4]라고도 하는데 이 경우 '공안'이란 '사구 부분과 활구 대목 전체'를 말하는 것이요, '화두'란 단지 '활구만을 지칭하는 것'이다. 간화선(看話禪)에서의 '간(看)'은 '참구(參究, 탐구, 의문제기)한다'는 뜻이요, '화(話)'란 화두(활구)를 말하는 것이다. 즉 간화선

---

4) 여기서의 '두(頭)'는 뜻이 없는 접미사이다.

이란 '공안 속의 화두(활구)를 참구하는 참선수행 방법'을 일컫는 것이다.

3. 공안참구

공안참구(公案參究)란 '공안 속의 활구를 참구(탐구)하는 것'이다. 그러므로 정확히 말하자면 '활구참구'라 해야 맞는다. 이 활구를 참구하지 않으면 공안의 암호를 풀 수가 없다. 공안의 암호를 풀지 못하면 공안을 꿰뚫을 수가 없다. 공안을 꿰뚫지 못하면 깨달음의 체험은 불가능하다. 그래서 예로부터 선수행자들은 공안의 암호를 풀기 위하여(공안 속의 활구를 꿰뚫기 위하여) 목숨을 내걸고 덤벼들었던 것이다.

사실 공안의 암호를 풀고 보면 열쇠는 의외로 가까운 데 있다는 걸 알게 된다. 그러나 문제는 나 자신이 지금 너무 멀리 나가 있다는 것이다. 너무 거창한 걸 바라보고 있다는 것이다. 수행의 이 거품현상이 빠질 때, 그리하여 정말 아무것도 없는 나 자신일 때, 단지 이 심장이 뛰고 있다는 이것 하나만으로 무한한 고마움을 느낄 때 바로 그 순간 공안의 암호는 어이없이 풀려버리고 만다. 잔잔한 아침햇살로 밀려오는 그 법열과 함께……

그러나 이렇게 되기 위해서 얼마나 많은 걸 버려야 한단 말인가. 사실 공안참구의 수행은 버리는 연습에 지나지 않는다. 생각을, 감정을, 그리고 그 많은 선입관과 지식을 미련없이 버릴 수 있을 때, 그리하여 정말로 아무것도 모르는 바보천치가 될 때, 바로 그때 이 활구의 문은 열린다.

그러나 버린다는 것은 말처럼 그렇게 쉽지가 않다. 물건이라면 그냥 버리면 된다. 그러나 나의 일부가 돼버린, 아니 나의 전체가 되다시피한 이 생각들과 관념들, 가치관들, 감정들, 선입관들을 어떻게 어떤 식으로 버려야 한단 말인가. 보이지도 않는 이것들을 무슨 수로 떼버릴 수 있단 말인

가. 버리면 버릴수록 더욱더 찰거머리처럼 달라붙는 이 찐득이들을 도대체 무슨 재주로 떼버릴 수 있단 말인가.
　보이지 않는 이것들을 버리려면 거기에는 그 나름대로의 어떤 방법이 필요하다. 그러므로 버리기에 앞서, 공안참구에 앞서 그 예비단계로서 다음의 다섯 가지를 알아둘 필요가 있다.

　첫째, 이 일상을 떠나지 말아야 한다.
　공안참구를 한다면, 수행을 한다면 으레히 이 일상생활을 떠나는 걸로 우리는 잘못 알고 있다. 그러나 이 일상생활을 떠나선 안 된다. 내가 서 있는 이 자리에서 지금 바로 시작하는 것이다. 무엇을 하든 무슨 생각을 하든 관계없이 공안참구는 가능하다. 이 일상생활과 공안참구는 얼마든지 병행이 가능하다.

　　선수행을 하기 위해서 반드시 깊은 산으로 들어갈 필요는 없다. 번뇌의 불꽃만 꺼지면 거기 그 자리가 바로 깊은 산 속이다(安禪不必須山水 滅却心頭火自凉).
　　　　　　　　　　　　　　　　　　　《벽암록》제43칙 본칙평창

　　불법(佛法)은 일상생활 속에 있다. 가고 머물고 앉고 눕는 곳에 있다. 차 마시고 밥 먹는 곳에 있다. 말하고 질문하는 곳에 있다. 그러므로 이 일상생활을 떠나 별도로 참선수행을 하기 위하여 마음을 내고 생각을 움직이게 되면 그것은 옳지 않다(佛法在日用處 行住坐臥處 喫茶喫飯處 語言相問處 所作所爲處 擧心動念 又卻不是也).
　　　　　　　　　　　　　　　　　　　　　　　《書狀》答陳少卿

　둘째, 이 삶 속으로 가라.
　우리의 본성은 고정돼 있지 않고 끊임없이 움직이고 있다. 상황상황에 따라 희로애락의 온갖 드라마를 연출하고 있다. 그러므로 진정한 수행자는 이 삶을 떠나지 않는다. 삶의 이 역동적인 에너지 속에서 실질적인 공안참구는 가능하다. 의문부호의 줄기찬 반복은 가능하다. 그러나 이 삶을 떠나서는 거기 의문부호도 수행도 아무것도 없다.

우리의 본성(眞如)은 한 자리에만 머물지 않는다. / 인연을 따라 희로애락의 온갖 드라마를 연출하고 있다(眞如不守自性 隨緣成就一切事法).
《書狀》答曾侍郎

셋째, 확고한 신념을 가져라.

사방은 온통 가르치려는 사람들로 꽉 차 있다. 모두들 가르치려고만 했지 배우려는 이는 드물다. 이렇듯 고두가 자기 자신을 강조하고만 있기 때문에 웬만큼 신념이 굳세지 않으면 흔들리게 된다. 왜냐하면 그네들은 사탕이라는 이름으로, 가족이라는 이름으로, 친구라는 이름으로 다가오고 있기 때문이다.

선수행자는 냉정해야 한다. 찔려도 피 한 방울 나오지 않을 정도로 그렇게 독해야 한다. 일단 이 길로 접어들어 섰으면 이제 어느 누구의 말에도 흔들리지 말아야 한다. 이 사람 말 듣고 저 사람 말 다 듣다가는 아무 데로도 갈 수가 없다.

이 길을 가는 이는 신념이 굳세야 한다. 신념이 굳세지 않으면 점쟁이 말만을 듣는 사람같이 돼 버린다. 동쪽을 말하는 사람을 보면 동쪽으로 달려가고 또 서쪽을 말하는 사람을 보면 서쪽으로 따라가게 된다. 그러나 신념이 굳세다면 이제 어느 누구의 말에도 절대 동요하지 않는다(學此道須有決定志 若無決定志 則如聽聲卜者 見人說東 便隨人向東走 說西便隨人向西走 若有決定志 則把得住 作得主宰).
《書狀》答湯丞相

넷째, 너무 죄지도 말고 너무 풀지도 말라.

너무 급히 가려 하지 말라. 몸이 피곤하고 마음이 상한다. 너무 느려서도 안 된다. 거기 아무 진전이 없다. 수행의 비결은 저 레닌의 전법인 '이보 전진 일 보 후퇴'다. 두 걸음 앞으로 나간 다음 한 걸음 뒤로 물러서는 것이다. 조였다가 너무 팽팽하다 싶으면 살짝 풀어주고 너무 느슨하다 싶으면 다시 약간씩 조여 주는 것이다.

급히 서두르지 말라. 서두르면 그럴수록 더디게 된다. 또한 너무 풀지도 말라. 풀기만 하면 게을러진다. 마치 현악기의 줄을 고르는 것과 같아서 너무 조이지도 않고 너무 풀지도 않는 그 중간쯤에서야 비로소 제 소리가 난다(第一不要急 急則轉遲矣 又不得緩 緩則怠隨矣 如調琴之法 緊緩要得中 方成曲調).

《書狀》

다섯째, 머리로만 아는 것은 금물이다.

공안의 활구는 이해의 차원이 아니라 체험의 세계다. 그런데 사람들은 머리만의 이해로 활구를 알려하고 있다. 이것은 소위 지식인이라는 사람들이 저지르는 실수다. 구체적인 체험이 없이 단지 머리로만 이해하는 바로 그 순간 벗이여, 그대는 캄캄한 암흑 속에 있다는 걸 알아야 한다. 그리하여 그 지식과 이론이 모두 무용지물이 되어 버릴 때 거기 공안의 암호는 풀린다.

요즘의 지식인들은 참 조급하다. 공안의 활구를 지금 당장 알려고 경전을 뒤지고 조사어록을 훑는다. 그리하여 지금 당장 이 자리에서 분명한 답을 얻으려 하고 있다. 그러나 머리로만 아는 것은 전혀 모르는 것이다.—라는 이 사실을 모르고 있다. 만일 조주의 '無'자 화두를 꿰뚫게 되면 알고 모르고…… 그런 걸 두 번 다시 남에게 물을 필요가 없게 된다(而今士大夫多是

急性 便要會禪 於經敎上及 祖師言句中博量 要說得分曉 殊不知分曉處 卻
是不分曉底事 若透得箇無字 分曉不分曉 不著問人矣).

《書狀》答宗直閣

이제 본격적인 공안참구다.

공안참구, 즉 '공안 속의 활구참구'는 내가 참구하려고 택한 바로 그 활구에 끊임없이 의문을 던지는 것이다. 나 자신 전체가 그대로 의문부호가 될 때까지…… 그러나 아무리 의문을 던져도 화두(활구)가 뚫리지 않는다면 어찌해야 하는가. 이런 경우엔 화두를 바꾸려고 하지 말고 꿰뚫지 못한 바로 그곳에서 다시 한 번 박차고 일어나 앞으로 나아가야 한다. 이것이 바로 공안참구의 비결이다. 그럼 그 구체적인 예를 들어보자

어떤 승이 운문에게 물었다.
"한생각도 일으키지 않았는데 (여기) 잘못이 있습니까?"
운문이 대답했다.
"수미산(須彌山)."

이것은 '운문수미(雲門須彌)'(《從容錄》 제19칙)란 공안이다. 수미산은 고대인도 신화에서 우주의 중심에 있다는 전설적인 산이다. 또 일설에 의하면 이 지구의 에너지 중심축인 히말라야 까일라쉬 산(Mt. Kailash)을 뜻한다고도 한다. 여하튼 운문은 지금 이 승의 잘못이 '(수미산처럼) 아주 높다(많다)'는 뜻으로 수미산이란 말을 쓰고 있다. 왜냐하면 한 생각도 일으키지 않았다는 이 자체가 바로 또 하나의 생각이기 때문이다. ……

그러나 이건 어디까지나 사구적인 글자풀이식 해석일 뿐이다. 사실 운문의 이 수미산은 글자풀이만으로는 그 참뜻을 전혀 알 수 없는 활구다. 그러므로 처음부터 아예 이런 식의 이치적인 설명을 접어두고 다음과 같

은 의문을 던져야 한다.

"한생각도 일으키지 않았는데 (여기) 잘못이 있습니까? 없습니까?"라고 물었다. 그런데 운문은 왜 느닷없이 '수미산'이라고 했을까. '수미산? 수미산? 이게 도대체 무슨 뜻일까……?'

이런 식으로 마음 속에서 줄기차게 의문을 던져야 한다. 그리하여 그대의 모든 관심을 이 의문에 집중하게 되면 그대는 그냥 의문의 덩어리가 된다. 이것을 선의 전문용어로는 '의단(疑團, 의문덩어리)'이라고 하는데 이 부단한 의문의 제기가 바로 공안참구(公案參究, 활구참구)인 것이다.

만일 여기서 의문을 꿰뚫지 못했다면 꿰뚫지 못한 여기서 다시 박차고 일어나 의문을 던져야 한다. 잔머리를 굴리거나 이치적으로 이해하려 해서는 절대 안 된다. 만일 운문(雲門)을 믿는다면 다만 이렇게 참구하라. 이 이상 더 좋은 방법은 없다. 그러나 만일 운문을 믿을 수 없다면 강북(江北, 양자강 이북)과 강남(江南, 양자강 이남)의 노장들을 찾아다니며 물어 보라. 하나의 의문점이 풀리면 그것이 계기가 되어 또 하나의 의문이 생길 것이다(這裏疑不破 只在這裏參 更不必自生枝葉也 若信得雲門及 但恁麼參 別無佛法指似人 若信不及一任江北江南問王老 一狐疑了一狐疑).

《書狀》答曾侍郎

천 가지 만 가지 의문을 다만 이 한 가지 의문(공안참구)에 모아라. 그리하여 화두에 대한 의문이 뚫리게 되면 이전의 천 가지 만 가지 의문은 일시에 뚫리게 된다. 그러나 아직 이 화두에 대한 의문을 꿰뚫지 못했다면 죽자사자 이 화두만을 물고 늘어져라. 만일 이 화두를 버리고 또 다른 언어문자에 의문을 제기하거나 옛 사람들의 공안(공안의 사구)에 의문을 제기하거나 일상생활 속에서 의문을 제기한다면 이것은 모두 잘못된 길이다(千疑萬疑 只是一疑 話頭上疑破 則千疑萬疑一時破 話頭不破則且就話頭上與之廝崖 若棄了話頭 卻去別文字上起疑 經教上起疑 古人公案上起疑 日用塵勞中起疑 皆是邪魔眷屬).

《書狀》答呂郎中

그러나 은근히 화두가 뚫리기를 기대해서는 안 된다. 만일 이런 마음이 있다면 화두는 절대로 뚫리지 않는다. 다만 번뇌망상의 마음과 사량분별심, 그리고 삶을 좋아하고 죽음을 싫어하는 마음과 이치로 따지고 언어문자로 해석하려는 마음, 고요한 걸 좋아하고 시끄러운 걸 싫어하는 마음을 일시에 놔버리고 놔버린 바로 그곳에서 화두에 집중하라.

어떤 승이 조주에게 물었다. "개도 불성이 있습니까?" 조주는 "무(無, 없다)"라고 했는데, 이것이 바로 그 유명한 조주의 '무(無)'자 공안이다. 조주의 이 '無'자는 모든 잘못된 앎과 잘못된 깨달음(사이비 깨달음)을 꺾어버리는 주장자다. 조주의 이 '無'자를 有·無의 無로 생각해서는 안 된다. 이치적으로 알려해도 안 된다. 두 눈을 깜박이는 것으로 그 참뜻을 꿰뚫려 해도 안 된다. 언어문자를 통해서 알려 해도 안 된다. 그러나 그렇다고 무작정 무사안일 속에만 안주해도 안 된다.

이 '無'자를 거론하는 순간 아! 하고 알려 하지도 말라. 언어문자를 통해서 그 참뜻을 증명하려 하지도 말라. 하루 24시간 가고 머물고 앉고 누울 때 수시로 이 '無'자를 붙들고 늘어져라. "개에게도 불성이 있느냐고 물었는데 조주는 왜 '無'라 했을까?"—하고 줄기차게 의문을 제기하면서…… 이렇게 일상을 떠나지 않고 부단히 의문을 제기하여 가다 보면 어느 날 문득 펑! 뚫리게 된다.

공안참구를 할 동안은 어디서 구슨 일이 일어나든 전혀 관심을 갖지 말라. 옛 사람은 말하길 "내 속에는 지금 살아 굽이치고 있는 '조사의 뜻(祖師意)'이 있다. 그러므로 그 누구도 그 어떤 것도 이 조사의 뜻을 가로막거나 방해하지 못한다"고 했다.

만일 이 일상을 떠나서 별도로 공안참구를 하려 한다면 이건 잘못이다. 그것은 마치 파도를 떠나서 물을 찾는 식이요, 황금의 그릇을 버리고 황금을 찾는 식이다. 그러므로 찾으면 찾을수록 점점 더 멀어지게 된다(然切不可存心待破 若存心在破處 則永劫無有破時 但將妄想顚倒底心 思量分別底心 好生惡死底心 知見解會底心 欣靜厭鬧底心 一時按下 只就按下處看箇話頭 僧問趙州 狗子還有佛性也無 州云無 此一字子 及是摧許多惡知惡覺底器仗也 不得作有無會 不得作道理會 不得向意根下思量卜度 不得向揚眉瞬目處挆根 不得向語路上作活計 不得颺在無事甲裏 不得向擧起處承當 不得向文字中引證 但向十二時中四威儀內 時時提撕 時時擧覺 狗子還有佛性也無 云無 不離日用 試如此做工夫看月十日便自見得也 一郡千里之事都不相妨 古人云 我這裏是活底祖師意 有甚麼物能拘執他 若離日用 別有趣向 則是離波求水 離器求金 求之愈遠矣).

《書狀》答富樞密

화두를 들 적에는(활구에 대하여 의문을 제기할 적에는) 절대로 잔머리를 굴리거나 기교를 부리지 말라. 다만 걸어가고 머물고 앉고 눕는 곳에서 화두가(활구에 대한 의문이) 끊어지지 않게 하라. 희로애락이 일어나면 그대로 놔두라. 긍정하거나 부정하지 말라.―이렇게 하여 화두가 끊어지지 않고(활구에 대한 의문제기가 틈이 나지 않고) 이어지게 되면 문득 앞이 꽉 막혀버리는 듯한 답답함이 느껴진다. 아무런 재미도 없고 괴롭기 만하다.

그러나 바로 이 상태야말로 이전의 내가 죽고 새로운 내가 태어나려는 순간이다. 명심하고 명심하라. 보통은 이 상태에서 그만 뒤로 물러나게 되는데 이런 상태가 오거든 절대로 물러서지 말라. 그대는 지금 마지막 관문을 뚫고 지나가는 순간이다. 이 문만 지나가면 꽃 피고 새 우는 봄이다. 부처가 되고 조사가 되는 소식이다(擧話時都不用作許多伎倆 但行住坐臥處勿令間斷 喜怒哀樂處 莫生分別 擧來擧去 看來看去 覺得沒理路 沒滋味 心頭熱悶時

便是當人放身命處也 記取記取 莫見如此境界便退心 如此境界正是成佛作祖底消息也).

《書狀》答宗直閣

4. 공안타파

　공안타파(公案打破)는 활구타파(活句打破)를 말하는 것으로서 마침내 공안의 암호를 푼 순간이다. 이걸 선에서는 '한소식했다'라고 말한다. 그러나 공안의 암호가 풀리는 순간은 너무나 조용하다. 그것은 마치 찬란한 해가 뜨기 전의 여명과도 같다.

　깨닫는 때(悟時)는 별도로 정해져 있지 않다. 어느 날 문득 그렇게 깨닫게 된다. 깨닫는다는 것은 또한 주변 사람들을 깜짝 놀라게 하는 그런 것이 아니다. 깨닫는 순간은 조용하기 이를 데 없다. 이렇게 화두를 꿰뚫게 되면 이제부터는 부처에 대해서, 역대 조사들에 대해서, 이 삶과 죽음에 대해서 더 이상 의문점이 없게 된다. 그리하여 의문점이 전혀 없는 이 경지에 이르게 되면 이것이 바로 부처의 경지다(悟時亦無時節 亦不驚群動衆 卽時怗怗地 自然不疑佛 不疑祖 不疑生 不疑死 得到不疑之地 便是佛地也).

《書狀》答呂舍人

　화두(활구)를 꿰뚫었다면 그걸 사람들에게 말해선 안 된다 스스로 체험한 것은 다른 사람에게 말해 주거나 내보일 수가 없다. 오직 스스로 체험하여 꿰뚫은 자만이 눈짓 하나 손짓 하나 만으로도 묵묵히 서로가 서로를 알아볼 수 있는 것이다(語證則 不可示人 …… 自證自得處 拈出呈似人不得 唯親證親得者 略露目前些子 彼此便默默相契矣).

《書狀》答樓樞密

깨닫게 되면 이치적으로는 적어도 이 모든 차별과 구속에서 풀려나게 된다. 그러나 실질적인 이 삶 속에서 이렇게 살아가기 위해선 점차적으로 집착심을 버리는 연습을 해야만 한다. 이렇게 오래오래 잘 무르익게 되면(성실하게 수행을 하게 되면) 자연히 본연의 마음에 부합하게 된다. 그러므로 더 이상 특별히 초능력이나 다른 어떤 기찬 것을 구하려 해서는 안 된다(理則頓悟 乘悟倂鎖 事則漸(非頓)除 因次第盡 …… 久久純熟 自然默默契自本心矣 不必別求 殊勝奇特也).

《書狀》答李參政

생각이 일어나는 걸 두려워 말라. '생각이 일어났다'는 이 사실을 뒤늦게 알아차린 이걸 두려워하라(不怕念起 唯恐覺遲).

《書狀》答汪內翰

생각이 일어나거든 따라가지 말라. 따라가지 말고 그저 지켜보기만 하라(念起不隨去 但觀念去來).

《石門文字禪》

5. 선수행의 공덕

화두(활구)를 열심히 참구했음에도 불구하고 화두를 꿰뚫지 못했다면 어찌되는가. 이건 분명 허송세월을 보낸 게 아닌가. 진작 경전공부를 했거나 염불을 했거나 불사(佛事, 절을 짓는 일)를 했더라면 지금쯤 많은 걸 얻지 않았겠는가.—오랫동안 선수행을 한 이들은 누구나 한번쯤은 이런 회의감에 빠지게 된다.

그러나 걱정하지 않아도 된다. 선수행을 통해서 설령 깨닫지 못했다 하더라도 그 수행 공덕은 결코 무효화되지 않는다. 그 수행공덕으로 다음 생에는 절대로 어두운 곳에 태어나지 않는다. 선수행을 통해 다져진 그 정진력(精進力, 수행력)은 그대를 빛의 세계로 이끌 것이다. 그리하여 다시금 그대는 수행자의 길을 가게 될 것이다. 깨달음의 문이 열리고 완성되는 그 순간까지…….

처음 수행자로 입문했을 때의 그 마음(初心)을 잃지 말아야 한다. 내 마음과 생각들은 이 세상의 온갖 궂은 일에 만신창이가 돼 버렸다. 그러나 세파에 시달린 이 마음과 생각을 그대로 공부(공안참구)쪽으로 잡아 돌려야 한다.

비록 금생에 공안(활구)을 꿰뚫지 못한다 하더라도 임종시에는 결코 악업에 끌려 악도(惡道)에 떨어지지 않는다. 내생에 어딘가에 다시 태어나더라도 금생의 원력(願力, 바람)에 따라 다시금 수행자의 길을 가게 될 것이다. 이건 분명한 일이니 추호도 의심해서는 안 된다(苟念念不退初心 把自家心識緣世間塵勞底 回來抵在般若上 雖今生打未徹 臨命終時 定不爲惡業所牽 流落惡道 來生出頭隨我今生願力 定在般若中現成受用 此是決定底事 無可疑者).

《書狀》答曾侍郎

참고 · 인용 문헌

《碧巖錄 不二鈔》岐陽方秀, 禪文化研究所, 1650.
《碧巖集 種電鈔》大智實統, 禪文化研究所, 1739.
鈴木大拙 校訂,《佛果碧巖破關擊節》(一夜本), 岩波書店, 1942.
加藤咄堂,《碧巖錄大講座》(전15권) 平凡社, 1939.
朝比奈宗源,《碧巖錄》(岩波文庫舊本, 전3권) 岩波書店, 1937.
入矢義高 外 三人,《碧巖錄》(岩波文庫新本, 전3권) 岩波書店, 1997.
末木文美士 編, 碧巖錄硏究會 譯,《碧巖錄》(전3권) 岩波書店, 2003.

伊藤猷典,《碧巖集定本》, 理想社, 1963.
《大慧禪師語錄》禪藏 32, 佛光出版社, 1994.
魏道儒,《宋代禪宗文化》, 中州古籍出版社, 1994.
鄭性本 著,《선의 역사와 사상》, 불교시대사, 2000.

普照 序

　　至聖命脈, 列祖大機와 換骨靈方, 頤神妙術은 其惟雪竇禪師니 具超宗越格正眼하야 提掇正令에 不露風規라 秉烹佛煆祖鉗鎚하야 頌出衲僧向上巴鼻라 銀山鐵壁이거니 孰敢鑽硏이리요 蚊咬鐵牛가 難爲下口니 不逢大匠이면 焉悉玄微리요 粵有佛果老人하니 住碧巖日에 學者迷而請益할새 老人愍以垂慈하야 剔抉淵源하고 剖析底理하야 當陽直指하니 豈立見知리요 百則公案을 從頭一串穿來하야 一隊老漢을 次第로 總將按過하니라 須知趙璧은 本無瑕纇니 相如가 謾詿秦王이요 至道는 實乎無言이나 宗師가 垂慈救弊라 儻如是見인댄 方知徹底老婆하리라 其或泥句沈言하면 未免滅佛種族하리라 普照는 幸親師席하야 得聞未聞하니라 道友가 集成簡編하니 鄙拙이 叙其本末하니라

　　　　　　時建炎戊申暮春晦日 參學嗣祖比丘普照謹序

　　불조의 혜명과 역대 조사들의 큰 도량, 범부를 성인으로 바꾸는 영묘한 비방(秘方)과 정신을 순화시키는 묘술을(아는 이는 오직) 설두 선사가 있을 뿐이다. (선사는) 종파를 초월하고 격식을 뛰어넘은 안목을 갖췄나니 진리의 올바른 법령을 들어 보임에 있어서 (절대) 겉으로 그 모습을 드러내지 않았다. (선사는) 부처와 조사를 제련시키는 망치로 수행자들의 수행력이 향상될 수 있는 근거(벽암록의 근거가 된 공안 백칙)를 제시했으니 그

것은 마치 은산 철벽과 같아 예사로운 접근이 불가능하다. 마치 모기가 무쇠로 만든 소를 물어뜯는 것과 같아서 뚫고 들어갈 틈이 없으니 거장을 만나지 않으면 어찌 그 오묘한 이치를 알 수 있겠는가.

여기 원오 노사(老師)가 있으니 벽암〔靈泉院碧巖方丈室〕에 머물 때 수행자들이 그 뜻을 잘 몰라 미혹을 깨우쳐 주길 청했다. 노사께서는 이를 연민히 여겨 자비심으로 근원을 찾아내고 그 깊은 뜻을 해석해 내어 분명하게 가리켜 보였으니 (여기에) 어찌 사사로운 견해가 있었겠는가. 공안 백칙을 첫머리에서부터 (끝까지) 하나로 꿰어 조사들을 차례로 점검했던 것이다. 화씨(和氏)의 옥(玉)에는 본래 흠집이 없었으나 인상여가 진왕을 속였듯이, 도는 본래 말로 설명할 수 없으나 종사(宗師, 원오 노사)께서 자비를 베풀어 말로써 그 잘못을 바로잡아 줬던 것이다.—이렇게 이해한다면 비로소 (원오 노사의) 간절한 마음을 알게 될 것이다. 그러나 언어문자에만 얽매인다면 구제불능을 면치 못할 것이다. 나 보조는 다행히도 원오 노사를 가까이 모시고 지금껏 듣지 못했던 (법문을) 들을 수 있었다. 도반들이 (노사의 말씀을) 모아 책으로 엮으니 못난 내가 그 자초지종을 여기 적는다.

건염 무신(建炎 戊申, 1128년)
늦은 봄 그믐날에
제자 보조(普照)는 삼가 서문을 쓰다

❦ ❦ ❦

설두와 원오에 대한 언급으로 처음과 끝이 이어지고 있다. 서문을 쓴 보조는 원오의 법을 이은 제자 가운데 한 사람이다. 그는 이 벽암록강의를 직접 들었던 인물로 깊은 감회에 젖어 이 글을 쓰고 있다. 서문을 쓰는 마음가짐이 아주 겸손하다. 특별히 해설을 붙여야 할 어려운 대목은 별로 없다.

方回 序

自《四十二章經》入中國하야 始知有佛이요 自達磨至六祖傳衣하야 始有言句라 日本來無一物爲南宗이요 曰時時勤拂拭爲北宗이니 於是有禪宗頌古行世라 其徒有翻案法하야 呵佛罵祖를 無所不爲니 間有深得吾詩家活法者라 然所謂第一義는 焉用言句리요 雪竇, 圜悟老婆心切이나 大慧가 已一炬丙之矣라 嶺中張燁明遠은 燃死灰하야 復板行하니 亦所謂老婆心切者歟아

大德四年庚子四月初八日癸丑 紫陽山方回萬里序

《사십이장경》이 중국에 들어오면서 비로소 부처가 있다는 걸 알게 됐고, 달마대사로부터 육조혜능에 이르기까지 의발(衣鉢)을 대대로 전해오면서 비로소 (禪의) 언어가 있게 되었다. 이 가운데 '한 물건도 없음〔本來無一物〕'을 주장한 것을 남종(南宗)이라 하고 '부지런히 갈고 닦음〔時時勤拂拭〕'을 주장한 것을 북종(北宗)이라 한다. 이로부터 선종의 송고(頌古)가 세상에 퍼지게 됐다. 그 (선종의) 무리들에게는 기존의 주장을 뒤집어엎는 수완이 있어서 부처를 꾸짖고 조사를 욕하는 등 하지 못하는 바가 없었다. 그 중에는 우리 시가(詩家)의 활법(活法)을 얻은 자가 있었다. 그러나 궁극적인 진리를 어찌 언어문자로 표현할 수 있겠는가. 설두와 원오는 노파심이 간절(하여 벽암록을 강의)했으나 대혜는 (이 벽암록을) 불질러

버리고 말았다. 그 후 우중(嵎中) 땅의 장위(張煒)라는 이가 다 타버린 재에 불을 붙여 다시 (벽암록을) 판각했으니 이 또한 노파심의 발로가 아니겠는가.

대덕 4년 경자(大德 四年 庚子, 1300년)
사월초파일 계축
자양산 방회만리(紫陽山 方回萬里)는 서문을 쓰다

방회의 서문은 짧지만 이 속에는 중국불교 전래의 이야기며, 속전속결식의 수행〔頓悟〕을 주장하는 혜능풍의 남종과 점진적인 수행〔漸修〕을 주장하는 신수풍의 북종에 대한 언급이 있다. 설두의 백칙송고에 평창을 붙여 《벽암록》을 완성시킨 원오의 이야기가 있다. 그리고 이 벽암록판을 태워버린 대혜종고에 관한 언급이 있으며, 소각 후에 잔여본을 모아 다시 복각(復刻)판을 낸 장명원의 이야기가 있다.

周馳 序

《碧巖集》者는 圜悟大師之所述也라 其大弟子大慧禪師가 乃焚棄其書라 世間種種法은 皆忌執著이니 釋子所歸敬莫如佛이나 猶有時而罵之니 蓋有我而無彼하며 由我而不由彼也라 舍己徇物하면 必至於失己라 夫心與道一이며 道與萬物一이라 充滿太虛커니 何適而非道리오 第常人觀之컨대 能見其所見이오 而不見其所不見이라 求之於人하면 而人語之라도 如東坡日喩之說하야 往復推測하나니 愈遠愈失이로다 自吾夫子體道하야 猶欲無言커니 而況佛氏爲出世間法을 而可文字言語而求之哉아 雖然이나 亦有不可廢者니 智者少而愚者多하며 已學者少未學者多라 大藏經五千餘卷이 盡爲未來世設이니 苟可以忘言이면 釋迦老子가 便當閉口하리니 何至如是叨叨리오 天下之理는 固有不離尋常之中이나 而超出於尋常之表라 雖若易知나 而實未易知者니 不求之於人하면 則終身不可得이라 古者名世之人은 非千人之英이면 則萬人之傑也라 太阿之劍은 天下之利劍也니 登山則戮虎豹하고 入水則剗蛟龍이라 人之知之가 盡於是已라 然古人有善用之者하니 乘城而戰하며 順風而揮之하야 三軍爲之大敗하야 流血赭乎千里라 是豈可以一己之所能으로 而盡疑之哉아 自吾聞有是書로 求之甚至러니 嶼中張氏가 始更刻木來謀於予어늘 遂贊而成之하고 且爲題其首하노라

大德九年歲乙巳三月吉日 玉岑休休居士聊城周馳書於錢唐觀橋寓舍

《벽암집(碧巖集, 벽암록)》은 원오 대사의 저술이다. 그런데 그의 제자인 대혜 선사가 이 책을 불살라 버렸다. 이 세상의 갖가지 법(法, 진리)은 모두 집착을 경계하고 있다. 불제자들은 부처를 제일로 받들고 있지만 때로는 부처를 꾸짖기도 하나니 이는 자기 자신에 철저하고 부처에 의지하지 않으며 자기 스스로 깨치는 것을 귀하게 여기고 부처가 깨우쳐 주기를 바라지 않기 때문이다. 자기 자신을 버리고 남을 쫓아가다 보면 반드시 자기 자신을 잃어버리게 된다.

마음과 도는 하나요, 도와 만물은 하나라. 온 우주에 충만커니 어찌 도 아닌 것이 있겠는가. 다만 보통사람들이 그것을 볼 적에 자기 수준으로 볼 수 있는 것을 볼 뿐이요, 자기 수준으로 볼 수 없는 것은 보지 못하는 것이다. 사람에 의지해서 도를 구하려 하면 사람이 그것을 말해 주더라도 저 소동파의 '태양의 비유'처럼 이리저리 추측만을 할 수 있을 뿐이니 추측하면 그럴수록 '도'와는 점점 더 멀어질 뿐이다. 우리 공자께서도 도를 체득하신 후에는 오히려 말을 하려 하지 않으셨거니 하물며 부처의 출세간 법을 어찌 언어문자로 설명할 수 있겠는가. 그러나 언어문자를 부정하는 것은 옳지 않거니 지혜 있는 자가 적고 어리석은 자가 많으며, 깨달은 이는 적고 깨달아야 할 이는 많기 때문이다. 대장경 오천 여 권이 모두가 후세 사람들을 위하여 하신 말씀이니 정말로 언어문자가 필요치 않았다면 부처가 입을 다물어야 마땅했거늘 어찌 이렇게 많은 말을 했는가.

천하의 이치는 우리의 일상을 떠나지 않았으면서도 일상을 초월해 있다. 비록 알기는 쉽다고 하나 실은 쉽게 알 수 없나니 사람에게서 그것을 구하지 않으면 도를 깨달을 수가 없는 것이다. 세상에 이름을 남긴 옛 사람은 천 사람 가운데 영웅이 아니면 만 사람 가운데 호걸이었다. 태아검(太阿劍)은 천하의 명검이니 이것을 가지고 산에 올라가서는 범을 죽이고 물에 들어가서는 용을 잡나니 사람들이 이 명검에 대해서 아는 것이 고작 이 정도뿐이다. 그러나 옛 사람 가운데는 이 검을 잘 쓰는 이가 있었으니 성에 올라 싸움을 할 적에 바람을 따라 이것을 휘두르면 삼군(三軍, 大軍)

이 대패해서 그 유혈이 천리에까지 흘렀으니 이 어찌 자신의 능력으로 남의 능력을 의심하겠는가.

나는 이 책(벽암록)이 있다는 말을 듣고 그것을 구하는 마음이 간절했었다. (그런데 때마침) 우중에 사는 장씨가 다시 목판을 새겨와서 나에게 의논하거늘 이를 도와 책을 만들게 됐고 또한 그 서문을 쓰게 됐다.

> 대덕 9년 을사(大德九年 乙巳, 1305년) 삼월 길일(三月吉日)
> 옥잠 휴휴거사 료성주치(玉岑休休居士 聊城周馳)는
> 전당의 관교우사(錢唐 觀橋寓舍)에서 서문을 쓰다

문장의 전개가 질서정연하다. 그 핵심적인 내용은 다음과 같다.—도는 언어문자로 알 수 없지만 그러나 언어문자를 떠나서 도를 안다는 것은 불가능하다. 그러므로 언어문자를 부정해도 안 되고 또한 긍정해도 안 된다. 그렇다면 어찌해야 하겠는가. 언어문자를 통해서 갈 수 있는 데까지는 가고 언어문자로 더 이상 갈 수 없는 곳에서는 언어문자를 버리고 가야 한다. 《벽암록》은 언어문자의 끝이다. 언어문자로 갈 수 있는 마지막이다.

三敎老人 序

　　或問「《碧巖集》之成毁孰是乎아」 曰皆是也라 鶻䴏來東하야 單傳心印하니 不立文字固也라 而血脈歸空, 諸論은 果誰爲之哉아 古謂不在文字不離文字者를 眞知言已라 使人人으로 於卷簾, 聞板, 豎指, 觸脚之際에 了卻大事하니 文字何有哉아 拈花微笑以來, 門竿倒卻之後에 才涉言句라 非文字無以傳이니 是又不可廢者也라 嘗謂祖敎之書를 謂之公案者는 倡於唐而盛於宋하니 其來尙矣라 二字乃世間法中吏牘語니 其用有三이라 面壁功成하며 行脚事了라도 定槃之星難明이요 野狐之趣易墮라 具眼爲之勘辨하야 一呵一喝로 要見實詣는 如老吏據獄讞罪하야 底裏悉見하야 情款不遺니 一也라 其次則嶺南初來로 西江未吸이라 亡羊之岐易泣이나 指海之針은 必南이라 悲心爲之接引하야 一棒一痕으로 要令證悟는 如廷尉執法平反出人於死라 二也라 又其次則犯稼憂深하고 繫驢事重이라 學奕之志須專이요 染絲之色易悲라 大善知識爲之付囑하야 俾之心死蒲團하니 一動一參은 如官府頒示條令하야 令人讀律知法하며 惡念才生에 旋卽寢滅이니 三也라 具方冊作案底하며 陳機境爲格令은 與世間所謂金科玉條, 淸明對越諸書로 初何以異리요 祖師所以立爲公案하야 留示叢林者가 意或取此라 奈何末法以來에 求妙心於瘡紙하며 付正法於口談이리요 點盡鬼神猶不離簿하며 傍人門戶任喚作郞이라 劍去矣而舟猶刻하며 免逸矣而株不移라 滿肚葛藤을 能問千轉이나 其於生死大事에는 初無干涉이로다 鐘鳴漏盡하면 將焉用之리요 烏乎羚羊掛角이니 未可以形迹求로다 而善學下惠者라면 豈步亦步하며

趨亦趨哉아 知此則二老之心皆是矣라 圜悟顧子念孫之心多라 故重拈
雪竇頌하고 大慧救焚拯溺之心多라 故立毁《碧巖集》이라 釋氏說一大
藏經하고 末後乃謂不曾說一字라하니 豈欺我哉아 圜悟之心은 釋氏說
經之心也요 大慧之心은 釋氏諱說之心也라 禹稷顔子는 易地皆然이라
推之輓之는 主於車行而已라 爾來二百餘年에 嶼中張明遠이 復鏤梓以
壽其傳하니 豈祖敎回春乎아 抑世故有數乎아 然是書之行이 所關甚重
이라 若見水卽海하고 認指作月하면 不特大慧憂之라 而圜悟又將爲之
去粘解縛矣리라 昔人寫照之詩曰「分明紙上張公子여 盡力高聲喚不
譍」이라하니 欲觀此書면 先參此話하라

大德甲辰四月望 三敎老人書

《벽암록》을 강술한 사람과 벽암록을 불살라 버린 사람, 이 둘 중에 과연 누가 옳은가 라고 묻는다면 '둘 다 옳다'고 대답하리라. 썩은 이빨 드러난 늙은이(달마)가 동쪽(중국)으로 와서 단도직입적으로 마음(心印)만을 전하고 문자를 거부한 것은 사실이다. (그렇다면 그의 저서로 알려진) 《혈맥론》《귀공론》은 과연 누가 저술한 책인가? '문자에 있지 않으며 또한 문자를 떠나지 않았다'는 이 옛말의 속뜻을 정확히 알지 않으면 안 된다. 발을 걷어올리거나(卷簾), 운판 치는 소리를 듣거나(聞板), 손가락을 세우거나(豎指), 발가락이 돌에 채일 때(觸脚) 옛 사람은 저마다 깨달음을 얻었으니 (여기 어찌) 문자가 있었겠는가.

'염화미소' 이래 '문간도각(門竿倒卻)' 이후 비로소 문자를 통한 기록이 있었으니 문자가 아니면 (깨달음의) 전승은 불가능했다. (그러므로) 문자를 부정하는 것도 또한 옳지 않다.

조사들의 가르침을 기록한 책을 《공안집(公案集)》이라 한다. 이 공안집은 당(唐)에서 비롯되어 송(宋)에 와서 성행했으니 그 내역이 꽤 오래됐

다. '공안(公案)'이란 두 글자는 원래 관리들이 사용하는 '공문서(公文書)'란 말인데 여기에는 다음과 같은 세 가지 뜻이 있다.

첫째, 깨달음을 얻었더라도 한 치의 오차도 없는 예지의 눈을 갖추기는 어렵고 의문점을 완전히 제거하기도 쉬운 것이 아니다. 그래서 정확한 안목을 갖춘 이가 재차 점검하여 꾸짖거나〔一呵〕기합을 넣는 소리〔一喝〕로 (한 치의 오차도 없이) 참된 뜻〔實詣〕을 깨닫게 하는 것이다. (그런데 이것은 마치) 늙은 관리가 죄인들을 재차 조사하여 전후사정을 낱낱이 들은 다음 자백서와 차이가 있는가를 일일이 조사하여 한 치의 착오도 없도록 조치를 취하는 것과 같다.

둘째, 육조대사가 (直指人心의 가르침을 가지고) 처음 왔으나 (우린 아직도) 서강의 물〔西江水〕을 마시지 못했으니(깨닫지 못했으니) 망양(亡羊)의 갈림길이 너무 많아 그만 울고 돌아올 수밖에 없었다. 그러나 올바른 가르침은 반드시 남쪽(육조대사)에 있으니 (육조대사는) 자비심으로 (수행자들을) 맞이하여 한 방망이와 하나의 표정으로 깨달음을 체험하도록 했다. (그런데 이는) 마치 사법관이 죄를 재조사하여 무죄로 해 주거나 형량(刑量)을 감면시켜 주는 것과도 같다.

셋째, 나태해지는 것을 걱정하고 언어문자의 틀에만 붙잡혀 있음을 경계했으니 아무리 사소한 일이라도 전력투구하지 않으면 성취할 수 없는 것이다. 저 흰 실타래를 (황색으로 물들일 수도 있고 흑색으로도) 물들일 수 있는 것과 같이 우리의 마음도 그렇게 물들기 쉽나니 이것이 슬픈 일이다. (그래서) 대선지식(大善知識)께서 이를 간절히 일러주시고 오직 좌선에만 열중하게 하셨다. (이렇듯 수행자를 위한 선지식의) 동작 하나하나, 말씀 한 마디 한 마디는 마치 관청에서 법령을 공표하여 사람들로 하여금 (이 법을) 잘 알고 지켜서 악한 생각이 나면 즉시 없애게 하는 것과도 같다. (조사들의) 말씀을 모아 공안집을 만들고 깨달음의 기연(機緣)을 기술하여 그것을 수행점검의 법령과 법조문으로 삼는 것은 이 세상의 법률집과 판례문 등의 법률서와 어찌 다름이 있겠는가. 조사들께서 공안을 세워 총림에

전한 것은 그 뜻이 여기에 있는 것이다. (그러나) 말법 이래에 묘심(妙心)을 다 해진 종이조각(경전)에서 구하고 정법(正法)을 입으로만 전하고 있음을 어찌 하겠는가. (이미 죽은) 귀신들을 아무리 점호해봤자 명부의 장부에서 나올 수는 없는 것이다. 남의 문전을 기웃거리며 도무지 사내 행세를 못하고 있으니 (이는) 크나큰 시행착오가 아닐 수 없다.

배 가득 언어문자로 차서 한 번 물으면 천 가지로 대답한다 해도 이 생사대사(生死大事)에 있어서는 전혀 관계가 없는 것이다. 임종의 순간이 오면 그것들(언어문자)을 어디에 쓴단 말인가. 아아, 영양(羚羊, 山羊)이 나무에 그 뿔을 걸었으니 흔적을 찾을 길이 없구나. 옛 성인 유하혜(柳下惠)의 가르침을 잘 배우는 이라면 어찌 그의 행위만을 그대로 모방하겠는가. 이렇게 볼 때 《벽암록》을 강술한 원오의 마음이나 이를 불사른 대혜의 마음은 둘 다 일리가 있는 것이다. 원오는 자손을 생각하는 마음이 많았기 때문에 〈설두의 송〉(백칙송고)을 강술했으며 대혜는 (자손이) 불에 탈까 물에 빠질까 걱정하는 마음이 많았기 때문에 《벽암록》을 불사른 것이다. 부처는 (49년 동안) 일대장경(一大藏經)을 말씀하시고는 임종시에 말하길 '단 한 글자도 말한 일이 없다'고 했으니 이 말이 어찌 우리를 속인 말이겠는가. 원오의 마음은 경전을 말씀하신 부처의 마음이요, 대혜의 마음은 '한 마디도 말한 바가 없다'는 부처의 마음이다. 우·직·안자(禹·稷·顔子)가 한 일은 각기 달랐지만 그러나 입장을 바꿔놓고 보면 이 셋이 모두 같은 일을 했다고 볼 수 있다. 밀기도 하고 끌어당기기도 하는 것은 결국 수레를 앞으로 나아가게 하기 위함이다.

그 뒤 200여 년이 지나서 우중(嵎中) 땅의 장명원이란 이가 (이 벽암록을) 다시 목판에 새겨 책으로 출간하여 길이 전하니 이 어찌 조사의 가르침에 회춘(回春)을 맞은 것이 아니겠는가. 아니면 세상의 운세가 그렇게 정해진 것인가. 그러나 이 책이 세상에 유포된 데는 그 책임이 또한 막중하나니 물을 보고 바다로 (잘못) 알고 (달을 가리키는) 손가락을 달로 안다면 이는 대혜가 걱정하는 바일 뿐 아니라 원오도 또한 (그) 잘못을 바로잡아 주려 할 것이다. 옛 사람이 (장명원의) 초상화에 다음과 같은 시를 붙였다.

'종이 위에 분명한 장공자(張公子)여
아무리 외쳐 불러도 대답이 없구나.'

이 책(벽암록)을 보려 한다면 우선 먼저 이 시구를 참구하라.

대덕 갑진(大德 甲辰, 1304년) 4월 보름
삼교노인(三敎老人)은 쓰다

❦ ❦ ❦

이 삼교노인의 서문은 네 개의 서문 가운데 가장 중요하다. 왜냐하면 이 서문 속에는 공안에 대한 정확한 풀이가 있기 때문이다. 그리고 《벽암록》을 강술한 원오의 입장에서 그 타당성을 피력하는가 하면 이 《벽암록》을 불지른 대혜의 입장에서 그 정당성을 말하고 있다. 즉 불립문자(不立文字)와 불리문자(不離文字)의 상반되는 두 입장을 교묘하게 절충하고 있다. 그리고 이 《벽암록》을 다시 판각하여 세상에 유포시키는 마당에서 문자에만 얽매어 선수행을 게을리해서는 결코 안 된다고 수행자들에게 일침을 가하고 있다.

삼교노인의 서문 속에서 다음의 여섯 문구는 고사(故事)에서 유래됐으므로 약간의 보충설명을 필요로 한다.

첫째, 발을 걷어올리다〔卷簾〕: 장경혜능(長慶慧稜, 854~932)은 오랜 수행 끝에 발을 걷어올리는 바로 그 순간 깨달음을 얻었다. 그는 20년 동안 정진하면서 7개의 포단(蒲團, 좌선용 의자)을 박살냈다.

둘째, 운판 치는 소리를 듣다〔聞板〕: 운판 치는 소리를 듣는 순간 깨달음을 얻은 사례. 당사자가 누군지는 자세하지 않다.

셋째, 손가락을 세우다〔豎指〕: 구지(俱胝)화상이 깨달은 이야기. 〈제19칙, 구지지두선(俱胝指頭禪)〉에 자초지종이 있다.

넷째, 발가락이 돌에 채이다〔觸脚〕: 현사사비(玄沙師備)는 비원령(飛猿嶺)을 넘어가다가 발가락이 돌에 채이는 순간 깨달음을 얻었다. 그는 그 후 다시는 설봉산 밖을 나가지 않았다.

다섯째, 염화미소(拈花微笑): 부처가 영산회상에서 꽃을 들어 보이자〔拈花〕 가섭이 그 뜻을 알고 미소(微笑)지은 이야기. 이 염화미소는 공안의 시발이다.

여섯째, 문간도각(門竿倒卻): 아난과 가섭의 이야기.

가섭에게 아난이 물었다.

"형님, 부처님에게서 금란가사(金襴袈裟)를 전해 받은 그 밖에 또 무엇을 전해 받았습니까?"

가섭은 '아난' 하고 불렀다. 그러자 아난은 '예 형님' 하고 대답했다. 그러자 가섭은 이렇게 말했다.

"도각문전찰간착(倒卻門前刹竿著, 문 앞의 깃발걸이 기둥(찰간)을 쓰러뜨려라)."

佛果圜悟禪師碧巖錄 卷第一

第 1 則
武帝問達磨
무제가 달마에게 묻다

【垂　示】

垂示云「隔山見煙하면 早知是火요 隔牆見角하면 便知是牛라 擧一明三하는 目機銖兩은 是衲僧家尋常茶飯이라 至於截斷衆流하고 東湧西沒하며 逆順縱橫하고 與奪自在하는 正當恁麼時에 且道是什麼人行履處오 看取雪竇葛藤하라」

【수시번역】

㉠ 산 너머에서 연기가 나는 걸 보면 불이 난 줄 알고 담 너머로 뿔이 보이면 소인 줄 안다. 하나를 말하면 셋을 알아버리는 이 상대방에 대한

註:《벽암록》원본 첫장에는 "師住澧州夾山靈泉禪院評唱雪竇顯和尙頌古語要(원오스님이 예주 협산의 영천선원에 머물 때 설두중현 화상의 송고(頌古)를 평창한 그 주요 내용)"라는 문구가 있다.

간파력은 선수행자에게 있어서는 흔히 있는 일이다.

ⓒ 뭇 번뇌의 흐름을 절단해 버리고 동쪽에서 솟구쳤다가 서쪽으로 사라져 버리며 역행과 순행을 종횡으로 반복하며 주고 빼앗기를 자유자재로 하는

ⓒ 바로 이때에 자, 말해보라. 이게 어떤 사람의 행동거지인가. 설두의 말을 들어 보라.

【수시해설】

등장인물 : 양무제, 달마, 지공

공안의 구성은 2장으로 되어 있다. 첫장은 무제와 달마의 문답부분이요, 둘째장은 무제와 지공의 문답부분이다.

수시(垂示)란 본칙공안에 대한 서문이다. 문장은 힘차지만 그러나 다분히 선동적인 데가 있다. 이 점을 염두에 두고 자 지금부터 벽암록 100칙 공안탐구에 대한 대장정에 오르자. 우선 제1칙의 수시는 다음의 세 마디로 되어 있다.

첫째 마디(㉠) : 민첩하긴 하지만 그러나 상식적인 차원을 넘지 못한 양무제의 입장을 말하고 있다.

둘째 마디(ⓒ) : 상식적인 차원을 넘어간 달마의 경지를 말하고 있다.

셋째 마디(ⓒ) : 본칙공안에서의 달마의 행동거지와 그 대답에 대해서 말하고 있다.

---

* 각주는 원문에 대한 교감주(校勘註)이다.

** 본칙(本則)이란 수시 · 착어 · 평창 · 송의 근거가 되는 공안(公案)을 말한다. 공안의 첫머리에는 예외없이 '거(擧)' 자가 들어가 있는데 이게 무슨 뜻인가. 이는 '자, 지금부터 이러이러한 공안을 거론하겠다' 는 정도의 뜻이다. 따라서 이 '거' 자는 원오의 평창을 받아쓴 기록자가 편집과정에서 첨부한 글자다.

【本　　則】

〔本則〕擧, 梁武帝問達磨大師(說¹⁾這不啷嚼漢인가) 如何是聖諦第一義닛고(是甚繫驢橛고) 磨云「廓然無聖이라」(將謂多少奇特이나 箭過新羅라 可煞明白이로다) 帝曰「對朕者誰오」(滿面慚惶强惺惺이니 果然摸索不著이로다) 磨云「不識이로다」(咄! 再來不直半文錢이로다) 帝不契하야(可惜許 卻較些子로다) 達磨遂渡江至魏라(這野狐精이여 不免一場懡㦬로다 從西過東, 從東過西라) 帝後擧問志公하니(貧兒思舊債라 傍人有眼이로다) 志公云「陛下還識此人否아」(和志公趕出國始得이니 好與三十棒하면 達磨來也²⁾로다) 帝云「不識이로다」(卻是武帝承當得達磨公案이로다) 志公云「此是觀音大士니 傳佛心印이니다」(胡亂指注라 臂膊不向外曲이다) 帝悔하야 遂遣使去請이러니(果然把不住로다 向道不啷嚼아) 志公云「莫道陛下發使去取하소서(東家人死에 西家人助哀라 也好一時趕出國이로다) 闔國人去라도 佗亦不回니다(志公也好與三十棒이니 不知脚跟下放大光明이로다)」

【본칙번역】

양무제가 달마대사에게 물었다.

　　이 멍청한 놈을 말하는가.

"어떤 것이 '성스러운 진리의 핵심'인가?"

　　이 무슨 말뚝인가.

달마가 말했다. "확연무성(廓然無聖, 텅 비어서 성스러운 진리가저 없다)."

　　아주 기이하고 특이하다고 할 수 있으나 화살은 신라를 지나가 버리고 말았
　　다. 아주 분명하다.

무제가 말했다. "(그렇다면) 짐을 대한 자는 누구인가?"

---

1) 衍字인 것 같다(岩波文庫本).
2) 本則「帝云不識」의 착어인「達磨公案」아래에 있다(一夜本).

얼굴에는 부끄러운 거색이 완연한데 억지로 지혜로운 체하고 있다. 과연 말의 참뜻을 간파하지 못하는군.

달마가 말했다. "불식(不識, 모른다)."

쯧쯧, 다시 가지고 오지만 반푼어치의 가치도 없다.

무제는 달마의 말을 알아듣지 못했다.

애석하도다. 어쭈, 제법인 걸.

(그래서) 달마는 양자강을 건너 위(魏)나라로 갔다.

이 여우같은 놈, 부끄러운 한 장면을 연출할 수밖에 없었군. 서쪽에서 동쪽으로 가고 동쪽에서 서쪽으로 간다.

무제는 그 후 지공에게 물었다.

가난뱅이가 옛 부채(빚)를 생각하고 있다. 옆 사람이 안목을 갖췄군.

지공이 물었다. "폐하, 이 사람이 누군지 아십니까?"

지공도 함께 쫓아버려야 한다. 30봉을 후려쳐야만 (비로소) 달마가 올 것이다.

무제가 말했다. "모른다(不識)."

의외로 무제가 달마의 공안을 들먹이고 있다.

지공이 말했다. "그는 관음보살(의 화신으)로서 부처님의 가르침〔心印〕을 전하고 있습니다."

함부로 지껄이고 있군. 팔은 밖으로 굽지 않는다.

무제는 후회하면서 사신을 보내어 (달마를) 모셔오려고 했다.

절대로 모셔올 수 없을 것이다. 앞에서 내(원오)가 멍청한 놈이라고 말하지 않았는가.

지공이 말했다. "폐하께서 사신을 보내어 모셔온다는 것은 말할 것도 없고

동쪽 집 사람이 죽자 서쪽 집 사람이 슬퍼하고 있다. 또한 (이 놈도) 함께 나라 밖으로 쫓아버려야 한다.

온 나라 사람이 다 가더라도 그(달마)는 오지 않을 것입니다."

지공도 또한 30방망이를 맞아야 하나니 발 밑에서 큰 광명을 놓는 줄 모르

고 있다.

【본칙과 착어해설】

◎ **양무제가 달마대사에게 물었다.** 양무제는 양(梁)나라 초대 황제인 무제(武帝, A.D. 464~549)를 달한다. 무제는 처음에는 도교를 신봉하다가 즉위 3년째부터 불교로 개종, 열렬한 불교황제가 됐다. 그는 많은 절을 짓고 수십만 명의 사람들을 승(僧)으로 득도시켰는가 하면 자신이 손수 불경을 강의하고 주석서를 지었다. 그래서 그를 일러 사람들은 불심천자(佛心天子)라 일컬었다 달마대사는 남인도 사람으로서 부처로부터 선법(禪法)을 이어받은 28번째 조사이다. 이 달마가 남인도에서 출발하여 바닷길로 중국 광주에 도착한 것은 양무제 대통원년(大通元年, 528)이었다. 광주자사 소앙(蕭昻)으로부터 달마의 소식을 들은 양무제는 양의 수도인 금릉(金陵, 지금의 南京)으로 달마를 초청, 두 사람은 역사적인 만남을 갖게 됐는데 이 두 사람 사이에 오고간 문답이 바로 본칙공안이다.

△ **이 멍청한 놈을 말하는가?** 착어 원문의 '부즉유한(不啷嚼漢)'이란 '멍청한 놈' '어리석은 놈'을 듯하는 말이다. 원오는 왜 구제를 일컬어 '이 멍청한 놈'이라고 나무라고 있는가. 자, 그대 스스로가 그 해답을 찾아보라. 벽암록에서 맞부딪친 첫 번째 관문이다. '부즉유한'의 앞에 붙은 '설(說)'자는 '……을 말하는가'의 뜻인데 불필요한 글자가 붙은 것이다. 그러므로 이 '설'자가 없으면 문장이 훨씬 탄력을 받게 된다.

◎ **어떤 것이 '성스러운 진리의 핵심'인가?** '성스러운 진리〔聖諦〕'란 절대진리, 즉 '부처의 가르침'을 뜻한다. 원문의 '제일의(第一義)'란 '핵심' '정수'를 일컫는 말이다. 무제가 아니면 누가 감히 이런 식의 물음을 던질 수 있겠는가. 이 물음을 통해서 우리는 무제의 높은 경지를 엿볼 수 있다.

△ **이 무슨 말뚝인가?** '계려궐(繫驢橛)'이란 '당나귀 매놓는 말뚝'

이란 말로서 아무짝에도 쓸모 없는 무용지물을 뜻한다. 참으로 이상한 일이다. 이 멋진 무제의 물음을 원오는 왜 무용지물이라고 짓밟아 버리는가. ……벗이여, 정신 바짝 차려라. 원오는 지금 무제의 번뇌망상을 사정없이 때려부수고 있는 중이다.

◎ 달마가 말했다. "확연무성(廓然無聖, 텅 비어서 성스러운 진리마저 없다)." 잠깐, 자 숨을 한 번 크게 내쉰 다음 마음을 여기 모아라. 단도직입적으로 말하자면 달마의 대답인 이 '확연무성'은 활구(活句)다. 활구란 문자해석만으로는 그 본뜻을 알 수 없는 일종의 암호다. 그렇다면 '확연무성'의 이 뜻을 어떻게 알 수 있겠는가. 부동의 자세로 앉아 참구(參究, 탐구)해보라. 도대체 이 말이 뭘 뜻하는지를……. 이것이 소위 공안(화두)참구수행법〔看話禪法〕이다. 이 '확연무성'에 대한《종전초(種電鈔)》의 주석을 보자.

「검은 태평스럽지 못하기 때문에 불의를 척결하기 위해서 칼집에서 나온다. ('확연무성' 이라고 말한) 달마의 전략을 알고 싶은가. 그렇다면 우선 먼저 무제의 병을 알아야만 한다. 어떤 것이 무제의 병인가. '성스러운 절대진리'다. 무제는 지금 '성스러운 절대진리'라는 관념에 사로잡혀 있으니 이야말로 큰병이 아닐 수 없다. 어떤 것이 달마의 전략인가.

만리길 하늘엔 구름 한 조각도 없음이여
그 푸른 하늘조차 한 방망이 맞아야 하네.」

△ 화살은 신라를 지나가 버리고 말았다. '전과신라(箭過新羅)'란 '흔적을 알 수 없다' 또는 '흔적조차 없다'는 말이다. 중국 사람들이 볼 때 우리나라의 신라란 당시로서는 아주 멀고먼 이 세상의 끝에 있는 땅이라고 생각했다. 쏜 화살이 이렇듯 멀고먼 땅으로 지나가 버렸으니 도대체 어디 떨어졌는지 알 길이 없다. '확연무성'이라고 대답한 달마의 말에는 '관념의 흔적이라곤 전혀 찾아볼 수 없다'는 뜻이다.

△ 아주 분명하다.　'가살(可煞)'이란 '아주' '매우'의 뜻이다. '살(煞)'자는 '殺'의 옛글자로서 여기선 '앞글자 可의 뜻을 강조하는 어조사'로 쓰이고 있다. '분명하다〔明白〕'는 말은 '(달마의 이 '확연무성'을 통해서) 흔적조차 없는 그 본성 자체가 분명하게 드러났다〔當體的示―《種電鈔》〕'는 말이다.

◎ 무제가 말했다. "(그렇다면) 짐을 대한 자는 누군가?"　무제는 달마의 말뜻을 간파하지 못했다. 그래서 지금 기분이 약간 상한 어조로 두 번째 질문을 던지고 있다.

◎ 달마가 말했다. "불식(不識, 모른다)."　이 말 역시 글자 해석만으로는 그 뜻을 알 수 없는 활구 암호다. 앞의 '확연무성'을 알게 되면 이 '불식'을 알 수 있다.

△ 쯧쯧.　'돌(咄)'이란 상대방이 안쓰러운 짓을 했을 때 '쯧쯧' 하고 혀를 차는 소리다. 여기선 지금 두 번째로 기밀을 누설했기 때문에 달마를 향해 원오가 혀를 차고 있는 중이다.

△ 다시 가지고 오지만 반푼어치의 가치도 없다.　달마는 앞에서 '확연무성'이라고 대답했다. 그리고 여기선 또 '불식'이라고 답했다. 그러나 일전에 반푼어치의 값어치도 없다. 왜 '일전에 반푼어치의 값어치도 없는가?' 첫째, 무제가 이 말 뜻을 전혀 몰랐기 때문에 무제에게 있어선 아무 가치도 없는 말이다. 돼지에게 있어서 진주가 아무 가치도 없듯. 둘째, 달마의 이 대답('확연무성' '불식')이야말로 정말 이 세상 전체와도 바꿀 수 없이 귀중하고 값있는 것이다. 너무나도 귀중하기 때문에 이 '귀중하다'는 말을 반어적으로 표현해서 '일전에 반푼어치의 값어치도 없다'고 말한 것이다. 벽암록의 본칙과 송의 착어에는 앞으로 계속 이런 식의 반어표현이 나온다. 그때 그때마다 주의를 환기시켜 줄테니 명심하도록.

◎ 무제는 달마의 말을 알아듣지 못했다.　〔수시〕에서 언급했듯이 무제는 '하나를 말하면 셋을 알아버리는' 영리하긴 하나 아직은 상식적인 입장에 서 있기 때문에 '주고 뺏기를 자유자재로 하는' 달마의 말뜻을 도

무지 알 수가 없었던 것이다.

△ 어쭈, 제법인 걸. '각교사자(卻較些子)'란 '부족하긴 하지만 그런 대로 대단한 데가 있다'는 말로서 우리말의 '어쭈, 제법인 걸' 정도에 해당한다. 무제가 달마의 말뜻을 몰랐던 바로 그 '모름'이 마치 '안다, 모른다'의 관념의 흔적이 전혀 없는 경지와 흡사한 어투이므로 일단 무제를 한 번 추켜세운 말이다. 그러나 내용인즉 원오는 지금 무제를 장난감 비행기에 태워 놀려먹고 있는 것이다.

◎ (그래서) 달마는 양자강을 건너 위(魏)나라로 갔다. 더불어 마음을 주고 받을 이 없거니 / 더 이상 무슨 미련 있단 말인가 / 가자 / 갈잎에 몸을 싣고 바람결따라……

△ 이 여우같은 놈 이 역시 반어적으로 달마를 추켜올린 대목이다. 어투로 봐선 달마를 깎아내린 것 같지만 그 속뜻은 달마를 대단히 추켜세우고 있다. 왜냐하면 여우는 신출귀몰하여 사람의 혼을 빼가기 때문이다.

△ 부끄러운 한 장면을 연출할 수밖에 없었군. 돼지에게 금덩이를 던진 격이 됐기 때문이다. 이 경우 돼지는 양무제에, 금덩이를 던진 사람은 달마에 비길 수 있다.

△ 서쪽에서 동쪽으로 동쪽에서 서쪽으로 간다. 겉으로 봐선 동분서주하고 있는 달마를 꾸짖은 것 같다. 그러나 이 꾸짖음을 통해서 원오는 일할을 하고 있다. 가기도 하고 오기도 하는 '바로 이것'이 무엇이냐고…….

◎ 무제는 그 후 지공에게 물었다. 달마가 양나라를 떠난 후 무제는 지공에게 (달마에 관해서) 물었다. 그러나 여기서부터는 뒷사람 누군가가 덧붙인 문장이다. 그러므로 본칙공안은 달마가 양자강을 건너 위나라로 간 것으로 일단 끝난 셈이다.

◎ 지공이 물었다. "폐하, 이 사람이 누군지 아십니까?" 지공은 지금 직선적으로 대답하지 않고 우회적으로 대답하고 있다. 그러나 말이 심상치가 않다.

△ 지공도 함께 쫓아버려야 한다   지공은 이미 달마의 경지를 간파하고 있다. 그래서 무제의 물음을 되받아 던진 것이다. "폐하, 이 사람이 누군지 아십니까" 하고……. 지공의 경지는 달마와 같다. 그 같다는 말을 원오는 이런 식으로 표현하고 있다.

△ 30봉을 후려쳐야만 (비로소) 달마가 올 것이다.   그 어떤 (관념의) 흔적도 남지 않았을 때 바로 그 자리가 본성(本性)이요, 진정한 달마의 모습이다.

◎ 무제가 말했다. "모른다(不識)."   정말 지독하게 우둔하군.

△ 의외로 무제가 달마의 공안을 들먹이고 있다.   말인즉슨 달마의 '불식(不識)'이나 무제의 '불식'이 전혀 다르지 않다. 그러나 그 내용상으로 본다면 하늘과 땅의 차이다. 그럼에도 불구하고 원오가 이런 식으로 착어를 붙인 것은 무제를 순전히 놀려먹기 위해서이다.

◎ 지공이 말했다. "그는 관음보살(의 화신으)로서 부처님의 가르침〔心印〕을 전하고 있습니다."   지공의 이 말은 무제의 대답인 '모른다〔不識〕'에 아주 걸맞은 말이다. 그래서 《종전초》에서는 이렇게 말했던 것이다. "구멍이 뚫린 걸 보고 즉시 그 구멍을 쐐기로 틀어막아 버렸다."

△ 함부로 지껄이고 있군.   본질적인 입장에서 본다면 그 자리(본성)에는 모든 명칭과 형상이 끊어졌기 대문이다.

△ 팔은 밖으로 굽지 않는다.   팔이 밖으로 굽는다는 것은 있을 수 없듯 무제가 달마를 알 턱이 없다.

△ 동쪽 집 사람이 죽자 서쪽 집 사람이 슬퍼하고 있다.   서로가 상대방을 알아보는 경지를 말한다. '동쪽 집 사람'은 달마를, '서쪽 집 사람'은 지공을 뜻한다. 지공은 지금 달마의 입장을 이해하며 안타까워하고 있는 중이다.

△ 발 밑에서 큰 광명을 놓는 줄 모르고 있다.   원오는 지금 무제와 우리들을 향해서 채찍을 휘두르고 있다. 그런 껍데기 달마를 찾지 말고 우리 각자 안에서 큰 빛을 발하고 있는 나 자신의 달마를 깨달으라고…….

【評　唱】

〔評唱〕達磨遙觀此土有大乘根器하고 遂泛海得得而來하야 單傳心印하고 開示迷塗[3]하니 不立文字, 直指人心, 見性成佛이라 若恁麼見得하면 便有自由分이니 不隨一切語言轉하고 脫體現成하리라 便能於後頭與武帝對譚[4]과 幷二祖安心處에서 自然見得하면 無計較情塵하야 一刀截斷하며 洒洒落落하리니 何必更分是分非하며 辨得辨失하리요 雖然恁麼나 能有幾人고

【평창번역】

달마는 이 땅(중국)에 대승근기(기질)가 있는 것을 알고 바다를 건너 먼 길을 와서 부처의 가르침〔心印〕을 전하고 우매한 중생들을 깨우쳐 줬으니 (그 가르침은 바로) '문자를 주장하지 않고 단도직입적으로 마음을 가리켜 본성이 드러나서 부처가 되는 길'이다.

만일 이렇게 안다면 (이 모든 언어의) 속박에서 벗어나 언어문자에 끌려가지 않고 본성 전체가 드러나리라. 이 뒤에 나오는 무제와의 대담과 제2조(혜가)의 안심처에서 깨닫게 되면 망상분별이 없어져서 한칼에 절단해 버리며 쇄쇄낙락하게 되리니 어찌 시시비비를 나누며 득과 실(得失)을 구분하겠는가. 그러나 (이런 경지에 이른 이가) 과연 몇이나 되겠는가?

【평창해설】

달마는 언어를 초월한 경지〔不立文字〕를 가르치기 위하여 중국에 왔다. 달마의 이 단도직입적인 방법을 통해서 깨닫게 되면 이 모든 언어의 구속

---

3) 情(一夜本).
4) 談(一夜本).

력에서 벗어나 본성 전체가 그대로 드러나게 될 것이다. 그러나 이렇지 못하고 한 차원 내려와서 양무제와의 대답을 통해서, 또는 제2조 혜가의 입장에서 깨닫게 되면 이 모든 지적인 감정적인 번뇌에서 벗어나 시비득실이 없는 경지에서 노닐게 될 것이다. 그러나 이런 경지에 이른 사람이 과연 몇이나 되겠는가.

【評　　唱】

武帝嘗[5)]披袈裟하고　自講《放光般若經》이니　感得天花亂墜하야　地變黃金이라　辨道奉佛하고　詰詔天下起寺度僧하고　依敎修行하니　人謂之佛心天子라

【평창번역】

무제는 언제나 가사를 입고 《방광반야경》을 강의했는데 (그 때마다) 하늘이 감응하여 꽃비가 내렸으며 땅은 황금으로 변했다고 한다. (스스로) 불도의 실천을 (게을리하지 않았으며) 칙명을 내려 절을 짓고 (사람들로 하여금) 승려가 되어 (부처의) 가르침대로 수행하게 하니 사람들은 (그를 가리켜) '부처의 마음을 가진 황제〔佛心天子〕'라 불렀다.

【평창해설】

양무제의 불심(佛心)이 얼마나 대단했던가를 묘사하고 있다.

---

5) 常(蜀本).

【評　　唱】

達磨初見武帝, 帝問「朕起寺度僧하니 有何功德」고
磨云「無功德」이라하니
早是惡水驀頭澆라 若透得這箇無功德話하면 許爾親見達磨라 且道
起寺度僧이 爲什麼都無功德고 此意在什麼處오

【평창번역】

달마가 처음 무제를 만났을 때 무제는 물었다.
"짐은 많은 절을 짓고 (사람들로 하여금) 승려가 되게 했다. 그 공덕이 얼마나 되는가?"
달마는 (불쑥) "무공덕(無功德, 공덕이 없다)"이라 했으니 느닷없이 (무제의 면전에) 구정물을 확 끼얹은 격이다. (그러나) 만일 이 '무공덕'이란 말뜻을 깨닫는다면 그대는 (지금 바로 이 자리에서) 달마를 만나게 될 것이다. 자 말해보라. 절을 짓고 (사람들로 하여금) 승려가 되게 한 것이 무엇 때문에 공덕이 없단 말인가. 이 말의 참뜻은 (과연) 어디에 있는가.

【평창해설】

양무제가 달마를 만났을 때의 문답을 싣고 있는데 본칙공안의 전반부에 해당하는 부분이다. 양무제는 달마를 만나자마자 이렇게 물었다.
"짐은 많은 절을 짓고 사람들을 출가시켜 승(僧)이 되게 했다. 그 공덕이 얼마나 되겠는가?"
그러나 달마의 대답은 양무제의 기대감을 여지없이 무너뜨려 버리고 말았다. 달마는 불쑥 '무공덕(無功德, 공덕이 없다)'이라고 말했다. 그러나 달마의 이 '무공덕'이란 말은 그냥 '공덕이 없다'는 말이 아니라 일종의 암호인 활구(活句)다. 그래서《종전초》에선 이렇게 주석을 쿨이고 있다.
「시뻘겋게 불이 달궈진 무쇠덩이를 (양무제) 얼굴 정면으로 던지고 있다.」

달마의 이 '무공덕' 활구는 무제의 면전에 구정물을 확 끼얹은 격이 되었다. 왜냐하면 글자풀이로 봐선 무제의 공덕을 부정한 말이기 때문이다. 그리고 무제의 상식적인 입장에서는 그야말로 아닌 밤중에 홍두깨 격이었기 때문이다. 그래서 원오는 이렇게 평창을 내리고 있다. "관일 이 '무공덕'이란 말뜻을 깨닫는다면 그대는 (지금 바로 이 자리에서) 달마를 만나게 될 것이다. 자, 말해보라. 많은 절을 짓고 사람들로 하여금 승이 되게 했는데 (달마는) 왜 '무공덕(無功德, 공덕이 없다)'이라 했는가. 그 참뜻이 과연 어디에 있는가." 죽기 아님 살기로 탐구해 볼 일이다.

【評　　唱】

帝與婁約法師, 傅大二, 昭明太子가 持論眞俗二諦라 據教中說컨대 眞諦以明非有요 俗諦以明非無며 眞俗不二가 即是聖諦第一義니 此是 教家의 極妙窮玄處라 帝便拈此極則處하야 問達磨호대 「如何是聖諦第一義닛고」 磨云 「廓然無聖」이라 天下衲僧跳不出이니 達磨與他一刀截斷이로다 如今人多少錯會하야 卻去弄精魂하고 瞠眼睛云廓然無聖이라하니 且喜沒交涉이로다

【평창번역】

무제와 누약법사·부대사·소명태자가 절대진리와 상대진리〔眞俗二諦〕에 대해서 강론한 일이 있었다. 승조의《부진공론(不眞空論)》에 의하면 절대진리〔眞諦〕란 무한〔非有〕을 밝히는 것이요, 상대진리〔俗諦〕란 유한(非無)을 밝히는 것이다. 그리고 이 둘이 하나인 차원이 바로 '성스러운

절대진리〔聖諦第一義〕'니 이는 경전해설가〔教家〕들이 말하는 최고의 경지다. 무제는 (지금) 경전해설가들의 입장에서 달마에게 물었다. "성스러운 절대진리란 무엇인가?" 달마는 대답하길 "확연무성(廓然無聖, 텅 비어서 성스러운 진리마저 없다)"이라 했으니 천하의 수행자들은 달마의 이 '확연무성'이란 말에서 벗어날 수 없을 것이다. 달마는 무제를 위하여 한칼에 (망상분별을) 절단해 버린 것이다. (그러나) 요즈음 사람들은('확연무성'이란 이 말을) 아주 잘못 알고 있다. (그래서) 도리어 기괴한 행동을 하고 두 눈 똑바로 뜨고 쳐다보면서 '확연무성'이라 외치나니(이런 짓은 '확연무성'의) 참뜻과는 전혀 관계가 없다.

【평창해설】

양무제가 달마에게 던진 두 번째의 물음(본칙공안에서는 첫 번째의 물음에 해당한다)은 '긍정〔有〕과 부정〔無〕을 초월한 절대진리의 핵심〔聖諦第一義〕'이었다. 그런데 달마는 이번에도 '확연무성'이라고 잘라 말했다. 그러나 이 '확연무성'을 통해서 달마는 양무제의 번뇌망상을 일도양단해 버렸다. 그런데 요즈음 수행자들은 이 말뜻을 잘못 알고는 달마의 흉내를 내면서 두 눈을 부라리고 무조건 '확연무성'이라고 미친놈처럼 외쳐대고 있으니 정말이지 가관이 아닐 수 없다.

【評 唱】

五祖先師嘗說호대 「只這廓然無聖을 若人透得하면 歸家穩坐하리라하니」 一等是打葛藤이나 不妨與他打破漆桶은 達磨就中奇特이로다 所以道호대 參得一句透하면 千句萬句一時透하리니 自然坐得斷, 把得定하리라 古人道호대 「粉骨碎身未足酬요 一句了然超百億이라하니라」

【평창번역】

　오조(오조법연)선사는 늘 이렇게 말했다. "확연무성이란 이 말의 참뜻을 간파한다면 본래자리〔返本還源〕로 돌아가게 될 것이다."(성스러운 절대진리에 대해서) 당대의 고승들이 여러 가지로 말을 했으나 무제의 번뇌망상을 사정없이 부셔버린 것은 달마가 그들 가운데서 단연 돋보인다. 그러므로 "확연무성이란 이 한 마디를 간파해 버린다면 천 마디 만 마디의 공안들이 일시에 풀려 버린다"고 말했던 것이다. 이렇게 되면 자연히 어디에도 흔들리지 않고 능동적으로 살아가게 될 것이다. (그래서) 옛 사람(永嘉大師)은 이렇게 말했던 것이다. '뼈를 갈고 몸을 부셔도 그 은혜 갚을 수 없나니 / 분명한 이 한 구절은 백억(의 언어)을 초월했네.'

【평창해설】

　오조선사는 원오의 스승인 오조법연이다. 이 오조법연의 말을 인용하여 확연무성의 중요성을 부각시키고 있다. 달마의 이 단도직입적인 교육방법은 당시로서는 정말 기상천외한 것이었다. 만일 이 확연무성의 한 구절〔一句〕을 간파하게 되면 이 뒤의 모든 공안을 차례로 간파하게 될 것이다. 왜냐하면 '공안'이라는 이 암호를 해독하는 방법은 동일한 원리에 입각해 있기 때문이다. 이 확연무성이라는 활구야말로 이 세상의 모든 언어를 초월해 있다. 이 참뜻을 간파하는 순간 아아, 목숨을 내줘도 전혀 아깝지 않다. 무엇이 나를 이토록 절실하게 만드는가. 벗이여, 여기에 귀를 모아라.

【評　　唱】

達磨劈頭與他一拶하니 多少漏逗了也로다 帝不省하야 卻以人我見故

로 再問對朕者誰오하니라 達磨慈悲忒煞하야 又向道不識이라하니 直得武帝眼目定動하야 不知落處[6]하니 是何言說고 到這裏하야는 有事無事拈來卽不堪이니라

【평창번역】

달마가 무제를 느닷없이 한방 먹였는데 (이는 오히려 달마 자신의) 허점만을 드러낸 결과가 됐다. (그런데도) 무제는 알아차리지 못하고 자만에 차서 "(그렇다면) 짐을 대한 자는 누군가"라고 물었던 것이다. 달마는 자비심이 너무 많아서 또다시 "불식(不識, 모른다)"이라고 말했다. (그러나 이 말을 들은) 무제는 두 눈이 휘둥그레져서 그 말뜻을 알아차리지 못했으니 이게 무슨 말인가. 여기('불식')에 이르러서는 유(有)라 해도 맞지 않고 무(無)라 해도 맞지 않는다.

【평창해설】

달마가 무제에게 '확연무성'이라고 한방 먹인 것은 엄밀한 의미에서 본다면 달마 자신의 허점을 드러낸 결과가 됐다. 그런데도 무제는 이 말뜻을 간파하지 못하고 자존심이 상한 나머지 "(그렇다면) 짐을 대한 그대는 도대체 누군가"라고 재차 물었다. 그러자 달마는 "불식(不識, 모른다)"이라고 또 한 번 자신의 허점을 드러내고야 말았다. 무제는 두 눈이 휘둥그레져서 이 말뜻을 전혀 알아차리지 못했다. 이 '불식'이라는 활구 암호 앞에서는 '있다, 없다', '안다, 모른다' 는 식의 대답이 전혀 통하지 않는다.

---

6) 없음(福本).

【評　　唱】

端和尙有頌云하대 一箭尋常落一鵰하고 更加一箭已相饒라
直歸少室峰前坐하니 梁主休言更去招하라하고 復云「誰欲招오하니라」

【평창번역】

여기 백운수단 화상의 시가 있다.

　　화살 하나로 매 한 마리를 떨어드리고
　　다시 한 방을 더 쏜 것으로 충분하도다.
　　곧바로 (숭산의) 소실봉으로 돌아가 앉았으니
　　양무제여, 다시 가서 오라고 부르지 말라.

(이 시를 읊은 다음 백운수단 화상은) 다시 이렇게 말했다.
"누가 (그 따위 놈을) 불러 오려 하는가?"

【평창해설】

여기선 백운수단(白雲守端) 화상의 본칙공안에 대한 송(頌, 시)을 소개하고 있다. '화살 하나'는 확연무성을, '다시 한방'은 불식을 뜻한다. "누가 그따위 놈(달마)을 불러 오려고 하는가"—이렇게 외치고 있는 백운수단의 안목은 예리하다. 아니 소름이 끼친다.

【評　　唱】

帝不契하니 遂潛出國이라 這老漢只得憫憫渡江至魏하니 時魏孝明帝當位라 乃北人種族이니 姓拓跋氏라 後來方名中國이니라 達磨至彼하

야 亦不出見하고 直過少林面壁九年하야 接得二祖하니 彼方號爲壁觀婆羅門이라

【평창번역】

무제가 (달마의 말뜻을) 알아차리지 못했기 때문에 (달마는 아무도) 몰래 양나라를 떠났다. 이 노인네(달마)가 창피만 톡톡히 당하고 (양자)강을 건너 위(魏)나라에 이르니 효명제의 재위시였다. (효명제는) 북인종족(北狄)으로 성이 척발(拓跋)씨였는데 뒤에 (元씨라는) 성으로 바꿨다. 달마가 위나라에 이르자 (효명제는 칙명을 내려 만나려 했으나) 나아가지 않고 곧바로 소림으로 돌아가 면벽 9년 후에 2조(혜가)를 접했으니 그 지방에선 그를 '벽관바라문(壁觀婆羅門)'이라 불렀다.

【평창해설】

양무제와의 만남에서 공감대를 얻지 못하고 달마는 그 즉시 양자강을 건너 위(魏)나라로 갔다. 숭산의 소림사로 들어가 면벽 9년, 그 깊은 침묵 속에서 혜가를 만나 극적으로 활구 암호 해독법을 전했다는 이야기.

【評　　唱】

梁武帝後問志公하니 公云「陛下還識此人否아」
帝曰「不識이라하니」
且道與達磨道底로 是同是別가 似則也似나 是則不是로다 人多錯會道호대 「前來達磨是答他禪이요 後來武帝是對他志公은 乃相識之識이라하니」 且得沒交涉이로다 當時志公恁麽問하니 且道作麽生祗對오 何不一棒打殺하야 免見搽糊오 武帝卻供他款道不識이라하니 志公見機而作

하고 便云「此是觀音大士傳佛心印이라하니라」帝悔遂遣使去取하리라하니 好不啣嚕로다 當時等他道此是觀音大士傳佛心印에 亦好擯他出國하면 猶較些子로다

【평창번역】

양무제는 그 후 (달마에 대해서) 지공에게 물었다. 지공은 "폐하, 이 사람이 누군지 아십니까?"라고 말했다. 무제는 "불식(不識, 모른다)"이라 했으니 자, 말해보라. 달마가 말한 '불식'과 같은가 다른가. (겉으론) 비슷한 것 같지만 (그러나 속뜻은) 전혀 다르다. (그런데) 사람들은 대부분 잘못 알고는 이런 식으로 말하고 있다. "앞서 달마가 말한 '불식'은 무제에게 선(禪)을 대답한 것이요, 뒤에서 무제가 지공에게 ('불식'이라고) 대답한 것은 안다 모른다의 '모른다'는 말이다." 그러나 (이런 식으로 아는 것은) 달마가 말한 '불식'과는 전연 관계가 없다.

당시에 지공이 (무제에게) 이렇게 물었으니 자, 말해보라. 어떻게 답해야 하겠는가? (무제는) 어찌 (지공을) 한방망이 내려쳐서 애매모호한 이 입장에서 벗어나지 못했든 말인가. 무제가 오히려 지공에게 자백서를 내밀면서 '불식'이라 했으니 지공은 즉시 거기 대응하여 이렇게 말했다. "그는 관음보살로서 부처의 가르침〔心印〕을 전하고 있습니다." 이 말을 들은 무제는 후회하면서 "사신을 보내 (달마를) 모셔오도록 하겠다"고 했으니 참으로 멍청한 친구가 아닐 수 없다. 지공이 "그는 관음보살로서 부처의 가르침〔心印〕을 전하고 있다"고 말한 바로 그때에 지공 또한 쫓아버렸더라면 그런대로 (무제를) 인정해 줄 수도 있었을 것이다.

【평창해설】

본칙공안은 앞에서 끝나고 여기서 제2막이 전개된다. 말하자면 무제와

지공의 문답을 통해서 달마의 정체를 밝히고 있다. 이 대목의 핵심은 "달마가 누군지 아느냐"는 지공의 물음에 "모른다〔不識〕"고 말한 무제의 대답이다. 앞에서 달마가 말한 '불식'과 여기서 무제가 말한 '불식'은 그 글자풀이로 보아서 같다. 그러나 그 속뜻에는 천양지차가 있다. 달마의 '불식'은 활구공안이요, 무제의 '불식'은 그저 '모른다'는 말이기 때문이라고 이해한다면 그 순간 빗나가 버리고 만다. 왜냐하면 거기 '달마의 불식'과 '무제의 불식'에 대한 분별심이 일어났기 때문이다. 그러면 도대체 어떻게 해야 하겠는가. ……불식(不識)!

그러나 만일 무제에게 안목이 있었더라면 '그(달마)는 관음보살의 화신 云云……'을 지껄이고 있는 지공을 그냥 한방 먹였을 것이다.

【評　　唱】

人傳志公天監十三年化去하고　達磨普通元年方來하니　自隔七年이라　何故卻道同時相見고　此必是謬傳이라　據傳中所載라　如今不論這事하고　只要知他大綱이라　且道達磨是觀音가　志公是觀音가　阿那箇是端的底　觀音가　旣是觀音인댄　爲什麼卻有兩箇오　何止兩箇리요　成群作隊로다

【평창번역】

지공은 천감 13년(天監 十三年, A.D. 514)에 입적했고 달마는 보통 원년(普通 元年, A.D. 520)에 중국에 왔다. (그러므로 둘 사이에는) 7년의 격차가 있다. 그런데 무엇 때문에 서로 만났다고 말하는가. 이는 필시 와전된 것일 것이다.—이렇게 사람들은 전하고(말하고) 있다. 그러나 (나 원오는) 전(《寶林傳》)에 실린 것을 근거로 했을 뿐이다. 지금 여기선 이 일에 대해서 (시시비비를) 논하지 말고 다만 달마가 말한 그 말의 핵심만을 알아보자. 자, 말해보라. 달마가 관음인가, 지공이 관음인가? (도대체) 누가 진짜

관음인가? 관음이라면 왜 두 개가 있는가? 어찌 두 개뿐이겠는가. 천 개요, 만 개요, 무한개로다.

【평창해설】

사실 지공은 달마가 중국에 오기 7년 전(A.D. 514)에 입적했다. 그런데 이 두 사람을 동시대로 언급하고 있는 것은 왜일까? 달마의 위대성을 강조하기 위하여 죽은 지공을 잠시 등장시켰을 뿐이다. 말하자면 이 부분은 사실이 아닌 상징적인 의미로 파악해야 한다. 그렇다면 구성상 시간이 역류하는 아주 멋진 드라마가 된다. 지공은 지금 7년이라는 시간을 역류해 와서는 달마를 일컬어 주문을 외듯 '관음보살의 화신'이라고 말하고 있다. 자, 그렇다면 '진짜 관음은 도대체 누군가?' ……이것이 원오가 우리에게 던지는 창이다. 그런데 아차, 원오가 그만 실수를 저지르고 말았다. 왜 '천 개요, 만 개요, 무한개〔成群作隊〕'라고 사족을 붙이고 있는가.

【評　　唱】

時後魏光統律師와 菩提流支三藏이 與師論議라 師斥相指心하니 而褊局之量이 自不堪任이라 競起害心하야 數加毒藥이라 至第六度에 化緣已畢하니 傳法得人하야 遂不復救하고 端居而逝하니 葬於熊耳山定林寺라 後魏宋雲이 奉使於葱嶺遇師하니 手攜隻履而往이라

武帝追憶하야 自撰碑文云「嗟夫! 見之不見하고 逢之不逢하고 遇之不遇하니 今之古之에 怨之恨之로다」復讚云「心有也에 曠劫而滯凡夫요 心無也에 刹那而登妙覺이라하니」且道達磨卽今在什麼處오 蹉過也不知로다

【평창번역】

　때는 후위(後魏, 北魏), 광통율사와 보리류지 삼장이 달마와 더불어 도(道)를 논했는데 달마는 형상을 부정하고 대신 마음을 주장했다. (그런데 그 둘은) 그릇이 적어 (달마의 말을) 감당할 수가 없었다. (그래서 달마를) 해치려고 여러 번 (음식물에) 독약을 넣었으나 (그 때마다 달마는 음식물을 토해내곤 했다.) 여섯 번째에 이르러서는 이 세상 인연이 다한 걸 알고 이조 혜가를 만나 법을 전한 다음 그대로 독약을 마시고 단정히 앉아 숨을 거뒀다. 웅이산 정림사에서 장사를 치르고 (묘탑을 세웠다.) 그 뒤 위의 송운(魏 宋雲, 「後三藏魏宋雲」—《傳燈錄》)이 사신으로 총령을 넘어가다가 달마를 만났는데 그는 손에 신발 한 짝을 들고 (인도로) 돌아갔다고 한다. 무제는 (달마를) 추모하여 스스로 (다음과 같이) 비문을 지었다.
　'아아, 보고도 보지 못하고 만나고도 만나지 못했으니 지금이나 옛날이나 그것을 원망하고 그것을 한탄한다.'
　다시 찬(讚)하기를 '마음이 있으면 오래도록 중생인 채로 머물고 마음이 없으면 순간적으로 부처의 경지에 오른다' 고 했다. 자, 말해보라. 달마는 지금 어디 있는가? 빗나간 줄을 모르고 있군.

【평창해설】

　전설 같은 달마의 부활을 말하고 있다. 이 대목의 핵심은 다음의 마지막 구절이다.
　'자, 달마는 지금 어디 있는가. 빗나간 줄을 모르고 있군.'
　그렇다면 평창을 강의하고 있는 원오가 빗나갔는가. 이 글을 쓰고 있는 내가 빗나갔는가. 이 글을 읽고 있는 그대가 빗나갔는가. 자, 과연 누가 빗나갔는가. ……정말이지 빗나간 줄을 전혀 모르고 있다.

【頌】

〔頌〕聖諦廓然이여(箭過新羅로다 咦!) 何當辨的고(過也라 有什麼難辨이리요) 對朕者誰오(再來不直半文錢이로다 又恁麼去也아) 還云不識이라하고(三个四个가 中也라 咄!⁷⁾) 因玆暗渡江하니(穿人鼻孔不得하야 却被別人穿이라 蒼天! 蒼天! 好不大丈夫로다) 豈免生荊棘이리요(脚跟下已深數丈이라) 闔國人追不再來여(兩重公案이로다 用追作麼오 在什麼處오 大丈夫志氣何在오) 千古萬古空相憶이로다(換手槌胸하고 望空啓告로다) 休相憶하라(道什麼오 向鬼窟裏作活計로다) 清風匝地하니 有何極이리오(果然 大小雪竇向草裏輥이로다) 師顧視左右云「這裏還有祖師麼아」(你待瞒欵那아 猶作這去就로다) 自云「有로다」(塌薩阿勞라) 喚來與老僧洗脚하리라(更與三十棒하야 趕出也未爲分外로다 作這去就하면 猶較些子라)

【송번역】

'성제확연(聖諦廓然)'이여!
　　화살은 신라를 지나갔다 이(咦, 말없이 웃다)
어느 날에야 이 말뜻 알겠는가?
　　빗나갔다. 알기 어려울 게 뭐 있는가?
짐을 대한 자는 누군가?
　　다시 가지고 오지만 반푼어치의 값어치도 없다. 또 이런 식인가?
불식(不識)이라 말하고는
　　세 사람, 네 사람이 (이 '불식'이란 화살에) 맞았군. 쯧쯧.
남몰래 (양자)강을 건너갔으니
　　사람을 자기 마음대로 주무르지 못하고 오히려 사람(설두)에게 끌려다니는군. 아이고, 아이고. 이 형편없는 졸부여.

---

7) 咄 中也(福本).

어찌 가시덤불이 나지 않을 수 있겠는가?

> 발 밑은 이미 가시덤불로 깊다.

나라 사람 다 가도 다시 오지 않을 거니

> 이중의 공안이로군. 가서 무엇을 할 것인가? (달마는 지금) 어디 있는가. 대장부의 기백은 어디 났는가?

천고만고에 속절없는 후회로다.

> 두 손으로 가슴을 치며 슬퍼하고 있다.

후회 말라.

> (지금) 뭐라고 말했는가. 망상 피우지 말라.

청풍이 두루했거늘 어딘들 극(極)이 아니리.

> 과연, 별것 아닌 설두가 (망상의) 풀 속에 넘어지는군.

설두는 좌우를 돌아보면서 말했다. "이 자리에 조사(달마)가 있느냐?"

> 이전의 진술을 뒤엎을 작정인가. 또 이런 식인가.

(대답하는 사람이 없자) 스스로 말했다. "있다."

> 몹시도 피곤하겠군.

불러내어 노승의 발을 씻기리라.

> 다시 삼십 방망이 후려쳐서 쫓아버려야 한다. 이렇게 하면 그런대로 봐줄 만하다.

【송과 착어해설】

◎ **성제확연(聖諦廓然)이여!** 성제(聖諦)는 무제의 물음인 '성제제일의(聖諦第一義)', 확연(廓然)은 달마의 대답인 '확연무성(廓然無聖)'을 말한다.

◎ **어느 날에야 이 말뜻 알겠는가?** 문자해석은 누구나 곧잘 한다. 그러나 그 속뜻을 아는 사람은 많지 않다. 그래서 눈뜬 이는 외로운 것이다.

△ 빗나갔다.   '과(過)'는 '빗나갔다' '지나가 버렸다'는 뜻이다. 왜냐하면 달마의 대답인 '확연무성'은 활구이므로 전혀 흔적이 없기 때문이다. 흔적조차 없는 이 활구 앞에서 '~ 알겠는가'라는 식으로 분별심을 일으켜 물었으니 이미 과녁을 빗나가 버린 게 아니고 무엇이란 말인가.

△ 알기 어려울 게 뭐 있는가?   왜냐하면 질문이 나오기 그 이전의 자리이기 때문이다.

△ 세 사람 네 사람이 (이 '불식'이라는 화살에) 맞았군.   "양무제, 달마, 설두가 모조리 이 '불식'이라는 활구에 걸려들었다"고 말하고 있는 원오 역시 이 '불식'의 올가미를 벗어날 수가 없다. 그렇다면 이 글을 쓰고 있는 나는, 그리고 이 글을 읽고 있는 그대는, …… 역시 이 '불식'의 올가미에 걸려든 꼴이 됐다. 제기랄…….

△ 쯧쯧.   애석해 하는 투의 말이지만 실은 (달마를) 엄청 칭찬하고 있는 것이다.

△ 아이고, 아이고.   양무제를 만났으나 공감대를 얻지 못하고 양자강을 건너 위나라로 간 달마를 애통해 하고 있다.

△ 이 형편없는 졸부여.   남몰래 야반도주한 달마를 비난하는 말이다. 그러나 이 비난의 말투에는 애정이 있다.

◎ 어찌 가시덤불이 나지 않을 수 있겠는가?   달마는 양무제의 물음에 '확연무성', '불식'이라는 두 개의 활구로 대답했다. 그러나 엄밀한 의미에서 본다면 이 활구 대답조차도 가시덤불에 지나지 않는다. 그렇다면 자, 말해보라. 티끌 하나 없는 하늘(본성)은 어떤 것인가. 잠깐! 움직이지 말라. 움직이면 티끌이 인다.

△ 발 밑은 이미 가시덤불로 깊다.   달마를 비판하고 있는 설두 자신의 발 밑에도 가시덤불이 깊다.

◎ 나라 사람 다 가도 다시 오지 않을 거니   왜냐하면 달가의 본질은 가거나 오는 것이 아니기 때문이다.

△ 이중의 공안이로군.   지공이 한 말을 설두가 재차 들먹이고 있기

때문이다.

△ (달마는 지금) 어디 있는가. 　우리는 각자 자신의 달마를 자기 안에서 찾아야 한다.

△ 대장부의 기백은 어디 났는가? 　지공의 말에 풀이 꺾인 양무제를 조롱하는 말이다.

◎ 후회 말라. 　시상의 전환점이다. 달마를 알아보지 못한 걸 후회하지 말라. 영원히 변치 않는 진짜 달마(본성)를 깨달아야 한다.

△ 망상 피우지 말라. 　여기 '본성'이라는 그 이름마저 없는데, 또 무슨 달마를 들먹인단 말인가.

◎ 청풍이 두루했거늘 어딘들 극(極)이 아니리. 　청풍(淸風)이란 무엇인가? 그것은 '부처'의 'ㅂ'마저 얼씬거릴 수 없는 '바로 그것'이다. 이 '바로 그것'이 온누리에 충만해 있으니 온누리 자체가 '바로 그것'이다. '바로 그것'과 둘이 아니다. 그러므로 돌멩이 하나에서 풀 한 포기에 이르기까지 '바로 그것' 아닌 게 없다. 여기서의 '극(極)'이란 '본질'을 뜻한다.

△ 과연. 　'과연(果然)'이란 짐작했던 대로 말이 나올 때 '내 그렇게 말할 줄 알고 있었다'는 뜻으로 사용되는 말이다.

△ 별것 아닌 설두가 (망상의) 풀 속에 넘어지는군. 　말을 전혀 붙일 수 없는 곳에서 설두는 '청풍이 어쩌고저쩌고'를 지껄이고 있기 때문이다. 귀신 씨나락 까먹는 소리를 지저귀고 있기 때문이다.

◎ 설두는 좌우를 돌아보면서 말했다. 　송은 앞에서 끝났다. 여기서부터는 기록자가 덧붙인 문장이다.

◎ "이 자리에 조사(달마)가 있느냐?" 　'이 자리'는 '청풍이 두루한 경지'를 말한다.

△ 이전의 진술을 뒤엎을 작정인가. 　송의 앞부분에서 설두는 조사(달마)가 있다는 걸 전제로 하고 송을 읊었다. 그런데 송의 끝부분(여기)에 와서는 느닷없이 '조사가 있느냐'고 반문하고 있기 때문이다. 앞의 말

과 뒷말이 전혀 다른 걸로 봐서 c̄는 필시 앞의 진술을 뒤엎을 작정으로 이런 식의 말을 하고 있는 것이다.

△ 몹시도 피곤하겠군.   설두는 스스로 묻고 스스로 '있다'고 대답하고 있다. 말하자면 북 치고 장구 치고를 다 하고 있다. 그러니 오죽이나 피곤하겠는가.

◎ 불러내어 노승의 발을 씻기리라.   본질적인 입장에서 본다면 조사도 없고 나도 없다. 만일 여기(본질적인 입장)에 조사가 있다면 그건 아무 짝에도 쓸모없는 군더더기일 뿐이다. 그러니 설두의 발이나 씻기지 않고 어디 쓴단 말인가. 통쾌하기 그지없는 한 말씀이다.

△ 다시 삼십 방망이 후려쳐서 쫓아버려야 한다.   발만 씻기는 것 가지고는 분이 안 풀린다. 사정없이 30방망이를 내리쳐서 그냥 박살을 내버려야 한다.

【評　唱】

〔評唱〕且據雪竇頌此公案은 一似善舞太阿劍相似라 向虛空中盤礴하니 自然不犯鋒鋩이라 若是無這般手段이면 纔拈著하야 便見傷鋒犯手하리라 若是具眼者라면 看他一拈一掇, 一褒一貶하라 只用四句하야 揩定一則公案이로다 大凡頌古는 只是繞路說禪이요 拈古는 大綱據款結案而已라

【평창번역】

설두가 이 공안을 송(頌)하는 걸 보면 마치 명검을 잘 사용하는 것 같다. 허공을 향해서 (명검을) 자유자재로 휘두르니 칼날이 전혀 상하지 않는다. 만일 이런 능력이 없다면 검을 잡기가 무섭게 그 칼날에 손을 베일 것이다. 지혜의 안목이 있다면 저(설두)가 (공안을) 제시하고 논하고 추켜

올리고 깎아내리는 걸 눈여겨봐야 한다. 이 네 가지 방법을 써서 하나의 공안을 결론짓고 있다. 송고(頌古)는 우회적으로 선(禪)을 말하는 것이요, 염고(拈古)는 (공안의) 요점을 직설적으로 서술하고 비평하는 것이다.

【평창해설】

설두는 본칙공안을 마치 한 자루 명검처럼 자유자재로 사용하고 있다. 멋진 송을 읊어내고 있다. 그러면서도 망상분별의 그물에 전혀 걸리지 않고 있다. 이런 설두의 솜씨를 이 대목에서 원오는 몹시 칭찬하고 있다. 그러나 조심, 이 칭찬이 언제 어느 때 비난의 화살로 바뀔지 모른다.

【評　唱】

雪竇與他一拶하야 劈頭便道호대 「聖諦廓然, 何當辨的고하니」 雪竇於他初句下에 著這一句하니 不妨奇特이로다 且道畢竟作麽生辨的고 直饒鐵眼銅睛이라도 也摸索不著이로다 到這裏하야 以情識卜度得麽아 所以雲門道호대 「如擊石火, 似閃電光이라하니」 這箇些子는 不落心機意識情想이니 等你開口하야 堪作什麽오 計較生時에는 鷂子過新羅니라

【평창번역】

설두는 우리에게 일침을 가하면서 (頌의) 처음을 "성제확연이여! 어느 날에야 이 말뜻 알겠는가"라고 말했다. 설두는 공안의 첫 구절(무제의 물음인 '성제제일의'와 달마의 대답인 '확연무성')을 한 구절('성제확연이여') 로 읊었으니 아주 기이하고 특이하다고 할 수 있다. 자, 말해보라. 어떻게 하면 이 말뜻을 알겠는가? 지혜의 눈으로도 그 흔적을 찾을 수 없을 것이다. 여기 (확연무성) 이르러서는 (어떻게) 생각으로 헤아릴 수 있겠는가?

그러므로 운문은 '전광석화와 같다'고 했던 것이다. 이 미묘한 것('확연무성'이라는 이 구절)은 마음, 의식, 감정 등으로 포착할 수 없나니 입벌려 (말을 해서) 뭘 하겠단 말인가. 분별심을 냈을 때 솔개는 이미 신라를 지나가 버렸다.

【평창해설】

활구는 마치 전광석화와도 같아서 무슨 말인가를 하려고 입을 벌리려는 순간 이미 흔적도 없이 지나가 버리고 만다. 정말 무시무시한 일이다.

【評　　唱】

雪竇道호대「你天下衲僧이 何當辨的고 對朕者誰오 著箇[8] 還云不識이라하니」 此是雪竇忒煞老婆하야 重重爲人處라 且道廓然與不識이 是一般가 兩般가 若是了底人分上에는 不言而諭이어니와 若是未了底人은 決定打作兩橛하리라 諸方尋常皆道호대 雪竇重拈一遍이라하니 殊不知四句頌盡公案了라

【평창번역】

"그대들 천하의 수행자들이여, 어느 날에야 이 말뜻 알겠는가 / 짐을 대한 자는 누군가 / 불식(不識, 모른다)." 설두는 이렇게 말했다. 이것은 설두가 노파심이 너무 간절하여 거듭거듭 우리를 위한 곳이다. 자, 말해보라. '확연(확연무성)'과 '불식'이 같은가, 다른가. 깨달은 이는 말하지 않더라도 척! 알 것이다. (그러나) 깨닫지 못한 이에게 있어서 ('확연무성'과

---

8) 없음(一夜本).

'불식'은) 전혀 별개의 것으로 파악될 것이다. 모두들 말하길 "설두가 공안을 거듭 거론했다"고 한다. 그러나 이 네 구절의 송(첫 구절에서 네 번째 구절까지)으로 (본칙)공안을 모두 읊어 버린 것을 전혀 모르고 있다.

【평창해설】

달마의 활구 '확연무성'과 '불식'이 같은가, 다른가. 같다고 말하면 구제불능이요, 다르다고 말해도 식은밥이다. 자, 그렇다면 어찌해야 하겠는가. 가만! 움직이지 말라.

【評　唱】

後爲慈悲之故로 頌出事跡하니 「因茲暗渡江, 豈免生荊棘이라」 達磨本來玆[9]土에 與人解粘去縛하고 抽釘拔楔하며 劃除荊棘하니 因何卻道生荊棘고 非止當時라 諸人卽今脚跟下已深數丈이로다 「闔國人追不再來여 千古萬古空相憶이라하니」 可煞不丈夫라 且道達磨在什麽處오 若見達磨하면 便見雪竇末後爲人處하리라

【평창번역】

이 뒤(네 번째 구절 이후의 송)는 자비심으로 (설두가 달마의) 행적을 읊은 것이니 '남몰래 (양자)강을 건너갔으니 / 어찌 낭패를 보지 않을 수 있겠는가'가 그것이다. 달마가 이 땅(중국)에 온 것은 번뇌의 매듭을 풀고 망상의 못과 쐐기를 뽑으며 사량분별의 가시넝쿨을 베버리고자 함이었다. 그런데 어째서 (오히려) 낭패를 봤는가(가시넝쿨이 났는가), (달마) 당시뿐

---

9) 此(一夜本).

아니라 지금 여러분의 발 밑에도 이 가시넝쿨이 깊다. '나라 사람 다 가도 다시 오지 않을 거니 / 천고만고에 속절없는 후회르다' 라고 했으니 (무제 야말로) 형편없는 졸부가 아닐 수 없다. 자, 말해보라. 달마는 (지금) 어디 있는가. 만일 (이 자리에서) 달마를 본다면 설두가 송의 후반부에서 여러 분을 위한 곳('청풍이 두루했거늘 어딘들 극이 아니리'의 구절)을 알게 될 것 이다.

【평창해설】

송은 앞의 네 구절로 끝나고 여기서부터는 달마의 행적에 관한 언급이 다. 달마는 불립문자(不立文字)의 소식을 전하기 위해서 갖은 고난을 무 릅쓰고 인도에서 중국으로 왔다. 그런데 왜 설두는 달마의 행동거지를 일 컬어 '가시덤불이 났다'고 했는가. 단단히 짚고 넘어가야 할 대목이다. 자, 그렇다면 진짜 달마는 어디 있는가. '여기 있다'고 말하는 그 순간 달 마는 고사하고 쥐뿔도 없다.

【評　　唱】

雪竇恐怕人逐情見하야 所以撥轉關振子하야 出自己見解云호대 「休相憶하라 淸風匝地有何極이리요하니」 旣休相憶인댄 你脚跟下事는 又作麼生고 雪竇道호대 「卽今箇裏10)匝地淸風이라 天上天下有何所極고하니」 雪竇拈千古萬古之事하야 拋向面前이로다 非止雪竇當時有何極이니 你諸人分上에 亦有何極고

---

10) 此處(一夜本).

【평창번역】

　설두는 사람들이 정견(情見)을 쫓아갈까 염려스러워서 국면을 확 전환시켜 자신의 견해를 이렇게 표현했다. '후회 말라 / 청풍이 두루했거늘 어딘들 극이 아니리.' 후회하지 않을진댄 그대들 당면지사(본래 자기를 찾는 일)는 또 어찌 할 것인가. '지금 (바로) 여기 청풍이 두루했거늘 어딘들 극이 아니리'라고 설두가 말했으니 이것은 영원불변의 일을 거론해서 (여러분) 면전에 던져 준 것이다. '모든 곳이 다 극(極)'이라는 이 경지는 설두 당시에만 국한된 것이 아니다. 여러분들도 또한 '모든 곳이 다 극'인 이 경지에서 (살아가고) 있다.

【평창해설】

　'어딘들 극(極)이 아니리.'……그렇다면 미친 지랄이다. 평창을 강의한 원오도, 미친 짓이요, 송을 읊은 설두도 미친 짓이요, 벽암록 뜻풀이를 쓰고 있는 나도 미친 짓이요, 이 글을 읽고 있는 그대도 미친 짓이다. ……미친 짓이다. 미친 짓이다. 이 세상 전체가 그냥 미친 짓이다. 히히…… 소름이 오싹 돋아나지 않는가.

【評　　唱】

　他又怕人執在這裏하야 再著方便하야 高聲云「這裏還有祖師麼아하고」自云「有라하니」雪竇到這裏하야 不妨爲人赤心片片이로다 又自云「喚來與老僧洗脚하리라하니」太煞減人威光이로다 當時也好與本分手脚이라 且道雪竇意在什麼處오 到這裏하야는 喚作驢則是아 喚作馬則是아 喚作祖師則是아 如何名邈고 往往喚作雪竇使祖師去也라하나니 且喜沒交涉이로다 且道畢竟作麼生고 只許老胡知요 不許老胡會로다

【평창번역】

　그(설두)는 사람들이 여기('모든 곳이 다 극'이라는 이 경지) 집착할까봐 다시 하나의 방편을 지어 이렇게 외쳤다. "이 자리에 조사(달마)가 있느냐? / (대답하는 사람이 없자) 스스로 말하길 '있다'"고 했으니 이는 후학을 위한 설두의 간절한 마음이 그대로 다 드러난 것이다. 이어서 말하길 "불러내어 노승의 발을 씻기리라"고 했으니 사람(달마)을 형편없이 깎아내렸다. (나 원오 같으면) 설두가 이런 식으로 말할 때 그냥 30봉을 내리쳤을 것이다. 자, 말해보라. 설두의 뜻이 어디 있는가. 이 경지('모든 곳이 다 극'인 이 경지)에 이르러서는 나구라 불러야 옳은가, 말이라 불러야 옳은가, (아니면) 조사라 해야 옳은가? (도대체) 뭐라 호칭해야 하는가? 흔히들 말하길 "설두가 조사(달마)를 (하인부리듯) 부려먹었다"고 하는데 이는 전혀 맞지 않는 말이다. 자, 말해보라. (그렇다면 도대체) 어떻게 해야 (설두의) 의중을 간파할 수 있는가.
　지허노호지 불허노호회(只許老胡知 不許老胡會).

【평창해설】

　송의 끝에 가서 설두는 다시 한번 이렇게 일할을 하고 있다. "'이 누리 전체가 극인 이 경지'에 조사가 있느냐?" 그러나 설두의 이 물음에 대답하는 자는 아무도 없었다. 그러자 그 깊은 침묵을 깨면서 설두 스스로가 청중을 대신해서 이렇게 갈했다. "있다." 그런 다음 설두는 비웃듯이 또 이렇게 말했다. "당장 불러내어 노승의 발이나 씻길 것이다." 자, 설두의 의중은 과연 어떤 것인가?

第 2 則
趙州至道無難
조주의 지도무난

【垂　　示】

　垂示云,「乾坤窄하고 日月星辰一時黑이라 直饒棒如雨點하고 喝似雷奔이라도 也未當得向上宗乘中事니라 設使三世諸佛이라도 只可自知요 歷代祖師라도 全提不起라 一大藏教詮注不及이며 明眼衲僧이라도 自救不了니 到這裏하야는 作麼生請益고 道箇佛字라도 拖泥帶水며 道箇禪字라도 滿面慚惶이라 久參上士는 不待言之어니와 後學初機는 直須究取니라」

【수시번역】

　㉠ 하늘과 땅마저 비좁고 일월성신도 일시적으로 빛을 잃는다. 봉(棒)을 빗발치듯 내려치고 할(喝)을 천둥 울리듯 내뱉더라도 선(禪)의 핵심에는 도달할 수 없다.
　㉡ 설사 삼세제불이라도 스스로 알 수 있을 뿐이요, 역대 조사라도 (이 선의 핵심을) 완벽하게 제시할 수는 없는 것이다. 팔만대장경으로 (그 이치를) 설명하더라도 미칠 수 없으며 눈밝은 수행자라도 스스로를 구할 수 없나니

ⓒ 여기(선의 핵심) 이르러서는 어떻게 가르침을 청해야 하는가. '부처'라 말하더라도 (이미) 언어의 진흙탕이요, '선'이라 말하더라도 얼굴 가득 부끄러움뿐이다.

ⓒ 오랫동안 참선수행을 한 이에게는 굳이 이런 말을 할 필요가 없지만 그러나 초심자는 깊이 탐구하지 않으면 안 된다.

【수시해설】

다음의 네 마디로 구성되어 있다.

첫째 마디(㉠) : 본칙공안의 핵심인 '지도(至道)' 그 자체를 말하고 있다.

둘째 마디(㉡) : 부처와 조사라 해도 이 '지도'에는 이를 수 없음을 말하고 있다.

셋째 마디(㉢) : 수행자들에게 이 '지도'의 탐구에 적극적으로 임하기를 권유하고 있다.

넷째 마디(㉣) : 본칙공안 자체에 대한 언급이다.

【本　　則】

〔本則〕擧, 趙州示衆云(這老漢作什麽오 莫打這葛藤하라) 至道無難하니 (非難非易라) 唯嫌揀擇이니라(眼前是什麽오 三祖猶在로다) 纔有語言이면 是揀擇가 是明白가(兩頭三面이요 少賣弄이라 魚行水濁이요 鳥飛落毛로다) 老僧不在明白裏어니와(賊身已露로다 這老漢向什麽處去오) 是汝還護惜也 無아(敗也라 也有一箇半箇로다) 時有僧問호대「旣不在明白裏어니 護惜箇什麽오」(也好與一拶이니 舌拄上齶이로다) 州云「我亦不知니라(拶殺這老漢이나 倒退三千하라) 僧云「和尙旣不知어니 爲什麽卻道不在明白裏닛고」(看走向什麽處去오 逐敎上樹去로다) 州云「問事卽得이면 禮拜了退니

라」(賴有這一著이로다 這老賊!)

【본칙번역】

조주가 대중(수행자들)에게 말했다.

    이 어르신네가 뭘 하시는고? 무슨 실없는 농담을 하시려는가?

"지도(至道, 최상의 도)는 어렵지 않나니

    어렵지도 않지만 쉽지도 않다.

오직 간택(揀擇, 취사선택)을 꺼릴 뿐이다.

    눈앞에 있는 것은 무엇인가? 삼조(승찬대사)가 여기 있다.

'도'라고 말하는 순간, 이것이 간택인가, (도가) 명백(히 드러난 것)인가?

    (도무지) 종잡을 수 없군. 자만하지 말라. 고기가 가면 물이 흐려지고 새가 날아가면 깃이 떨어진다.

노승은 명백(의 상태)에조차 머물지 않나니

    적의 정체가 드러났다. 이 어르신네가 지금 어디로 가시는가?

그대들은 (이를) 소중히 간직할 것인가?"

    낭패로군. (이런 친구가) 드물지만 있긴 있다.

그때 어떤 승(僧)이 물었다. "명백(의 상태)에조차 머물지 않거니 (도대체) 무엇을 소중히 간직한단 말입니까?"

    한방 잘 먹였다. 말문이 막혀버렸을 걸.

조주는 말했다. "아역부지(我亦不知, 나 또한 모른다)."

    이 어르신네가 한방 세게 맞았군. 엎어지고 거꾸러지면서 삼천 리를 달아나는군.

승은 말했다. "화상은 제대로 알지도 못하면서 무엇 때문에 명백(의 상태)에조차 머물지 않는다고 말하십니까?"

    어디로 달아나는지 잘 봐라. 쫓겨서 나무 위로 올라가는군.

조주는 말했다. "문사즉득 예배요퇴(問事卽得 禮拜了退, 알았으면 절하고 물러가게)."

다행히 이 한 수가 있었군. 이런 도적놈!

【본칙과 착어해설】

△ 이 어르신네가 뭘 하시는고? 무슨 실없는 농담을 하시려는가?   조주의 말은 어찌 보면 실없는 농담 같기도 하고 또 어찌 보면 그저 평범한 일상적인 말 같기도 하다. 그러나 그 평범한 말속에는 전광석화와도 같은 혜지가 번뜩이고 있다. 그러므로 조주의 말 앞에서는 바짝 정신을 차리지 않으면 안 된다. 아차! 하는 순간 문제의 핵심을 놓쳐 버리기 때문이다. 그래서 원오도 지금 '이 어르신네가 뭘 하시는고'라고 말하며 바짝 긴장을 하고 있다.

◎ "지도(至道, 최상의 도)는 어렵지 않나니   '왜냐하면 나 자신이 그것 속에서 살아가고 있기 때문이다. 아니 그것은 바로 나 자신이기 때문이다. 아니 아니 크기로 말하자면 온 우주를 싸안았고 작기로 말하자면 비집고 들어갈 틈조차 없기 때문이다.'—이렇게 이해하는 순간 그것(지도)은 이미 두 동강이가 나버린다.

△ 어렵지도 않지만 쉽지도 않다.   여기 '지도'에 관한 세 사람의 대화가 있다.

방거사 : '지도'여, 어렵고도 어렵도다. 그것은 마치 나두 위에 올라가 마유(麻油, 삼씨로 짠 기름)를 뿌리는 것과도 같다.

방거사 할미 : '지도'여, 쉽고도 쉽도다. 풀 한 포기에서 나무 한 그루에 이르기까지 그것 아닌 게 없다.

딸 영조 : '지도'여, 어렵지도 않고 쉽지도 않나니 배고프면 밥 먹고 피곤하면 잠자네.

◎ 오직 간택(취사선택)을 꺼릴 뿐이다.   마음과 경계(주관과 객관)가 모두 사라져 버렸는데 간택이 어디 있겠는가? 그러나 분별심의 먼지가 일

게 되면 여기 걷잡을 수 없는 간택의 물결이 인다. 이렇게 되면 이제 '지도'는 멀고 어렵게 된다.

△ 눈앞에 있는 것은 무엇인가?　그것은 바로 '지도' 그 자체다.

△ 삼조(승찬대사)가 여기 있다.　'지도'를 깨닫는 순간 그대는 삼조(승찬대사)와 하나가 된다. '지도무난이여 유혐간택이라'고 외친 그와 하나가 된다.

◎ '도'라고 말하는 순간, 이것이 간택인가, (도가) 명백(히 드러난 것)인가?　조주의 이 올가미를 누가 피할 수 있겠는가. '간택'에서 걸리지 않으면 '명백'에서 걸려들 수밖에 없다. '지도'라고 말하는 바로 이것이야말로 '지도' 그 자체가 분명히 드러난 것이 아니고 무엇이겠는가. 이건 정말 굉장한 경지다. 이 정도면 견성은 보증수표다. 그러나 잠깐, 착각하지 말고 원오의 착어를 보자.

△ (도무지) 종잡을 수 없군.　'간택'이라고 말했다가 또 '명백'이라고 말하고 있기 때문이다. 간택과 명백에 양다리를 걸치고 있기 때문이다.

△ 자만하지 말라.　조주는 지금 삼조(승찬대사)의 《신심명》첫 구절(「지도무난 유혐간택」)을 마치 자신의 것이나 되는 양 써먹고 있다.

△ 고기가 가면 물이 흐려지고 새가 날아가면 깃이 떨어진다.　'간택을 꺼린다'고 말하는 그 자체가 이미 간택의 차원으로 떨어진 것이다. 말이 입 밖으로 나오는 순간 흔적이 나버리고 만다. 고기가 가면 물이 흐려지고 새가 날면 깃이 떨어지듯…….

◎ 노승은 명백(의 상태)에조차 머물지 않나니　이 구절이 바로 조주가 우리에게 던지는 낚싯밥이다.

△ 적의 정체가 드러났다.　원오는 이미 조주의 의도를 간파해 버렸다.

△ 이 어르신네가 지금 어디로 가시는가?　자, 조주의 참뜻은 어디 있는가(어떤 것인가)? 벗이여, 그대 스스로 간파해 보라.

◎ 그대들은 (이를) 소중히 간직할 것인가?"　'도대체 뭘 소중히 간직

한단 말인가'라고 반문하는 순간 이미 조주의 낚싯밥에 걸려 들었다.

△ **낭패로군.**   '간직한다'면 이미 낭패를 본 것이다.

△ **(이런 친구가) 드물지만 있긴 있다.**   이 뒤에 나오는 질문 승을 가리키는 말이다.

◎ **"아역부지(我亦不知, 나 또한 모른다)."**   활구다. "불에 달궈진 벽돌장을 두드리면 밑까지 얼어붙나니 조주를 간파할 수 있겠는가?"(《종전초》)

△ **엎어지고 거꾸러지면서 삼천 리를 달아나는군.**   조주는 지금 이 승의 물음에 혼비백산이 되어 허둥지겁 달아나고 있다. 그러나 이는 반어적인 표현이다. 내용상으로 본다면 조주가 아니라 이 승이 조주의 말뜻을 전혀 알아차리지 못하고 있다. 그래서 이런 식의 반어적인 표현을 쓴 것이다.

◎ **"화상은 제대로 알지도 못하면서 무엇 때문에 명백(의 상태)에조차 머물지 않는다고 말하십니까?"**   이 승이 예리한 검을 휘두르며 조주의 진영으로 뛰어들긴 들었으나 이 승은 지금 조주의 행방을 전혀 모르고 있다.

△ **쫓겨서 나무 위로 올라가는군.**   조주는 이 승의 물음에 완전히 궁지로 몰려버렸다. 그래서 지금 다급한 김에 나무 위로라도 올라갈 수밖에 없는 처지다.

◎ **조주는 말했다. "문사즉득 예배요퇴(알았으면 절하고 물러가게)."** 활구다. 이 세상 어느 누가 조주의 이 경지를 넘어설 수 있단 말인가. 조주의 경지는 바다보다 넓고 산보다 높다.

△ **다행히 이 한 수가 있었군.**   만일 앞의 활구('문사즉득 예배요퇴')가 없었더라면 어찌 됐겠는가? 조주는 꼼짝없이 이 승의 올가미에 걸려든 신세가 됐을 것이다. 그러나 천만다행히도 이 한 수가 있었던 것이다. 극적인 전환을 시도하고 있는 조주의 전략에 감탄한 나머지 원오는 이런 식으로 착어를 붙이고 있다.

△ 이런 도적놈!　'노적(老賊)'이란 말은 그냥 '도적놈'이 아니라 정말 '굉장한 도적놈'이란 뜻이다. '노(老)'는 접두사인데 그냥 접두사가 아니라 '능숙하다' '굉장하다'는 뜻을 머금고 있는 접두사다.

【評　　唱】

趙州[1]和尙尋常擧此話頭니　只是唯嫌揀擇이라　此是三祖《信心銘》云「至道無難, 唯嫌揀擇, 但莫憎愛, 洞然明白이니라」纔有是非면 是揀擇가　是明白가　纔恁麽會면　蹉過了也니라　鋑釘膠粘을　堪作何用가 州云「是揀擇가　是明白가하니」如今參禪問道가　不在揀擇中이면　便坐 在明白裏[2]라「老僧不在明白裏어니　汝等還護惜也無아하니」汝諸人은 旣 不在明白裏어니　且道趙州在什麽處오　爲什麽卻敎人護惜고

【평창번역】

　조주화상은 평상시에 (곧잘) 본 공안을 거론했는데 (그것이 바로) 이 유혐간택(唯嫌揀擇)공안이었다. 이것(본 공안)은 삼조《신심명》의 다음 구절에서 유래했다. "지도무난 유혐간택 단막증애 통연명백(至道無難, 唯嫌揀擇, 但莫憎愛, 洞然明白)." 시비의 물결이 이는 순간('도'라고 말하는 순간) 이것이 간택(취사선택)인가 ('도'가) 명백(히 드러난 것)인가? —만일 이런 식으로 안다면 (이미) 어긋나버렸다. 그런 집착을 어디 쓰겠는가? 조주가 말하길 "이것이 간택인가 (도가) 명백(히 드러난 것)인가" 했으니 지금의 수행자들은 간택에 있지 않으면 (도가) 명백(히 드러난 상태)에 안주해 있

---

1) 趙州 ~ 何用(六十六字) = 至道無難 唯嫌揀擇 趙州常擧此語 此是三祖信心銘 至道無難 唯嫌揀擇 但莫憎愛 洞然明白 纔任麽會 蹉過了也 釘釘膠粘 堪作何用(五十三字, 福本).
2) 이 뒤에 「州云」이 있음(一夜本).

다. "노승은 명백(의 상태)에조차 머물지 않나니 그대들은 (이를) 소중히 간직할 것인가"라고 조주는 말했으니 여러분이 (만일) 명백(의 상태)에 머물지 않는다면 자, 말해 보라. 조주는 어느 곳에 있는가? (조주는) 무엇 때문에 사람들로 하여금 (이 명백의 상태를) 소중히 간직하도록 했는가?

【평창해설】

'지도(至道)라고 말하는 그 자치는 간택(취사선택, 분별심)인가 아니면 지도가 명백히 드러난 상태인가'—라고 반문하는 그 순간 본성의 수면(水面)은 흐려진다. ……이다 아니다라는 물결이 일게 된다. 그렇게 되면 그만 빗나가 버린다. 그런데 참선수행자들은 '이것이 지도인가 아닌가'라는 분별의 상태에 머물지 않으면 '지도가 명백히 드러난 바로 그 상태'에 안주하게 된다. 그러나 이 '명백의 상태'마저 뛰어넘지 않으면 안 된다. 그래서 조주는 지금 본칙공안을 통해서 그 '명백마저 초월한 경지'를 제시하고 있는 것이다.

【評　　唱】

五祖先師常說道호대「垂手來似過你니 你作麼生會오하니」且道作麼生是垂手處오 識取鉤頭意하고 莫認定盤星하라

【평창번역】

오조선사가 늘 말하길 "가르침을 내려 그대에게 보여 주나 그대가 (이를) 어떻게 알 것인가"라고 했다. 자, 말해보라. 어떤 것이 가르침을 내려 준 곳인가? 낚시바늘 끝(要點)을 잘 보라. 부디 저울눈금을 잘못 알지 말라.

【평창해설】

　조주가 우리에게 암시해 준 곳이 어디인가? 글자풀이를 통해서 이해하는 사구(死句)가 아니라 글자풀이 이전의 활구(活句)를 간과하지 않으면 안 된다.

【評　　唱】

　這僧出來也不妨奇特이라 捉趙州空處하야 便去拶佗호대 「旣不在明白裏어니 護惜箇什麽오하니라」 趙州更不行棒行喝하고 只道호대 「我亦不知라하니」 若不是這老漢이면 被佗拶著하야 往往忘前失後하리라 賴是這老漢有轉身自在處하야 所以如此答他니라 如今禪和子問著하면 也道我亦不知不會라하니 爭奈同途不同轍이리요 這僧有奇特處하야 方始會問호대 「和尙旣不知어니 爲什麽卻道不在明白裏냐고하니」 更好一拶이라 若是別人이면 往往分疏不下하리라 趙州是作家라 只向他道호대 「問事卽得이면 禮拜了退하라하니」 這僧依舊無奈這老漢何하고 只得飮氣呑聲하니라

【평창번역】

　이 승의 응수는 아주 대단한 것이었다. 조주의 허점을 보고는 즉시 조주에게 다음과 같이 일격을 가했다. "명백(의 상태)에조차 머물지 않거니 (도대체) 무엇을 소중히 간직한단 말입니까?" 조주는 봉(棒)이나 할(喝)을 쓰지 않고 다만 "아역부지(나 또한 모른다)"라고 말했으니 만일 이 어르신네가 아니었더라면 저(승)에게 한 방 얻어맞고는 몹시 당황했을 것이다. (그러나) 다행히도 이 어르신네에게는 능수능란한 전략이 있었으니 그렇기에 이런 식으로 대답할 수 있었던 것이다. 요즈음의 선수행자들에게 이런 질문을 하면 "아역부지불회(我亦不知不會, 나 또한 모른다)"라고 하나

니 말은 같지만 그 속뜻이 전혀 다른 걸 어찌 하겠는가? 이 승은 아주 대단한 데가 있어서 (조주에게) 다시 이렇게 일격을 가했다. "화상은 제대로 알지도 못하면서 무엇 때문에 명백(의 상태)에조차 머물지 않는다고 말하십니까?" 만일 (조주 아닌) 다른 사람이었더라면 말문이 꽉 막혀 대답할 수가 없었을 것이다. (그러나 조주는) "문사즉득 예배요퇴(알았으면 절하고 물러가게)"라고 대답했다 이 말을 들은 승은 이 어르신네를 어찌할 수 없었으니 다만 입을 굳게 다물었을 뿐이다.

【평창해설】

이 승이 대단하긴 했지만 그러나 조주를 상대하기엔 너무 벅찼다. 이 승은 조주에게 재빨리 일격을 가했으나 조주는 '아역부지'라는 활구로 이 승의 공격을 가볍게 피해 버렸다. 그런데 요즈음의 선수행자들은 곧잘 조주의 이 활구를 흉내내어 '아역부지'라고 지껄이고 있다. 그러나 말은 같지만 그 속뜻은 전혀 다르다. 조주의 그것은 활구요, 흉내쟁이들의 그것은 사구이기 때문이다. 그건 그렇고 자, 이제 본론으로 돌아와서 이 승은 '아역부지'라는 조주의 활구를 간파하지 못했다. 그러나 이 승에게는 예리한 직관력이 있었다. 그래서 다시 다음과 같은 말로 두 번째의 공격을 시도했다. "화상은 제대로 알지도 못하면서 무엇 때문에 명백(의 상태)에조차 머물지 않는다고 말하십니까?" 만일 조주 아닌 다른 사람이었더라면 이 승의 이 두 번째 공격을 도저히 막아낼 수 없었을 것이다. 그러나 조주는 이번에도 역시 "문사즉득 예배요퇴"라는 활구로 이 승의 공격을 막아 버렸다. 그래서 이 승은 조주를 어떻게 해볼 방법이 없어서 망연자실의 지경이 돼 버리고 말았다.

【評　唱】

此是大手³⁾宗師라 不與你論玄論妙論機論境하고 一向以本分事接人이니라 所以道호대 相罵饒你接觜하고 相唾饒你潑水라하니라 殊不知這老漢이 平生不以棒喝接人하고 只以平常言語니 只是天下人不奈何라 蓋爲他平生無許多計較라 所以橫拈倒用하며 逆行順行하야 得大自在라 如今人은 不理會得하고 只管道趙州不答話라하고 不爲人說이라하나니 殊不知當面蹉過로다

【평창번역】

(조주는) 기량이 뛰어난 선승이었다. 현묘한 이치와 기경(機境, 동작과 상황)을 논하지 않고 오직 본분사(本分事, 본질적인 것)로써 사람을 대했다. 그러므로 "남의 비판 따위엔 아예 신경조차 쓰지 말라"고 말했던 것이다. 이 어르신네가 평생동안 봉이나 할로 사람을 대하지 않고 다만 평범한 언어를 썼지만 천하인이 (이 어르신네를) 어떻게 할 수 없었다는 사실을 (사람들은) 전혀 모르고 있다. 그(조주)는 평생동안 (머리를 굴려) 분별하고 판단하는 일이 별로 없었다. 그래서 역행과 순행으로 사람을 대하는 수완이 자유자재로웠다. (그런데) 지금 사람들은 이를 알지 못하고 "조주는 물음에 대답하지 않았으며 사람을 위하여 법(法, 진리)을 말해 주지도 않았다"고 말하고 있다. (그러나 그들은 자신이) 정면에서 빗나간 줄을 전혀 모르고 있다.

【평창해설】

언뜻 보기에 조주의 대답은 너무나 평범한 말같이 보인다. 그러나 조주

---

3) 大胆(福本).

는 대단한 선승이었으니 누가 뭐라고 비판하든 자신만의 독특한 방법으로 이런 식의 일상언어적인 활구를 썼던 것이다. 평범한 일상언어를 자유자재로 활구화했기 때문에 그 누구도 감히 조주를 상대할 수가 없었다. 조주의 활구는 그러므로 '공안 가운데 공안'이라고 할 수 있다. 그러나 이걸 모르고 사람들은 이렇게 말하고 있다. "본칙 공안에서 조주는 이 승의 질문에는 대답하지 않고 엉뚱하게도 '문사즉득 예배요퇴'라는 동문서답을 했다." 그러나 조주의 참뜻을 전혀 모르기 때문에 이런 식으로 말하고 있는 것이다. 자신들이 빗나가도 한참을 빗나갔다는 이 사실조차 새까맣게 모르기 때문에……

【頌】

〔頌〕至道無難이여(三重公案이라 滿口含霜이니 道什麽오) 言端語端이니라 (魚行水濁이요 七花八裂이라 搽胡也로다) 一有多種이나(分開好로다 只一般이니 有什麽了期[4]리요) 二無兩般이라(何堪四五六七고 打葛藤作什麽[5]오) 天際日上月下하고(覿面相呈이니 頭上漫漫이요 脚下漫漫이라 切忌昂頭低頭로다) 檻前山深水寒이라(一死更不再活이로다 還覺寒毛卓豎麽아 髑髏識盡喜何立고(棺木裏瞠眼이로다 盧行者是它同參이로다) 枯木龍吟銷未乾이니라 (咄! 枯木再生花요 達磨遊東土로다) 難難!(邪法難扶니라 倒一說이여 這裏是什麽所在건대 說難說易오) 揀擇明白君自看하라(瞎! 將謂由別人이나 賴値自看이로다 不干山僧事[6]라)

---

4) 打葛藤作什麽(福本).
5) 有什麽了期(福本).
6) 이 뒤에 雪竇의 말로써 「還有不難底麽」(六字)가 있다(福本).

【송번역】

지도무난(至道無難, 지극한 도는 어렵지 않음)이여!
    삼중공안이군. 입 가득 서릿발이군. 뭐라고 말하는가?
언(言)은 지도 그 자체며, 어(語)도 지도 그 자체네.
    고기가 가면 물이 흐려지나니 (이미) 박살이 났군. 애매모호하여 뭐가 뭔지 알 수 없군.
하나[至道] 속에는 여러 가지가 있지만,
    분류해 보는 것도 괜찮다. (그러나) 그게 그것인데 어느 날에야 결말이 나겠는가?
둘(여러 가지)에는 두 가지가 없네.
    4, 5, 6, 7을 어찌할 것인가? 말재주를 부려서 어쩔 셈인가.
하늘엔 해가 뜨면 달이 지고,
    정면으로 마주했다. 머리 위에도 가득하고 발 밑에도 가득하다. (그러나) 머리를 들어 찾고 고개를 숙여 찾는 것은 금물이다.
난간 앞 산 깊으니 물은 차갑네
    한 번 죽으면 다시 되살아날 수 없다. (놀라서) 털끝이 곤추서는 걸 알겠는가.
해골에 의식(意識)이 다했거늘 기쁨 어디 있겠는가.
    관 속에서 두 눈을 부릅뜬다. 노행자(육조)가 그대와 동창생이군.
고목에 용의 울음 아직도 남아 있네.
    쯧쯧. 고목에 꽃이 피는군. 달마가 동토(東土, 중국)에서 노니는군.
어렵고도 어렵나니
    삿된 법[邪法]을 지키기가 어렵군. 전도된 한 말씀이여. 여기 (도대체) 무엇이 있길래 어렵다고 말하고 (또) 쉽다고 말하는가.
간택인지 명백인지를 그대 스스로 간파하라.
    맛이 갔군. 특별한 사람이 있는가 했더니 겨우 '스스로 보라'는 말뿐이로군. 산승(山僧, 원오)과는 무관한 일이다.

【송과 착어해설】

△ 삼중공안이군.   첫 번째는 삼조 승찬대사가 했던 말이요, 두 번째는 조주가 인용했고, 세 번째는 설두가 지금 다시 재인용하고 있기 때문이다.

△ 입 가득 서릿발이군.   왜냐하면 '지도' 그 자체는 말로 설명할 수 없기 때문이다.

△ 뭐라고 말하는가?   말할 수 없는 그 경지를 지금 읊고 있기 때문이다.

◎ 언(言)은 지도 그 자체며, 어(語)도 지도 그 자체네.   '지도'는 말로 설명할 수 없다. 그러나 일단 말로 설명하게 되면 모든 언어가, 말이 그대로 '지도'의 굽이침이 된다.

△ 고기가 가면 물이 흐려지나니 (이미) 박살이 났군.   그러나 말이 되어 입에서 나오는 순간 조기 언어의 흔적이 찍히면서 '지도'는 그만 박살이 나버린다.

△ 애매모호하여 뭐가 뭔지 알 수 없군.   일단 말의 차원으로 내려오게 되면 '지도'는 언어의 노리개가 된다. 설명을 잘 하면 그럴수록 본질과는 점점 더 멀어질 뿐이다. 그리하여 마침내는 본질과는 전혀 다른 어떤 것으로 변해버리고 만다.

◎ 하나[至道] 속에는 여러 가지가 있지만,   이 세상 모든 것들은 예외없이 이 하나[至道]에서 비롯됐다.

△ 분류해 보는 것도 관찮다.   뿌리에서 가지로 뻗어나가 보는 것도 다양한 재미가 있다.

△ (그러나) 그게 그것인데 어느 날에야 결말이 나겠는가?   그러나 뿌리에서 뻗어나간 가지와 잎은 너무 많아서 우리를 혼란스럽게 한다. 그 많은 가지와 잎은 결국 뿌리의 확산력에 지나지 않는다. 그러므로 가지와 잎 단을 따라가다간 그만 미아가 돼 버린다.

◎ 둘(여러 가지)에는 두 가지가 없네.   하나[至道]에서 파생된 여러

가지는 결국 하나의 다른 몸짓에 지나지 않는다. 그러므로 그 여러 가지는 '하나'일 뿐이다.

△ 4, 5, 6, 7을 어찌할 것인가?　그러나 이 현상을 보라. 참새 다리는 짧고 황새 다리는 긴 것을 어찌할 것인가.

△ 말재주를 부려서 어쩔 셈인가.　언어의 유희는 끝이 없으므로 이 정도에서 일단 끝내야 한다.

◎ 하늘엔 해가 뜨면 달이 지고,　그 하나[至道]에서 본다면 털끝 하나 용납할 수 없다. 그러나 보라. 저 하늘엔 여전히 해가 뜨고 달이 지나니 이 모든 낱낱 것이 남김없이 그 하나의 나타남 아니겠는가.

△ (그러나) 머리를 들어 찾고 고개를 숙여 찾는 것은 금물이다.　그 하나[至道]는 이렇듯 누리에 가득하지만 그러나 그걸 찾으려고 마음을 움직이는 순간 그것(그 하나)은 저 멀리로 사라져 버린다.

◎ 난간 앞 산 깊으니 물은 차갑네.　마음을 움직이지 않으면 한 점 차가운 빛이 엉키리니 이야말로 '이 모든 것들이 바로 그것[物物全眞]'인 경지다. 이 경지에 이르게 되면 산이 깊고 물이 차가운 것이 어찌 그 하나[至道]의 나타남 아니겠는가.

△ 한 번 죽으면 다시 되살아날 수 없다.　언어로 설명해서는 안 되는 무심지경을 언어로 설명해 버렸기 때문이다.

△ (놀라서) 털끝이 곤추서는 걸 알겠는가.　잔나비 우는 곳을 지나왔으니 강철 심장이라도 또한 단장의 슬픔 견디기 어렵네 / 티끌 하나 발붙일 곳 없는 이 경지를 알겠는가. 《종전초》

◎ 해골에 의식(意識)이 다했거늘 기쁨 어디 있겠는가.　분별심이 다한 그 해골의 상태야말로 진짜 삶이 시작되는 곳이다. 그러나 이런 식의 해설은 위험하다. 왜냐하면 이 대목은 활구의 변형이기 때문이다.

△ 관 속에서 두 눈을 부릅뜬다.　철저한 죽음은 철저한 삶의 시작이다.

△ 노행자(육조)가 그대와 동창생이군.　철저한 죽음을 통한 삶의 경지는 바로 육조대사의 경지다. 이를 경험하는 순간 그대는 육조와 하나가

된다.

◎ 고목에 용의 울음 아직도 남아 있네.　　철저한 죽음을 거친 삶이라 해도 위험한 해설이다. 외냐하면 이 대목 역시 활구의 변형이기 때문이다(평창에서 그 자세한 내막이 나온다).

△ 쯧쯧.　　용의 울음(흔적)이 아직도 남아 있기 때문에 원오는 지금 혀를 차고 있다.

△ 고목에 꽃이 피는군.　　이 대목은 칭찬이 아니다. '흔적이 남아서 꽃이 핀다'는 핀잔이다.

△ 달마가 동토에서 노니는군.　　'고목에 용의 울음 ~'을 사구해석이 아니라 활구로 체험한다면 그 순간 그대는 달마와 하나가 된다.

◎ 어렵고도 어렵나니,　　이 자리(그 하나)에는 어떤 견해도 통할 수 없기 때문이다.

△ 삿된 법[邪法]을 지키기가 어렵군.　　여기 삿된 법(邪法)이란 실은 '그 하나'를 반어적으로 표현한 말이다.

△ 전도된 한 말씀이여.　　송의 앞 부분에선 '무난(無難, 어렵지 않다)'이라 해놓고는 지금은 '어렵다'고 말하고 있으니 이것이 전도된 말이 아니고 무엇이겠는가.

△ 여기 (도대체) 무엇이 있길래 어렵다고 말하고 (또) 쉽다고 말하는가. 원오는 지금 '어렵다 쉽다'는 이원적인 차원을 넘어서서 착어를 내리고 있다.

◎ 간택인지 명백인지를 그대 스스로 간파하라.　　중요한 것은 언어를 통해서의 이해가 아니라 스스로의 체험이다. 그래서 설두는 지금 우리에게 몸소 체험을 강조하고 있다.

△ 맛이 갔군.　　몸소 체험이라는 말조차 필요치 않기 때문이다.

△ 특별한 사람이 있는가 했더니 겨우 '스스로 보라'는 말뿐이로군. 원오는 설두를 놀려먹고 있다. 그러나 이 농담은 실은 반어적인 칭찬이다.

△ 산승(원오)과는 무관한 일이다.　왜냐하면 우리 각자가 스스로 체험해야만 하는 경지이기 때문이다. 원오인들 어떻게 그걸 일러줄 수 있겠는가.

【評　　唱】

〔評唱〕雪竇知佗落處하야 所以如此頌이라 至道無難이여하고 便隨後道호대「言端語端이라하니」舉一隅不以三隅反이라 雪竇道「一有多種二無兩般은」似三隅反一이라 你且道什麼處是言端語端處오 爲什麼一卻有多種이나 二卻無兩般고 若不具眼이면 向什麼處摸索고 若透得這兩句하면 所以[7]古人道호대 打成一片하야 依舊見山是山, 水是水요 長是長, 短是短이며 天是天, 地是地라 有時喚天作地며 有時喚地作天이며 有時喚山不是山이며 喚水不是水니 畢竟怎生[8]得平穩去오 風來樹動하고 浪起船高하며 春生夏長하고 秋收冬藏이라 一種平懷하면 泯然自盡하리니 則此四句에 頌頓絶了也라

【평창번역】

설두는 본칙공안의 핵심을 알았기 때문에 이렇게 송(頌)을 읊을 수 있었다. "지도무난이여"—라고 읊은 다음 바로 그 뒤를 이어 "言도 지도 그 자체며, 語도 지도 그 자체네"라고 읊었는데 (이는) 하나(본질)를 들어 보이고 (나머지) 셋(현상)은 생략한 것이다. 설두는 (또) 말하길 "하나 속에는 여러 가지가 있지만 둘에는 두 가지가 없네"라고 했는데 (이는) 셋을 가지고 하나에 응답한 것이다. 그대는 말해보라. 어느 곳이 言도 지도 그

---

7) 衍字일 것임(岩波本). 없음(一夜本).
8) 作麼生(福本).

자체며, 語도 지도 그 자체인가. 무엇 때문에 하나 속에 도리어 여러 가지가 있고 둘 속에는 두 가지가 없는가. 만일 (지혜의) 안목이 없다면 어느 곳에서 (핵심을) 파악할 수 있겠는가. 만일 이 두 구절(하나 속에는 ~ 두 가지가 없네. 一有多種 二無兩般)을 간과한다면 그러므로[9] 옛 사람은 말했다. "대립의 차원을 넘어 절대평등의 경지에 들어가면[打成一片] 산은 역시 산이며 물은 역시 물이요, 긴 것은 역시 긴 것이요 짧은 것은 짧은 것이며, 하늘은 하늘이요 땅은 땅인 것을 알게 될 것이다." (그러나) 때로는 하늘을 땅이라 하며 땅을 하늘이라 하고, 산을 산이 아니라 하며 물을 물이 아니라 할 것이니 도대체 어떻게 해야만 분명히 알 수 있겠는가. 바람이 불면 나뭇가지가 움직이고 물결이 일면 배의 돛이 높이 올라가며, 봄에는 (만물이) 싹트고 여름이는 자라며, 가을에는 거두들이고 겨울에는 저장한다. ―이런 식으로 평온무사하지 되면(순리에 따르게 되면) 이 모든 흔적 (찌꺼기)이 없게 되리니 이 네 구절(지도무난이여 ~ 두 가지가 없네)에서 (본칙의) 송은 완전히 끝난 것이다.

【평창해설】

송의 제1구와 제2구는 현상적인 설명은 생략하고 본질적인 것만을 언급한 대목이다. 그리고 송의 제3구와 제4구는 이와 반대로 본질적인 언급은 생략하고 현상적인 것만을 설명한 대목이다. 그렇다면 어떤 것이 본질적인 차원이며 또 어떤 것이 현상적인 차원인가. '본질과 현상이 둘인가 하나인가'라고 반문하는 순간 벗이여, 그대는 이미 올가미에 걸려들었다. 그러나 이 두 곳에서 벗어나게 되면 '산은 산이요, 물은 물'인 있는 그대로의 세계를 보게 된다. 그와 동시에 '하늘을 땅이라' 하는 등의 언어유희

---

9) 그러므로(所以) : 《一夜本》에는 이 두 글자가 없다. 이 두 글자를 삭제하지 않으면 문맥이 통하지 않는다.

에 더 이상 말려들지 않게 된다. 그렇다면 어찌해야만 평온무사한 상태에 이를 수 있겠는가. 이 모든 것은 본래부터 평온무사했었다. 바람이 불면 나뭇잎 흔들리고 물결이 일면 배의 돛폭이 높아지며, 봄에는 싹이 터서 여름에는 자라고 가을에는 가을걷이, 겨울에는 저장하듯……. 송의 제1, 2, 3, 4구(지도무난이여 ~ 두 가지가 없네)에서 본칙공안의 읊음은 모두 끝났다고 봐야 한다.

【評　　唱】

雪竇有餘才하야 所以分開結裏나 筭來也只是頭上安頭[10]라 道호대 「至道無難, 言端語端, 一有多種, 二無兩般이라하니」 雖無許多事라 天際日上時月便下하고 檻前山深時水便寒이라 到這裏하야는 言也端이며 語也端이라 頭頭是道요 物物全眞이니 豈不是心境俱忘하야 打成一片處아 雪竇頭上大孤峻生이나 末後也漏逗[11]不少라 若參得透하고 見得徹하면 自然如醍醐上味相似나 若是情解未忘하면 便見七花八裂하야 決定不能會如此說話하리라

【평창번역】

설두는 남은 재주가 있어서 굳게 봉인된 물건(본칙공안)을 풀어 헤쳤으나(송을 읊었으나) 이 또한 불필요한 설명에 불과하다. "지도무난이여 / 言도 지도 그 자체며 語도 지도 그 자체네 / 하나 속에는 여러 가지가 있지만 / 둘에는 두 가지가 없네"라고 말했으니 (더 이상의) 장황한 설명은 필

---

10) 없음(蜀本). (← 當從蜀本 削安頭二字
　　第七十五則有此語例(不二鈔) (← 從蜀本削安頭二字也(種電鈔).
11) 料掉(福本).

요치 않다. 하늘에 해뜰 때 달이 지고 난간 앞 산 깊을 때 굴은 차갑나니 여기(이 경지)에 이르러서는 言도 지도 그 자체며, 語도 또한 지도 그 자체인 것이다. 하나하나가 도(道)요, 사물마다 모두 불변의 본질이니 이 어찌 주객이 사라져 버린 상태〔心境俱忘〕가 아니며, 대립의 차원을 넘어 절대평등에 들어간 경지〔打成一片處〕가 아니겠는가. (송의) 첫머리에서 설두는 기상이 아주 험했으나 (송의) 후반부('하늘엔 해가 뜨면 달이 지고' 이하)에 와서는 무기력하기 이를 데 없이 돼 버렸다. 만일 투철하게 참구(탐구)하고 철저하게 깨닫게 되면 가장 좋은 제호의 맛(음식맛)과 같게 될 것이다. 그러나 아직도 분별심〔情解〕이 완전히 없어지지 않았다면 풍비박살이 나서 이 같은 말을 절대로 이해하지 못하게 될 것이다.

【평창해설】

송의 제1, 2, 3, 4구에서 본칙공안의 읊음은 끝났지만 설두에게는 글쓰는 재간이 아직 남아 있기에 '하늘에 해가 뜨면……' 하고 불필요한 사족을 붙이고 있다. 그러나 이 대목은 절대로 사족이 아니다. 사실 원오의 이 비평은 반어적인 칭찬이라고 봐야 한다. 이 모든 것이 '그 하나〔至道〕'일 때 해가 뜨면 달이 지고 산이 깊으면 물이 차가운 이것은, 이 현상 그대로는 바로 그것의 나타남 아니겠는가. 설두는 송의 첫부분을 탁진감 넘치게 전개했다. 그러나 제5구 이하부터는 너무나 섬세하게 이어가고 있다. 그러나 이 박진감과 섬세함의 상반성이야말로 정말 멋진 결합이 아닐 수 없다. 이를 분명히 간파한다면 이것은 최고의 맛이 된다. 그러나 아직도 분별심을 내어 이치로 따지려고만 한다면 이 최고의 맛은 그만 구린내가 돼 버릴 것이다. 설두의 참뜻을 전혀 간파하지 못할 것이다.

【評　　唱】

「髑髏識盡喜何立, 枯木龍吟銷未乾이라하니」只這便是交加處라 這僧12)恁麼問하니 趙州恁麼答이라 州云「至道無難, 唯嫌揀擇이라 纔有語言이면 是揀擇가 是明白가 老僧不在明白裏어니 是汝還護惜也無아하니」時有僧便問호대「旣不在明白裏어니 又護惜箇什麼닛고」州云「我亦不知니라」僧云「和尙旣不知어니 爲什麼卻道不在明白裏닛고」州云「問事卽得이면 禮拜了退하라」此是古人問道底公案이라 雪竇拽來一串穿卻하야 用頌「至道無難, 唯嫌揀擇이니라」如今人不會古人意하고 只管咬言嚼句하니 有甚了期리요 若是通方作者라면 始能辨得這般說話하리라

【평창번역】

"해골에 의식(意識)이 다했거늘 기쁨 어디 있겠는가 / 고목에 용의 울음 아직도 남아 있네"라고 읊었으니 이 구절은 (설두가) 옛 사람의 어구를 적당히 잘라서 다시 인용한 곳〔交加處〕이다. 이 승이 이런 식으로 물었기 때문에 조주도 이런 식으로 대답한 것이다. 조주는 말했다. "지극한 도는 어렵지 않나니 오직 간택을 꺼릴 뿐이다. '도'라고 말하는 순간 이것이 간택인가 (도가) 명백(히 드러난 것)인가? 노승은 명백(의 상태)에조차 머물지 않나니 그대들은 (이를) 소중히 간직할 것인가?" 그때 어떤 승이 물었다. "명백(의 상태)에조차 머물지 않거니 (도대체) 무엇을 소중히 간직한단 말입니까?" 조주는 말했다. "아역부지." 승은 물었다. "화상은 알지도 못하면서 무엇 때문에 명백(의 상태)에조차 머물지 않는다고 말하십니까?" 조주는 대답했다. "문사즉득 예배요퇴." 이는(이상의 문장은) 옛 사람이 도를 물은 공안이다. 설두는 (본칙공안을) 한 꼬챙이로 꿰서(일괄적으로 하나

---

12) 這僧 ~ 了退(九十四字) = 自此已下九十四字 衍文也今不錄(種電鈔).

로 묶어) "지극한 도는 어렵지 않나니 오직 간택을 꺼릴 뿐이다"라는 구절을 읊은 것이다. 지금 사람들은 옛 사람의 뜻을 알지 못하고 오직 (옛 사람이 남긴) 말만을 씹고 있나니(풀이하고 있나니) 어느 때라야 결말이 나겠는가. 만일 안목이 있는 이라면 손쉽게 이런 말을 간파할 수 있을 것이다.

【평창해설】

"해골에 의식이 다했거늘 기쁨 어디 있겠는가 / 고목에 용의 울음 아직도 남아 있네〔髑髏識盡喜何立 枯木龍吟銷未乾〕." 이 두 구절은 본칙공안의 활구인 '아역부지(我亦不知)' '문사즉득 예배요퇴(問事卽得 禮拜了退)'와 일맥상통한다. 그래서 설두는 지금 송에서 이 두 구절을 적당히 잘라서 인용하고 있는 것이다. 그런데 이런 활구를 간파하지 못하고 사람들은 문자풀이로만 이해하려 하고 있으니 정말 한심한 일이다. 그러나 안목이 있는 이라면 이런 활구를 듣는 순간 아! 하고 그 속뜻을 간파해 버릴 것이다. 자리를 박차고 일어나 가버릴 것이다.

【評　　唱】

不見僧問香嚴호대「如何是道닛고」 嚴云「枯木裏龍吟이니라」 僧云「如何是道中人이닛고」 嚴云「髑髏裏眼睛이니라」 僧後問石霜호대「如何是枯木裏龍吟이닛고」 霜云「猶帶喜在니라」「如何是髑髏裏眼睛이닛고」 霜云「猶帶識在니라」 僧又問曹山호대「如何是枯木裏龍吟이닛고」 山云「血脈不斷이니라」「如何是髑髏裏眼睛이닛고」 山云「乾不盡이니라」「什麽[13])人得聞이닛고」 山云「盡大地未有一箇不聞이니라」 僧云「未審龍吟是何章句닛고」 山云「不知是何章句나 聞者皆喪이라하고」

---

13) 이 앞에 「僧云」이 있다(種電鈔).

復有頌云호대 枯木龍吟이여 眞見道니 髑髏無識眼初明이니라 喜識盡時消息盡하니 當人那辨濁中淸이리요하니라 雪竇可謂大有手脚하야 一時與你交加頌出이라 然雖如是나 都無兩般이니라

【평창번역】

다음과 같은 (향엄의 공안을 그대는) 듣지 못했는가. ― 승이 향엄에게 물었다. "어떤 것이 도(道)입니까?" 향엄은 말했다. "고목리용음(枯木裏龍吟, 고목 속에서 용이 울고 있다)." 승은 말했다. "어떤 것이 도(道) 속에 있는 사람입니까?" 향엄은 말했다. "촉루리안정(髑髏裏眼睛, 해골 속의 눈동자)."

그 승은 후에 석상에게 물었다. "어떤 것이 '고목리용음' 입니까?" 석상은 말했다. "유대희재(猶帶喜在, 아직 희로애락이 남아 있다)." (승은 물었다.) "어떤 것이 '촉루리안정' 입니까?" 석상은 말했다. "유대식재(猶帶識在, 아직 의식이 있다)."

그 승은 또 조산에게 물었다. "어떤 것이 '고목리용음' 입니까?" 조산은 말했다. "혈맥부단(血脈不斷, 혈맥이 끊어지지 않았다)." (승은 물었다) "어떤 것이 '촉루리안정' 입니까?" 조산은 말했다. "간부진(乾不盡, 아직 다 마르지 않았다)." (승은 말했다.) "어떤 사람이 그 소리를 들을 수 있습니까?" 조산은 말했다. "이 모든 사람 가운데 그 소리를 듣지 못하는 사람은 단 한 사람도 없느니라." 승은 말했다. "(고목리)용음(龍吟)이란 이것이 도대체 무슨 글귀입니까?" 조산은 말했다. "무슨 글귀인지 잘은 모르지만 그 소리를 듣는 자는 모두 다치게 되느니라." (이렇게 말한 다음 조산은) 다시 (한 수의) 시를 읊었다.

'고목용음' 이여 진정한 도의 현현이니
해골에 의식이 없을 때 (道의) 눈은 비로소 밝아지네

희로애락과 의식(意識)이 다할 대 소식도 다 하나니
  본인이 어찌 이 '탁중청(濁中淸)'을 알겠는가.

 설두는 대단한 수완이 있었다. (그래서) 일시에 여러분을 의하여 고인의 언구(言句)를 유효적절하게 인용하여 (본칙공안을) 읊었다. 그러나 여기에는 전혀 두 가지가 없다.

【평창해설】

 이 대목에서는 송에서 인용하고 있는 두 공안('해골에~' 와 '고목에 ~')의 자초지종을 소개하고 있다. 이 두 공안에서 우리가 참구(탐구)해야 할 활구는 구체적으로 다음의 여섯 마디가 된다.
  첫째 마디 : 고목리용음(枯木裏龍吟)
  둘째 마디 : 촉루리안정(髑髏裏眼睛)
  셋째 마디 : 유대희재(猶帶喜在)
  넷째 마디 : 유대식재(猶帶識在)
  다섯째 마디 : 혈맥부단(血脈不斷)
  여섯째 마디 : 간부진(乾不盡).
 그러나 인용 공안의 이 여섯 마디 활구와 본칙공안의 활구는 일맥상통하는 바가 있다. 그리고 여기 인용하고 있는 두 공안에 대한 조산의 시구를 눈여겨 봐야 한다.
  • '고목용음'이여 진정한 도의 현현이니 : '고목용음'이란 말이 왜 진정한 도의 나타남이란 말인가? 이 의문이 풀릴 때 그대의 긴 잠은 깨어진다.
  • 해골에 의식이 없을 깨 (道의) 눈은 비로소 밝아지네 : 분별심이 완전히 사라져 버릴 때 거기 도를 볼 수 있는 안목이 열린다.
  • 희로애락과 의식(意識)이 다할 때 소식도 다 하나니 : 북받쳐 오르는

감정의 소용돌이와 분별심이 다하게 되면 거기 어떤 흔적도 남지 않는다.
• 본인이 어찌 이 '탁중청(濁中淸)'을 알겠는가 : 언어문자(死句, 濁)를 통해서(中) 언어문자 밖의 소식(活句, 淸)을 제시하고 있는 이것을 과연 누가 알 수 있단 말인가. 마지막 글귀 "그러나 (여기에는) 전혀 두 가지가 없다"는 말은 무슨 뜻인가? 설두가 말하고자 하는 속뜻과 옛 사람들(향엄, 석상, 조산)이 말하고자 하는 속뜻이 전혀 다르지 않다는 말이다.

【評　　唱】

雪竇末後有爲人處하야　更道難難이라하니　只這難難을　也須透過始得이니라　何故오　百丈道「一切語言과　山河大地를　一一轉歸自己라하니」雪竇凡是一拈一掇하야　到末後須歸自己니라　且道什麼處是雪竇爲人處아　揀擇明白을　君自看하라하니　旣是打葛藤頌了거니　因何卻道君自看고　好彩敎你自看하라　且道意落在什麼處오　莫道諸人理會不得이니　設使山僧이라도　到這裏하야는　也只是理會不得이니라

【평창번역】

설두는 (송의) 후반부에서 사람을 위하는 곳이 있어서 다시 '어렵고도 어렵다'고 말했나니 '어렵고도 어렵다'는 이 관문을 통과하지 않으면 안 된다. 왜냐하면 백장이 다음과 같이 말했기 때문이다. "모든 언어와 산하대지를 낱낱이 자기 자신에게로 돌아오게 해야만 한다." 설두는 (옛 공안을) 거론해서 마지막에는 (반드시) 자기 자신에게로 되돌아오게 했다. 자, 말해 보라. 어느 곳이 설두가 사람을 위한 곳인가? '간택인지 명백인지를 그대 스스로 간파하라' 했으니 (여기서) 송은 이미 끝난 것이다. 그런데 뭣 때문에 '그대 스스로 간파하라'고 말했는가? 행운의 주사위 눈금을 그대 스스로 찾도록 하라. 자, 말해 보라. (그대 스스로 찾도록 하라는 이 말

이) 도대체 무슨 뜻인가? 여러분들이 알지 못하는 것은 말할 것도 없고 설령 산승(원오 자신)이라도 여기 이르러서는 전혀 알 수가 없다.

【평창해설】

 알았다고 무릎을 치는 순간 벗이여 그대는 이미 바나나 껍질을 타버렸으니 여간 정신을 차리지 않으면 안 된다. 그래서 설두는 '어렵고도 어렵다'고 말한 것이다. 그리고 옛 공안들을 모조리 간파했다 하더라도 결국은 나 자신의 실존을 통해서 그것들이 나 자신의 것으로 육화되지 않으면 안 된다. 그래서 설두는 '그대 스스로 간파하라'고 말했던 것이다. 그런데 원오는 평창의 끝에서 왜 다음과 같은 식으로 말했는가? "여러분들도 모르고 나도 알 수가 없다." 그것은 '나도 알 수가 없다'는 바로 그 자체가 '그 하나'이기 때문이다. 아차! 그만 빗나가 버리고 말았다. 입조심!

第 3 則
馬大師不安
마대사, 몸져 눕다

【垂　示】

垂示云,「一機一境과 一言一句로 且圖有箇入處나 好肉上剜瘡이요 成窠成窟이니라 大用現前, 不存軌則으로 且圖知有向上事나 蓋天蓋地하야 又摸索不著이니라 恁麼也得이요 不恁麼也得이니 太廉纖生이니라 恁麼也不得이요 不恁麼也不得이니 太孤危生이니라 不涉二塗하고 如何卽是오 請試擧看하라」

【수시번역】

㉠ 한 표정과 한 동작, 한 마디의 말과 한 구절의 글귀로 깨달음의 단서를 잡고자 하나, 긁어 부스럼이요, 멀쩡한 길을 파헤치는 격이다.

㉡「힘찬 활동이 전개될 때는 사소한 제재 등은 존재하지 않는 것」(大用現前 不存軌則)으로 절대의 차원〔向上事〕이 있다는 것을 알고자 하나 천지에 가득하여 (도무지) 찾아볼 수가 없다.

㉢ 이래도(긍정해도) 옳고 이렇지 않아도(부정해도) 옳나니 아주 세심하고 치밀한 경지요

㉣ 이래도 옳지 않고 이렇지 않아도 옳지 않나니 몹시 험난한 경지다.

㉤ 이 두 길에 속하지 않고 어떻게 하면 옳겠는가. 간청하노니 시험삼아 거론해 보자.

【수시해설】

다섯 마디로 돼 있다.
  첫째 마디(㉠) : 본질적인 입장에서 본다면 중생제도 자체가 긁어 부스럼이라는 걸 말하고 있다.
  둘째 마디(㉡) : 본질은 모든 걸 초월했음을 말하고 있다.
  셋째 마디(㉢) : 긍정과 부정이 모두 옳다는 걸 말하고 있다.
  넷째 마디(㉣) : 여기선 긍정과 부정이 둘다 옳지 않다는 걸 말하고 있다.
  다섯째 마디(㉤) : 본칙공안에서의 마대사의 가르침에 대해 말하고 있다.

【本　　則】

〔本則〕擧, 馬大師不安이니라(這漢이 漏逗不少니 帶累別人去也라) 院主問호대「和尙近日尊候如何닛고」(四百四病一時發이니 三日後不送亡僧이면 是好手라 仁義道中이니라) 大師云「日面佛, 月面佛이니라」(可煞新鮮이로다 養子之緣이니라)

【본칙번역】

마대사(馬大師, 馬祖)가 편찮으셨다.
  이 노인네가 멍청하기 이를 데 없어 사람을 귀찮게 하고 있다.
원주가 물었다. "스님, 오늘은 몸이 좀 어떻습니까?"
  몸에 있는 병이란 병은 모두 돋았군. 사흘 후에도 아직 돌아가시지 않는다면 다행인데……. 예의 한번 바르군.

대사(마대사)가 말했다. "일면불 월면불(日面佛 月面佛, 해부처 달부처)."

신선하기 이를 데 없군. 이 정도면 제자를 가르칠 만하다.

【본칙과 착어해설】

◎ "일면불 월면불(日面佛 月面佛, 해부처 달부처)." 활구다. 이 경지는 고금을 제압하여 일상적인 감정이나 추측 따위를 용납지 않는다. 만일 모든 망상분별이 사라져 '지금 여기'에서 빛을 발하고 있는 그 하나를 간파한다면 그 즉시 마대사의 말('일면불 월면불') 뜻을 알게 될 것이다. 그건 마치 둥근 구슬이 각진 곳이 전혀 없는 것과도 같으며 바닷물 한 방울이 모든 강물의 맛을 머금고 있는 것과도 같다. 그러나 아직 망상분별이 채 가시지 않았다면 경솔하게 지레짐작을 해선 안 된다.《종전초》

△ 신선하기 이를 데 없군. 참신한 한 마디 말(본칙공안)이 어느 누구에게도 영향을 받지 않고 독창적으로 튀어나왔기 때문이다.

△ 이 정도면 제자를 가르칠 만하다. 임종의 순간에까지 제자를 깨우쳐 주려는 마조의 간절한 마음을 원오는 이런 식으로 칭찬하고 있다. '일면불 월면불' 바로 이것이 수시에서 말한 '긍정과 부정의 어디에도 속하지 않은 것'이다.

【評　　唱】

〔評唱〕馬大師不安할새 院主問호대「和尙近日尊候如何닛고」大師云「日面佛, 月面佛」

祖師若不以本分事相見이면 如何得此道光輝리요 此箇公案若知落處면 便獨步丹霄요 若不知落處면 往往枯木巖前差路去在니라 若是本分人인댄 到這裏하야 須是有驅耕夫之牛며 奪飢人之食底手脚이니 方見馬大師爲人處니라

【평창번역】

　마대사가 편찮으셨다. 원주가 물었다. "스님, 오늘은 좀 몸이 어떻습니까?" 대사가 말했다. "일면불 월면불." 조사(마대사)가 만일 본분사(本分事)로 사람을 대하지 않았다면 이 도(禪)가 어찌 빛날 수 있었겠는가. 이 공안의 핵심을 알게 되면 홀로 저 저녁 하늘을 (밟고) 걸어갈 것이요, 만일 그렇지 못하게 되면 고곡이 있는 바위 앞에서 길이 어긋나(헤매)게 될 것이다. (그대) 만일 진정한 수행자일진댄 여기('일면불 월면불')에 이르러서 밭가는 농부의 소를 몰고 오며 배고픈 사람의 음식을 빼앗아오는 수완을 갖추지 않으면 안 된다. 그래야만 비로소 마대사가 사람을 위한 곳을 알게 될 것이다.

【평창해설】

　몸져 누워 있으면서까지 이 일(제자를 깨우쳐 주려는 일)에 철저했던 마조. 이렇듯 투철한 구도심이 없었더라면 이 법(선의 수행법)이 어찌 지금 나에게까지 흘러왔겠는가. 생각해 보면 너무나 고마운 일이다. 본칙공안('일면불 월면불')의 참뜻을 간파하는 순간 벗이여, 그대는 철저하게 혼자가 되어 저 장엄하게 노을이 지는 저녁 하늘 위를 걸어가게 될 것이다. 마치 시벨리우스의 교향곡 7권과도 같이……. 그러나 이렇지 못할 경우 번뇌망상은 다 가셨지만 바로 그 상태에서 옆길로 새어버리게 될 것이다. 벗이여, 그대 만일 안목이 있다면 여기('일면불 월면불') 이르러서 철두철미하게 마무리짓지 않으면(깨닫지 않으면) 안 된다.

【評　　唱】

　如今多有人道호대 「馬大師接院主라하나니」 且喜沒交涉이로다　如今衆中多錯會瞠眼云호대 「在這裏이　左眼是日面이요　右眼是月面이라하

니」有什麼交涉이리요 驢年未夢見在니 只管蹉過古人事니라 只如馬大師如此道는 意在什麼處오 有底云호대「點平胃散一盞來하라하니」有什麼巴鼻리요 到這裏하야는 作麼生得平穩去오 所以道호대 向上一路는 千聖不傳이니 學者勞形이 如猿捉影이라하니라

【평창번역】

사람들은 말하길 "마대사가 원주를 맞이했다"고 하는데 이는 전혀 맞지 않는 말이다. 요즈음 사람들은 대부분(이 공안을) 잘못 알고는 두 눈을 부릅뜨고 말하길 "여기 왼눈은 일면불이요, 오른눈은 월면불이라" 하나니 (이 공안의 본뜻과) 무슨 관계가 있겠는가. 기나긴 세월 지나도 (이 공안의 본뜻을) 꿈에도 알지 못하리니 오직 옛 사람의 일을 어긋나게 할 뿐이다. 그건 그렇고 마대사가 이렇게 말한 것은('일면불 월면불'이라 한 것은) 그 뜻이 어디에 있는가. 어떤 이는 말하길 "평위산(平胃散, 위장약) 한 잔을 복용하라" 하나니 (본칙공안을 간파할 수 있는) 무슨 근거가 있겠는가. 여기 (마대사가 대답한 곳) 이르러서는 어떻게 하면 분명히 알 수 있겠는가. 그러므로 (盤山寶積선사는) 이렇게 말했던 것이다. "향상의 한길(向上一路, 마대사가 대답한 곳)은 모든 성인들도 전하지 못했거늘 학자들이 (이것에 대하여) 왈가왈부하는 것은 (마치) 원숭이가 (물에 빠진) 달그림자를 잡으려는 것과 같다."

【평창해설】

병의 차도를 묻는 원주의 물음에 마조는 "일면불 월면불"이라 대답한 것이라고 사람들은 대부분 이런 식으로 알고 있다. 아니면 "왼눈이 일면불이요 오른눈이 월면불"이라고 말하고 있다. 그러나 이는 본칙공안의 참뜻과는 전혀 맞지 않는다.

그렇다면 '일면불 월면불'의 이 뜻은 과연 무엇인가. 좀 수행력이 있다는 이들은 "평위산(위장약) 한 잔을 복용하라"고 외치고는 이 말이 본칙공안의 참뜻을 간파한 구절이라고 주장하고 있다. 그러나 이 또한 전혀 맞지 않는 말이다. 이처럼 본칙공안에 대한 왈가왈부는 물에 빠진 달그림자를 진짜달로 잘못 알고 건지려하는 원숭이의 짓에 불과하다.

【評　　唱】

只這日面佛, 月面佛은 極是難見이니라 雪竇到此亦是難頌이니 卻爲他見得透하야 用盡平生工夫指注他니라 諸人要見雪竇麼아 看取下文하라

【평창번역】

이 '일면불 월면불'은 아주 간파하기 어려운 공안이다. (그래서) 설두는 이 공안에 이르러서는 아주 힘을 들여 송을 읊고 있다. 그는 (본칙공안을) 간파했기 때문에 평생 동안 수행정진한 힘을 다 쏟아 본공안을 설명하고 있다. 여러분은 설두를 만나고자 하는가. 다음의 문장(頌)을 보라.

【평창해설】

사실 본칙공안 '일면불 월면불'만큼 간파하기 힘든 공안은 많지 않다. 왜냐하면 '일면불 월면불'이라는 이 말마디가 너무나도 시적이기 때문에 십중팔구는 이 시적인 감상의 늪에 빠져 헤어나지 못하기 때문이다. 그래서 설두는 전력투구로 본칙공안의 송을 읊고 있는 것이다. 그러나 송, 그 자체로만 본다면 그렇게 빼어난 작품은 아니다. 송이라기보다는 차라리 경구에 가깝다고나 할까. 송의 한 구절 한 구절마다 너무 힘이 들어가 있다.

【頌】

〔頌〕日面佛, 月面佛이여(開口見膽이로다 如兩面鏡相照하야 於中無影像이로다) 五帝三皇是何物고(太高生이로다 莫謾他好하라 可貴可賤이니라) 二十年來曾苦辛하니(自是你落草니 不干山僧事니라 啞子喫苦瓜로다) 爲君幾下蒼龍窟가(何消恁麽오 莫錯用心好니라 也莫道無奇特하라) 屈!(愁殺人이로다 愁人莫向愁人說하라) 堪述하노라(向阿誰說고 說與愁人愁殺人이니라) 明眼衲僧莫輕忽하라(更須子細니라 咄! 倒退三千이니라)

【송번역】

일면불 월면불이여.
  마음속을 모두 드러내는군. 두 거울이 맞비추는 것 같아서 이 속에는 어떤 그림자도 없다.
오제삼황은 이 무슨 물건인가.
  너무 거만하군. 저들(오제삼황)을 기만하지 말라. 귀하면서도 (또한) 천하다.
고난의 세월 이십 년이여.
  그대 스스로가 전락했거니 산승(원오)과는 무관하다. 벙어리가 쓴 오이를 씹은 격이군.
그대를 위하여 몇 번이나 창룡굴(蒼龍窟)에 내려갔던가.
  무엇 때문에 이러는가. 마음을 잘못 쓰지 말라. 또한 대단치 않다고도 말하지 말라.
굴(屈)!(아아, 얼마나한 고통의 날이었는가)
  사람을 몹시 심난하게 하는군. 수심 있는 이는 수심어린 이에게 (고민거리를) 말하지 말라.
말로는 다할 수 없나니
  누구에게 말하는가. 수심어린 이에게 (고민거리를) 말하면 수심만 더하게 된다.
눈밝은 수행자라도 (부디) 소홀히 말라.

아주 세밀하게 점검(검증)해 보지 않으면 안 된다. 쯧쯧, 삼천리는 줄행랑을 쳐야 되겠군.

【송과 착어해설】

△ 마음속을 모두 드러내는군 ~ 어떤 그림자도 없다.   마조의 참뜻과 그걸 간파하고 송을 읊는 설두의 마음이 하나가 됐다. 그것은 마치 거울 두 장이 서로 맞비추는 것과도 같아서 여기엔 분별심의 그림자조차 얼씬거리지 않는다.

◎ 오제삼황은 이 무슨 물건인가.   오제(五帝)와 삼황(三皇)은 중국 고대의 세 황제인 복희씨·신농씨·황제와 그 뒤를 이은 다섯 분의 천자들을 말한다. 중국인의 입장에서 본다면 이 오제삼황보다 더 위대한 이들은 있을 수 없다. 그러나 '일면불 월견불'의 차원에서 본다면 그 분네들은 모기뒷다리 정도밖에 되지 않는다. 왜냐하면 그분네들은 어디까지나 이 유한의 차원에 머물러 있기 때문이다. 그래서 설두는 "……이 무슨 물건인가"라고 대담무쌍하게 읊어댔던 것이다.

△ 귀하면서도 (또한) 천하다.   이 삼황오제는 세속적인 입장에서 본다면 아주 위대한 분들이지만 그러나 도(道)의 입장에서 본다면 그 반대다.

◎ 고난의 세월 이십 년이여.   설두가 가장 힘을 주고 있는 구절이다. 설두는 공안의 암호를 해독하기 위하여 20년을 그 고독과 싸웠다. 그리하여 마침내는 '일면불 월면불'의 경지에 이른 것이다. 마조와 하나가 된 것이다.

△ 그대 스스로가 전락했거니 산승(원오)과는 무관하다.   원오는 지금 설두의 20년 수행을 비웃고 있다. 자신과는 무관한 일이라고 시치미를 떼

고 있다. 그러나 냉소적인 이 말 속에는 너무나도 처절한 공감대가 울리고 있다. 보고 싶어 기다리던 사람이 어느날 불현듯 꿈처럼 나타날 때 우리는 잠시 냉정해지게 된다. 이는 반가운 마음이 극치에 이르러 반어적으로 표현되고 있는 현상이다. 지금 원오는 바로 그런 심정이다.《벽암록》을 읽는 이는 이런 곳을 절대로 놓치지 말라.

△ 벙어리가 쓴 오이를 씹은 격이군.　이 처절함을 어떻게 무슨 말로 표현한단 말인가. 그건 마치 벙어리가 쓰디쓴 오이를 씹는 심정이다.

◎ 그대를 위하여 몇 번이나 창룡굴(蒼龍窟)에 내려갔던가.　'창룡굴'이란 무엇인가. '용의 여의주(깨달음)를 얻기 위한 참선수행'을 말한다. 이 참선수행을 통해 번뇌망상이 모두 가셔질 때 그 속에 내재돼 있는 직관의 지혜가 빛을 발하게 된다. 마치 살아있는 용〔蒼龍〕의 여의주처럼, 공안의 암호를 해독하기 위하여 설두가 고독과 싸운 20년은, 아니 모든 수행자들의 깨닫기 위한 그 처절한 자기와의 싸움은 결국 자기를 넘어 우리 모두를 위한 것이다. 출발은 자신의 문제였지만 그러나 남의 문제로 마무리를 짓게 된다. 그러므로 철저한 자기주의는 결국 철저한 이타주의가 될 수밖에 없다는 역설이 성립된다.

△ 무엇 때문에 이러는가.　왜 20년이 필요하단 말인가. 지금 바로 이 자리인데……. 여기 원오의 예리한 안목이 있다.

△ 마음을 잘못 쓰지 말라.　"분별심이 일어나기 그 이전 자리를 지켜라"라고 말하는 순간 이미 김이 빠져 버렸다.

△ 대단치 않다고도 말하지 말라.　그 추운 겨울을 견뎌내지 않는다면 매화여, 어찌 그 가냘픈 꽃을 피울 수 있겠는가. 그 매운 향기를 어찌 내뿜을 수 있단 말인가.

◎ 굴(屈)!(아아, 얼마나한 고통의 날이었는가)　……과부가 홀아비의 심정을 안다.

△ 사람을 몹시 심란하게 하는군.　원오 또한 설두의 뜻에 동감하고 있다.

◎ **말로는 다할 수 없나니**   깨달은 그 경지를 어떻게 말로 표현해낼 수 있겠는가. 설두는 20년의 고난 끝에 산이 막히고 물이 다한 곳(번뇌망상이 없는 곳)에 이르렀지만 그러나 그 경지를 말로 표현할 수 있는 것은 고작 '오제삼황은 이 무슨 물건인가'였다.

◎ **눈밝은 수행자라도 (부디) 소홀히 말라.**   번뇌망상이 전혀 없는 경지에 이른 수행자라 하더라도 이 '일면불 월면불' 공안을 간파하기는 쉬운 일이 아니다. '간파했다'고 여기는 순간 그것이 바로 창룡굴 속에 앉아 있는 상태인 것이다. 그러므로 거듭거듭 자신을 점검해 봐야만 한다. 왜냐하면 수행이 깊어질수록 착각도 깊어지니까.

△ **쯧쯧**   수행이 깊어질수록 거기 정비례하는 '깨달음에의 착각'을 잘라내는 질책의 소리다.

△ **삼천리는 줄행랑을 쳐야 되겠군.**   비록 안목이 밝은 수행자라도 마조의 이 '일면불 월면불' 앞에서는 감히 더 이상 진격할 수가 없다. 그러므로 급히 물러서지 않으면 안 된다. 아차! 하는 순간 그대로 모가지가 날아가니까.

【評　唱】

〔評唱〕神宗在位時에 自謂此頌諷國이라하야 所以不肯入藏이라 雪竇先拈云호대「日面佛, 月面佛이라」一拈了하고 卻云「五帝三皇是何物고하니」且道他意作麼生고 適來已說了也라 直下注佗니라 所以道호대 垂鉤四海는 只釣獰龍이라하니 只此一句已了니라

【평창번역】

(宋의) 신종(神宗) 때(1057~1085) 설두의 이 (日面佛 月面佛) 송을 일컬어 '나라를 풍자한 것'이라 하여 (설두의 어록을) 대장경어 입장(入藏,

편입)하는 것을 허락지 않은 일이 있었다. 설두는 먼저 '일면불 월면불'이라 거론한 다음 이어서 '오제삼황은 이 무슨 물건인가' 했으니 자, 말해보라. 설두의 뜻은 어떤 것인가. 앞에 이미 모두 말해버렸다. 이후부터는 저것(일면불 월면불)에 대한 주석에 불과하다. 그러므로 말하길 "바다에 낚시바늘을 내리는 것은 오직 용(龍)을 낚고자 함이라" 했으니 '오제삼황은 이 무슨 물건인가'의 이 한 구절로서 이미 모든 것은 끝난 셈이다.

【평창해설】

북송의 제6대 황제인 신종(神宗) 재위시(1067∼1085)에 설두의 어록을 대장경 속에 편입시키려는 움직임이 있었다. 그래서 편입심사위원들이 그 가부를 결정하기 위하여 설두의 어록을 살펴보다가 본칙공안의 설두송 가운데 '오제삼황은 이 무슨 물건인가〔五帝三皇是何物〕'라는 이 구절을 발견하고는 편입을 반대한 일이 있었다. 그것은 이 구절이 나라(중국)의 건국기초를 다진 삼황과 오제를 깎아내렸다는 것이다. 그렇다면 설두는 정말 이런 뜻으로 이 구절을 읊었는가. 아니면 다른 뜻이 있었는가. 벗이여, 어디 한 번 그 속뜻을 간파해보기 바란다. 이후(이 뒤의 頌句)부터는 이 구절('오제삼황은 이 무슨 물건인가')에 대한 주석이다. 설두가 이런 식으로 송을 읊은 것은 좀스런 무리들이 아니라 그 기질이 장대한 사람들을 위해서였다.

【評　　唱】

後面雪竇는 自頌他平生所以用心參尋하야 「二十年來曾苦辛, 爲君幾下蒼龍窟가하니」 似箇什麽오 一似人入蒼龍窟裏取珠相似니라 後來打破漆桶하니 將謂多少奇特이라 元來只消得箇 「五帝三皇是何物이니라」 且道雪竇語落在什麽處오 須是自家退步看이니 方始見得他落處니라

【평창번역】

이 뒤에서 설두는 자신이 평생 동안 마음을 기울여 수행정진한 까닭을 다음과 같이 읊었다. "고난의 세월 이십 년이여 / 그대를 위하여 몇 번이나 창룡굴에 내려갔던가." 이는 마치 무엇과 같은가. 사람이 용이 사는 굴(창룡궁) 속에 들어가 여의주를 가져오는 것과도 같다. 그후 (설두는 완전한) 깨달음을 얻었으니 아주 대단하다고 할 수 있으나 얻은 것이라곤 고작 "오제삼황은 이 무슨 물건인가"(의 이 한 구절)뿐이었다. 자, 말해보라. 설두가 (이렇게) 말한 (그 말의) 핵심은 어느 곳에 있는가. (그대) 스스로가 물러나서 (자세히 살펴)보지 않으면 안 되나니 (그래야만) 비로소 그(가 말한 그 말의) 핵심을 알게 될 것이다.

【평창해설】

설두는 자신과의 싸움 20년을 통해서 깨달음을 증득, 얻은 것이라곤 다만 이 한 구절('오제삼황은 이 무슨 물건인가')뿐이었다. 그렇다면 도대체 이 말의 속뜻은 무엇인가. 모든 걸 옆으로 제쳐두고 박은 듯이 앉아 이 문제를 골똘히 탐구해 봐야만 한다.

【評　　唱】

豈不見興陽剖侍者答遠錄公問, 「娑竭出海乾坤震하니 覿面相呈事若何오」
　剖云, 「金翅鳥王當宇宙하니 箇中誰是出頭人고」
　遠云, 「忽遇出頭又作麽生고」
　剖云, 「似鶻捉鳩君不信가 髑髏前驗始知眞이니라」
　遠云, 「恁麽則屈節[1]當胸하고 退身三步니다」
　剖云, 「須彌座下烏龜子여 莫待重遭點額回하라」

所以三皇五帝亦是何物고하니라

【평창번역】

홍양부시자가 원록공의 물음에 답한 다음과 같은 이야기를 듣지 못했는가.

원록공이 말했다. "사갈라용왕이 바다에서 출물함에 건곤이 진동하니 마주 대할 때는 어떻습니까?"

홍양부시자가 말했다. "금시조왕당우주 개중수시출두인(金翅鳥王當宇宙 箇中誰是出頭人, 금시조왕이 우주에 당면했으니 그 누가 (감히) 맞서겠는가)."

원록공이 말했다. "갑자기 맞선다면 어떻습니까?"

홍양부시자가 말했다. "사골촉구군불신 촉루전험시지진(似鶻捉鳩君不信 髑髏前驗始知眞, 비둘기 잡는 새매와 같다는 걸 그대는 믿지 않는가. 죽음에 이르러서야 비로서 참(眞)을 알 수 있나니라)."

원록공이 말했다. "그렇다면 두 손을 가슴에 모으고 절하며 세 발자국 물러서겠습니다."

홍양부시자가 말했다. "법상 다리에 조각된 검은 거북이여, 거듭 낭패를 본 뒤라야 알겠는가."

그러므로 (설두는 〈송〉에서) "삼황오제는 이 무슨 물건인가"라고 말한 것이다.

【평창해설】

이 대목은 송의 구절('삼황오제는 이 무슨 물건인가')과는 전혀 연관이

---

1) 叉手(會元錄 部侍者章).

없다. 그런데 왜 홍양부시자와 원록공의 문답공안을 여기 인용하고 있는가. 그것은 '삼황오제는 이 무슨 물건인가'라는 이 말의 경지가 바로 홍양부시자와 원록공의 문답공안과 대등한 경지라는 걸 입증해 보이기 위해서였다. 그걸 말하기 위해 인용한 것이다.

【評　　唱】

人多不見雪竇意하고 只管道諷國이라하니 若恁麼會면 只是情見이니라 此乃禪月題公子行이니라 云호대「錦衣鮮華手擎鶻하고 閑行氣貌多輕忽이라 稼穡艱難總不知니 五帝三皇是何物고니라」
　雪竇道호대「咄! 堪述하노라 明眼衲僧莫輕忽하라하니」多少人向蒼龍窟裏作活計니라 直饒是頂門具眼하고 肘後有符한 明眼衲僧으로 照破四天下라도 到這裏하야는 也莫輕忽할지니 須是子細始得이니라

【평창번역】

사람들은 설두의 뜻을 알지 못하고 오직 나라를 풍자한 글귀라고 말하나니 만일 이런 식으로 안다면 이것은 분별망상일 뿐이다. ('삼황오제 시하물'이란) 이것은 선월의 시〈제공자행(題公子行)〉(의 한 구절)이다.

　　화려한 비단옷에 손에는 새매를 들고
　　한가로이 노니는 모습 너무 경박하구나.
　　백성들의 곤궁한 삶을 전혀 알지 못하니
　　오제삼황은 이 무슨 물건인가(오제삼황시하물).

"돌(咄)! / 말로는 다할 수 없나니 / 눈밝은 수행자는 (부디) 소홀히 말라"고 설두는 말했다. (그런데) 사람들은 창룡굴(蒼龍窟)(이란 이 말)에 걸

려 분별심을 내고 있다. 안목있고 능수능란한 수행자로서 모든 걸 간파했다 하더라도 여기('굴(屈)! / 말로는 다할 수 없나니' 라는 글귀) 이르러서는 절대로 소홀히 말지니 자세히 점검해 보지 않으면 안 된다.

【평창해설】

　사람들은 설두의 이 구절('삼황오제는 이 무슨 물건인가')을 잘못 알고는 나라(중국)의 권위를 추락시킨 말이라고 한다. 그러나 이 말은 원래 선월(禪月)의 시 〈공자행(公子行)〉에 있는 구절로서 설두는 단지 그 시의 한 구절을 인용했을 뿐이다. 그리고 선월의 시에서도 이 구절은 삼황오제마저 우습게 여기며 거드름을 피우고 다니는 고관대작의 자제들을 일컫는 뜻으로 쓰이고 있다.

第 4 則
德山挾複子
덕산, 위산에 이르다

【垂　　示】

垂示云,「靑天白日에 不可更指東劃西니라 時節因緣에는 亦須應病與藥이니라 且道放行好把定好아 試擧看하라」

【수시번역】

㉠ 청천백일에 동쪽을 가리켜 서쪽이라 하는 것은 옳지 않다.
㉡ 시절인연에는(시절인연이 오면) 병세에 맞는 약을 줘야 한다.
㉢ 자, 말해보라. 긍정의 입장〔放行〕이 옳은가. 부정의 입장〔把住〕이 옳은가. 시험삼아 거론해 보자.

【수시해설】

다음의 세 마디로 돼 있다.
　첫째 마디(㉠) : 본래 자리에는 분별작용과 행위가 없다는 걸 말하고 있다.
　둘째 마디(㉡) : 그러나 상대방의 기질에 따라 거기 알맞은 가르침을 줘야 한다는 걸 강조하고 있다.

 셋째 마디(㉢) : 긍정과 부정을 통해서 본칙공안을 점검해 보라고 권유하고 있다.

【本　　則】

 〔本則〕擧, 德山到潙山이라(擔板漢이여 野狐精이라) 挾複子於法堂上하야(不妨令人疑著이로다 納敗缺이라) 從東過西, 從西過東하며(可煞有禪이나 作什麽오) 顧視云「無, 無라하고」便出하다(好與三十棒이라 可煞氣衝天이로다 眞師子兒여 善師子吼로다) 雪竇著語云「勘破了也라」(錯, 果然, 點) 德山至門首卻云호대「也不得草草라하고」(放去收來라 頭上太高生이나 末後太低生이라 知過必改, 能有幾人이리요) 便具威儀하야 再入相見할새(依前作這去就니 已是第二重敗缺이라 嶮!) 潙山坐次에(冷眼看這老漢하라 捋虎鬚는 也須是這般人始得이니라) 德山提起坐具云호대「和尙!하니」(改頭換面이라 無風起浪이로다) 潙山擬取拂子어늘(須是那漢始得이니라 運籌帷幄之中이니 不妨坐斷天下人舌頭니라) 德山便喝하고 拂袖而出이라(野狐精見解로다 這一喝은 也有權, 也有實하며 也有照, 也有用이니라「一等是拏雲攫霧者나 就中奇特이니라」) 雪竇著語云「勘破了也라」(錯, 果然, 點) 德山背卻法堂하고 著草鞋便行이라(風光可愛라 公案未圓이라 嬴得項上笠이나 失卻腳下鞋니 已是喪身失命了也라) 潙山至晚問首座호대「適來新到在什麽處오」(東邊落節에 西邊拔本이라 眼觀東南이나 意在西北이로다) 首座云「當時背卻法堂하고 著草鞋出去也니다」(靈龜曳尾니 好與三十棒이로다 這般漢腦後合喫多少오) 潙山云「此子已後向孤峰頂上盤結草庵하고 呵佛罵祖去在하리라」(賊過後張弓이라 天下衲僧跳不出이로다) 雪竇著語云「雪上加霜이로다」(錯, 果然, 點)

【본칙번역】

덕산이 위산(의 주석지)에 이르렀다.
    외골수여 의심 많은 이 친구여.
여장도 풀지 않은 채 (그대로) 법당에 올라가서
    몹시 의심스럽군. 낭패를 자초하는군.
동쪽에서 서쪽으로, 서쪽에서 동쪽으로 왔다 갔다 하면서
    선(적인 기개)은 있으나 (그걸 가지고) 뭘 하려는가.
뒤돌아보며 '없다 없다' 외치고 나가 버렸다.
    삼십 봉을 먹어야 한다. (그) 기개만은 대단하군. 진짜 사자여, 사자후를 멋지게 외쳐대는구나.
(이에 대하여) 설두는 (다음과 같이) 촌평을 했다. "이미 간파해 버렸다."
    착(錯, 틀렸다), 과연(옳지) 점(點), 바로 그것이다).
덕산은 산문 앞에 이르러 (스스로에게 이렇게) 말했다. "서두를 필요는 없다."
    거부했다가 (다시) 받아들이는군. 처음엔 아주 거만했는데 막판에 가서는 겸손하기 이를 데 없군. 잘못을 알고 고치는 자 몇이나 되겠는가.
(덕산은) 예의를 갖춘 다음 다시 들어가서 (위산을) 뵈었다.
    여전히 이런 식이니 두 번 거듭 낭패를 보는군. 위험하다.
위산은 (마침) 앉아 있었다.
    냉정한 눈으로 이 어르신네를 노려보는군. 범의 수염을 잡는데는 이런 친구(덕산)가 아니면 안 된다.
덕산은 좌복을 들어 보이며 "화상"하고 말했다.
    안면을 싹 바꾸는군. 엉뚱하게 문제를 일으키는군.
위산이 막 불자를 집으려 하자
    저 어르신네(위산)가 아니면 안 되나니 장막 속에 앉아 승부를 겨루고 있다. 천하인들의 말을 (단숨에) 제압해 버리고 있다.
덕산은 갑자기 할(喝)을 외치고 나가 버렸다.

이 여우같은 견해여. 이 일할(一喝) 속에는 방편도 있고 본질도 있으며 관찰도 있고 대응도 있다. 모두들 뛰어난 지략가들이나 그 중에서도 (덕산이) 가장 뛰어나다.

(이에 대하여) 설두는 (다음과 같이) 촌평을 내렸다. "이미 간파해 버렸다."
　　착, 과연. 점(點, 바로 그것이다.)

덕산은 법당을 등지고 신을 신은 다음 가버렸다.
　　풍광은 멋지나 공안은 아직 마무리가 되지 않았다. 머리 위에 삿갓은 썼으나 다리 아래 신은 잃어버렸나니 이미 신명(身命, 목숨)을 상실해 버리고 말았다.

저녁이 되자 위산은 수좌에게 물었다. "아까 새로 온 승은 어디 있는가."
　　동쪽 가게에서는 손해를 보고 서쪽 가게에서는 원금마저 날려 버렸다. 눈은 동남쪽을 보고 있지만 (그러나) 뜻은 서북쪽에 있다.

수좌가 말했다. "법당을 등진 다음 신을 신고 가버렸습니다."
　　(아직) 흔적이 남아 있나니 삼십 봉을 먹여야 한다. 이런 놈(수좌)은 뒤통수를 사정없이 후려갈겨야 한다.

위산은 말했다. "이 녀석이 이후로는 고봉정상(孤峰頂上)에 암자를 짓고 앉아서 불조(佛祖)를 (마구) 꾸짖을 것이다."
　　적이 지나간 다음 활을 쏘는군. 천하의 수행자들은 (위산의 손아귀에서 단 한 치도) 벗어날 수 없을 것이다.

(이에 대하여) 설두는 (다음과 같이) 촌평을 내렸다. "설상가상이로군."
　　착, 과연. 점(點).

【본칙과 착어해설】

　△ **외골수여**　'담판한(擔板漢)'이란 '한쪽 어깨에 나무판을 짊어진 사람'이란 말로써 사물의 한쪽 면밖에 보지 못하는 사람, 즉 '외골수'를 말한다. 그러면 덕산을 왜 외골수라고 꾸짖고 있는가? 앞으로 진격할 줄

만 알았지 뒤로 물러설 줄은 몰랐기 때문이다. 이보 전진만 알았지 일보 후퇴를 몰랐기 때문이다.

△ 의심 많은 이 친구여.　　덕산은 지금 티끌 한 점 없는 곳에서 긁어 부스럼을 내려 하고 있기 때문이다.

◎ 여장도 풀지 않은 채 (그대로) 법당에 올라가서　　왜 이리 성급하게 굴고 있는가. 열정이 넘쳐 나는 건 위험하다.

△ 몹시 의심스럽군.　　뭔가 심상치 않은 행동을 할 것 같다.

△ 낭패를 자초하는군.　　아무 일도 없는데 스스로 문제를 일으키고 있다.

◎ 동쪽에서 서쪽으로, 서쪽에서 동쪽으로 왔다 갔다 하면서　　가고 오는데 걸림이 없다. 자유자재 종횡무진이다.

△ 선(적인 기개)은 있으나 (그걸 가지고) 뭘 하려는가.　　원오는 이미 덕산의 허점을 간파해 버렸다. 그래서 이런 식으로 일침을 가하고 있다.

◎ 뒤돌아보며 '없다, 없다' 외치고 나가 버렸다.　　앞에는 석가부처도 없고 뒤에는 미륵부처도 없다. 깨달음의 극치. 거기에는 '깨달음의 극치'란 이 말마저 없다. 아니 '없다, 없다' 는 이 말마저 사족이다.

△ 삼십 봉을 먹여야 한다.　　'없다' 는 그 상태도 아직 안 된다. 여기에서 다시 또 한 번 뛰어 올라야 한다. 그래서 원오는 지금 삼십 방망이를 내리치고 있는 것이다.

△ (그) 기개만은 대단하군.　　몇이나 있겠는가 덕산과 같은 열정의 사나이가 과연 몇이나 있겠는가.

◎ "이미 간파해 버렸다."　　이 말은 덕산의 행동거지를 보고 설두가 내린 촌평이다. 그렇다면 설두는 덕산의 무엇을 간파했단 말인가. 아니 아니 덕산이 위산을 간파했단 말인가, 위산이 덕산을 간파했단 말인가. 이미 간파해 버렸다 무엇을? ……. 이 구절은 사실 활구적인 성질이 강한 대목이므로 이해에 앞서 참구를 통한 직접 체험이 필요하다.

△ 착(錯, 틀렸다), 과연(옳지), 점(點, 바로 그것이다).　　원오 역시 활구적

인 착어를 하고 있다. '착(錯)'은 덕산의 행동이 '틀렸다'는 말이지만 활구적으로 간파해야만 하는 글자다. '과연'은 덕산의 행위가 '맞다'는 긍정을 뜻하는 말이지만 이 역시 활구적인 말이므로 이 말의 속뜻에 대한 간파가 필요하다. '점(點)'은 '착, 과연'이라고 말한 '바로 그것' 즉 '착이라 해도 옳고 과연이라 해도 옳다'는 말이다. 그러나 이 역시 활구적으로 간파해야만 한다.

△ 두 번 거듭 낭패를 보는군.   첫 번째의 낭패는 '없다 없다' 외친 곳이요, 두 번째의 낭패는 가다가 다시 와서 위산을 만나본 곳이다.

△ 위험하다.   위산의 사정권 속으로 들어갔으니 완전히 살아 나오기가 어려울 것이다.

◎ 위산은 (마침) 앉아 있었다.   위산은 그야말로 티끌 한 오라기 움직이지 않고 본래 자리에 그대로 앉아 있었다.

△ 냉정한 눈으로 이 어르신네를 노려보는군.   덕산은 지금 한판 붙어 보려고 왔기 때문에 이 어르신네의 허점을 찾는 중이다.

△ 범의 수염을 잡는데는 이런 친구(덕산)가 아니면 안 된다.   마치 범과도 같이 웅크리고 앉아 있는 이 어르신네(위산)를 상대하려면 덕산과 같은 기개가 있어야만 한다.

◎ 덕산은 좌복을 들어 보이며 "화상" 하고 말했다.   덕산은 일단 위산에게 일격을 가했다.

△ 안면을 싹 바꾸는군.   처음에는 '없다 없다'라고 외쳤는데 지금은 이런 식으로 말하고 있기 때문이다.

△ 엉뚱하게 문제를 일으키는군.   위산은 전혀 움직이지 않는데 덕산 혼자만 지금 선불 맞은 멧돼지처럼 날뛰고 있다.

◎ 위산이 막 불자(拂子)를 집으려 하자   어찌 서두를 필요가 있겠는가. 위산의 그릇은 하늘만큼 땅만큼 넓고 크나니 우린 여기에서 대인의 큰 그릇과 큰 가르침을 보게 된다.

△ 장막 속에 앉아 승부를 겨루고 있다.   칼끝 하나 움직이지 않으면

서 저돌적으로 달려드는 적을 제압하고 있다.

　△ 천하인들의 말을 (단숨에) 제압해 버리고 있다.　　위산은 지금 단 한 마디의 말도 하지 않았는데 어째서 뭇 사람들의 말을 제압했다는 것인가. 위산의 전략을 알고자 하는가. 하늘만큼 땅만큼 가득 찼으나 그 핵심을 도무지 알 수가 없다.

　◎ 덕산은 갑자기 할(喝)을 외치고 나가 버렸다.　　과연 누가 이 친구의 기개를 당해낼 수 있겠는가. 부처와 조사들을 한 입에 삼켜버릴 기세다.

　△ 이 여우같은 견해여.　　말풀이로 봐선 덕산을 깎아내렸다. 그러나 이는 반어적인 표현으로서 덕산을 아주 추켜세운 것이다.

　△ 이 일할(一喝) 속에는 방편도 있고 본질도 있으며 관찰도 있고 대응도 있다.　　덕산의 이 일할은 그냥 내뱉은 고함소리가 아니라 위산의 핵심을 간파한 소리다. 그러므로 이 일할은 덕산이 위산의 사정권에서 빠져나가려는 위장술(방편)이며, 본질 그 자체의 소리화이며 위산의 전략을 간파한 결론(관찰)이며, 동시에 그 위산의 전략에 대한 가장 적절한 대응이다.

　◎ "이미 간파해 버렸다."　　이 대목은 덕산의 행동거지를 보고 설두가 내린 촌평이다. 그렇다면 덕산이 위산을 간파했는가. 위산이 덕산을 간파했는가. 설두가 이 둘을 간파했는가.

　△ 착, 과연, 점(點, 바로 그것이다.)　　앞 부분의 설명을 참고하라.

　◎ 덕산은 법당을 등지고 신을 신은 다음 가버렸다.　　왜 하필이면 법당을 등지고 가버렸는가. 벗이여 이 점을 간과해선 안 된다.

　△ 풍광은 멋지나 공안은 아직 마무리가 되지 않았다.　　덕산의 행등거지는 정말 멋졌다. 그러나 그는 위산이 쳐놓은 그물을 뚫고 나갈 줄만 알았지 위산의 손에 있는 진짜를 보지 못했다.

　△ 머리 위에 삿갓은 썼으나 다리 아래 신은 잃어버렸나니　　덕산은 정말 멋진 대응을 했지만 그러나 너무나 많은 힘을 낭비했다. 하나를 얻은

대신 또 하나를 잃어버리고 말았다.

　△ **이미 신명(身命, 목숨)을 상실해 버리고 말았다.**　　위산이 불자를 집으려 한 바로 그곳에서 덕산의 목숨은 이미 끝나버리고 말았다.

　△ **동쪽 가게에서는 손해를 보고 서쪽 가게에서는 원금마저 날려 버렸다.**　　덕산을 상대해서 이익을 좀 보려고 했으나 덕산이 달아나 버리는 바람에 위산은 그만 손해를 보고 말았다. 그래서 지금 수좌를 상대로 이익을 챙기려 했으나 수좌는 위산과 맞겨룰 수 있는 능력이 없었다. 그래서 위산은 이번에는 이익은커녕 원금마저 날려버린 격이 되고 말았다.

　△ **눈은 동남쪽을 보고 있지만 (그러나) 뜻은 서북쪽에 있다.**　　위산은 수좌에게 새로온 승(덕산)의 소재를 물었지만 사실은 이 물음을 통해서 수좌의 경지를 탐색하고 있는 것이다.

　△ **(아직) 흔적이 남아 있나니 삼십 봉을 먹여야 한다.**　　수좌는 아직 언어의 암시력에서 벗어나지 못했으므로 강한 충격을 줘서 그 무지를 깨트려야 한다.

　◎ 위산은 말했다. "이 녀석이 ~ 꾸짖을 것이다."　　위산은 덕산을 속속들이 간파해 버렸다. 과연 덕산은 그후 위산의 이 말대로 험악하기 이를 데 없는 가풍을 드날렸던 것이다. 그래서 '덕산의 방망이〔德山棒〕'란 말이 지금까지 전해오고 있다.

　△ **적이 지나간 다음 활을 쏘는군.**　　위산의 전략은 하늘만큼 땅만큼 크고 넓었지만 그러나 한발 늦었다. 덕산이 이미 달아나 버렸기 때문이다.

　△ **천하의 수행자들은 (위산의 손아귀에서 단 한 치도) 벗어날 수 없을 것이다.**　　어디 덕산뿐이겠는가. 모든 수행자들이 위산의 이 손아귀를 벗어날 수 없을 것이다. 왜냐하면 위산은 땅을 잡아흔들어도 도무지 움직이지 않기 때문이다. 그러므로 움직이는 자는, 칼을 뽑는 자는 모두 위산의 함정에 빠지고 만다.

　◎ "**설상가상이로군.**"　　이 대목은 위산의 말에 대한 설두의 촌평이다. 사람은 누구나 제각각 절대성을 가지고 있다. 그러므로 우리 누구나는

예외없이 고봉정상의 저 절대경지에서 노닐고 있다. 어찌 덕산만이 홀로 그런 경지에서 노닐겠는가. 그러니 위산의 이 말이 '설상가상'이 아니고 무엇이겠는가.

【評　　唱】

〔評唱〕夾山下三箇點字하나니 諸人還會麼아 有時將一莖草作丈六金身用하고 有時將丈六金身作一莖草用이라

【평창번역】

협산(夾山)은 점(·)자 세 개를 찍나니 여러분은 알겠는가. 어느 때는 풀 한 포기를 가지고 장육금신(丈六金身)으로 쓰고 또 어느 때는 장육금신을 가지고 풀 한 포기로 쓴다.

【평창해설】

협산(夾山)은 원오 자신을 지칭하는 말이다. 원오는 이 벽암록 평창을 협산의 영천선원(靈泉禪院)에서 강의했다. 그래서 이런 식으로 주거지역의 지명을 자신의 이름으로 대신 쓴 것이다. 이런 예는 선승들 사이에서 오래 전부터 전해 내려온 전통이다. 예를 들면 조주(趙州)땅의 관음원에 머물던 선승 종심(從諗)이 자신의 이름을 조주(趙州)라고 불렀던 경우와 같다. '점(·)자 세 개를 찍는다'는 것은 '점'(點=·)자에는 다음과 같은 세 가지 뜻이 있다는 말이다.

첫째, 부정의 뜻(點破, 把住, 錯)
둘째, 긍정의 뜻(點定, 放行, 果然)
셋째, 부정과 긍정을 겸한 뜻(點頭, 點)

'풀 한 포기를 가지고 장육금신(丈六金身, 佛身)으로 쓴다'는 것은 무슨 뜻인가. 풀 한 포기 돌멩이 하나 속에서도 부처의 속성[佛性]을 느끼는 긍정의 입장을 말한다. 그리고 '장육금신을 가지고 풀 한 포기로 쓴다'는 것은 부처조차도 인정치 않는 절대부정의 입장을 말한다. 이처럼 득도인(得道人, 깨달은 이)은 절대긍정의 입장에도 서지 않고 또 절대부정의 입장에도 서지 않는다. 동시에 이 둘을 겸한 입장마저 서지 않는다. 왜냐하면 붙박이가 되는 순간 자유자재로운 역량을 발휘할 수 없기 때문이다. 그러므로 상황상황에 따라 때로는 긍정의 입장에 서기도 하고 때로는 부정의 입장에 서기도 하고 또 때로는 이 두 입장에 양다리를 걸치기도 한다. 그러나 다음 순간 그는 흔적이 없다. 이 모든 입장으로부터 벗어나 버린 것이다. 그래서 우린 그(득도인)의 행동거지를 일컬어 '도무지 종잡을 수가 없다[逆行莫測]'라고 하는 것이다.

【評　　唱】

德山本是講僧이니 在西蜀講《金剛經》이니라 因教中道「金剛喩定과 後得智中에 千劫學佛威儀하고 萬劫學佛細行然後成佛」이라하니라 他南方魔子는 便說卽心是佛이라 遂發憤擔疏鈔行脚하야 直往南方破這魔子輩라 看他恁麼發憤컨대 也是箇猛利底漢이로다

【평창번역】

덕산은 본래 경전을 강의하는 학승으로서 서촉(西蜀)에서 《금강경》을 강의하고 있었다. 「경전에 의하면 "금강유정(金剛喩定)과 후득지(後得智) 안에서 천 겁을 부처의 행위를 배우고 만 겁을 부처의 세행(細行, 세심한 행동거지)을 익힌 후에 (비로소) 성불한다"고 말하고 있다. (그런데) 저 남방(양자강 이남지방)의 마구니(악마)들은 '마음이 곧 부처[卽心是佛]'라고

말하고 있다.」(이렇게 혼잣말을 하며 덕산은) 드디어 발분해서 (금강경) 주석서를 짊어지고 행각길에 올라 곧바로 남방으로 가서 이 마구니들을 격파하려고 했다. 저(덕산)가 이렇게 발분하는 것을 보니 (틀림없이) 예사 수행자가 아니다.

【평창해설】

경전적인 입장에서 본다면 성불(成佛)이란 다음의 세 단계를 거쳐야만 한다. 첫째, 모든 번뇌를 끊은 그 최고의 경지에서 '금강석(다이아몬드)과 같이 견고한 직관력〔金剛喩定〕'을 얻어야 한다. 둘째, 이 '금강석과 같이 견고한 직관력'을 근거로 이 현상계의 갖가지 차별상과 사물 개개의 특성들을 모두 알 수 있는 '후득지(後得智)'를 얻어야 한다. 셋째, 이 두 지혜를 근거로 기나긴 세월 동안 부처의 행위를 익히고 또 열 배나 더 기나긴 세월 동안 부처의 세심한 행동거지 하나하나를 모두 익혀야 한다. 그런 다음 비로소 성불이 가능하다. 그러나 선적(禪的)인 입장에서 본다면 '마음이 곧 부처〔卽心是佛〕'이므로 '지금 바로 여기'에서 성불이 가능하다. 깨달음은 순간에 있다. 그러므로 여기 시간은 전혀 문제가 되지 않는다. 학승(學僧)이었던 덕산에게는 점진적인 방법을 부정한 단도직입적인 이 선적인 입장이 전혀 이해가 되지 않았다. 그래서 그는 자신이 저술한 금강경 해설서를 짊어지고 당시 선이 성행하던 중국의 남쪽지방(양자강 이남)을 향해 길을 떠났다. 선을 수행하는 이 악마들(경전적인 입장에서 본다면)을 무찌르기 위하여.

【評　　唱】

初到澧州하야 路上見一婆子賣油糍하고 遂放下疏鈔하고 且買點心喫이라 婆云「所載者是什麽오」德山云「《金剛經疏鈔》라」婆云「我

有一問하니 你若答得布施油糍作點心이며 若答不得別處買去하라」德山云「但問하라」婆云「《金剛經》云 過去心不可得 現在心不可得 未來心不可得이라하니 上座欲點那箇心이닛고」山無語하니 婆遂指令去 參龍潭이니라

【평창번역】

 (덕산이) 처음 풍주에 이르니 길에서 기름에 튀긴 떡을 팔고 있는 노파가 있었다. (덕산은) 《금강경》 주석 원고를 내려놓고 점심 대용으로 기름떡을 사먹기로 했다. 노파가 물었다. "지고 온 것이 무엇인가요?" 덕산이 말했다. "금강경을 주석한 원고라네." 노파가 물었다. "내가 질문할 것이 하나 있는데 스님이 만일 (내 질문에) 답하면 기름떡을 보시하여 점심을 먹도록 할 것이요, 대답하지 못하면 다른 곳에 가서 사먹도록 하시오." 덕산이 말했다. "묻게나." 노파가 물었다. "금강경에 이르기를 — 과거의 마음도 얻지 못하고 현재의 마음도 얻지 못하고 미래의 마음도 얻을 수 없다 했습니다. 스님은 지금 어느 마음으로 점심을 먹고자 합니까?" 덕산은 말문이 막혔다. 노파는 (덕산에게) 용담(龍潭)을 찾아가라고 했다.

【평창해설】

 남쪽지방의 선수행자들을 제압하기 위하여 떠나는 덕산의 모습은 마치 대군을 거느리고 전장에 나가는 장수와도 같다. 드디어 덕산은 적진에 들어갔다. 그가 양자강 이남 호남성의 예주에서 처음 만난 사람은 길가에서 기름에 튀긴 떡을 파는 노파였다. 마침 점심때가 됐으므로 덕산은 짊어지고 간 금강경 해설 원고를 내려놓고 우선 요기를 하려고 했다.

 그런데 불시에 복병에게 기습을 당하고 말았다. 그 복병은 바로 이 떡 파는 할미였다. 이 할미의 질문은 바로 덕산의 전공이었던 금강경 구절이

었다. 금강경에 보면 이런 대목이 있다. "과거의 마음은 이미 지나가 버렸으니 과거의 마음이라고 지칭할 만한 것이 없고, 미래의 마음은 아직 오지 않았으니 '이것이 미래의 마음이다'라고 지칭할 만한 것이 없다. 그리고 현재는 '현재'라고 말하는 순간 이미 과거가 돼버렸으니 이 또한 '이것이 현재 마음이다'라고 지칭할 만한 것이 없다〔過去心不可得 現在心不可得 未來心不可得〕. 자, 그렇다면 덕산은 지금 어떤 마음으로 점심을 먹고자 하는가." — 떡 파는 할미의 질문은 바로 이런 것이었다.

덕산은 순간 얼어 붙어버리고 말았다. 어떻게 무슨 말을 해야 할지 그저 앞이 캄캄하기만 했다. 평소에 달달 외우던 구절이었지만 닥상 이렇게 질문을 받고 보니 그 본뜻을 전혀 알 수가 없었다. 난처해 하고 있는 덕산을 보고는 할미는 아들을 타이르듯 말했다. "이 부근에 용담(龍潭)이라는 큰스님이 계시니 거기 가서 물어 보십시오. 그러면 친절하게 일러줄 것입니다." — 이처럼 당시 중국의 남쪽지방에서는 선수행이 길가에서 떡을 파는 할미에게까지 보급됐던 것이다. 이 할미의 금강경 질문은 그대로 활구공안이다. 벽암록 100칙 공안들과 맞먹는 공안이다. 그런 공안의 속뜻을 일개 학승이었던 덕산이 어찌 간파할 수 있단 말인가. 이 할미는 예사 할미가 아니었다. 이렇게 하여 덕산은 날개 꺾인 새가 되어 용담을 찾아갔다.

【評　　唱】

纔跨門便問호대「久嚮龍潭일러니 及乎到來에 潭又不見, 龍又不現이니다」龍潭和尙於屛風後引身云호대「子親到龍潭이니라」師乃設禮而退라 至夜間入室侍立更深이라 潭云「何不下去오」山遂珍重하고 揭簾而出見外面黑하야 却回云「門外黑이니라하니」潭遂點紙燭度與山이라 山方接에 潭便吹滅하니 山豁然大悟便禮拜하니라 潭云「子見箇什麽便禮拜오」山云「某甲自今後론 更不疑著天下老和尙舌頭니다」至來日

潭上堂云호대 「可中有箇漢이면 牙如劍樹口似血盆하야 一棒打不回頭하리니 他時異日向孤峰頂上立吾道去在니라」 山遂取疏鈔於法堂前하야 將火炬擧起云호대 「窮諸玄辯이라도 若一毫置於太虛요 竭世樞機라도 似一滴投於巨壑이라하고」 遂燒之니라

【평창번역】

(용담을 찾아가서) 문에 들어서자마자 (덕산은) 말했다. "오랫동안 용담(龍潭)스님을 존경하여 한 번 뵙고 싶었는데 막상 와 보니 연못(潭)도 없고 용(龍)도 또한 보이지 않습니다." (이 말을 들은) 용담화상은 병풍 뒤에서 몸을 내밀며 말했다. "자네가 친히 용담에 이르렀네." 덕산은 예의를 갖추고 절을 한 다음 (조용히) 물러갔다. (그 날) 야간에 (다시) 입실하여 (용담화상을) 모시고 서 있다가 밤이 깊어졌다. 용담(화상)은 말했다. "왜 내려가지 않는가?" 덕산은 (용담화상에게) 인사를 하고는 발을 걷어올리고 나와 보니 밖이 캄캄했다. (덕산은) 다시 되돌아가서 말했다. "문 밖이 너무 캄캄합니다." 용담은 종이에 불을 붙여 덕산에게 줬다. 덕산이 (그 종이를) 잡으려는 순간 용담은 훅! 하고 (불을) 불어 꺼버렸다. (그 순간) 덕산은 활연대오(豁然大悟)하고 (용담에게) 절을 올렸다.

용담이 말했다. "자네가 무엇을 봤길래 절을 올리는가?"

덕산이 말했다. "전 지금 이후로는 다시는 천하노화상(天下老和尙)의 말씀을 의심하지 않겠습니다."

다음 날 용담은 법상에 올라 (이렇게) 말했다.

"(여기) 만일 깨달은 사람이 있다면 그 이빨은 칼의 수풀 같고 입은 피범벅이된 동이 같아서 한 방망이 후려쳐도 뒤도 돌아보지 않을 것이니 훗날 고봉정상을 향해서 나의 도를 드날릴 것이다." 덕산은 (지고 갔던) 금강경 주석 원고를 법당 앞에 내려놓고는 횃불을 들고 말했다. "제아무리 말을 잘 하더라도 저 허공에 티끌 한 오라기를 던지는 격이요, 이 세상 일을

모두 안다 하더라도 큰 골짜기에 물 한 방울을 떨어뜨리는 것과 같다."
(이렇게 말한 다음) 금강경 주석 원고를 모두 태워버렸다.

【평창해설】

덕산은 용담(龍潭)을 찾아가서는 다짜고짜로 칼을 뽑았다. "오래 전부터 용담 큰스님을 한 번 뵙고 싶었는데 막상 와 보니 용(龍)은커녕 연못〔潭〕도 없습니다." 그러나 용담은 전혀 힘을 쓰지 않고 가볍게 덕산의 일격을 제압해 버렸다. "자네가 친히 용담에 왔네."

덕산은 즉시 용담에게 절을 하고는 물러났다. 자신의 기량이 용담에게는 전혀 미칠 수 없다는 걸 알았기 때문이다. 저녁이 되자 덕산은 다시 용담을 찾아가 의심나는 바를 묻다가 밤이 깊었다. 그래서 숙소로 가려고 밖을 나와보니 칠흑같은 어둠 뿐이라 아무것도 보이지 않았으므로 다시 용담에게 가서 말했다. "문 밖이 너무 어둡습니다." 용담은 아무 말 없이 기름종이에 불을 붙여 주었다. 덕산이 이 불을 받으려는데 갑자기 용담은 '훅~' 하고 불을 꺼버렸다. 그 순간 덕산은 크게 깨우쳤다. 그렇다면 용담은 왜 불을 꺼버렸는가? 그리고 덕산은 도대체 무엇을 깨우쳤단 말인가. 벗이여, 그대 자신이 덕산이 되어 어디 한 번 탐구해 보라. 이 대목(훅~ 하고 불을 꺼버린 대목)은 활구라 말풀이가 불가능하다.

덕산은 즉시 용담에게 큰절을 올렸다.

용담이 말했다. "자네 무슨 이치를 깨달았기에 절을 하는가?"

덕산이 말했다. "전 지금 이후로는 '마음이 곧 부처〔卽心是佛〕'라고 하신 천하노화상들의 말씀을 의심하지 않겠습니다."

이렇게 하여 용담과 덕산은 스승과 제자가 됐다. 용담은 그 다음 날 법상에 올라가 덕산의 깨달음을 천하에 알렸고 덕산은 여기에 화답하여 지고 갔던 금강경 해설 원고를 모두 불태워 버렸다.

【評　唱】

　　後聞潙山盛化하고 直造潙山하야 便作家相見이니 包亦不解하고 直上法堂하야 從東過西, 從西過東하며 顧視云「無, 無라하고」便出이라 且道意作麽生고 莫是顚麽아 人多錯會用作建立이라하니 直是無交涉이라 看他恁麽不妨奇特하라 所以道호대 出群須是英靈漢이요 敵勝還他師子兒라 選佛若無如是眼이면 假饒千載又奚爲리요하니라 到這裏하야는 須是通方作者方始見得이라 何故오 佛法無許多事라 那裏著得情見來리요 是他心機那裏에 有如許多阿勞리요 所以玄沙道호대 「直似秋潭月影하며 靜夜鐘聲이 隨扣擊以無虧하며 觸波瀾而不散이라도 猶是生死岸頭事라하니」 到這裏하야는 亦無得失是非하며 亦無奇特玄妙라 旣無奇特玄妙댄 作麽生會他從東過西하야 從西過東이리요 且道意作麽生고

【평창번역】

　　후에 위산의 교화가 성하다는 말을 듣고 (덕산은) 곧바로 위산으로 가서 (위산의 주석지로 가서) 거장과 서로 대면하려고 했다. 짐도 풀지 않고 바로 법당에 올라가서 동쪽에서 서쪽으로 서쪽에서 동쪽으로 왔다 갔다 하며 뒤돌아보고는 "없다. 없다" 외치고 나가 버렸다. 자, 말해보라. 이게 무슨 뜻인가? 미친 짓이 아닌가? 사람들은 대부분 잘못 알고는 '(덕산이) 건립(의 입장, 放行의 입장)에 서 있다' 고 하나니 전혀 맞지 않는다. 저 (덕산)의 특출한 전략을 보라. 그러므로 '무리에서 뛰어나려면 용맹스럽고 영특한 사람[英靈漢]이 아니면 안 되며 적을 이기려면 저(덕산)로 하여금 사자의 본성을 발휘하도록 해야 한다' 고 말했던 것이다. 부처를 뽑는데 만일 이 같은 안목이 없다면 설령 천 년을 지난다한들 어찌 하겠는가. 여기('없다. 없다' 외치고 나가 버린 곳) 이르러서는 능수능란한 수행자[通方作者]가 아니면 안 되나니 (그래야만) 비로소(분명히) 깨닫게 될 것이다. 왜냐하면 불법(佛法의 정수)은 간단명료하기 때문이다. 거기 (어떻게) 정

견(情見, 사량분별)이 붙을 수 있겠는가? 저(덕산)의 마음 어디에 이처럼 많은 번뇌망상이 있겠는가? 그러므로 현사사비(玄沙師備)는 이렇게 말했다.
 "(그 心境이) 가을 연못에 달이 비치는 것 같으며 고요한 밤의 종소리가 종을 칠 때마다 부서지지 않으며, (달 그림자가) 물결에 부딪쳐도 (전혀) 부서지지 않는(無心의 경지에 이르렀)다 하더라도 오히려 생사의 이견(차원)일 뿐이다." 여기('없다, 없다'고 외치고 나가 버린 곳) 이르러서는 또한 득실시비도 없고 기이하고 특출함과 현묘함도 없다. 이미 기이하고 특출함과 현묘함마저 없을진댄 동쪽에서 서쪽으로 서쪽에서 동쪽으로 왔다 갔다 했던 저(덕산)의 본심을 어떻게 알겠는가. 자, 말해보라. 이게 도대체 무슨 뜻인가?

【평창해설】

 이 대목에서 가장 중요한 곳은 덕산이 '동쪽에서 서쪽으로, 서쪽에서 동쪽으로 왔다 갔다' 한 곳과 '없다, 없다' 외친 곳이다. 자, 벗이여, 이 두 곳의 속뜻을 어떻게 간파할 수 있겠는가. 물론 글자풀이가 가능은 하다. 그러나 글자풀이 그 이전에 이 두 곳을 직감적으로 간파해야 한다. '왜 쥐불알처럼 왔다 갔다 하고 있는가? 왜 없다 없다 외쳐대고 있는가'라고 입 벌리는 순간 벗이여, 그대 모가지가 날아간다. 그러나 침묵을 지킨대도 역시 눈알이 뽑힐 것이다. 그렇다면 도대체 어찌해야 하겠는가. 인생의 궁극적인 목표는 바로 이 해답을 얻는 것(아차, 그만 빗나가 버리고 말았군, 미안)이다.

【評　　唱】

 潙山老漢也不管他하니 若不是潙山이면 也被他折挫一上하리라 看他潙山老作家相見하라 只管坐觀成敗하니 若不深辨來風이면 爭能如此리

요 雪竇著語云「勘破了也라하니」一似鐵橛相似로다 衆中謂之著語라하니 雖然在兩邊이나 卻不住在兩邊이라 作麼生會他道勘破了也오 什麼處是勘破處아 且道勘破德山가 勘破潙山가

【평창번역】

위산도 또한 저(덕산)를 상관하지 않았나니 만일 위산이 아니었더라면 저에게 한바탕 창피를 당했을 것이다. 거장 위산의 (덕산) 제접을 보라. 오로지 앉아서 성패를 관망하니 만일 상대를 간파하지 않았다면 어찌 이럴 수 있겠는가. (이에 대하여) 설두는 "이미 간파해 버렸다"고 촌평을 했는데 (이것은 마치) 한 개의 쇠막대기와도 같다. 사람들은 설두의 이 말을 촌평이라 하는데 (겉으로 봐선) 양쪽(위산과 덕산)에 걸려 있으나 오히려 이 양쪽에 걸려 있지 않다. (그렇다면) '이미 간파해 버렸다'는 설두의 말을 어떻게 해야 알겠는가. 어느 곳이 간파해 버린 곳인가? 자, 말해보라. 덕산을 간파했는가, (아니면) 위산을 간파했는가.

【평창해설】

덕산의 이런 행동거지에 대해서 설두는 "이미 간파해 버렸다"고 촌평을 했다. 그런데 이 촌평이 그 말뜻으로 봐선 덕산과 위산의 양쪽에 해당된다. 그러나 이 촌평은 워낙 활구성(活句性)이 강한 구절이므로 이 양쪽에 대한 언급, 그 이상의 뜻을 내포하고 있다. 그래서 원오는 말하길 "한 개의 쇠막대기와 같다"고 했다. 이 말은 '분별심이 전혀 붙을 수 없는 상태'란 뜻이다. 자, 그렇다면 '이미 간파해 버렸다〔勘破了也〕'는 이 말을 어떻게 알 수 있겠는가.

이렇게 반문을 한 다음 원오는 그 특유의 위장술을 쓰고 있다. 재빨리 말의 흐름을 바꾸며 다음과 같이 연막을 치고 있다. "설두가 덕산을 간파

했다는 말인가, 위산을 간파했다는 말인가?" 그러나 여러분은 원오의 이 말에 속아선 안 된다. '감파요야(勘破了也)'……, 이것은 또 하나의 공안이다.

【評唱】

德山遂出到門首하야 卻要拔本[1]하야 自云「也不得草草라하고」 要與潙山掀出五臟心肝하야 法戰一場일새 再具威儀卻回相見하니라 潙山坐次에 德山提起坐具云「和尙아」하니 潙山擬取拂子어늘 德山便喝하고 拂袖而出하니 可煞奇特이로다 衆中多道潙山怕他라하니 有甚交涉이리요 潙山亦不忙이라 所以道호대 智過於禽獲得禽이요 智過於獸獲得獸요 智過於人獲得人이라하니 參得這般禪하면 盡大地森羅萬象과 天堂地獄과 草芥人畜이 一時作一喝來라도 他亦不管이며 掀倒禪床하고 喝散大衆이라도 他亦不顧하리니 如天之高요 似地之厚라 潙山이 若無坐斷天下人舌頭底手脚이면 時驗他也大難이로다 若不是他一千五百人善知識이면 到這裏也分疏不下하리라 潙山是運籌帷幄하야 決勝千里라 德山背卻法堂하고 著草鞋便出去하니 且道他意作麼生고 你道德山是勝是負아 潙山恁麼是勝是負아 雪竇著語云 「勘破了也라하니」 是他下工夫하야 見透古人聲訛極則處하니 方能恁麼不妨奇特이라

【등창번역】

덕산은 나가다가 산문 앞에 이르러 본전 생각이 나서 스스로에게 말하길 "서두를 필요는 없다" 하고 위산과 더불어 오장육부를 다 내놓고 한 번 붙어보려고 했다. (그래서) 다시 (되돌아와) 예의를 갖추고 (위산과) 서로

---

1) 없음(福本).

만났다. (그때 마침) 위산은 앉아 있었다. 덕산은 좌복을 들어 보이면서 "화상"하고 말했다. 위산이 막 불자(拂子)를 집으려 하자 덕산은 갑자기 할(喝)을 외치고 나가 버렸으니 아주 대단하다고 할 수 있다.

사람들은 말하길, 위산이 저(덕산)를 두려워해서 (불자를 집으려 했다 하나니) 이것은 틀린 말이다. 위산 역시 서두르지 않았나니 그러므로 (옛 사람은) 이렇게 말했던 것이다. "(사람의) 지혜가 날짐승보다 앞서야 날짐승을 잡을 수 있고, (사람의) 지혜가 길짐승보다 앞서야 길짐승을 잡을 수 있고, (사람의) 지혜가 사람보다 앞서야 사람을 굴복시킬 수 있다." 이런 선(위산의 禪)을 참구해서 힘을 얻으면 온 대지 삼라만상과 천당지옥과 초목, 인간, 짐승이 일시에 일할(一喝)을 외치더라도 저(위산)는 여기에 전혀 동요되지 않을 것이다. (또한) 선상을 뒤엎고 할을 외쳐 대중들을 쫓아 버리더라도 저(위산)는 (거기 전혀) 개의치 않으니 (위산의 경지는) 하늘처럼 높고 땅처럼 두껍다고 (말)할 수 있다. 위산이 만일 천하인들의 말을 제압하는 수완이 없었더라면 덕산의 계략에 걸렸을 때 (거기서 빠져 나오기가) 대단히 어려웠을 것이다. 만일 저(위산)가 천오백 명(을 거느린) 선지식(스승)이 아니었더라면 여기(덕산이 좌복을 들어 보이며 "화상" 하고 부른 곳) 이르러서 말문이 꽉 막혀 버렸을 것이다. (그러나) 위산은 앉아서도 능히 천 리 밖의 승패를 내다보는 능력이 있었다. 덕산은 법당을 등지고 신을 신은 다음 가버렸으니 자, 말해보라. 덕산의 의중은 어떤 것인가? 덕산이 이겼는가, 위산이 이겼는가? (이에 대하여) 설두는 "이미 간파해 버렸다"고 촌평을 했다. 설두는 오랫동안 정진한 끝에 옛 사람의 (공안 가운데) 심오하고 난해한 곳을 간파하여 비로소 이런 식으로 촌평을 내릴 수 있었으니 참으로 대단하다고 말하지 않을 수 없다.

【평창해설】

덕산은 위산에게 좌복을 들어 보이며 '화상' 하고 선제공격을 했다. 위산은 곁에 놓인 불자(拂子)를 막 집으려고 했다. (그러나 결코 집지는 않았다.) 이것은 위산이 가만히 앉아서도 이미 덕산을 속속들이 간파해 버렸다는 증거다. 그 순간 덕산은 자신이 지금 위산의 함정에 빠진 걸 알았다. 그래서 할을 외치고 삼십육계 줄행랑을 쳐버렸던 것이다. 그러나 덕산은 결코 위산의 손아귀에서 벗어나지 못할 것이다. 왜냐하면 위산은 하늘을 흔들어도 땅을 두드려도 도무지 움직이지 않기 때문이다. 여기에 대하여 설두는 또 "이미 간파해 버렸다〔勘破了也〕"고 촌평을 내렸는데 이 말 역시 활구성이 강해서 말풀이만 가지고는 그 속뜻을 모두 알 수가 없다. '왜 이미 간파해 버렸다고 말했는가?' '왜? …….' 이 '왜?'라는 의문부호를 죽어라고 물고 늘어져라. 그러면 구멍이 펑! 뚫릴 날이 반드시 온다.

【評　唱】

訥堂[2]云「雪竇著兩箇勘破하고 作三段判[3]하야 方顯此公案하니 似傍人斷二人相似로다」 後來這老漢이 緩緩地至晚方問首座호대 「適來新到在什麼處오」 首座云 「當時背卻法堂하고 著草鞋出去也니다」 潙山云 「此子已後向孤峰頂上盤結草庵하고 呵佛罵祖去在하리라하니」 且道他意旨如何오 潙山老漢不是好心이라 德山後來呵佛罵祖하며 打風打雨나 依舊不出他窠窟이니 被這老漢見透平生伎倆이니라 到這裏하야는 喚作潙山與他受記得麼아 喚作潙廣藏山理能伏豹得麼아 若恁麼且喜沒交涉이니라 雪竇知此公案落處하고 敢與他斷하야 更道[4]「雪上加霜이라하니」 又重拈起來教人見이라 若見得去면 許你與潙山德山雪竇同參이요 若也不見이면 切忌妄生情解니라

---

[2] 師(福本).
[3] 分作兩段判(福本). (← 當從福本(種電鈔).
[4] (← 上判兩箇歡破 至晚於與首座挨拶之處 又著雪上加霜語 故云更也 依之見則 上三段改二段(兩段)可矣(種電鈔).

【평창번역】

　원오는 말했다. "설두는 두 번 '이미 간파해 버렸다'는 말을 사용하여 세 단락으로 나눠 비판함으로써 이 공안(의 구조가 극명하게)이 드러났다. (그런데) 이것은 마치 제3자가 (싸움을 하고 있는) 두 사람(의 옳고 그름)을 판단해 주는 것과 같다." 저녁이 되자 이 어르신네(위산)는 아주 여유있게 수좌에게 물었다. "아까 새로운 승은 어디 있는가?" 수좌는 말했다. "법당을 등진 다음 신을 신고 가버렸습니다." 위산은 말했다. "이 녀석이 이후로는 고봉정상에 암자를 짓고 앉아서 부처와 조사들을 마구 꾸짖을 것이다."(라고 했으니) 자, 말해보라. (이렇게 말한) 위산의 의중은 어떤 것인가? 위산은 심보가 아주 고약한 노인네가 아닐 수 없다. 덕산은 그 후 부처와 조사들을 꾸짖으며 (그 가풍이 마치) 바람을 부르고 비를 몰아 오는 것같이 대단했으나 결국은 위산의 손아귀를 벗어날 수 없었으니 이 어르신네에게 평생의 기량을 모두 들켜버리고 말았던 것이다. 여기(위산이 수좌에게 덕산을 비판한 곳)에 이르러서는 위산이 덕산에게 수기를 줬다고 해야 하는가, (아니면 부드러운) 연못(위산)이 강한 산(덕산)을 싸안았다고 해야 하는가? 언약한 살쾡이(위산)가 사나운 표범(덕산)을 굴복시켰다고 해야 하는가? 만일 이런 식으로 알진댄 본뜻과는 전혀 관계가 없게 된다. 설두는 이 공안의 본뜻을 간파하고 위산을 비판하여 다시 말하길 "설상가상이라"고 했으니 거듭 (본칙공안을) 거론하여 사람들로 하여금 깨닫도록 했던 것이다. (그대가 만일 이를) 간파한다면 위산, 덕산, 설두와 그대는 같은 친구가 될 것이요, 그렇지 못하다면 망상분별로 헤아리는 것은 절대 금물이다.

【평창해설】

　본문의 '세 단락'이란 말은 '두 단락'이라고 해야 문맥이 통한다. 왜냐하면 설두는 "이미 간파해 버렸다"는 말을 단 두 번만 사용했기 때문이다.

그리고 《복본(福本)》에도 '두 단락으로 나눠 비판했다〔分作兩段判〕'로 돼 있다.

본문의 "위산은 심보가 아주 고약하다"는 말은 무슨 뜻인가? 원오는 이미 수좌에게 덕산을 빗대어 물음을 던진 위산의 의중을 간파했다. 그것은 덕산의 일을 묻는 바로 그걸 통해서 수좌의 경지를 점검해 보려는 계략이 숨어 있었던 것이다. 이 기찰 전략을 간파한 원오는 반어적으로 위산을 칭찬하여 "심보가 아주 고약하다"고 말한 것이다.

위산은 또 이렇게 말했다. "이 녀석(덕산)이 이후로는 고봉정상에 암자를 짓고 앉아서 부처와 조사들을 마구 꾸짖을 것이다." 자, 벗이여. 이 말의 본뜻은 어떤 것인가? '위산이 덕산을 인정한 것이다. 위산의 지혜가 덕산보다 훨씬 높다는 말이다'라고 이해한다면 그건 틀렸다. 왜냐하면 우리 각자는 모두 절대적 존재이기 때문이다. 위산은 어디까지나 위산이요, 덕산은 어디까지나 덕산으로서 각자의 기질과 표현방식이 있는 것이다. 그러므로 여기 우열을 논하는 것은 잘못이다. 위산은 위산대로 봐주면 되고 덕산은 덕산대로 봐주면 된다.

【頌】

〔頌〕一勘破(言猶在耳로다 過) 二勘破여(兩重公案이로다) 雪上加霜曾嶮墮라(三段不同이라 在什麼處오) 飛騎將軍入虜庭하니(嶮! 敗軍之將은 無勞再斬이니라 喪身失命이로다) 再得完全能幾箇오(死中得活이로다) 急走過흔에(傍若無人이로다 三十六策盡你神通이나 堪作何用고) 不放過나(理能伏豹라 穿卻鼻孔이로다) 孤峰頂上草裏坐로다(果然, 穿過鼻孔也未爲奇特이라 爲什麼卻在草裏坐오) 咄!(會麼아 兩兀相傷이라 兩兩三三舊路行이니 唱拍相隨로다 便打하다)

【송번역】

첫 번째 '간파'
    아직도 귀에 선하다. 지나가 버렸군.
두 번째 '간파'
    이중의 공안이로군.
설상가상이여, 이미 위험한 지경에 놓였네.
    세 단락(의 말)이 같지 않군. 어디 있는가?
비기장군(飛騎將軍)이 적진 깊이 들어갔으니
    위험천만. 패배한 장수를 또 다시 목칠 필요는 없다. 신명(身命)을 상실했군.
완전하게 살아온 자 몇이나 되리.
    사지(死地)에서 살아났군.
급히 달아남에
    방약무인이로군. 병법의 모든 술책을 쓰고 온갖 재간을 다 부려봤으나 그걸 어디 쓰겠는가.
놔주지 않았으나
    살쾡이가 표범을 굴복시켰군. (덕산의) 콧구멍을 꿰뚫었군.
고봉정상에서 (망상의) 풀 속에 주저앉은 격이네.
    과연, (덕산의) 콧구멍을 꿰뚫은 것은 그리 대단한 것이 아니다. 무엇 때문에 (위산은 지금 망상의) 풀 속에 앉아 있는가?
쯧, 쯧.
    알겠는가. 두 칼날이 서로 상했군. 둘이 셋이 옛길을 가니 박자와 장단이 척척 맞는군. 느닷없이 한 대 때리다.

【송과 착어 해설】

◎ 첫 번째 '간파'   '간파'란 말이 여기선 활구로 쓰이고 있다.
△ 아직도 귀에 선하다.   활구는 들으면 들을수록 신선하기 때문이다.

△ 지나가 버렸군.　활구를 입으로 말하는 순간 그것은 이미 활구가 아니다.

△ 이중의 공안이로군.　'첫 번째 간파'라고 말한 것과 여기서 '두 번째 간파'라고 말한 것은 그대로 두 개의 활구다.

◎ 설상가상이여, 이미 위험한 지경에 놓였네.　설두는 본칙에 붙인 촌평 세 마디(첫 번째 '간파', 두 번째 '간파', 설상가상)를 그대로 송에서 재인용하고 있다. 덕산이 달아난 다음 위산은 수좌에게 덕산의 행방을 물었는데 그때 수좌의 대답을 듣고 위산은 말하길 "이 녀석이 ~ 꾸짖을 것이다"라고 했다. 이에 대하여 설두는 "설상가상"이라고 촌평을 했다. 그렇다면 이 말이 위산에게만 해당되는가? 아니다. 이렇게 촌평을 내린 설두도 설상가상이요, 달아나 버린 덕산도 설상가상이요, 이 글을 쓰고 있는 나도 역시 설상가상이다. 자, 그렇다면 이 설상가상의 상태를 어떻게 모면할 수 있겠는가? …… 정말 설상가상이로군. '위험한 지경에 놓였다'는 것은 재차 위산을 찾아간 덕산을 두고 하는 말이다. 덕산은 제발로 걸어서 범의 아가리 속으로 들어갔으니 말이다.

△ 세 단락(의 말)이 같지 않군.　① 첫 번째 〈간파〉, ② 두 번째 〈간파〉, ③ 설상가상은 활구성이 강한 구절들이므로 결코 같은 말의 반복일 수 없다. 왜냐하면 말은 같아도 활구는 각각 독립적이기 때문이다.

△ 어디 있는가?　위험한 지경에 놓인 바로 그 주체는 지금 어디 있는가? 너 자신의 덕산은 지금 어디 있는가?

◎ 비기장군이 적진 깊이 들어 갔으니　위산의 소굴로 들어간 덕산을 흉노의 적진 깊이 들어간 비기장군 이광에 견주고 있다.

△ 위험천만.　덕산의 목숨은 지금 풍전등화와도 같다.

△ 패배한 장수를 또 다시 목칠 필요는 없다. 신명(목숨)을 상실했군. 위산은 덕산을 달아나도록 내버려뒀지만 그러나 덕산은 결코 위산의 손아귀에서 벗어나지 못할 것이다.

△ 사지에서 살아났군.　덕산이 비록 위산의 손아귀에서 완전히 벗어

제4칙 德山挾複子　169

나진 못했으나 함정을 빠져나가는 기략만은 정말 대단했다. 그것은 마치 비기장군 이광이 죽은 채하고 누워 있다가 흉노 병사의 말을 빼앗아 타고 삼십육계를 놓은 것과도 같다.

◎ 놔주지 않았으나   덕산은 일단 위산의 함정에서 벗어나긴 했으나 위산은 이미 덕산을 속속들이 꿰뚫어 버리고 말았다. 덕산의 일평생 살림살이를 모조리 알아버리고 말았다. 그러므로 위산의 입장에서 본다면 덕산은 아직도 위산의 사정권 내에 있는 것이다.

△ 살쾡이가 표범을 굴복시켰군.   살쾡이는 위산에, 표범은 덕산에 비교하고 있다.

◎ 고봉정상에서 (망상의) 풀 속에 주저앉은 격이네.   위산은 덕산의 어떤 탐색전에도 전혀 움직이지 않았는데 이것이야말로 부처와 조사들조차도 이룰 수 없는 저 절대경지 '고봉정상'인 것이다. 그러나 수좌에게 "이 녀석이 이후로는 ~ 마구 꾸짖을 것이다"라고 덕산을 평한 것은 그만 분별의 차원으로 급히 추락한 꼴이 돼 버렸다. 그래서 이런 위산을 두고 "(망상의) 풀 속에 주저앉은 꼴이 됐다"고 설두는 송을 읊은 것이다.

◎ 쯧, 쯧.   설두는 지금 이 대목에서 '고봉정상'이니 '풀 속'이니를 읊은 자기 자신을 질책하여 '쯧쯧, 어리석은 놈······'이라고 혀를 차고 있다.

△ 알겠는가.   설두가 자기 자신을 나무란 이 말 뜻을 벗이여, 그대는 알겠는가?

△ 두 칼날이 서로 상했군.   덕산과 위산, 두 사람 모두가 결국 흠집을 낸 결과가 돼 버렸다. 왜냐하면 덕산은 긁어부스럼을 냈고 위산은 또 헛발을 내딛었기 때문이다. 그렇다면 이 글을 쓰고 있는 나는······ 역시 헛발을 내딛고 말았다.

△ 둘이 셋이 ~ 척척 맞는군.   덕산, 위산, 설두. 이 세 사람은 지금 호흡이 척척 들어맞고 있다.

△ 느닷없이 한 대 때리다.   본래 자리에서 본다면 여기 티끌 한 오라

기조차 용납할 수 없거늘 '고봉정상'은 또 뭐고 '(망상의) 풀 속'은 또 뭐란 말인가? '이놈 정신 차려라'라고 권오는 지금 경책을 하고 있다. 감사, 감사.

【評　　唱】

〔評唱〕雪竇頌一百則公案할새 一則則焚香拈出하니 所以大行於世라 他更會文章하며 透得公案하야 盤礴得熟하야사 方可下筆이라 何故如此오 龍蛇易辨이나 衲子難瞞이라 雪竇參透這公案하야 於節角聱訛處에 著三句語撮來頌出하니라

【평창번역】

설두는 (벽암록의) 일백 칙 공안을 송(頌)할 때 (공안) 한 칙 한 칙마다 향을 사르고 송을 썼다. 그래서 (설두의 송이) 세상에 널리 퍼지게 된 것이다. 그(설두)는 문장을 (잘) 알았으며 공안(한 칙 한 칙)을 분명하게 간파한 다음 (공안을) 자유자재로 다룰 수 있게 된 이후에라야 비로소 붓을 들었던 것이다. (그런데 설두는) 무엇 때문에 이렇게 (신중을) 기했는가? 용과 뱀을 분별하긴 쉬우나 납자(수행자)를 속이긴 어렵기 때문이다. 설두는 이 공안을 참구하고 간파한 다음 난해하고 심오한 곳에 세 마디의 촌평(첫 번째 간파, 두 번째 간파, 설상가상)을 지어 간추려서 송을 읊고 있다.

【평창해설】

설두는 이 벽암록에 실려 있는 공안 백 개[一百則]에 각각 송을 붙일 때마다 한 공안 한 공안의 핵심을 명확히 간파한 다음 향을 피우고 자신을 비운 후 비로소 붓을 들었다. 그는 도를 깨친 선사이면서 동시에 감성이

남달리 뛰어났던 시인이었다. 설두는 본칙공안을 간파한 다음 그 핵심적인 세 곳에 각각 다음과 같이 세 마디 촌평을 내렸다. '첫 번째〈간파〉, 두 번째〈간파〉, 설상가상.'

【評　唱】

　雪上加霜으로 幾乎嶮墮라하니 只如德山似什麽오 一似李廣天性善射라 天子封爲飛騎將軍하니 深入虜庭하야 被單于生獲할새 廣時傷病이라 置廣兩馬間하야 絡而盛臥라 廣遂詐死하니 睨其傍有一胡兒騎善馬하고 廣騰身上馬하야 推墮胡兒하고 奪其弓矢하야 鞭馬南馳할새 彎弓射退追騎하니 以故得脫이라 這漢有這般手段하야 死中得活이라 雪竇引在頌中에 用比德山再入相見하니 依舊被他⁵⁾跳得出去라

【평창번역】

'설상가상으로 결국 위험한 지경에 놓였다'고 했으니 덕산은 무엇과 (누구와) 같은가? 이광(李廣)과 같다. (이광은) 활을 잘 쐈다. (그래서) 천자(武帝)는 그를 비기장군(飛騎將軍)으로 봉했는데 (어느 때) 적진 깊이 들어가서 흉노의 왕인 선우(單于)에게 사로잡히고 말았다. 이광은 그때 심한 상처를 입었었는데 묶인 채로 두 필의 말 사이에서 꼼짝 않고 누워 있었다. 이광은 죽은 체하고 있으면서 옆을 곁눈질해 봤다. (마침) 옆에는 말을 잘 타는 한 흉노의 병사가 있었다. 이광은 (재빨리) 몸을 날려 말에 오른 다음 흉노의 병사를 밀어서 떨어뜨려 버리고 활과 화살을 빼앗은 다음 말을 채찍질해 남쪽으로 달렸다. (달리면서) 뒤쫓아오는 (적병들을) 화살을 쏴 물리쳤다. (이렇게 하여 마침내는) 적진에서 무사히 벗어나게 되었

---

5) 없음(福本). (← 被他 ～ 去(六字) = 福本作跳得出去 削被他二字也(種電鈔).

다. 이 친구(이광)는 이런 수완이 있어서 사지(死地)에서도 (능히) 살아날 수 있었던 것이다. 설두는 (그의) 송 가운데 (이 고사를) 인용해서 다시 들어가 (위산을) 뵙고 (달아나 버린) 덕산에 비유했는데 그 (덕산)도 역시 (위산의 진영에서 무사히) 벗어날 수 있었던 것이다.

【평창해설】

다시 돌아가 위산에게 도전을 한 덕산을 흉노에게 붙잡힌 비기장군 이광에 견주고 있다. 할(喝)을 내지르고 달아나 버린 덕산을 흉노병사의 말을 빼앗아 타고 적진을 탈출한 이광이 비기고 있다.

【評　　唱】

看他古人見到說到行到用到하라 不妨英靈이니 有殺人不眨眼底手脚이라야 方可立地成佛이라 有立地成佛底人은 自然殺人不眨眼이니 方有自由自在分이라 如今人有底問著하면 頭上一似衲僧氣槪나 輕輕紗著하면 便腰做段하며 股做截하야 七支八離하나니 渾無些子相續處라 所以古人道호대 相續也大難이라하니 看他德山潙山如此하라 豈是滅滅挈挈底見解리요 再得完全能幾箇오 急走過라하니 德山喝便出去가 一似李廣被捉後設計하야 一箭射殺一箇番將하고 得出虜庭相似라 雪竇頌到此하야 大有工夫로다

【평창번역】

저 옛 사람들(위산, 덕산)의 깨달은 곳[見處], 말하는 곳, 행하는 곳과 그 작용을 보라. 아주 용맹스럽고 영리하나니 살인을 하고도 눈 하나 까딱하지 않는 정도의 수완이 있는 사람이라야 비로소 '지금 여기[立地]'에서

의 성불이 가능하다. '지금 여기'에서 성불하는 사람은 자연히 살인을 하고도 눈 하나 까딱하지 않을 정도의 (수완이 있으리니) 그래야만 비로소 자유자재로울 수 있다. 요즈음의 어떤 이에게 물을라치면 처음에는 수행자의 기개가 있는 듯하나 살짝 일격을 가해 보면 허리가 부러지고 다리가 잘려져서 형편없게 되나니 물음과 대답이 서로 이어지지 않는다. 그러므로 옛 사람은 말하길 '상속이 어렵다'고 했던 것이다. 덕산과 위산의 이 같음 (물음과 대답의 서로 이어짐)을 보라. 이 어찌 박자가 맞지 않는 견해겠는가. '완전하게 살아온 자 몇이나 되리 / 급히 달아난다'고 했으니 덕산이 할을 외치고 나가버린 것이 마치 이광이 붙잡힌 뒤 계략을 써서 화살 한 개로 흉노의 대장을 한 사람씩 사살하고 적진에서 벗어난 것과 같다. 설두의 송은 여기 이르러서 아주 공을 많이 들이고 있다.

【평창해설】

본문 가운데 '살인을 하고도 눈 하나 깜빡하지 않는다'는 말은 실제로 살인을 하라는 말이 아니다. 말하자면 그 정도로 철저하고 (자기 자신에게) 매서운 사람을 극단적으로 이런 식의 비유를 들어 일컫고 있는 것이다. 수행자는 남에게 한없이 자비로워야 한다. 그러나 자기 자신에게만은 아주 냉정하지 않으면 안 된다. 자기 자신에게 냉정하지 않으면 틈이 생기고, 이 틈새로 수행을 방해하는 사기(邪氣)가 들어오기 때문이다. 다시 본문으로 가서 위산과 덕산은 지금 손발이 짝짝 들어맞는 연기를 하고 있다. 위산이 불자(拂子)를 집으려 하자(실제로 집지는 않았다) 덕산은 할을 외치고 달아나 버렸으니 이것이 어찌 손발이 척척 들어맞는 연기가 아니겠는가. 이건 누구나 할 수 있는 연기 같지만 그러나 위산과 덕산처럼 깨달음을 체험한 이들이 아니면 도저히 할 수 없는 연기다. 그러므로 어설픈 흉내는 내지 말라. 분명한 체험이 없다면……

【評　唱】

　德山背卻法堂著草鞋出去를 道得便宜[6]라하나 殊不知這老漢依舊不放他出頭在로다 雪竇道「不放過라하니라」 潙山至晚間問首座호대「適來新到在什麽處오하니」 首座云「當時背卻法堂하고 著草鞋出去也니다」 潙山云「此子他日向孤峰頂上盤結草庵하고 呵佛罵祖去在하리라하니」 幾曾是放過來리요 不妨奇特이로다 到這裏하야 雪竇爲什麽道「孤峰頂上草裏坐라하는고」 又下一喝하니 且道落在什麽處오 更參三十年하라

【평창번역】

　덕산이 법당을 등지고 신을 신은 다음 가버린 것을 이익을 본 곳이라고 (사람들은) 말하고 있다. (그러나) 이 어르신네(위산)가 여전히 저(덕산)를 정면으로 맞서도록 놔두지 않았다는 (사실을) 전혀 모르고 있다. (그래서) 설두는 "놔주지 않았다"고 말한 것이다. 저녁이 되자 위산은 수좌에게 물었다. "아까 새로 온 승은 어디 있는가?" 수좌는 말했다. "법당을 등진 다음 신을 신고 가버렸습니다." 위산은 말했다. "이 녀석이 이후로는 고봉정상에 암자를 짓고 앉아서 부처와 조사들을 (마구) 꾸짖을 것이다."(—라고 했으니) 도대체 그(덕산)를 놔준 일이 있는가? (위산은) 아주 대단한 (어르신네가 아닐 수 없다) 여기 이르러서 설두는 무엇 때문에 "고봉정상어 서 (망상의) 풀 속에 주저앉은 격이네"라고 했는가?

　또 한 번 할을 외치나니 자, 말히보라. 본뜻이 어느 곳에 있는가? 다시 30년을 더 참구하도록.

---

6) 道他得便宜(福本).

【평창해설】

　덕산은 할을 외치고는 법당을 등진 채 신을 신고 달아나 버렸다. 그런데 뒷 사람들은 말하길 "덕산이 이겼다"고 한다. 그러나 이는 잘못 안 것이다. 덕산은 아무리 먼 곳으로 달아난다 해도 결국 위산의 사정권에서 벗어날 수가 없다. 왜냐하면 위산은 이미 덕산을 머리에서 발끝까지 모조리 간파해 버렸기 때문이다. 그러기에 위산은 이렇게 말했던 것이다. "이 녀석(덕산)이 이후로는 고봉정상에 암자를 짓고 앉아서 불조를 (마구) 꾸짖을 것이다." 그러나 잠깐! 여기 주목하도록. 설두는 왜 그런 위산을 일러 '고봉정상에서 (망상의) 풀 속에 주저앉은 격'이라고 평했는가. 원오는 우리에게 할을 한 다음 이렇게 다그치고 있다. "자 본뜻이 어느 곳에 있는가. '지금 여기서' 즉시 알지 못하면 아직 30년쯤은 더 수행해야만 한다." 그렇다면 원오는 설두의 이 말뜻을 알았단 말인가. 천만에……. 원오는 설두의 이 말뜻을 꿈에도 모르고 있다. 그럼 도대체 누가 설두의 이 말뜻을 알았단 말인가. 아니 설두 자신은 알았단 말인가. 설두 역시 꿈에도 몰랐거니 어찌해야만 이 말뜻을 간파할 수 있단 말인가. ……할! 30년은 더 정진하도록.

第 5 則
雪峰盡大地
설봉의 온대지

【垂　示】

　垂示云「大凡扶豎宗敎는 須是英靈底漢이니 有殺人不眨眼底手脚이라야 方可立地成佛이라 所以照用同時며 卷舒齊唱이라 理事不二하고 權實並行하나니라 放過一著하야 建立第二義門하니 直下截斷葛藤하면 後學初機難爲湊泊이니라 昨日恁麽는 事不獲已이니와 今日又恁麽댄 罪過彌天이라 若是明眼漢인댄 一點謾他不得이니라 其或未然인댄 虎口裏橫身이니 不免喪身失命이니라 試擧看하라」

【수시번역】

　㉠ 선(禪)의 가르침을 확립하고 부연하려면 그 기량이 넓고 영특한 사람이 아니면 안 되나니 살인을 하고도 눈 하나 까딱하지 않을 정도의 수완이 있어야만 비로소 '지금 여기에서의 성불'이 가능하다.
　㉡ 그러므로 관찰과 작용이 동시며 파주(把住)와 방행(放行)이 함께 하고 본질과 현실이 둘이 아니며 방편과 본질이 같이 행해지고 있다. (이런 식으로) 한 수를 늦춰서 두 번째 언어와 사고(思考)의 차원을 건립하나니
　㉢ 무조건 모든 언어를 거부한다면 후학이나 초심자들의 접근이 어렵

게 된다. 어제의 이러함(언어와 사고의 차원, 긍정의 차원)은 부득이한 경우거니와 오늘도 또 이러하면 그 죄는 하늘에까지 사무치게 된다.

　㉣ 눈밝은 이라 해도 단 한 점도 (저를) 속일 수 없거니와 그렇지 않다면 범의 아가리 속에 누워 있는 격이니 목숨을 잃을 수밖에 없을 것이다. 시험삼아 거론해 보자.

【수시해설】

　네 마디로 돼 있다.
　첫째 마디(㉠) : 선의 가르침을 확립하고 널리 펴려면 자신을 정복한 사람이 아니면 안 된다는 걸 말하고 있다.
　둘째 마디(㉡) : 선의 가르침을 확립하고 널리 펴는 방법을 말하고 있다.
　셋째 마디(㉢) : 선의 핵심은 언어로 접근할 수 없지만 그러나 초보자들을 위하여 부득이 언어를 매개체로 하지 않을 수 없음을 말하고 있다.
　넷째 마디(㉣) : 종사(宗師, 스승)는 첫째, 상대방(제자)을 간파할 수 있는 안목이 있어야만 한다. 그러나 만일 스승이 안목이 없다면 오히려 눈밝은 제자에게 혼쭐이 난다. 그러기에 여기선 지금 본칙공안을 그 본보기로 삼아 안목의 문제를 강조하고 있는 것이다.

【本　　則】

　〔本則〕擧, 雪峰示衆云(一盲引衆盲이로다 不爲分外라) 盡大地撮來如栗米粒大라(是什麼手段고 山僧從來不弄鬼眼睛이로다) 抛向面前이나(只恐抛不下로다 有什麼伎倆고) 漆桶不會로다(倚勢欺人이로다 自領出去라 莫謾大衆好로다) 打鼓普請看하라(瞎! 打鼓爲三軍이로다)

【본칙번역】

설봉이 대중들에게 말했다.

　　한 장님이 장님의 무리를 끌고 가는군. (그러나) 주제넘은 짓은 아니다.

진대지촬래여속미립대(盡大地撮來如粟米粒大, 온 대지를 집으니 벼 한 톨 크기만 하구나)

　　이게 무슨 수단인가. 산승(원오)은 이전부터 (이런 식의) 속임수를 쓴 일이 없다.

포향면전(抛向面前, (여러분의) 면전을 향해 던지나)

　　던지지 못할까 염려되는군. (도대체) 무슨 (이런) 재주가 있단 말인가.

칠통불회(漆桶不會, (여러분은) 새까맣게 모르고 있다)

　　세력을 믿고 사람을 얕잡아 보는군. 그대(설봉)나 가지고 가거라. 대중을 속이지 말라.

타고보청간(打鼓普請看, 북을 쳐서 모두 모이게 하여 (살펴)보도록 하라)

　　눈이 멀었군. 북을 치는 것은 군대(에게 명령)를 (하달하기) 위한 것이다.

【본칙과 착어해설】

△ **한 장님이 장님의 무리를 끌고 가는군.**　이 자리(本分자리)는 입벌렸다 하면 어긋나 버리는데 설봉은 무슨 말을 하려 하는가. 설봉은 '한 장님'에, 그리고 설봉의 말을 경청하려고 모인 대중들을 '장님의 무리'에 견주고 있다.

△ **(그러나) 주제넘은 짓은 아니다.**　그러나 한 차원 내려서 본다면 언어를 매개로 하여 '이 자리'를 설명하는 것도 필요하다.

◎ **진대지촬래여속미립대(盡大地撮來如粟米粒大, 온 대지를 집으니 벼 한 톨 크기만 하구나)**　설봉과 같은 1,500명 수행자들의 스승이 아니라면 어떻게 이런 식의 말을 할 수 있겠는가. 자, 일러보라. 이것이 본질과 현상이 둘이 아닌 경지[理事不二]인가, 방편과 진실이 동시에 전개된 경지인

가? 만일 설봉의 이 말뜻을 간파한 이라면 가섭의 문전에 맑은 바람 불 것이요, 이 말뜻을 깨닫지 못한 이라면 언어문자와 물질의 차원에 갇혀 버릴 것이다.

△ 이게 무슨 수단인가. 낚싯밥을 던지고 있는 설봉을 꾸짖는 말이다.

△ 산승(원오)은 이전부터 (이런 식의) 속임수를 쓴 일이 없다. 원오는 지금 티끌 한 오라기조차 없는 본래자리에 서 있다. 그러므로 온 대지를 집어서 벼 한 톨 크기만 하게 압축한 그것마저 허깨비의 수작에 지나지 않는다.

◎ 포향면전(抛向面前, (여러분의) 면전을 향해 던지나) '지금 바로 여기'에서 분명하고 분명하다. 그러나 다만 우리가 그걸 깨닫지 못하고 있을 뿐이다. 그래서《종전초》에선 이렇게 말하고 있다. "달빛은 희고 바람은 상쾌하다."

△ 던지지 못할까 염려되는군. '말과 행동이 같지 않을까 염려된다'고 원오는 설봉을 쥐어박고 있다.

△ 무슨 (이런) 재주가 있단 말인가. 대지를 쌀 한 톨 크기만 하게 압축해서 사람들의 면전에 집어 던진다는 것은 정말 대단한 능력이다. 그러나 원오는 그걸 인정치 않고 있다. 왜냐하면 이런 말을 하고 있는 설봉의 의중을 이미 간파해 버렸기 때문이다.

◎ 칠통불회(漆桶不會, (여러분은) 새까맣게 모르고 있다) 번뇌망상의 잠이 깊은고로 우린 지금 눈앞에 있는 이 한 수를 모르고 있다.

△ 세력을 믿고 사람을 얕잡아 보는군. 누군들 이 '청풍명월'이 없겠는가. 설봉은 지금 말을 함부로 하면서 사람들을 눈 아래로 보고 있다. 마치 세력을 믿고 안하무인격으로 행동하는 소인배처럼.

△ 그대(설봉)나 가지고 가거라. 대중을 속이지 말라. 사람은 누구나 절대 독립적인 존재이므로 설봉의 이런 속임수에 넘어가지 않는다. 그래서 원오는 지금 설봉을 꾸짖고 있다. "설봉, 자네 말에 놀아날 사람은 아

무도 없으니 실없는 소릴 걷어 치우게."

◎ 타고보청간(**打鼓普請看**, 북을 쳐서 모두 모이게 하여 (살펴)보도록 하라)
'진대지찰래여속미립대 ~ 타고보청간' 까지 설봉의 말 전체는 그대로 활구덩어리다. 그런데 이 활구들이 걷잡을 수 없는 분별심을 일으키게 하고 있다. 그래서 우리는 설봉의 이 말이 던지는 암시에서 벗어날 수가 없는 것이다. 설봉의 이 말 전체가 이치로 따져서는 이빨도 들어가지 않는 활구라니……. 정말 뭐가 뭔지 도무지 알 수 없다. 그러나 이 말의 핵심을 간파한 눈으로 본다면 설봉의 이 말은 활구치고도 기묘하기 이를 데 없는 사구(死句)처럼 교묘하게 위장을 하고 있기 때문이다. 그래서 원오는 이 대목(타고보청간)을 별도로 이렇게 평하고 있다. '타는 불길 속으로 바람이 지나가는 경지요, 세찬 물결을 칼도 베는 경지다. 손발이 척척 들어 맞으니 우렁우렁 우레가 울자 풀잎마다 풀잎마다 봄빛을 띠었다.'

△ 눈이 멀었군. 설봉의 말뜻에 끌려가면 그 즉시 그대 두 눈은 멀어 버린다.

△ 북을 치는 것은 ~이다. 설봉을 꼬집는 말이다. '북은 군대에서나 치는 것인데 왜 이리 법석을 떠는가?'

【評　唱】

〔評唱〕長慶問雲門호대「雪峰與麼道가 還有出頭不得處麼아」門云「有니라」慶云「作麼生고」門云「不可總作野狐精見解니라」雪峰[1]云「匹上不足이요 匹下有餘니 我更與你打葛藤하리라하고」拈拄杖云「還見雪峰麼아 咄！王令稍嚴하니 不許攙奪行市니라」大潙喆云「我更與你諸人하야，土上加泥하리라하고」拈拄杖云「看看하라 雪峰이 向諸人面前放屙로다 咄！爲什麼屎臭也不知니고」

---

1) 雲峰(一夜本・岩波文庫本・種電鈔・不二鈔).

【평창번역】

　　장경이 운문에게 물었다. "설봉이 이렇게 말했는데 (아직) 부족한 곳이 있는가?"
　　운문이 말했다. "있고 말고."
　　장경이 말했다. "어떤 곳이 부족한 곳인가?"
　　운문이 말했다. "불가총작야호정견해(不可總作野狐精見解, 삿된 견해를 내는 것은 모두 옳지 않다)."
　　설봉[2]이 말했다. "위로 올려주기는 좀 부족하고 (그렇다고) 아래로 깎아내리기는 또 그러니 내 그대들을 위하여 좀 지껄이리라." (이렇게 말한 다음 운봉은) 주장자를 잡으며 말했다. "쯧쯧. 왕령(王令)이 삼엄하니 불법적인 상거래는 하지 말라." 대위철이 말했다. "내 그대들을 위하여 흙 위에 진흙을 칠하리라(사족을 붙이리라)." (이렇게 말한 다음 대위철은) 주장자를 잡으며 말했다. "보라. 보라. 설봉이 (지금) 여러분의 면전에 똥을 던지고 있다. 쯧쯧. 왜 구린내 나는 것도 모르고 있는가?"

【평창해설】

　　여기선 본칙공안에 대한 세 사람의 평을 싣고 있다.

　　첫째, 〈운문의 평〉
　　장경이 운문에게 "설봉의 말(본칙공안)에 미흡한 곳이 있는가?"라고 묻자 운문은 "있다"고 말했다. 그러자 "그 미흡한 곳이 어디냐?"는 장경의 물음에 운문은 이렇게 말했다. "불가총작야호정견해(不可總作野狐精見解, 삿된 견해를 내는 것은 모두 옳지 않다)." 설봉이 미처 다 말하지 못한 곳에 대한 언급이 도대체 무엇인가? 그러나 운문의 이 말뜻을 간파하게 되

---

[2] 설봉(雪峰)은 운봉(雲峰)의 잘못된 표기이다(一夜本・種電鈔・不二鈔).

면 벗이여 그대에겐 더 이상 선수행이 필요치 않다. 대신 운문의 이 말들에 대한 암시는 전혀 없다. 처음부터 끝까지 이 암호를 푸는 작업은 그대 스스로 해야 한다. 여기 이 말뜻에 대한 《종전초》의 언급을 싣는 것은 그대의 답답한 심정을 이해하는 필자의 연민이다. "운문이 어찌 설봉의 뒤꽁무니를 따라 가겠는가. 번뇌망상의 흐름을 모두 절단해 버린 말이다."

둘째, 〈설봉의 평〉

여기서의 설봉(雪峰)은 운봉(雲峰)의 잘못된 표기다. 그래서 《일야본(一夜本)》, 《종전초》, 《불이초(不二鈔)》에선 모두 '운봉'으로 바로잡고 있다. 운봉의 평은 다음과 같다.

"(설봉의 말은) 위로 추켜올리기는 좀 부족하다. 왜냐하면 입벌리는 순간 이미 흠집이 나 버렸기 때문이다. 그러나 그렇다고 깎아내리기는 또 그렇다. 왜냐하면 그 말속에는 하늘을 찌르는 기백이 살아있기 때문이다." 운봉은 이렇게 말한 다음 주장자를 잡으며 이렇게 덧붙였다. "설봉을 보는가. 쯧쯧. 왕령(王令)이 삼엄하니 불법적인 상거래는 하지 말라."…… 그렇다. 본래적인 입장에서 본다면 설봉의 말(본칙공안)은 너무나 많은 흔적을 남겼다. 불법적으로 자행되고 있는 상거래처럼 본래 질서를 어지럽히고 말았다. 그래서 운봉은 지금 그런 설봉을 꾸짖고 있는 것이다. 설봉의 이 불법적인 상거래수단에 넘어가지 말라고 단단히 주의를 주고 있다.

셋째, 〈대위철의 평〉

대위철의 평인 "흙 위에 진흙을 칠한다"는 말은 무슨 뜻인가. (본칙공안에서의) 설봉의 말 자체가 이미 흙과 같은데 여기에 다시 진흙을 덧칠하듯 자신이 쓸데없이 평을 하고 있다는 것이다. 그런 다음 주장자를 잡으며 대위철은 다시 이렇게 말했다. "보라. 보라. 설봉이 지금 여러분의 면전에 똥을 던지고 있다. 쯧쯧. 왜 구린내 나는 것도 모르고 있는가?" 설봉의 말(본칙공안)에서 구린내를 같을 수는 있다면 이건 정말 대단한 경지다. 그러나 이 구린내 속에서 다시 향내를 맡을 수만 있다면 그때 비로소 우린 자유인이 될 수 있다. 빛속에서도, 어둠속에서도……

【評　　唱】

雪峰示衆云「盡大地撮來如粟米粒大라하니」 古人接物利生에 有奇特處라 只是不妨辛懃이로다 三上投子하고 九到洞山하며 置漆桶木杓하고 到處作飯頭는 也只爲透脫此事라 及至洞山作飯頭할새 一日洞山問雪峰호대「作什麼오」 峰云「淘米니다」 山云「淘沙去米아 淘米去沙아」 峰云「沙米一齊去니다」 山云「大衆喫箇什麼오」 峰便覆盆하니라 山云「子緣在德山이라하고」 指令見之라 纔到便問호대「從上宗乘中事가 學人還有分也無닛가」 德山打一棒云「道什麼오하니」 因此有省하니라 後在鰲山阻雪하야 謂巖頭云「我當時在德山棒下에 如桶底脫相似라하니」 巖頭喝云「你不見道아 從門入者는 不是家珍이라 須是自己胸中流出하야 蓋天蓋地니 方有少分相應이니라」 雪峰忽然大悟하고 禮拜云「師兄! 今日始是鰲山成道라하니라」

【평창번역】

설봉이 대중들에게 말하길 "온 대지를 집으니 벼 한 톨 크기만 하다."고 했으니 옛 사람의 중생제도(방법)에는 아주 대단한 곳이 있었다. (그런데 이는) 뼈 깎는 고통과 노력(의 결과로 얻어진 것)이다. (설봉은) 세 번이나 투자(投子)를 찾아갔고 아홉 번씩이나 동산문하(洞山門下)에 갔다. (늘) 칠통과 나무주걱을 옆에 끼고 다니며 가는 곳마다 공양주를 자원했는데 (이는 바로) 이 일(깨닫는 일)을 해결하기 위해서였다. (설봉이) 동산문하에서 공양주를 할 때였다. 어느 날 동산은 설봉에게 물었다. "뭣 하는가?"

설봉이 말했다. "쌀을 일고 있습니다."

동산이 말했다. "모래를 일고 쌀을 버리는가, 쌀을 일고 모래를 버리는가?"

설봉이 말했다. "모래와 쌀을 도두 버립니다."

동산이 말했다. "(그렇다면) 대중들은 무엇을 먹는가?"

설봉은 갑자기 (쌀을 일던) 그릇을 엎어 버렸다. 동산은 "자네의 인연은 덕산에게 있다"고 말한 다음 덕산을 찾아가라고 했다. (설봉은 덕산을 찾아가서) 덕산을 보자마자 이렇게 물었다. "대대로 전해오는 선(禪)의 핵심 가운데 학인의 몫도 있습니까?" (이 말을 들은) 덕산은 (설봉을) 한 방망이 후려치면서 말했다. "도십마(道什麼, 뭐라고 지껄이는가)." 이로 인하여 (설봉은) 깨달은 바가 있었다. 후에 오산진에서 폭설을 만나 머물 때 (설봉은) 암두에게 이렇게 말했다. "난 그 당시 덕산스님에게 한 방망이 맞을 때 통 밑이 쑥 빠지는 것 같았다." (이 말을 들은) 암두는 일할을 외치며 말했다. "다음과 같이 말한 사실을 (설봉형은) 알고 있을 것이다. ─문을 통해서 들어온 것은 진정한 보배가 아니다. 자기 자신의 가슴에서 흘러나와 천지를 뒤덮지 않으면 안 되나니 (그래야만) 비로소 약간 감응하는 바가 있을 것이다." (이 말을 들은) 설봉은 문득 크게 깨달았다. (암두에게) 절하면서 말했다. "사형, 오늘 비로소 오산진에서 도를 이뤘습니다."

【평창해설】

그러나 설봉의 말(본칙공안)은 예삿말이 아니다. 그는 깨닫기 위해서 세 번이나 투자산의 대동(大同)선사를 찾아갔고 아홉 번씩이나 동산양개(洞山良价)의 문하를 방문했으며 가는 곳마다 공양주 소임을 맡곤 했다. 마지막으로 동산의 지시에 따라 덕산을 찾아갔다. 덕산에게 한 방망이 얻어맞는 순간 깨우친 바가 있었는데 그건 마치 나무통의 밑바닥이 쑥 빠져 버리는 것과도 같은 느낌이었다. 뒷날 암두(덕산의 제자, 설봉보다 나이가 어렸다)와 함께 행각을 하던 중 오산진에서 폭설을 만나 머물 때 암두에게 한 방망이 얻어맞을 때의 깨달은 바를 이야기했다. 그러자 암두는 즉시 호통을 치며 이렇게 꾸짖었다. "그것은 올바른 깨달음이 아니다. 진정한 깨달음은 자기 자신속에서 용솟음쳐 나와 천지를 뒤엎어야만 한다. 그래야만 비로소 깨달은 이들의 대열에 끼일 수가 있다." 암두의 이 말을 듣는 순간 설봉은 문득 깊은 잠에서 깨어났다. 진짜 깨달음을 체험했던 것이다. 그래서 자신보다 나이 어린 암두에게 이렇게 말했다. "사형, 오늘에야 비로소 오산진에서 도를 이뤘습니다."

【評　唱】

如今人只管道호대「古人特地做作하야 教後人依規矩라하니」若恁麼댄 正是謗他古人이며 謂之出佛身血이라 古人不似如今人苟且[3]거니 豈以一言半句에 以當平生가 若扶豎宗教하며 續佛壽命인댄 所以吐一言半句가 自然坐斷天下人舌頭라 無你著意路作情解涉道理處니라 看他此箇示衆하라 蓋爲他曾見作家來할새 所以有作家鉗鎚라 凡出一言半句는 不是心機意識思量鬼窟裏作活計니라 直是超群拔萃하야 坐斷古今하며 不容擬議니라 他家用處盡是如此라

【평창번역】

지금 사람들은 오로지 이렇게만 말하고 있다. "옛 사람은 (있지도 않은 사실을) 고의로 조작하여 뒷사람들로 하여금 그 본보기로 삼도록 하고 있다." 만일 이런 식으로 알고 있다면 이는 바로 옛 사람을 비난하는 말이며 (죄 가운데 가장 무거운 죄인) 오역죄를 짓는 일이다. 옛 사람은 지금 사람들처럼 경솔하지 않았거니 (실없는) 일언반구(一言半句)에 어찌 평생을

---

3) '不似如今人苟且' 없음(蜀本).

맡겼겠는가. 선(禪)의 가르침을 수립하고 부연하며 부처님의 수명(壽命 = 慧命)을 잇고자 한다면 (그가) 말한 일언반구는 자연히 천하인들의 언어를 제압해 버릴 것이다. 그러므로 그대들의 생각이나 지레짐작, 그리고 이치로써 접근할 수 없는 곳이다. 저(설봉)가 대중들에게 제시한 이것(본칙공안)을 보라. 그(설봉)는 일찍이 거장(덕산)을 친견했기 때문에 그 역시 거장의 수완과 능력이 있었던 것이다. (그러므로 그의 입에서) 나오는 일언반구는 분별심이나 의식, 사고 등의 망상분별이 아니다. 그것(일언반구)은 틀림없이 특출한 것이며 고금(의 모든 언어)을 제압한 것이며 따지고 분별하는 것을 용납지 않는 것이다. 설봉이 (일언반구를) 사용하는 곳은 모두 이와 같다.

【평창해설】

설봉의 말(본칙공안)은 확실히 사구(死句)적인 면이 강한 활구다. 그래서 자칫하면 문자풀이로 이해하기가 쉽다. 그러나 설봉은 갖은 고난을 극복하고 득도를 했고 그 험하기로 이름난 덕산의 가풍을 이은 선사다. 그러므로 그의 말(본칙공안)은 핵심이 분명한 활구임에 틀림없다. 활구를 이처럼 절묘하게 사용한 사람은 많지 않다. 그래서 이 대목에서 원오는 설봉을 극찬하고 있는 것이다.

【評　　唱】

一日示衆云「南山有一條鼈鼻蛇하니　汝等諸人切須好看取하라하니」時稜道者出衆云「恁麼則今日堂中에　大有人喪身失命去在라하니라」又云「盡大地是沙門一隻眼이라　汝等諸人向什麼處屙오하며」又云「望州亭與汝相見了也라　烏石嶺與汝相見了也라　僧堂前與汝相見了也라하니라」時保福問鵝湖호대「僧堂前卽且置하고　如何是望州亭烏石

嶺相見處오하니」鵝湖驟步歸方丈이라 他常擧這般語示衆이라

【평창번역】

(설봉은) 어느 날 대중들에게 말했다. "남산유일조별비사 여등제인절수호간취(南山有一條鱉鼻蛇 汝等諸人切須好看取, 남산에 자라코 모양의 코를 가진 한 마리 독사가 있나니 그대들은 정신차려 잘 보라)." 그때 릉도자가 대중 사이에서 나와 말했다. "그렇다면 오늘 여기 이 자리에서 틀림없이 (그 독사에게 물려) 죽은 사람이 있을 것입니다." (어느 때 설봉은) 또 이렇게 말했다. "진대지시사문일척안 여등제인향십마처아(盡大地是沙門一隻眼 汝等諸人向什麼處屙, 온 대지가 사문의 외짝 눈이거니 그대들은 어느 곳을 향해 똥을 누겠는가)?" (어느 때 설봉은) 또 이렇게도 말했다. "망주정여여상견요야 오석령여여상견요야 승당전여여상견요야(望州亭與汝相見了也 烏石嶺與汝相見了也 僧堂前與汝相見了也, 망주정에서 그대와 이미 서로 만났다. 오석령에서 그대와 이미 서로 만났다. 승당전에서 그대와 이미 서로 만났다)." 그때 보복이 아호에게 물었다. "승당전은 그만 두고 어떤 것이 망주정과 오석령에서 (이미) 서로 만난 곳인가?" (이 말을 들은) 아호는 바쁜 걸음으로 방장실로 돌아가 버렸다. 그(설봉)는 언제나 이런 식의 말(공안)을 대중들에게 제시해 보이곤 했다.

【평창해설】

설봉의 공안은 아주 특이한 데가 있다. 언어풀이로서는 도저히 그 참뜻을 간파할 수 없는 활구를 설봉은 이처럼 기묘하게 사구로 위장하여 내보이고 있다. 여기 예로 든 설봉의 세 가지 화두(활구)는 그 어느 것이나 독특하기 이를 데 없다. 설봉은 늘 이런 식의 활구로 상대방의 경지를 가늠해 보곤 했다.

【評　唱】

只如道盡大地撮來如粟米粒大라한 這箇時節을 且道以情識卜度得麽아 須是打破羅籠하며 得失是非一時放下하고 洒洒落落하면 自然透得他圈繢하리니 方見他用處하리라 且道雪峰意在什麽處오 人多作情解道호대「心是萬法之主라 盡大地一時在我手裏라하니」且喜沒交涉이라 到這裏하야는 須是箇眞實漢이니 聊聞擧著에 徹骨徹髓見得透하며 且不落情思意想하리라 若是箇本色行脚衲子라면 見他恁麽가 已是郎當爲人了也라 看他雪竇頌云하라

【평창번역】

그건 그렇다치고 '온 대지를 집으니 벼 한 톨 크기만 하다'고 말한 이 시절을 자, 어디 한 번 말해보라. 생각과 감정(識情, 情識)으로 헤아릴 수 있겠는가. 번뇌망상의 그물을 찢지 않으면 안 되며 득실시비(의 마음)를 모두 놔 버리고 쇄쇄낙락하면 저절로 저(설봉)의 손아귀에서 벗어나리니 (그때) 비로소 제가 역량을 발휘한 곳을 간파하게 될 것이다. 자, 말해보라. 설봉의 의중은 어디 있는가? 사람들은 대부분 분별심을 일으켜 이렇게 말하고 있다. "마음은 모든 것의 주인이기 때문에 온 대지는 일시에 내 수중에 있다." 그러나 (이렇게 알고 있는 것은) 본뜻과는 전혀 관계가 없다. 여기 이르러서는 정말 눈을 뜬 사람이 아니면 안 되나니 (공안을) 제시하는 걸 듣는 순간 골수에 사무치도록 철저하게 간파하게 되면 또한 감정이나 생각에 떨어지지 않게 될 것이다. (그대가) 만일 진정한 수행자라면 저(설봉)의 이런 식이 사람들을 (깨우쳐 주기) 위한 지나친 친절이었다는 걸 알 것이다. 저 설두의 송을 보라.

【평창해설】

　본칙공안 '진대지촬래여속미립대'는 자구해석이나 이치로 따져서는 도무지 그 참뜻을 간파할 수 없다. 망상분별의 티끌 한 오라기조차 없어야만 비로소 설봉의 함정에서 벗어나 설봉의 말뜻을 간파할 수 있을 것이다. 사람들은 곧잘 주장하길 "마음은 모든 것의 주체이기 때문에 온 우주가 내 손 안에 있다는 이치를 설봉은 이런 식으로 말한 것이다"라고 한다. 그러나 이는 전혀 틀린 말이다. 안목이 있는 이라면 설봉의 말(본칙공안)을 듣는 순간 그 참뜻을 간파해 버릴 것이다. 그와 동시에 설봉의 이런 식 말이 지나친 친절에서 나온 말이라는 것을 알게 될 것이다.

【頌】

　〔頌〕牛頭沒(閃電相似[4]라 蹉過了也로다) 馬頭回여(如擊石火[5]라) 曹溪鏡裏絶塵埃라(打破鏡來與你相見하라 須是打破始得이니라) 打鼓看來君不見이니(刺破你眼睛이니 莫輕易好[6]로다 漆桶有什麽難見處오) 百花春至爲誰開오(法不相饒나 一場狼藉로다 葛藤窟裏出頭來라)

【송번역】

소 머리로 사라졌다가
　　번갯불 같군. 이미 빗나가 버렸다.
말 머리로 돌아옴이여
　　전광석화와 같군.
조계의 거울 속엔 티끌이 없네.

---

4) '閃電相似' 4자 없음(福本).
5) 如擊石火如閃電光(福本).
6) 莫輕末後學(福本).

거울마저 부셔버린 다음 그대와 서로 보라. 부셔버리지 않으면 안 된다.
북을 쳐서 모여 찾아봐도 그대들은 못 보나니
 그대의 눈을 찌른다. 경솔하고 쉽게(생각지) 말라. 이 먹통아. 무슨 보기 어려운 곳이 있단 말이냐.
은갖 꽃들 봄이 되어 누굴 위해 피는가.
 (계절의 운행에는) 한 치의 오차도 없다. 어수선한 한 장면이군. 언어의 함정에서 빠져 나오라.

【송과 착어 해설】

 △ **이미 빗나가 버렸다.** 소 꼬리로 사라졌다가 말 머리로 나타나는 것은 정말 전광석화와도 같은 경지다. 그러나 '소'라는 'ㅅ'을 발음하는 순간 이미 흔적이 찍혀 버리고 말았다. 핵심에서 빗나가 버리고 말았다.
 ◎ **조계의 거울** 어떤 개념도 용납지 않는 절대직관의 경지를 말한다.
 △ **부셔버리지 않으면 안 된다.** 그러나 절대직관의 경지인 '조계의 거울'마저 부셔버려야 한다. 왜냐하면 여기 아직 '절대직관'이라는 명칭이 남아 있기 때문이다.
 ◎ **북을 쳐서 모여 찾아봐도 그대들은 못 보나니** 눈앞에 분명하건만 우리의 눈이 멀었기 때문에 그걸 보지 못하고 있다.
 △ **그대의 눈을 찌른다.** 그것은 온 누리에 꽉 차서 보는 곳마다 우리의 눈을 찌르고 있건만 다만 우리가 그걸 느끼지 못하고 있을 뿐이다.
 △ **경솔하고 쉽게 (생각지) 말라.** 그러나 분명한 체험이 없다면 그저 지레짐작이나 들은 풍월로 아는 체 지껄여서는 안 된다.
 △ **이 먹통아 ~ 있단 말이냐.** 하늘은 높고 바다는 깊으며 솔은 푸르고 사과는 붉다. 이렇듯 눈 닿는 곳마다 들리는 것마다 바로 '그것'인 것을……

◎ 온갖 꽃들 봄이 되어 누굴 위해 피는가.   저 들판의 꽃들을 보라. 꽃송이 송이마다 그것의 현현이거니 벗이여, 봄을 찾아 어디로 가고 있는가. 보라. 온 누리에 봄은 가득하거니…….

△ (계절의 운행에는) 한 치의 오차도 없다.   봄의 꽃이 '그것'의 현현이라면 여름의 신록은 '그것'의 팽창이다. 가을의 단풍이 '그것'의 물듦이라면 겨울의 흰눈꽃은 바로 '그것'의 백색화(白色化)이다. 친구여, 그대는 그러므로 축복속에서 살아가고 있나니 두려워 말라. 절망하지 말라.

마음이 쓸쓸한 날은 바람을 보라. / 나뭇잎 흔드는 바람을 보라.

△ 어수선한 한 장면이군.   ……그렇다. 언어로 설명하는 순간 '그것'은 이미 상처투성이가 돼 버리고 말았다. 어수선하기 이를 데 없이 흩어져 버리고 말았다.

△ 언어의 함정에서 빠져 나오라.   설두의 시구는 너무나 아름답다. 그러므로 이 시구의 아름다움에 걸려드는 사람이 적지 않다. 그러나 '아름답다'는 이 문학적인 미감(美感)에서마저 벗어나야 한다. 그래야 본래의 자리(본질)로 되돌아 갈 수가 있다.

【評　　唱】

〔評唱〕雪竇自然見他古人일새 只消去他命脈上一箚하야 與他頌出호대「牛頭沒, 馬頭回라하니」且道說箇什麼오 見得透底는 如早朝喫粥이며 齋時喫飯相似하야 只是尋常이라 雪竇慈悲로 當頭一鎚擊碎하며 一句截斷하니 只是不妨孤峻이로다 如擊石火似閃電光하야 不露鋒鋩하니 無你湊泊處로다 且道向意根下摸索得麼아 此兩句一時道盡了也라

【평창번역】

설두는 손쉽게 저 옛 사람(의 공안)을 간파했기 때문에 저(설봉 공안)의

급소를 찔러서 이렇게 송을 읊었다. "소 머리로 사라졌다 말 머리로 돌아옴이여." 자, 말해보라. (설두의 이 말을) 철저하게 간파한 사람은 식은 죽 먹듯 쉬울 것이며 밥 때에 밥을 먹는 것 같아서 다만 일상의 일일 뿐이다. 설두는 자비심으로 송의 첫머리에서 철퇴로 한 번 내려쳐서 한 글귀(송의 첫 구절인 〈소 머리로 사라졌다가 달 머리로 돌아옴이여〉)로 (모든 분별심을) 절단해 버렸으니 대단히 접근하기 어렵고 준엄하기 이를 데 없다. 마치 전광석화와도 같아서 칼날(공안의 내부)이 전혀 드러나지 않았으니 그대가 발붙일 곳이 없다. 자, 말해보라. 생각으로 찾아볼 수 있겠는가. 이 두 구절(〈소 머리로 사라졌다가 말 머리로 돌아옴이여〉, 〈조계의 거울 속엔 티끌이 없네〉)로 일시에 (본칙공안의 송을) 모두 읊어 버리고 말았다.

【평창해설】

'소 머리로 사라졌다가 말 머리로 돌아옴이여'라는 이 구절은 그 참뜻을 간파한 사람에게는 밥먹는 것처럼 쉬운 말이다. 그러나 아직 그 참뜻을 간파하지 못한 사람에게는 험난하기 이를 데 없나니 도무지 말풀이가 통하지 않는다. 이 두 구절(소머리로 ~ 돌아옴이여)로서 본칙공안을 이미 다 읊어버렸다고 할 수 있다.

【評　　唱】

雪竇第三句[7]卻通一線道하야 略露些風規하니 早是落草라 第四句도 直下更是落草[8]라 若向言上生言 句上生句하며 意上生意하야 作解作會댄 不唯帶累老僧이라 亦乃辜負雪竇하리니 古人句雖如此나 意不如

---

7) 第二句(福本).
8) '第四句直下更是落草' 九字 = 佗(福本).

此라 終不作道理繫縛人이니라 「曹溪鏡裏絶塵埃를」 多少人道靜心便是鏡이라하니 且喜沒交涉이로다 只管作計較道理댄 有什麽了期리요 這箇是本分說話라 山僧不敢不依本分이로다 「牛頭沒, 馬頭回[9]여하고」 雪竇分明說了也어늘 自是人不見이라 所以雪竇如此郎當頌道호대 「打鼓看來君不見이라하니」 癡人還見麽아 更向你道호대 「百花春至爲誰開오하니」 可謂豁開戶牖하야 與你一時八字打開了也로다 及乎春來하니 幽谷野澗과 乃至無人處에 百花競發이라 你且道更爲誰開오

【평창번역】

설두는 제3구(북을 쳐서 ~ 못 보나니)에서 하나의 암시를 줘서 문제의 핵심을 약간 드러나게 했는데 (이것은) 사족이며, 제4구(온갖 꽃들 ~ 피는가) 역시 사족에 불과하다. 만일 언어 위에 언어를 낳게 하고, 글귀 위에 글귀를 낳게 하며, 뜻 위에 또 뜻을 낳게 해서 분별심을 내어 알려 한다면, 노승(원오)에게 누를 끼칠 뿐 아니라 또한 설두도 배반하는 격이 될 것이다. 옛 사람의 글귀(제3구, 제4구)가 비록 이 같으나(이치를 말하는 것 같으나) 그 (글귀 속의) 뜻은 (결코) 이 같지 않나니(이치를 말하는 것이 아니라 직관적으로 읊은 구절이니) 이치나 도리로서 사람을 속박하지 않았다. "조계의 거울 속엔 티끌이 없다"는 시구(가운데 '조계의 거울')를 일러 사람들은 '고요한 마음〔靜心〕'이 곧 '조계의 거울'이라고 말하나니 본뜻과는 전혀 관계가 없다. (이런 식으로) 오직 이치로써 따지기만 한다면 어느 날에야 결말이 나겠는가. 이것(소 머리로 사라졌다가 말 머리로 돌아옴이여)은 본질적인 이야기이므로 산승(원오) 또한 본질적이지 않을 수 없다. "소 머리로 사라졌다가 말 머리로 돌아옴이여" 하고 설두는 분명히 송을 읊었거늘 사람들이 이를 간파하지 못하고 있다. 그래서 설두는 다음과 같이 친

---

9) '有什麽了期 ~ 馬頭回'(二十六字) : 없음(福本).

절하게 송을 읊었던 것이다. "북을 쳐서 모여 찾아봐도 그대들은 못 보는구나." 이 어리석은 놈아 알겠는가. (설두는) 다시 그대들을 향해 읊기를 "온갖 꽃들 봄이 되어 누굴 위해 피는가"라고 했으니 창문을 활짝 열어 젖히고 그대들을 위해서 일시에 여덟 팔자로 모두 보여 준 것이다. 봄이 오면 깊은 골짜기와 들판의 개울가, 그리고 사람 없는 곳조차 온갖 꽃들이 다퉈 피어난다. 자, 그대들은 말해보라. (그 꽃들은 도대체) 누굴 위해 (저렇게) 피고 있는가.

【평창해설】

설두는 송의 제3구에서 좀더 설명적으로 '그것'에 접근하고 있다. 그러나 엄밀한 입장에서 본다면 이 역시 불필요한 사족이다. 제4구 역시 마찬가지다. 문자풀이로 봐선 제3구 제4구는 분명 분별의 차원이지만 그러나 설두는 직관적으로 그냥 내뱉었기 때문에 사구적이 아니라 활구성이 강하다고 할 수 있다. 그러므로 이 구절을 읽는 우리는 문자풀이, 그 너머를 직시하지 않으면 안 된다. 그리고 사람들은 '조계의 거울'을 일러 '마음이 고요한 경지'라고 말하는데 이건 틀린 말이다. 왜냐하면 '조계의 거울'은 고요하다는 그것마저 지워져 버린 상태이기 때문이다. "온갖 꽃들 봄이 되어 누굴 위해 피는가"라는 이 마지막 구절은 설두가 우리에게 대문을 활짝 열어젖히고 '그것'의 전부를 보여 준 곳이다. 그렇다면 친구여. 자, 어서 말해보라. 봄의 들녘을 수놓는 저 꽃들은 도대체 누굴 위해 피는 것인가. 그렇다. 정말로 눈뜬 수행자라면 설두의 이런 식 말을 듣는 순간 두 귀를 틀어막고 달아나 버릴 것이다. 왜냐하면 설두의 말은 결과적으로 순수한 청각을 오염시켜 버리기 때문이다. 어째서 설두의 이 말(송의 마지막 구절)이 우리의 청각을 오염시킨단 말인가. 할!(임제 흉내를 잘도 내시는군.)

第 6 則
雲門十五日
운문의 나날이 생일날

【本　　則】

〔本則〕擧, 雲門垂語云「十五日已前은 不問汝어니와(半河南半河北이로다 這裏不收舊曆日이라) 十五日已後를 道將一句來하라」(不免從朝至暮로다 切忌道著[1]하라 來日是十六이라 日月如流[2]로다) 自代云「日日是好日이니라」(收 鰕跳不出斗로다 誰家無明月淸風이리요 還知麼아 海神知貴不知價[3]로다)

【본칙번역】

운문이 문제를 제기하여 말했다.
15일 이전 불문여(十五日已前不問汝, 15일 이전은 그대에게 묻지 않겠거니와)
　　　반은 황하의 남쪽이요 반은 황하의 북쪽이다. 여기 묵은 달력은 소용없다.
15일 이후 도장일구래(十五日已後道將一句來, 15일 이후를 한마디 일러보라.)
　　　아침부터 저녁까지이다. 내일이 16일이라 말하지 말라. 세월은 물처럼 흐

---

1) '道著' 2자 없음(福本).
2) '如流' 2字 易(福本).
3) '還知 ~ 知價' 10字 없음(福本).

른다.
(대답하는 사람이 없자 운문은) 스스로 (사람들을) 대신해서 (이렇게) 말했다.
일일시호일(日日是好日, 나날이 생일날)

　　(진짜 달력을) 얻었군. 아무리 날뛰어 봤자 새우는 (잡힌) 그릇 속을 벗어나지 못한다. 그 누가 청풍명월(淸風明月)이 없겠는가. ('일일시호일'의 뜻을) 알겠는가. 해신(海神)은 (산호가) 귀한 줄은 알아도 (그 정확한) 가격까지는 모른다.

【본칙과 착어 해설】

◎ 15일 이전 불문여(十五日已前不問汝, 15일 이전은 그대에게 묻지 않겠거니와)　　지금 현재를 기점으로 해서 지나간 시간(이전)을 묻지 않는다는 말이다. 그러므로 '15일'이라는 이 말에 너무 집착해서는 안 된다.

△ 반은 황하의 남쪽이요 반은 황하의 북쪽이다.　　'15일'은 한 달(30일)의 중간이므로 그 이전과 이후 양쪽에 걸려 있다. '지금 현재'는 이전(과거)과 이후(미래) 양쪽에 모두 연결돼 있다. 그래서 '절반은 황하의 남쪽이요 절반은 황하의 북쪽'이라고 말한 것이다.

△ 여기 묵은 달력은 소용없다.　　15일 이전은 묻지 않았기 때문에 이미 지나간 달력은 더 이상 쓸모가 없다.

◎ 15일 이후 도장일구러(十五日己後道將一句來, 15일 이후를 한마디 일러보라.)　　'지금 현재'를 기점으로 해서 앞으로 올 시간(이후)을 묻고 있다.

△ 아침부터 저녁까지이다.　　우리의 본성(아차, 말에 걸렸다)은 창조의 시간보다 먼저면서 동시에 지금 현재적이며, 우주의 소멸보다 뒤이면서 동시에 지금 현재적이다. 그러므로 미래(이후)와 과거(이전)를 거론한다는 것은 옳지 않다. 아니 시간의 흐름 전체가 바로 그것이다. 그것(본성)으로부터 비롯되어 그것 속으로 들어간다.

△ 16일이라 말하지 말라.　　찰나와 영원이 서로 맞물려 있고 어제와

오늘이, 그리고 오늘과 내일이 서로 맞물려 있다. 그러므로 '내일(16일)'이라는 독립된 시간은 존재하지 않는다. 있다면 우리의 추상개념 속에나 있는 것이다.

△ **세월은 물처럼 흐른다.** 시간의 흐름은 물과 같다. 물의 흐름에는 틈이 없다. 오직 끊임없는 흐름만이 있을 뿐이다. 그러므로 이 시간의 흐름을 '어제', '오늘', '내일'로 절단한다는 것은 사실상 불가능하다. '지금 현재'로부터 과거를 끊어내는 순간 '지금 현재'는 이미 과거의 흐름에 휩쓸려 가 버리고 만다. '지금 현재'로부터 미래를 분리시키는 순간 그 미래는 '지금 현재'의 흐름이 돼버리고 만다. 우리가 생각하고 있는 과거, 현재, 미래란 사실상 없는 것이다. 있다면 여기 오직 흘러가 버린 '지금 현재'와 아직 흘러가지 않은 '지금 현재'가 있을 뿐이다.

◎ **일일시호일(日日是好日, 나날이 생일날)** 그러므로 '지금 현재'는 다시는 반복될 수 없는 일회적인 시간이다. 아니 순간순간은 다시는 되돌아올 수 없는 순간순간이다. 우리는 순간순간 다시 태어난다. 말하자면 순간순간이, 나날이 그대로 생일이 되는 셈이다. 순간순간을 이런 식으로 살아갈 때 우리의 삶은 영원에 연결된다. — 그러나 이는 어디까지나 '일일시호일'의 글자풀이일 뿐이다. '일일시호일'의 참뜻은 이런 식의 글자풀이로서는 알 수 없다. 왜냐하면 그것은 언어와 사유로서는 접근할 수 없는 영역(活句)이기 때문이다. 목숨을 내걸고 돌파해야만 하는 관문이기 때문이다. '일일시호일'은 사실 글자풀이로서도 너무나 멋진 말이기 때문에 많은 사람들이 이 멋진 말풀이의 함정에서 벗어나지 못하고 있다. 운문의 공안은 하나같이 이런 식으로 문학적인 색채가 짙어서 사람을 함정에 빠뜨린다. 때문에 웬만큼 독종이 아니면 운문의 이 함정에서 빠져나오기가 힘들다. 그러나 문학적인 이 언어감마저 넘어서야 한다. 그래야만이 목적지에 가 닿을 수 있다.

△ **(진짜 달력을) 얻었군.** 원문의 '수(收)'란 '거둬들였다' '얻었다'는 말로써 '시간의 본질을 깨달아 알았다'는 뜻이다.

△ 아무리 날뛰어 봤자 새우는 (잡힌) 그릇 속을 벗어나지 못한다. 그 누구도 운문의 이 활구(일일시호일)를 벗어날 수가 없다.

△ 그 누가 청풍명월이 없겠는가. 우리 모두는 절대적 존재다. 그러기에 운문의 뒷꽁무니만을 따라가는 것은 옳지 않다. 여기서의 '청풍명월'은 절대적 존재의 본질(명월)과 그 능력(청풍)을 뜻한다.

△ 해신(海神)은 (산호가) 귀한 줄은 알아도 (그 정확한) 가격까지는 모른다. 우린 '일일시호일'에 대한 글자풀이는 곧잘 하면서도 그 참뜻은 모르고 있다. 그것은 마치 바다의 여신(海神)이 산호가 귀한 줄은 알고는 있으나 그 정확한 가격까지는 모르는 것과 같다.

【評　　唱】

〔評唱〕雲門初參睦州할새 州旋機電轉하야 直是難湊泊이라 尋常接人에 纔跨門하면 便搦住云「道! 道!하라하고」擬議不來면 便推出云「秦時轢轢鑽이라하니라」 雲門凡去見어 至第三回하야 纔敲門이 州云「誰오」 門云「文偃이니다」 纔開門커늘 便跳入하니 州搊住云「道! 道!하라」 門擬議타가 便被推出하니 門一足이 在門閫內라 被州急合門하야 拶折雲門脚하니 門忍痛作聲에 忽然大悟하니라 後來語脈接人이 一摸脫出睦州라 後於陳操尙書宅任三年이니라

【평창번역】

운문은 처음 목주에게 가르침을 받았다. 목주는 가르치는 방법이 자유자재해서 접근하기가 무척 어려웠다. 사람을 제접할 때는 보통 이런 식이었다. ―(가르침을 받기 위해 누군가가) 문을 열고 들어올라치던 즉시 멱살을 잡고 "도도(道道, 말해보라 말해보라.)"라고 호통친다. 대답을 못하고 머뭇거리면 문 밖으로 밀어내면서 이렇게 말하는 것이었다. "진시황 때

(아방궁을 짓던) 큰 송곳이군(아무짝에도 쓸모없는 놈이군)." 운문도 (목주를) 뵈러 갔다가 (이런 식으로 쫓겨나고 말았다) 세 번째로 (운문은 목주를 찾아가서) 문을 두드렸다.

목주가 말했다. "누구냐?"

운문이 말했다. "문언입니다."

(목주가 문을 열었다) 문이 열리기가 무섭게 (운문은 목주의) 방으로 뛰어 들어갔다. 목주는 (운문의) 멱살을 잡고 말했다. "도도(道道, 말해보라 말해보라.)" 운문은 (대답을 못하고) 머뭇거리다가 문 밖으로 쫓겨나고 말았다. 쫓겨나면서 운문의 한 발이 문지방에 걸려 있는데 목주는 사정없이 문을 닫아 버렸다. 그 순간 운문의 발목이 부러지고 말았다. 운문은 몹시 아파서 '아야!' 하고 소리치다가 (자신의 목소리를 듣고) 문득 크게 깨달았다. (그렇기에) 그후 사람을 제접하는 어투가 목주와 그대로 빼닮은 데가 있었던 것이다. 그후 (운문은 목주의 재가신자였던) 진조상서 집에서 3년간 머물렀다.

【평창해설】

운문이 목주를 찾아가 깨달음을 체험하는 극적인 이야기다. 운문은 발목이 부러지는 순간 '아야!' 하고 외치는 자신의 목소리를 듣고 깨달음을 얻었다. 이 얼마나 진실하고 극적인 장면인가. 벗이여, 그대에게도 이런 극적인 순간이 오기를……

【評 唱】

睦州指往雪峰處去어늘 至彼出衆便問호대 「如何是佛이닛고」 峰云 「莫寐語하라」 雲門便禮拜하고 一住三年하니라 雪峰一日問호대 「子見處如何오」 門云 「某甲見處與從上諸聖으로 不移易一絲毫許니다」

【평창번역】

　목주는 (운문으로 하여금) 설봉을 찾아가도록 했다. (운문은) 설봉의 회상에 이르러 대중 가운데서 나와 (설봉에게) 이렇게 물었다. "어떤 것이 부처입니까?" 설봉은 말했다. "막매어(莫寐語, 잠꼬대 말라)." 운문은 즉시 (설봉에게) 절한 다음 3년간 거기 머물렀다. 어느 날 설봉이 (운문에게) 물었다. "자네의 깨달은 곳은 어떠한가?" 운문이 말했다. "제가 깨달은 곳은 모든 성인들과 털끝 한 오라기만큼도 다르지 않습니다."

【평창해설】

　운문을 깨닫게 한 목주(睦州道明)는 짚신을 삼아 노모를 봉양한 선승이었으며, 임제를 황벽에게 데려가 깨달음의 계기를 마련해 주기도 했다. 목주는 운문을 당시 중국 남쪽지방에서 큰 영향력을 미치고 있던 설봉에게 보냈다. 운문은 설봉을 찾아가 대뜸 이렇게 일격을 가했다. "어떤 것이 부처입니까?" 그러나 설봉은 전혀 틈을 들이지 않고 운문의 이 일격을 이렇게 막아버렸다. "막매어(莫寐語, 잠꼬대 말라)." 운문은 질책이 섞인 사구처럼 위장된 이 활구를 즉시 간파하고는 그만 설봉에게 굴복해 버리고 말았다. 그래서 그로부터 3년 동안 설봉의 문하에 머물게 됐다.

【評　　唱】

　靈樹二十年不請首座하고 常云「我首座生也라하고」 又云「我首座牧牛也라하며」 復云「我首座行脚也라하더니」 忽一日에 令撞鐘하고 三門前接首座어늘 衆皆訝之러니 雲門果至라 便請入首座寮解包하니라 靈樹人號曰知聖禪師니 過去未來事皆預知하니라

【평창번역】

　영수는 20년간 수좌(首座)를 초청해 오지 않고 언제나 이렇게 말했다. "우리 수좌가 태어났구나." 또 이렇게 말했다. "우리 수좌가 수행을 하고 있다." 다시 이르기를 "우리 수좌가 행각중이라." 하더니 어느 날 문득 종을 치게 하고 (대중들로 하여금) 산문 앞으로 가서 수좌를 영접하라고 했다. 대중들은 모두 의아해 하며 (산문 앞으로 나가 보니) 과연 운문이 오고 있었다. (그래서) 즉시 (운문을) 청하여 수좌실로 들어가 행장을 풀도록 했다. 사람들은 영수를 지성(知聖)선사라 불렀는데 (그는 이처럼) 과거와 미래의 일들을 모두 알고 있었다.

【평창해설】

　운문이 오기를 기다린 영수여민(靈樹如敏)선사에 대한 언급이다. 영수는 앞으로 일어날 모든 일들을 미리 다 알았던 선승이었다.

【評　唱】

　一日廣主劉王將興兵할새 躬入院請師決臧否러니 靈樹已先知하고 怡然坐化라 廣主怒曰「和尙何時得疾고」 侍者對曰「師不曾有疾이니다 適封一合子하야 令俟王來呈之러이다」 廣主開合하니 得一帖子云「人天眼目堂中首座라하니」 廣主悟旨遂寢兵하니라 請雲門出世住靈樹터니 後來方住雲門이라

【평창번역】

　어느 날 광주 유왕이 군사를 일으키기에 앞서 몸소 선원으로 와서 (영수)선사에게 그 가부를 물으려 했다. 영수는 (그 사실을) 미리 알고 편안히

앉아서 돌아가셨다. 광주(유왕)는 노하여 말했다. '화상께서 언제부터 편찮으셨는가?" 시자가 말했다. "스님은 편찮으신 적이 없었습니다. 마침 향 상자 한 개를 밀봉해서 왕이 오시면 드리라고 했습니다." 광주가 (그 향상자를) 열어 보니 거기 한 통의 편지가 있었는데 "인간과 천상의 지도자는 당중(堂中)의 수좌"라고 써 있었다. 광주는 그 뜻을 깨닫고 즉시 군대를 거둬들였다. (그리고는) 운문에게 선원의 지도자가 되어 영수선원에 머물 것을 간청했다. (그래서 운문은 얼마 동안 영수선원에 머물다가) 후에는 운문산에 주(住)했다.

【평창해설】

영수의 유언에 따라 운문이 영수선원에서 제자들을 가르치게 된 그 자초지종을 말하고 있다.

【評　　唱】

師開堂說法할새 有鞠常侍致問호대「靈樹果子熟也未아」門云「什麼年中得信道生가」復引劉王旨爲賣香客等因緣하니 劉王後諡靈樹하야 爲知聖禪師라하니라 靈樹生生不失通하고 雲門凡三生爲王이라 所以失通하니라 一日劉王詔師入內過夏어늘 共數人尊宿하니 皆受內人問訊說法하되 唯師一人不言하며 亦無人親近이라 有一直殿使하야 書一偈貼在碧玉殿上云「大智修行始是禪이니 禪門宜默不宜喧이라 萬般巧說爭如實고 輸卻雲門總不言이로다」

【평창번역】

운문은 (영수)선원의 지도자가 되어 최초의 설법을 하게 됐다. 국상시가 물었다. "영수의 열매는 익었는가?" 운문이 말했다. "어느 해에 덜 익은 것을 확인할 수 있겠는가?" (설법이 끝난 다음 운문은) 유왕이 과거세에 매향객(賣香客, 향을 팔러 다니는 사람)이었다는 등의 인연을 인용하기도 했다. 유왕은 후에 영수에게 지성선사(知聖禪師)라는 시호를 내렸다. 영수는 세세생생 신통력(神通力, 초능력)을 잃지 않았지만 운문은 삼생(三生)동안 왕 노릇을 했기 때문에 신통력을 상실했던 것이다. 어느 날 유왕이 운문을 초청해서 내전에 와서 여름안거를 보내라고 했다. (운문은) 몇 사람의 선승들과 함께 (하안거를 나기 위하여 내전으로 왔다) 모두들 관리들의 물음에 설법을 하고 있었으나 오직 운문 한 사람만은 아무 말이 없었으며 또한 가까이 하는 사람조차 없었다. (그런 모습을 보고는) 한 친위대의 대장이 (다음과 같은) 게송 한 수를 써서 벽옥전 위에 붙여 놓았다.

　　큰 지혜의 수행은 당연히 선(禪)이니
　　선문에선 말보다 침묵이 어울리네
　　갖은 말재주가 어찌 침묵만 하리
　　운문의 침묵 앞에 모두들 두 손 들었네.

【평창해설】

깨달음을 얻고 난 이후에도 운문은 늘 정진(精進, 좌선수행)을 게을리 하지 않았는데 그 한 실례가 여기 있다.

【評　　唱】

雲門尋常愛說三字禪하니 顧鑒咦라 又說一字禪하니라 僧問「殺父殺母하면 佛前懺悔어니와 殺佛殺祖하면 向什麼處懺悔닛고」門云「露」又問「如何是正法眼藏이닛고」門云「普라하니」直是不容擬議로다 到平

鋪處又卻罵人하나니 「若下一句語하면 如鐵橛子相似라」

【평창번역】

운문은 언제나 세 글자 선을 즐겨 말했는데 고(顧), 감(鑒), 이(咦)가 그것이다. 또는 한 글자 선을 말하기도 했다. 승이 물었다. "부모를 죽인 것은 불전에 참회하면 되겠거니와 불조(佛祖)를 죽이면 어느 곳에 참회해야만 합니까?" 운문이 말했다. "노(露, 모두 드러나 버렸다)." (승이) 또 물었다. "어떤 것이 진리를 꿰뚫어볼 수 있는 올바른 안목[正法眼藏]입니까?" 운문이 말했다. "보(普, 없는 곳이 없다)." (운문의 대답은 늘 이런 식이어서) 생각이나 이치로 따지고 분별하는 것을 전혀 용납하지 않았다. 평범한 일상의 곳에서 오히려 사람을 꾸짖으니 (운문이) "만일 한 마디를 내뱉으면 (그 말은 마치) 쇠막대기와 같다." (도저히 설명이 불가능했다)

【평창해설】

운문은 발목이 부러지면서 깨달음을 얻었다. 그 결과 일생을 절름발이식 걸음을 걷게 됐는데 이런 다리를 가지고 17년 동안 중국의 동에서 서로 머나먼 행각길에 올랐다. 때는 당(唐)이 망하고 아직 송(宋)의 건국 전 오대십국(五代十國)시대로 도처에서는 영토확장을 위한 전쟁이 한창이었다. 사람의 목숨이 파리목숨보다 못하던 그 전쟁의 와중에서 운문은 어떻게 17년 동안이나 행각을 할 수 있었단 말인가. 곰곰이 생각할수록 정말 숙연해진다.

동서 수천 리 길을(東西數千里)
17년 동안 행각했네(行脚十七年)

이런 운문이었기에 가르치는 방법 또한 남다른 데가 있었다. 운문은 곧잘 제자들의 질문에 대한 대답을 단 한 글자로 했는데 사람들은 이것을 운문의 '한 글자 선〔一字禪〕'이라고 칭했다. 예를 들면 "어떤 것이 진리를 꿰뚫어보는 올바른 안목〔正法眼藏〕이냐"는 물음에 운문은 "보(普)"라고 대답했다. 이 '보(普)'는 글자풀이로 보면 '없는 곳이 없다'는 보편(普遍)의 뜻이다. 그러나 이 '보(普)'는 활구라는 걸 명심해야 한다. 운문은 또한 제자들의 질문에 '고(顧)', '감(鑒)', '이(咦)'라는 세 글자로 대답하곤 했는데 사람들은 이를 '세 글자 선〔三字禪〕'이라고 불렀다. 이 세 글자 역시 글자풀이가 아닌 목숨을 담보로 하고 뚫고 지나가야 하는 활구라는 걸 잊지 말기 바란다. 운문은 늘 이런 식이어서 사유와 분별심으로는 도저히 접근할 수 없었다. 그래서 그가 한 마디를 던지게 되면 그 말은 마치 무쇠막대기와도 같아서 이치로 따져서는 도무지 알 수가 없다.

【評　　唱】

後出四哲하니 乃洞山初, 智門寬, 德山密, 香林遠이니 皆爲大宗師라 香林十八年爲侍者라 凡接他에 只叫遠侍者하면 遠云「喏라」門云「是什麽오」如此十八年일러니 一日方悟라 門云「我今後更不叫汝하리라」雲門尋常接人에 多用睦州手段하니 只是難爲湊泊이라 有抽釘拔楔底鉗鎚라 雪竇道호대「我愛韶陽新定機하니 一生與人抽釘拔楔[4]이라」

【평창번역】

(운문의 문하에선) 그 후 네 명의 큰 인물이 배출됐는데 동산수초(洞山守初), 지문사관(智門師寬), 덕산연밀(德山緣密), 향림징원(香林澄遠) 등

---

4) '雪竇道~拔楔' 一八字 豆(竇)道我愛雲門(福本).

이 그들이다. 그들은 모두 (당대를 휘두르던) 대종사였다. (그 가운데) 향림은 18년 동안 (운문의) 시자(비서)로 있었다. 그를 가르칠 때 (운문은) 그저 '원시자(遠侍者)'라고 부르기만 했다. (향림징)원이 "예" 하고 대답할라 치면 운문은 다시 이렇게 물었다. "그것이 무엇인가?" 이렇게 18년이 지난 어느 날 (향림은) 비로소 (운문의 말뜻을) 깨달았다. (그걸 보고는) 운문이 말했다. "내 이후로 다시는 그대를 부르지 않을 것이다." 운문이 사람들을 지도할 때는 목주의 지도방법을 많이 사용했는데 접근하기가 무척 어려웠다. (운문의 지도방법 속에는) 번뇌망상의 못과 쐐기를 뽑아내는 탁월한 수완이 있었다. (그렇기에) 설두는 이렇게 말했던 것이다. "나는 운문이 사용했던 참신하고 지혜로운 지도방법을 좋아하나니 (운문은) 일생 동안 사람들을 위해서 번뇌의 못과 망상의 쐐기를 뽑아줬다."

【평창해설】

운문은 제자들을 가르칠 때 곧잘 목주의 지도방법을 쓰곤 했는데 워낙 참신하고 기발해서 누구도 감히 접근할 수가 없었다. 목주는 운문의 발목을 부러뜨리고 깨닫게 해준 바로 그 장본인이 아니었던가.

【評　唱】

垂箇問頭示衆云호대 「十五日己前不問汝어니와 十五日已後道將一句來하라하니」 坐斷千差하야 不道凡聖이라 自代云 「日日是好日이니라」 十五日已前這語가 已坐斷千差며 十五日已後這語가 也坐斷千差라 是他不道明日是十六이어늘 後人只管隨語生解하니 有什麽交涉이리요 他雲門立箇宗風은 須是有箇爲人處라 垂語了하고 卻自代云 「日日是好日이라하니」 此語가 通貫古今하야 從前至後一時坐斷이라

【평창번역】

  (운문은) 이 물음을 던져 대중에게 말하길 "15일 이전은 그대에게 묻지 않겠거니와 15일 이후를 한 마디 일러보라"고 했다. (그런데 이는) 천차(만별)의 분별심을 끊어서 범인으로도 성인으로도 (도무지) 통하지 못하게 한 것이다. (대답하는 사람이 없자 운문은) 스스로가 (사람들을) 대신해서 말하길 "일일시호일(日日是好日, 나날이 생일날)"이라고 했다. '15일 이전은 그대에게 묻지 않겠다'는 이 말이 천차만별의 분별심을 끊어버린 것이며 '15일 이후를 한 마디 일러보라'는 이 말이 또한 천차만별의 분별심을 끊어버린 것이다. 저(운문)가 '내일이 16일이라'고 말하지 않았거늘 뒷사람들이 오직 말을 따라 분별심을 내고 있으니 (본뜻과) 무슨 관계가 있겠는가. 저 운문이 종풍(宗風)을 세운 것은 참으로 (뒷)사람들을 위하는 곳이 있었기 때문이다. 물음을 던지고 나서 (아무도 대답하는 사람이 없자) 스스로가 (사람들을) 대신해서 말하길 "일일시호일"이라 했다. (그런데) 이 말이 고금을 꿰뚫고 전후를 일시에 제압해 버렸다.

【평창해설】

  다시 본칙으로 돌아가자. '15일 이전은 그대에게 묻지 않겠다'고 했는데 바로 이 한 마디로 운문은 모든 분별심을 제압해 버렸다. 왜냐하면 '지나간 것은 묻지 않겠다'고 했으므로 질문의 여지를 남겨두지 않았기 때문이다. 운문은 또 '15일 이후를 한 마디 일러보라'고 했는데 이 말이 또한 모든 분별심을 제압해 버렸다. 왜냐하면 아직 오지 않은 미래를 물었기 때문이다. 오지 않은 것을 어떻게 대답할 수 있겠는가. 우리가 대답할 수 있는 것은 오직 '지나간 것(이전)'과 '지금 현재' 뿐이다. 그러나 운문은 분명히 '오늘은 16일'이라고 말한 일이 없다. 그런데 사람들은 15일 이전의 '이전'이란 말과 15일 이후의 '이후'라는 말에 걸려 갖가지 분별심을 내고 있다. 운문의 물음인 '15일 이전 불문여'와 '15일 이후 도장일구래'란 말은 마치 사구처럼 교묘하게 위장을 한 활구다. 그러므로 '이전'과 '이후'에 걸려 분별심을 일으키게 되면 그 순간 운문의 사정권 안에 들어가 버리고 만다. 그러나 과연 누가 운문의 이 함정에 빠지지 않을 수 있단 말인가. 정말 어려운 일이다. 운문의 참뜻을 간파한다는 것은……. 운문의 이 물음에 아무도 대답하는 사람이 없자 운문은 스스로 사람들을 대신해서 이렇게 대답했다. "일일시호일(日日是好日, 나날이 생일날)." '일일시호일'이란 이 말이 과거, 현재, 미래, 그리고 동서고금의 모든 언어를 제압해 버렸다. 왜냐하면 모든 분별심을 넘어선 언어, 활구이기 때문이다.

여기엔 시간이 없다.
여기엔 공간도 없다.
그리고 여기엔 어떤 이론이나 이치로도 접근이 불가능하다.
왜냐하면 이것은 바로 그대 자신이기 때문이다.
그대 자신의 본성이기 때문이다.

지금 내 말이 벗이여, 그대에겐 전혀 실감나지 않을 것이다. 그러나 '일일시호일', 이 말 속에서 죽었다가 다시 되살아나는 순간 벗이여, 그대는 내 말이 거짓이 아니었다는 걸 알게 될 것이다.

덧붙이는 말

전통차와 차 도구를 파는 가게에 가 보면 '날마다 좋은 날 되소서'라고 쓴 찻상 수건을 곧잘 보게 된다. 이 말은 원래 본칙공안〈일일시호일〉을 글자 그대로 옮긴 말이다. 아니 글자 그대로 옮겼다면 그냥 '날마다 좋은 날'이라고 했어야 한다. 왜 '~도소서'라는 기원의 문구를 붙였는가? 그리고 '좋은 날'이라고 옮긴 '호일(好日)'은 '생일(운문은 사월초파일날 이 법문을 했기 때문이다.)'을 뜻한다. 그러므로 '날마다 생일날'이라고 해야 정확한 번역이다. 그리고 이 말은 단지 글자풀이로서만은 그 참뜻을 알 수 없는 활구라는 걸 알아야 한다. 그런데 운문의 이 활구를 이런 식으로 마구 사용해서야 되겠는가. 그것도 부정확한 번역을 해서 말이다.

【評　　唱】

　山僧如此說話도 也是隨語生解라 他殺不如自殺이니 纔作道理하면 墮坑落塹이라 雲門一句中三句俱備하니 蓋是他家宗旨如此니라 垂一句語須要歸宗이니 若不如此댄 只是杜撰이라 此事無許多論說이니 而未透者는 卻要如此니라 若透得하면 便見古人意旨하리라 看取雪竇打葛藤하라

【평창번역】

　산승(원오)의 이 같은 말도 또한 말을 따라 분별심을 내는 것이다. 다른 사람의 분별심을 꾸짖는 것[他殺]은 자기 자신의 분별심을 없애는 것[自殺]만 같지 못하나니 이치로 따지려 하면 그 즉시 언어의 함정 속에 빠져 버린다. 운문의 (이) 한 글귀[一句] 가운데는 세 글귀[三句]가 구비해 있나니 그것은 저(운문)의 종지(宗旨)가 이와 같기 때문이다. (운문은 단) 한 글귀(물음)를 내던짐으로써도 (우리로 하여금) 근원에 돌아가도록 했나니 만일 이 같지 않다면 (운문 역시) 두찬(사이비)에 지나지 않았을 것이다. 이 일(본래자기를 찾는 일)에는 많은 말이 필요없나니 뚫지 못한(깨닫지 못한) 자는 (운문의 물음을 통해서) 이처럼 깨닫지 않으면 안 된다. 만일 깨달았다면 그 즉시 옛 사람(운문)의 의중을 간파하게 될 것이다. (자, 그러면 이제) 설두의 송을 보자.

【평창해설】

　운문의 공안에는 예외없이 다음의 세 글귀[三句]가 포함돼 있다.

첫째, 모든 분별심을 절단해 버린 글귀〔截斷衆流句〕.
둘째, 하늘과 땅을 뒤덮어 버린 글귀〔函盖乾坤句〕.
셋째, 말의 물결을 따라 굽이치는 글귀〔隨波逐浪句〕.
자, 그러면 이제 본칙공안에 이 세 글귀를 적용시켜 보자.

'15일 이전 불문여'는 어떤 말도 용납하지 않으므로 첫째 글귀에 해당된다. '15일 이후 도장일구대'는 어떻게 대답할 방법이 없으므로 둘째 글귀에 해당된다. 그리고 '일일시호일'은 정말 멋진 대답이므로 셋째 글귀에 해당된다. 언어의 표현면에서 보더라도 이 '일일시호일'은 끝내주는 글귀다. 말의 물결이 굽이치는 대로 따라간 글귀다. 이런 글귀를 활구로 사용했다니……. 운문 뒤에 운문 없고 운문 앞에 운문 없다.

【頌】

〔頌〕去卻一(七穿八穴이로다 向什麼處去오 放過一著이로다) 拈得七이여(拈不出이니 卻不放過라) 上下四維無等匹이라(何似生고 上是天下是地니 東南西北與四維에 有什麼等匹이리요 =奈拄杖在我手裏ㄹ요) 徐行踏斷流水聲하고(莫問脚跟下하라 難爲體究로다 汀入葛藤窟裏去了也라) 縱觀寫出飛禽跡이로다(眼裏亦無此消息이로다 野狐精見解니 依前只在舊窠窟裏라) 草茸茸(腦後拔箭이니 是什麼消息고 墮在平實處라) 煙羃羃이여(未出這窠窟이니 足下雲生이로다) 空生巖畔花狼籍하니(在什麼處오 不啫嚕漢, 勘破了也로다) 彈指堪悲舜若多하노라(四方八面盡法界니 向舜若多鼻孔裏道將一句來하라 在什麼處오) 莫動著하라(前言何在오 動著時如何오) 動著三十棒하리라(自領出去하라 便打하다)

【송번역】

거각일(去卻一, 하나를 버리고)

칠통팔달이로군. 어디로 갔는가. (아하) 한 수 늦었군.

염득칠(拈得七, 일곱을 거론함이여)

거론할 수 없는데도 (도무지) 포기하질 않는군.

위아래 동서남북 맞설 자 없네.

무엇과 같은가. 위는 하늘이요, 아래는 땅이니 동서남북 그 어디에 맞설 자 있겠는가. (그러나) 주장자는 이미 내(원오) 손안에 있음을 어찌 하겠는가.

서서히 가며 흐르는 물소리 밟아 끊고

발 밑을 묻지 마라. 근원은 밝혀내기 어렵다. 이미 언어의 함정에 걸려 드셨군.

마음대로 보며 새 날아간 흔적을 그려내네

눈 속에는 또한 이런 소식이 없다. 이 간사한 견해여 (아직도) 여전히 언어의 함정 속에 있군.

풀이 무성하고

머리(등) 뒤로 (자유자재로) 활을 쏘나니 이 무슨 소식인가. 어중간한 곳에 떨어졌군.

연기 자욱함이여

(역시 언어의) 함정을 못 벗어났군. 발 밑에선 구름이 인다.

수보리 앉은 바윗가에 꽃잎이 낭자하니

어느 곳에 있는가. 이 멍청한 친구여. (난) 이미 간파해 버렸다.

손가락을 튕기며 저 허공신을 슬퍼하노라

사방팔면이 모두 허공뿐이거니 허공신의 콧구멍 속에서 한 마디 일러보라. 어느 곳에 있는가.

움직이지 말라.

앞에 그대(설두)가 한 말은 어쩌고? 움직일 때는 어떤가?

움직이면 30봉을 내리치리라.

너(설두)나 가지고 가거라. 갑자기 (한 방망이) 후려치다.

【송과 착어해설】

◎ 거각일(去卻一, 하나를 버리고)   '하나(一)'는 근원을 말한다. '거각일'은 '근원마저 부정해 버렸다'는 말이다.

△ 칠통팔달이로군.   '하나'마저 뛰어넘을 정도로 자유자재하다는 뜻이다.

△ 어디로 갔는가.   그 '하나'는 도대체 어디로 갔단 말인가.

△ (아하) 한 수 늦었군.   '하나를 버린다'고 말하는 그 순간 그것(본래면목)은 이미 모두 드러나 버리고 말았기 때문이다.

◎ 염득칠(拈得七, 일곱을 거론함이여)   '일곱'은 근원(하나)에서 파생된 이 모든 차별현상을 말한다. '하나'마저 초월하지 않으면 이 온갖 차별현상 속에서 자유로울 수 없다. 왜냐하면 오직 그 '하나'만을, 저 성스러운 것만을 고집하기 때문이다.

△ 거론할 수 없는데도 (도무지) 포기하질 않는군.   하나(본질)와 '일곱(현상)'을 말하고 있지만 이 양자는 각각 별개로 독립돼 있지 않다. '하나'를 현상적인 면에서 본다면 '일곱'이 되고 또 '일곱'을 본질적인 면에서 본다면 '하나'가 되는 것이다. 그러므로 '하나를 버리고 일곱을 거론한다'는 말은 성립될 수가 없다.

◎ 위아래 동서남북 맞설 자 없네.   우리의 본성을 일컫는 대목으로 여기선 '일일시호일' 바르 그 자리를 말한다.

△ 무엇과 같은가.   '일일시호일', 그 자리는, 우리의 본성은 무엇을 닮았는가. 우리의 본성은 절대적 존재이므로 그 어느 것과도 견줄 수 없다. 그러나 그 어느 것에도 견줄 수 없는 바로 이것이 나무를 대하면 나무와 같고 물을 대하면 물과 같고 하늘을 대하면 하늘과 같다. 여기서의 '같다'는 말은 상대와 '하나가 된다'는 뜻이다.

△ (그러나) 주장자는 이미 내(옹오) 손안에 있음을 어찌 하겠는가.   그러나 원오는 절대적인 이 본래자리마저 인정치 않고 있다. 왜냐하면 '본래자리'라고 말하는 순간 거기 언어의 흔적이 찍히기 때문이다. 그래

서 원오는 지금 이런 식으로 설두를 힐책하고 있는데 사실은 설두를 반어적으로 격찬한 것이다.

　지금까지의 해설은 어디까지나 문자풀이의 범위 안에서요, 활구적으로 말한다면 '거각일'은 '15일 이전 불문여'에, '염득칠'은 '15일 이후 도장일구래'에, 그리고 '상하사유무등필'은 '일일시호일'에 해당된다. 즉 15일 이전의 '이전'은 거각일의 '거각(去卻, 버리다)'에, 15일 이후의 '이후'는 염득칠의 '염득(拈得, 거론하다)'에 해당된다. 이 경우 '15'와 '1'과 '7'이란 숫자는 염두에 둘 필요가 없다. 단지 15일 이전의 대구로서 1을, 그리고 15일 이후의 대구(對句)로서 7을 썼을 뿐이다. 그리고 '상하사유무등필'은 '일일시호일'에 해당된다.

15일이전불문여(十五日已前不問汝) → 거각일(去卻一)
15일이후도장일구래(十五日已後道將一句來) → 염득칠(拈得七)
일일시호일(日日是好日) → 상하사유무등필(上下四維無等匹)

　◎ 서서히 가며 흐르는 물소리 밟아 끊고　　이 시구와 다음의 시구(마음대로 보며 ～ 그려내네)는 전광석화와도 같이 빠르고 생각으로 헤아릴 수 없는 '일일시호일'의 경지를 읊은 것이다.
　△ 발 밑을 묻지 마라.　　'물소리를 밟아 끊는다'고 했으나 '밟아 끊는다'는 이 말에 집착해서는 안 된다. 왜냐하면 보이는 것, 들리는 것 전체가 그대로 '물소리를 밟아 끊는' 이 불가사의한 소식이기 때문이다.
　△ 근원은 밝혀내기 어렵다.　　이런 식의 비유가 아니면 그 본래자리(근원)를 설명할 수가 없다.
　△ 이미 언어의 함정에 걸려 드셨군.　　제아무리 멋지게 설명한다 하더라도 결국은 언어의 차원을 벗어날 수가 없다. 그러기에 '입 벌리는 순간 어긋나 버린다〔開口即着〕'고 말하지 않았는가.
　◎ 마음대로 보며 새 날아간 흔적을 그려내네　　'일일시호일'의 경지

를 말한다. 번갯불보다 더 빠르고 힘찬 바로 그 자리를 말한다.

△ 눈 속에는 또한 이런 소식이 없다.　　눈으로 봤다〔見〕고 하면 이미 어긋나 버린다.

△ 이 간사한 견해여.　　물소리를 '듣고', 새의 날아가는 자취를 '본다'는 것은 궁극적인 경지가 아니다. 왜냐하면 거기 아직 '듣고 보는 것'이 남아 있기 때문이다.

◎ 풀이 무성하고 연기 자욱함이여　　부정의 입장〔把住〕에서 송을 읊던 설두는 갑자기 방향을 180도로 회전, 긍정〔放行〕의 세계를 노래하고 있다. '풀이 무성하고 연기가 자욱한 것'은 이 현상의 온갖 차별상을 그대로 언급한 구절이다.

△ 머리(등) 뒤로 (자유자재로) 활을 쏘나니　　송을 읊고 있는 설두의 글솜씨가 거침이 없다는 뜻이다.

△ 이 무슨 소식인가.　　그렇다면 설두의 이 자유자재한 글솜씨는 도대체 어디서 비롯됐는가. 벗이여, 참구해 보라.

△ 어중간한 곳에 떨어졌군.　　긍정의 입장〔放行〕에 선 설두를 비꼬는 말투다. 그러나 속뜻은 칭찬이다.

△ 발 밑에선 구름이 인다.　　자유자재로 시구를 읊고 있는 설두를 원오는 지금 구름을 타고 허공을 날아가는 신선에 견주고 있다.

◎ 수보리 앉은 바윗가에 꽃잎이 낭자하니　　수보리는 부처의 제자 가운데 공(空)의 이치를 가장 깊이 터득한 사람이다. 그런 그가 공(空)의 명상 속에 앉아 있을 때 하늘의 신(제석)이 꽃잎을 뿌리며 수보리의 경지를 찬탄했다고 한다.

△ 어느 곳에 있는가.　　원오는 지금 하늘의 신에게 발각된 수보리를 꾸짖고 있다.

△ 이 멍청한 친구여.　　왜냐하면 수보리는 부정으로서의 공〔偏空〕만을 알았지 살아 굽이치고 있는 이 진짜공〔大空〕을 몰랐기 때문이다. 아직 성자의 냄새를, 깨달았다는 티를 벗지 못했기 때문에 하늘의 신 제석에게

발각된 것이다.

◎ 손가락을 튕기며 저 허공신을 슬퍼하노라   아무것도 없는 이 공의 본질(허공신)을 터득했다고 하더라도 설두는 지금 그걸 인정치 않고 있다. 왜냐하면 아직도 넘어야 할 산이 있기 때문이다.

△ 사방팔면이 모두 허공뿐이거니 허공신의 콧구멍 속에서 한 마디 일러 보라.   아무것도 없는 그 공(空)의 차원에서마저 박차고 나와야 한다.

△ 어느 곳에 있는가.   그렇다면 공의 차원을 박차고 나온 그 자리는 어떤 것인가. 벗이여, 말이 아니라 생각이 아니라 온몸으로 대답하라. 가슴 전체로 응답하라.

◎ 움직이지 말라.   '공의 차원마저 박차고 나오라'는 말을 듣고 '옳지 그래야지' 하고 마음을 움직인다면 그 순간 이미 어긋나 버리고 만다.

△ 앞에 그대(설두)가 한 말은 어쩌고?   설두는 '거각일 ~ 운운' 하면서 지금껏 열심히 시구를 읊었다. 그래놓고는 갑자기 '움직이지 말라'고 소리치고 있으니 참 가관이다.

△ 움직일 때는 어떤가?   원오는 거꾸로 설두를 역습하고 있다.

◎ 움직이면 30봉을 내리치리라.   설두는 지금 부처마저 인정치 않고 있다.

△ 너(설두)나 가지고 가거라.   그러나 원오는 설두의 힘을 역이용하여 설두를 이렇게 후려치고 있다. '30봉은 설두, 자네나 가져가게. 여기 30봉은 필요치 않네.'

△ (한 방망이) 후려치다.   원오는 지금 이 시구의 마지막 마침표를 찍고 있다.

【評　　唱】

〔評唱〕雪竇頌古偏能如此라 當頭以金剛王寶劍으로 揮一下了하고 然後略露些風規라 雖然如此나 畢竟無有二解라「去卻一拈得七을」人

多作算數會道호대 去卻一是十五日已前事라하니라 雪竇驀頭下兩句言語印破了하고 卻露出教人見하니 去卻一拈得七을 切忌向言句中作活計라 何故오 胡餅有什麼汁이리오 人多落在意識中이니 須是向語句未生已前會取始得이니라 大用現前하면 自然見得也하리라 所以釋迦老子成道後에 於摩竭提國三七日中思惟如是事하사대 諸法寂滅相은 不可以言宣이라 我寧不說法하고 疾入於涅槃하리라하니 到這裏하야는 覓箇開口處不得이라 以方便力故로 爲五比丘說已하고 至三百六一會하야 說一代時教하니 只是方便이라 所以脫珍御服하고 著弊垢衣하며 不得已而向第二義門中에 淺近之處誘引諸子라 若教他向上全提댄 盡大地無一箇半箇라

【평창번역】

설두의 송고(頌古)는 전적으로 이와 같다. 처음(송의 첫부분)에는 금강왕보검으로 한 번 휘두른 다음 약간의 진면목을 드러내고 있다. 두 가지 다른 견해가 있어서 그러는 것은 아니다. "거각일 염득칠(去卻一 拈得七)"을 사람들은 대부분 숫자개념으로 파악하여 이렇게 말하고 있다. "거각일(去卻一, 하나를 버린다는 것)은 15일 이전을 말하는 것이다." 설두는 정견으로부터 이 두 글귀(거각일~ / ~ 맞설 자 없네)를 내던져 (본칙공안의 핵심을) 간파한 다음 (진면목을) 드러내어 사람들로 하여금 (본래자기를) 깨닫도록 했다. (그러므로) '거각일 염득칠'을 말대로만 해석하는 것은 절대 금물이다. 왜 그런가? (보라 저) 호떡에 무슨 즙(汁)이 있겠는가. 사람들은 대부분 분별의식 속에 빠져 있나니 언어가 나오기 이전을 향해서 알지 않으면 안 된다. 큰작용이 나타나게 되면 자연히 알게 될 것이다. 그러므로 부처는 성도 후에 마갈타국(의 보리수나무 아래)에서 21일 동안 이 일에 대해서 깊이 생각하며 이렇게 혼잣말을 했던 것이다. 본질은 언어로 설명할 수 없다. (그러므로) 나는 차라리 아무 말도 하지 않은 채 이대로 열반

에 들어야겠다.' 여기(본질) 이르러서는 입벌릴 곳(말로 할 수 있는 곳)을 찾는 것조차 불가능하다. (그러나) 우회적인 수완이 있었기에 (녹야원에서) 다섯 비구에게 설법을 하고 (그로부터) 360여 차례에 걸쳐 가르침을 폈으니 이것은 오직 우회적인 방법을 썼기 때문에 가능했던 것이다. 그래서 보석으로 장식한 옷을 벗어버리고 헤진 옷을 입었으며 부득불 한 걸음 물러서서 언어와 사유의 차원으로 내려와 중생들을 제도했던 것이다. (그러나) 만일 저로 하여금 절대진리를 거론하도록 한다면 (그의 가르침을 이해할 수 있는 사람은) 이 세상에서 단 한 사람의 반쪽도 없었을 것이다.

【평창해설】

송의 첫 구절과 둘째 구절(거각일 염득칠 / 위아래 동서남북 맞설 자 없네)은 분별심이 붙을 수 없는 절대자리를 읊은 것이다. 그리고 셋째 구절, 넷째 구절(서서히 가며 ~ 흔적을 그려내네)은 그 절대자리를 비유로써 설명한 대목이다. 그런데 사람들은 곧잘 '거각일 염득칠(去卻一 拈得七)'의 1과 7에 대하여 이치적으로만 설명하려 든다. 그래서 이르길 '거각일은 15일 이전을 일컫는 것이다'라고 말한다. 그러나 이건 어디까지나 사구적인 문자풀이일뿐 그 참뜻은 문자풀이가 불가능한 활구에 있다. 그러므로 이 대목을 단순한 문자풀이 차원에서만 이해하려 해선 안 된다. 왜냐하면 호떡에는 물기(즙)가 전혀 없듯 이 대목의 참뜻은 문자풀이 속에 있지 않기 때문이다. 그러기에 부처는 도를 깨친 후 21일 동안 침묵 속에 앉아서 이 소식을 사람들에게 어떻게 전해줘야 할까를 생각했다. 결론은 언어적인 설명으로는 불가능했기 때문에 그대로 열반에 들려고 했던 것이다. 그러나 마음을 돌려 자신의 수행친구들이었던 석가족 출신의 다섯 수행자〔五比丘〕를 찾아가 우회적인 방법으로 가르침을 펴기 시작했다. 이렇게 하여 그로부터 49년 동안 360여 회의 가르침을 폈는데 이는 모두가 우회적인 방법이었다. 그러나 만일 이런 편법을 쓰지 않고 단도직입적으로 가르침을 폈더라면 단 한 사람은 고사하고 한 사람의 절반도 그의 가르침을 이해할 수 없었을 것이다.

【評　唱】

且道作麼生是第一句오 到這裏하야 雪竇露些意教人見이라 你但上不見有諸佛하며 下不見有衆生하고 外不見有山河大地하며 內不見有見聞覺知하며 如大死底人卻活相似하며 長短好惡를 打成一片하며 一一拈來更無異見한 然後應用不失其宜하면 方見他道「去卻一拈得七, 上下四維無等匹하리라」若於此句透得하면 直得上下四維無有等匹하야 森羅萬象, 草芥人畜이 著著全彰自己家風하리라 所以道호대 萬象之中獨露身은 惟人自肯乃方親이라 昔年謬向途中覓터니 今日看來火裏冰이라하니라 天上天下唯我獨尊이어늘 人多逐末하고 不求其本이라 先得本正하면 自然風行草偃하고 水到渠成하리라「徐行踏斷流水聲이라함은」徐徐行動時에 浩浩流水聲也應踏斷이라「縱觀寫出飛禽跡이라함은」縱目一觀에 直饒是飛禽跡이라도 亦如寫出相似라 到這裏하야는 鑊湯爐炭吹教滅하며 劍樹刀山喝便摧가 不爲難事라

【평창번역】

자, 말해보라. 어떤 것이 제1구인가. 여기(제1구) 이르러서 설두는 약간의 뜻을 드러내어 사람들로 하여금 (그 제1구를) 깨닫도록 했다. 위로는 모든 부처가 있음을 보지 않고. 아래로는 중생이 있음을 보지 않으며, 밖으로는 산하대지가 있음을 보지 않고, 안으로는 견문각지(見聞覺知의 감각작용)가 있음을 보지 않는다. (이건) 마치 죽었던 사람이 되살아난 것 같아서 장점과 단점, 좋고 나쁨에 대한 분별심이 모두 없어져서 한 문제 한 문제를 거론해도 전혀 이견(異見)이 없다. 그런 연후에 활동력이 그 기준을 잃지 않으면

(그때) 비로소 저(설두)가 말한 다음의 말을 간파하게 될 것이다.

"하나를 버리고 일곱을 거론함이여 / 위아래 동서남북 맞설 자 없네."

만일 이 구절을 깨닫게 되면 그대로 위아래 동서남북에 맞설 자가 없어져서 삼라만상과 초목 인간 짐승들이 모두 자신의 가풍을 드러내게 된다. 그래서 다음과 같이 말했던 것이다.

"삼라만상 속에 (내재해) 있는 독로신(獨露身, 본성)은 / 오직 스스로가 (깨달아) 긍정해야만 비로소 친해질 수 있는 것이네. / 이전엔 잘 몰라 길가에서 찾았더니 / 오늘은 불 속에서 얼음이 어는 걸 보네."

천상천하 유아독존이거늘 사람들은 대부분 지말적인 것만을 쫓고 그 본질을 추구하지 않고 있다. (그러나) 먼저 본질을 깨닫게 되면 바람 불면 저절로 풀이 눕고 물이 흐르면 자연히 개울이 되는 것이다. (송의 구절 가운데) "서서히 가며 흐르는 물소리 밟아 끊는다"는 말은 서서히 행동할 때는 세차게 흐르는 물소리도 또한 밟아서 끊는다는 뜻이다. "마음대로 보며 새 날아간 흔적을 그려낸다"는 말은 위아래로 한번 훑어보며 날아가는 새의 자취조차도 그대로 그려낼 수 있다는 뜻이다. 여기 (이런 경지에) 이르게 되면 확탕지옥과 노탄지옥(의 불길)이라도 훅 불어서 꺼버릴 수 있으며 검수도산 지옥의 그 칼마저도 (한번의) '할' 소리로써 (모두) 꺾어버리는 것이 그렇게 어려운 일이 아니다.

【평창해설】

설두는 송의 첫째 구절과 둘째 구절을 통해서 말로 설명할 수 없는 본래자기를 활구적으로 드러냈다. 그리하여 우리로 하여금 그 본래자리를 깨닫도록 자극하고 있다. 부처니 중생이니 객관이니 주관이니…… 이런 고정관념에서 벗어나 어떤 상황이나 대상을 만나더라도 그것과 혼연일체가 될 수만 있다면, 그런 걸림없는 경지에 이를 수만 있다면 우린 송의 첫째 구절과 둘째 구절의 참뜻을 간파할 수 있을 것이다. 장경혜릉(長慶慧

稜)은 이 깨달음의 소감을 이렇게 읊었다.

"불 속에서 얼음이 어는 걸 보네."

　나 자신의 본성은 절대적이며 독립적이거늘 사람들은 대부분 이 본성을 등지고 지말적인 것(언어문자)만을 따라가고 있다. 그러나 우선 먼저 나 자신의 본성을 깨닫게 되면, 바람 불자 풀이 눕고 물이 흐르면 개울이 되듯 지말적인 것들은 저절로 뒤따라오게 된다. 천천히 걸어가면서 흐르는 물소리를 밟아 끊을 수 있고 흘깃 봄에 새의 날아간 흔적을 그려낼 수 있다면, 이토록 빠르고 역동적일 수만 있다면 저 무시무시한 지옥마저 부셔버릴 수가 있다.

【評　　唱】

　雪竇到此하야 慈悲之故로 恐人坐在無事界中하야 復道「草茸茸, 煙羃羃이라하니」所以蓋覆谷하야 直得草茸茸, 煙羃羃이로다 且道是什麽人境界오 喚作日日是好日得麽。且喜沒交涉이로다 直得徐行踏斷流水聲이라도 也不是며 縱觀寫出飛禽跡이라도 也不是며 草茸茸也不是며 煙羃羃也不是니 直饒總不恁麽라도 正是「空生巖畔花狼籍라」也須是 轉過那邊始得이니라 豈不見須菩提巖中宴坐에 諸天雨花讚嘆커늘 尊者曰「空中雨花讚嘆復是何人고」天曰「我是天帝釋이라」尊者曰「汝何讚嘆고」天曰「我重尊者善說般若波羅蜜多라」尊者曰「我於般若未嘗說一字어늘 汝云何讚歎고」天曰「尊者無說하고 我乃無聞하니 無說無聞이 是眞般若라하고」又復動地雨花라

【평창번역】

　설두는 여기 이르러 자비심이 많은 까닭에 사람들이 무사안일에만 빠져 있을까 염려해서 다시 이렇게 말했다. "풀이 무성하고 연기 자욱함이

여"(그런데 이 말은 앞부분의 말을) 모두 덮어버려서(부정해 버려서) 풀이 무성하고 연기만 자욱하게 만들어 버린 것이다. 자, 말해보라. 이것이 어떤 사람의 경계(차원)인가. '일일시호일'이라고 부를 수 있겠는가. (설령 그렇게 부르더라도) 본뜻과는 전혀 관계가 없다. 서서히 가며 흐르는 물소리를 밟아 끊더라도 또한 옳지 않으며, 마음대로 보며 새 날아간 흔적을 그려내더라도 또한 옳지 않으며, 풀이 무성하더라도 또한 옳지 않으며, 연기가 자욱하더라도 또한 옳지 않다. 비록 모두 다 이렇지 않더라도 바로 이 "수보리 앉은 바윗가에 꽃잎이 낭자한 상태"일 뿐이니 또한 여기에서 한 번 더 박차고 나가지 않으면 안 된다. 다음과 같은 사실을 (여러분은) 이미 알고 있을 것이다. ―수보리 존자가 바위에 앉아 좌선하고 있는데 천신(天神)들이 꽃비를 뿌리며 찬탄했다.

(수보리)존자가 말했다. "공중에서 꽃비를 뿌리며 (나를) 찬탄하는 이는 도대체 누군가?"

천신이 말했다. "나는 인드라(제석) 신이다."

존자가 말했다. "그대가 왜 (나를) 찬탄하는가?"

천신이 말했다. "난 존자께서 절대지혜(반야바라밀다)에 대해서 잘 설명하는 것을 소중히 생각하고 있다."

존자가 말했다. "난 반야(지혜)에 대해서 단 한 글자도 말하지 않았거늘 그대는 어찌 나를 찬탄하는가."

천신이 말했다. "존자는 말하지 않았고 난 듣지 않았나니 말할 수도 없고 들을 수도 없는 이것이 바로 '진정한 반야'다."

(천신은 이렇게 말한 다음) 땅을 흔들며 또 다시 꽃비를 뿌렸다.

【평창해설】

이렇게 되면 사람들은 '아무것도 없다'는 이 허무에 곧잘 빠져 버린다. 그래서 설두는 재빨리 현상의 차원으로 내려와 앞의 허무적인 발언을 모두 부정하고 있다. "풀이 무성하고 / 연기가 자욱하다"고 말하고 있다. 그렇다면 이게 도대체 어떤 사람의 경지인가? '일일시호일'의 경지라고 말하더라도 이미 빗나가 버리고 말았다. 물소리를 짓밟아 끊어버린다 해도 아직 멀었고, 새 날아간 흔적을 그릴 수 있다 해도 아직 멀었고 풀이 무성하고 연기 자욱한 경지에 이르렀다 해도 아직 멀었다. 이런 경지가 모두 궁극적이 아니라고 부정하더라도 아직은 거기 '아무것도 없다'는 이 부정의 흔적이 남아 있다. 그러므로 이 부정[空]의 차원마저 넘어서지 않으면 안 된다.

【評　唱】

　雪竇亦曾有頌云「雨過雲凝曉半開하니　數峰如畫碧崔嵬라　空生不解巖中坐하야　惹得天花動地來로다」天帝旣動地雨花하니　到這裏更藏去那裏오．雪竇又道호대「我恐逃之逃不得이라　大方之外皆充塞이라　忙忙擾擾知何窮가　八面淸風惹衣裓기라하니」直得淨躶躶，赤洒洒하야　都無纖毫過患이라도　也未爲極則이라．且畢竟如何卽是오．看取下文하라．云「彈指堪悲舜若多하노라」梵語舜若多는　此云虛空神이니　以虛空爲體하야　無身覺觸이라．得佛光照하야　方現得身이라．你若得似舜若多神時에　雪竇正好彈指悲歎하나니라．又云「莫動著하라하니」動著時如何오．白日靑天에　開眼瞌睡로다

【평창번역】

　설두는 또한 (다음과 같은) 송을 읊은 일이 있었다.

　　비 그치고 구름 엉켜 새벽은 반쯤 열렸는데
　　산봉우리들은 그림이듯 드높게 푸르렀네
　　수보리는 바위에 앉아 좌선한다는 생각조차 없는데도

하늘꽃이 결국 대지를 진동시켰네.

인드라(Indra, 帝釋)신이 땅을 흔들며 꽃비를 내렸으니 여기 이르러선 다시 어느 곳에 가 숨으려는가. 설두는 또 말하길(송을 읊기를),

그것(허공)으로부터 달아나더라도 달아나지 못할까 걱정되나니
(그것은) 온 누리에 가득차 있네
드넓고도 드넓으니 어찌 본자리를 알겠는가
팔방에서 청풍이 옷깃을 끄네.

─라고 했으니 적나라 적쇄쇄하여 털끝만큼의 잘못이 없더라도 또한 극칙(極則, 본질)이 아니다. 자, 필경 어찌해야 한단 말인가.

다음의 문구를 보라. "손가락을 튕기며 저 허공신을 슬퍼하노라." 인도 말로 '순야다(舜若多, Sunyata)'는 여기(중국)선 '허공신'을 말하나니 (허공신은) 허공을 몸으로 삼고 있기 때문에 몸의 촉감이 없다. (그러므로) 부처의 빛〔佛光〕을 비춰줘야만 비로소 그 몸을 나타낼 수 있다. 그대가 만일 (이) 순야다 신과 같은 바로 이때에 설두는 손가락을 튕기며 비탄해 하고 있다. 또 말하길 "움직이지 말라"고 했으니 움직일 때는 어떤가. 백일청천에 눈을 뜨고 조는 격이다.

【평창해설】

그리하여 마침내 관념의 티끌 한 오라기마저 없는 경지에 이르렀다 하더라도 아직은 궁극적이라고 할 수가 없다. 그렇기에 설두는 아무것도 없는 저 허공과 같은 상태를 슬퍼하고 있는 것이다. 그런 다음 즉시 뒤를 이어 이렇게 말하고 있다. "잠깐, 생각을 움직이지 말라. 움직이면 (관념의) 그림자가 나타난다〔動則影現〕. 또 다시 백일몽을 꾸게 된다."

第 7 則
法眼答慧超
법안, 혜초의 물음에 답하다

【垂　　示】

　垂示云「聲前一句는 千聖不傳이라 未曾親覷인댄 如隔大千이라 設使 向聲前辨得하야 截斷天下人舌頭라도 亦未是性燥漢이라 所以道호대 天 不能蓋하고 地不能載하며 虛空不能容하고 日月不能照라하니 無佛處獨 稱尊하야사 始較些子니라 其或未然인댄 於一毫頭上透得하야 放大光明 하며 七縱八橫하야 於法自在自由하면 信手拈來無有不是하리라 且道得 箇什麼하야 如此奇特고」復云「大衆會麼아 從前汗馬無人識하니 只要 重論蓋代功이로다 卽今事且致하고 雪竇公案又作麼生고 看取下文하라」

【수시번역】

　㉠ 말로 표현되기 이전의 진리는 모든 성인네들조차 전할 수 없다. 아직 친히 보지(체험하지) 못했으니 (그 진리와 그대의 거리는) 너무나 멀다. 설령 말로 표현되기 이전에 깨달아서 천하인들의 말문을 막아버렸다 하더라도 이 또한 대단한 사람이라고 말할 수는 없다.
　㉡ 그러므로 말하길 "하늘이 능히 덮지 못하고 땅이 능히 싣지 못하며 허공이 능히 용납하지 못하고 해와 달이 능히 비추지 못한다"고 했다. 부

처마저도 인정치 않는 곳(경지)에서 독불장군이 돼야만 비로소 그런대로 봐줄 만하다.

ⓒ 그렇지 않으면 한 털끝〔一言半句〕 위에서 깨달아 큰 광명을 놓으며 걸리는 것이 없어 이 모든 것에서 자유자재하면 무엇을 거론하더라도 (모두 다) 옳지 않음이 없을 것이다.

ⓒ 자, 말해보라. 무엇을 얻어야만 이처럼 대단해질 수 있겠는가. 다시 이르노니 여러분은 알겠는가. 종전의 땀흘린 말〔馬〕을 아는 사람이 없으니 큰 업적을 거듭 논하고자 한다.

ⓒ 지금의 일(지금까지 한 말)은 그렇다치고 설두의 공안을 어떻게 할 것인가. 본칙의 문장을 보자.

【수시해설】

다음의 다섯 마디로 되어 있다.

첫째 마디(㉠) : 불조(佛祖)가 태어나기 그 이전의 일〔本分事〕에 대해서 말하고 있다.

둘째 마디(㉡) : 우리의 본성을 능가할 수 있는 것은 아무것도 없다는 걸 강조하고 있다.

셋째 마디(㉢) : 공안의 활구를 통해서 깨닫게 되면 이 모든 곳에서 자유로울 수 있다는 걸 말하고 있다.

넷째 마디(㉣) : 깨달음을 얻기 위한 옛 사람들의 피나는 노력을 되새기라는 말이다.

다섯째 마디(㉤) : 본칙공안에 대한 언급이다.

【本　　則】

〔本則〕擧, 僧問法眼호대(道什麼오 檜柶過狀[1]이로다) 慧超咨和尙하나이

다 如何是佛이닛고(道什麽²⁾오 眼睛突出이로다) 法眼云「汝是慧超니라」(依模脫出이로다 鐵餕餡라 就身打劫이로다)

【본칙번역】

승(혜초)이 법안에게 물었다.
　　뭐라 하는가. 자업자득이로군.
혜초가 화상에게 묻나이다. "어떤 것이 부처입니까?"
　　뭐라 말하는가. 눈알이 튀어나왔군.
법안이 말했다. "여시혜츠(汝是慧超, 그대는 혜초니라)."
　　물음과 대답이 꼭 닮았다. 무쇠로 빚은 만두다. 모조리 빼앗아 버리는군

【본칙과 착어해설】

　△ 뭐라 하는가.　　혜초가 법안에게 묻기 위해 입을 벌리는 순간 이미 빗나가 버리고 말았기 때문이다.
　△ 자업자득이로군.　　물을 수 없는 것을 묻고 있는 것은 스스로가 '나는 죄인입니다' 하고 자백하는 것과도 같다.
　△ 뭐라 말하는가.　　'부처'란 언어로 설명할 수 있는 것이 아니기 때문이다.
　△ 눈알이 튀어나왔군.　　물을 수 없는 걸 묻고 있는 혜초 선객의 용감무쌍함을 원오는 이런 식으로 풍자하고 있다.
　◎ "여시혜초(汝是慧超, 그대는 혜초니라)."　　이 부분은 활구이므로 문자풀이로 알려고 한다면 어림도 없다. "일체중생에게 불성이 있기 때문에 혜초에게도 물론 불성이 있다. 혜초에게 불성이 있다면 혜초는 틀림없이

---

1) '道什麼櫓枷過狀' 7자 慧超杏利尙의 아래에 있다(福本).
2) '道什麼' 3자 없음(福本).

미래의 부처다. 그래서 '혜초여, 그대는 부처다'라고 말한 것이다"—라고 이해하는 순간 벗이여, 그대는 빗나가도 한참을 빗나가 버렸다는 이 사실을 명심하라. 글자풀이는 너무나 쉬운데 그 속뜻은 전혀 감조차 잡을 수 없는 법안의 이 활구를 벗이여, 꿰뚫고 지나가야 한다. 그대 일생을 다 바쳐서 말이다.

△ **물음과 대답이 꼭 닮았다.** 법안의 대답이 물음과 똑같은 기세이기 때문이다.

△ **무쇠로 빚은 만두다.** 법안의 대답은 아무 맛도 없고 생각이나 짐작으로는 도무지 알 수 없는 말이기 때문이다.

△ **모조리 빼앗아 버리는군.** 법안의 대답은 혜초의 분별심을 모조리 빼앗아 버렸다. 그리하여 분별심의 그림자조차 얼씬거릴 수 없는 지경에까지 몰고 갔다.

【評　　唱】

〔評唱〕法眼禪師有啐啄同時底機하며 具啐啄同時底用할새 方能如此答話라 所謂超聲越色하야 得大自在하며 縱奪臨時요 殺活在我라 不妨奇特이로다 然而此箇公案을 諸方商量者多하며 作情解會者不少라 不知古人凡垂示一言半句가 如擊石火, 似閃電光하야 直下撥開一條正路하고 後人只管去言句上作解會道호대 「慧超便是佛이라 所以法眼恁麽答이라하나라」 有者道호대 「大似騎牛覓牛라하며」 有者道호대 「問處便是라하나니」 有什麽交涉이리요 若恁麽會去댄 不惟辜負自己라 亦乃深屈古人이로다 若要見他全機댄 除非是一棒打不回頭底漢이라 牙如劍樹하고 口似血盆하며 向言外知歸하면 方有少分相應이니라 若一一作情解댄 盡大地是滅胡種族底漢이니라 只如超禪客於此悟去는 也是他尋常管帶參究라 所以一言之下如桶底脫相似니라

【평창번역】

　선사 법안은 줄탁동시(啐啄同時)의 능력이 있었으며 줄탁동시의 활동력을 구비했기 때문에 비로소 이런 식으로 대답할 수 있었다. 이른바 성색(聲色, 현상계)을 초월하여 대 자유를 얻어서 놔줄 때는 놔주고 뺏을 때는 뺏으며 죽이고 살리기를 마음대로 했으니 참으로 대단하다(고 할 수 있다). 그러나 본 공안을 이곳 저곳의 선원에서 (제멋대로) 생각하는 자가 많으며 분별심으로 알려는 자가 (또한) 적지 않다. 옛 사람(법안)이 수시(垂示, 거론)한 일언반구(一言半句)는 전광석화와 같아서 즉시 한가닥 정로(正路)를 열어준다는 (이 사실을) 알지 못하고 뒷사람들은 오직 언구(言句)를 따라 분별심을 내어 이렇게 말하고 있다. "혜초는 부처이기 때문에 법안이 이렇게 대답했다." 어떤 이는 말하길 "소를 타고 소를 찾는 것과 같다"고 하며 또 어떤 이는 말하길 "물은 곳이 바로 이것〔佛〕"이라 하나니 본뜻과 무슨 관계가 있겠는가. 만일 이런 식으로 안다면 자기 자신을 배신할 뿐만 아니라 또한 옛 사람을 아주 욕되게 하는 것이다. 만일 저 (법안)의 진면목을 알고자 할진댄 한 방망이 때려도 뒤도 돌아보지 않는 사람이어야만 한다. 이빨은 (그냥) 칼의 숲 같(이 날카롭)고 입은 피가 흥건한 동이 같으며 말 밖〔言外〕을 향해서 돌아갈 곳을 알면 비로소 (법안과) 약간의 공감하는 바가 있을 것이다. (허나) 만일 하나하나를 분별심으로 알려고 한다면 온 대지가 (그대로) 불법을 파괴하는 자(들로 가득 차게 될 것)이다. 그건 그렇고 초(혜초)선객이 여기(법안의 말)에서 깨달은 것은 또한 저(혜초)가 몸과 마음을 다하여 (공안)참구(에 매진)했기 때문이다. 그러므로 (혜초는 법안의) 일언지하에 통 밑이 쑥! 빠지는 것과 같(은 경험을 할 수 있었던 것이)다.

【평창해설】

　법안(法眼文益)은 법안종을 창시한 사람으로 그 가풍(家風, 교수방법)이 간단명료하며 단도직입적인 것으로 유명하다. 이를 '줄탁동시(啐啄同時)의 가르침'이라고 한다. 이 말은 '어미 닭이 알을 부화시킬 때 병아리가 알 속에서 나오려고 껍질을 쪼면[啐], 바로 그 자리를 어미 닭이 쪼아주듯[啄] 상대방의 수준과 상태에 가장 적절한 가르침을 준다'는 뜻이다. 그 대표적인 예가 바로 본칙공안인데 본칙공안은 분별심으로는 도무지 알 수 없는 전광석화와도 같은 경지라고 할 수 있다. 그러나 사람들은 곧잘 다음과 같은 식으로 말하고 있다. "혜초 자신이 곧 부처였기 때문에 법안은 이렇게 대답했다." "혜초의 물음은 즉 부처가 부처를 물은 격이니 마치 소를 타고 소를 찾는 격이다." "혜초가 물은 바로 그곳이 부처이므로 법안은 이렇게 대답했다." 그러나 이런 식의 문자풀이를 통해서는 법안의 대답을 도무지 알 수가 없다. 문자풀이의 차원을 뛰어넘어 그 어떤 언어의 암시에도 걸려들지 않는 그런 수행자라야만 비로소 법안의 참뜻을 간파할 수 있다. 만일 본칙공안을 단지 문자풀이로서만 이해하려 한다면 그건 바로 선(禪)을 말살시키려는 수작일 뿐이다. 혜초는 법안의 이 대답을 듣는 순간 깨달음을 얻었는데 그것은 마치 꽉 막힌 나무통 밑이 쑥! 빠져버리는 것과도 같은 시원함이었다. 혜초가 이렇게 법안의 단 한 마디 말에 깨달음을 얻을 수 있었던 것은 그냥 우연히 그렇게 된 것이 아니다. 거기에는 이렇게 되기까지 몸과 마음을 다 기울여 좌선수행을 해온 피나는 노력이 있었던 것이다. 깨달음을 얻고 싶거든 벗이여, 그대도 이렇게 하라. 그대의 모든 걸 여기 쏟아라. 저 흐르는 물도 공짜가 없다.

【評　　唱】

只如則監院在法眼會中하야 也不曾參請入室이라 一日法眼問云「則監院何不來入室고」 則云「和尙豈不知닛가 某甲於靑林處有箇入頭니다」 法眼云「汝試爲我擧看하라」 則云「某甲問『如何是佛이닛고하니』 林云『丙丁童子來求火라하더이다』」 法眼云「好語라 恐你錯會니

可更說看하라」 則云 「丙丁屬火ㄴ 以火求火라 如某甲是佛이어늘 更去
覓佛이리요」 法眼云 「監院果然錯會了也로다」 則不憤하야 便起單渡江
去라 法眼云 「此人若回可救어니와 若不回救不得也라」 則到中路自忖
云 「他是五百人善知識이라 豈可謾我耶아하고」 遂回再參하니라 法眼云
「你但問我하라 我爲你答하리라」 則便問 「如何是佛이닛고」 法眼云 「丙
丁童子來求火라하니」 則於言下大悟라 如今有者只管瞠眼作解會하야
所謂彼旣無瘡이니 勿傷之也하라하니라 這般公案은 久參者一擧便知落
處하리니 法眼下謂之箭鋒相拄라 更不用五位君臣과 四料簡하고 直論
箭鋒相拄니 是他家風如此니라 一句下便見하면 當陽便透어니와 若向句
下尋思하면 卒摸索不著하리라

【평창번역】

그건 그렇고 측감원이 법안의 문하에 머물고 있을 때 또한 일찍이 (도를) 묻는 일도 없고 입실(入室)하는 일도 없었다. 어느 날 법안이 말했다.

"측감원, (자네) 어찌 입실하지 않는가?"

측감원이 말했다. "화상은 모르셨습니까? 제가 청림(靑林)문하에 있을 때 깨달은 바가 있었습니다."

법안이 말했다. "자넨 시험삼아 (다시 한번) 내게 거론해 보라."

측감원이 말했다. "제가 '어떤 것이 부처냐'고 물었더니 청림이 말하길 '병정동자래구화(丙丁童子來求火)'라 했습니다."

법안이 말했다. "(음, 다주) 멋진 말이군. 자네가 혹 잘못 알고 있을까 걱정스러우니 다시 한번 더 (그 뜻을) 말해 보게."

측감원이 말했다. "병정(丙丁)은 불에 속하나니('丙丁童子'는 '불'이란 뜻이니) 불이 불을 구하는 격이라. 저 자신이 부처거니 다시 (어디) 가서 부처를 찾겠습니까?"

법안이 말했다. "측감원, (자네) 과연 잘못 알고 있었구나."

이 말을 들은 측(감원)은 몹시 화가 나서 그대로 선원을 떠나 양자강을 건너가 버리고 말았다. (이 사실을 안) 법안은 (이렇게) 말했다. "이 친구가 만일 되돌아온다면 구제할 수 있거니와 되돌아오지 않는다면 구제불능이다." 측감원은 가는 도중에 스스로에게 이렇게 말했다. "저(법안)는 500명의 (제자를 거느린) 스승이다. (그런 그가) 어찌 나를 기만했겠는가?" (생각이 여기에 미치자 측감원은) 즉시 되돌아와서 다시 (법안을) 뵈었다.
　법안이 말했다. "자넨 그저 묻기만 하게. 내가 자네 대신 대답하겠네."
　측감원이 말했다. "어떤 것이 부처입니까?"
　법안이 말했다. "병정동자래구화(丙丁童子來求火, 불이 불을 찾고 있다)."
　측(감원)은 (법안의) 이 말을 듣는 순간 크게 깨달았다. 요즈음 어떤 이는 오직 두 눈을 부릅뜨고 분별심을 일으켜 이렇게 말한다. "저(혜초)에겐 전혀 상처가 없으니 상처를 내지 말라." (법안의) 이런 공안은 오랫동안 (공안) 참구를 한 사람이라면 한 번 척 거론하면 그 즉시 그 핵심을 간파해 버리나니 법안문하에서는 그것(이런 식의 대답)을 일러 '두 화살촉이 맞닿았다〔箭鋒相拄〕'고 말한다. 다시는 (동산의) 오위군신(五位君臣)과 (임제의) 사료간(四料簡)을 쓰지 않고 곧바로 전봉상주(箭鋒相拄)를 논하나니 저(법안)의 가풍은 (원래) 이런 식이다. (법안의 이) 한 구절 아래서 문득 간파하게 되면 분명히 깨닫게 된다. (그러나) 만일 글귀 아래서 생각으로 알려고 한다면 제아무리 (기를 쓰고) 찾아봐도 찾을 수 없을 것이다.

【평창해설】

　측감원이란 선승에게 준 공안을 예로 들어 법안의 단도직입적인 가풍을 설명하고 있다. 측감원은 청림(青林 → '青峰'의 잘못된 표기이다)에게 "어떤 것이 부처냐"고 물었다. 청림은 "병정동자래구화(丙丁童子來求火, 불이 불을 찾는다)"라고 대답했다. 그런데 측감원은 이 말을 글자 뜻대로만 알고 있었다. 그러나 청림의 이 말은 활구이므로 글자풀이로만은 그 참뜻을 절대로 알 수가 없다. 법안은 측감원의 글자풀이를 듣고는 "자네 청림의 말을 잘못 알고 있다"고 말해줬다. 그러자 측감원은 화가 나서 그만 그 길로 양자강을 건너가 버렸다. 왜냐하면 자신은 오랫동안 참선수행을 한 고참이며 깨달음을 얻었다고 자부하고 있었기 때문이다. 그러나 화가 좀 가라앉자 그는 법안의 말에 뭔가 심상치 않은 데가 있음을 알았다. 법안은 당시 500명의 수행자들을 지도하고 있었으며 자타가 공인하는 대선지식(큰스승)이었다. 그런 그가 거짓말을 할 리는 만무했다. 그래서 측감원은 다시 법안에게로 되돌아와 자신의 경솔한 행동을 사과했다. 사실 법안은 측감원이 틀림없이 되돌아 올 것을 이미 알고 있었다. 법안은 측감원의 마음 속에 마지막 남아 있는 분별심을 제거해 주기 위하여 이렇게 말했다. "측감원. 자넨 그저 물어만 보게. 대답은 내가 하겠네."

측감원이 말했다. "어떤 것이 부처입니까?"

법안이 말했다. "병정동자래구화."

법안의 이 말을 듣는 순간 측감원의 마음에 남아 있던 '내가 곧 부처'라는 이 마지막 분별심이 지워져 버렸다. 이렇게 하여 그는 마침내 진짜 깨달음을 얻게 된 것이다. 그런데 어떤 이들은 잘 알지도 못하면서 법안을 일러 이런 식으로 말하고 있다. "혜초는 원래부터 부처거니 더 이상 흠집을 내지 말라." 오랫동안 참선수행을 한 사람이라면 법안의 이 말을 듣는 순간 그 참뜻을 간파할 수 있을 것이다. 법안문하에서는 법안의 이런 단도직입적인 대답을 일러 '물음과 대답이 딱 맞아 떨어졌다〔箭鋒相拄〕'고 일컫는다. 조동문하의 오위군신(五位君臣)이나 임제문하의 사료간(四料簡) 같은 복잡한 방법을 쓰지 않고 법안은 이처럼 단도직입적이며 간단명료한 방법을 썼던 것이다. 그러므로 법안의 이 한 마디〔一句〕를 간파하게 되면 분명하게 깨달음을 체험할 것이다. 그러나 만일 법안의 이 한 마디를 문자풀이나 심사숙고를 통해서 이해하려 한다면 결코 그 참뜻을 간파할 수 없다.

【評　　唱】

　　法眼出世有五百衆이니 是時佛法大興하니라 時韶國師久依疏山하더니 自謂得旨라하고 乃集疏山平生文字頂相하야 領衆行脚하니라 至法眼會下하야 他亦不去入室하고 只令參徒隨衆入室하니라 一日法眼陞座하니 有僧問「如何是曹源一滴水닛고」法眼云「是曹源一滴水니라」其僧惘然而退어늘 韶在衆聞之하고 忽然大悟하니라 後出世, 承嗣法眼하니 有頌呈云 通玄峰頂은 不是人間이라 心外無法하니 滿目靑山이로다 法眼印云「只這一頌이 可繼吾宗이로다 子後有王侯敬重하리니 吾不如汝로다」看他古人恁麼悟去하라 是什麼道理요 不可只敎山僧說이니 須是自己二六時中打辦精神이니라 似恁麼與他承當하면 他日向十字街頭垂手爲人도 也不爲難事라

【평창번역】

　　법안이 세상에 나가 가르침을 펴게 되자 그 문하에는 언제나 500명의 수행자들이 있었으니 그 당시 불법(佛法)은 크게 번창했다. 그때 소국사(韶國師)가 오랫동안 소산의 문하에 있었다. (그는) 스스로 깨달음을 얻었다고 말하며 소산이 남긴 평생의 언어를 모아서 초상화와 함께 가지고 무리들을 인솔하여 행각길에 올랐다. 법안문하에 이르러 그 역시 (개인적으로는) 입실(入室)하지 않고 다만 참례하는 무리〔參徒〕로서 대중을 따라 입실했다. 어느 날 법안이 (설법을 하기 위해) 법좌(法座, 法床)에 올랐다. 어떤 승이 물었다. "여하시조원일적수(如何是曹源一滴水, 어떤 것이 조계의 근원에서 발원한 한 방울 물입니까)?" 법안이 대답했다. "시조원일적수(是曹源一滴水, 이것이 바로 조계의 근원에서 발원한 한 방울 물이니라)." (법안의 이 말을 들은) 승은 망연자실해 하며 물러갔다. (그때 마침) 소(국사)가 대중 속에 있다가 그 소리를 듣고는 문득 크게 깨달았다. (그래서) 후에 세상에 나가 가르침을 펼 때는 법안의 법을 이었다. (소국사는) 다음의 게송

을 지어 (법안에게) 올렸다.

통현봉은 / 인간세상 아니네
마음 밖에 사물이 없나니 / 두 눈 가득 푸른산이네.

법안은 (이 송을 읽고 나서 소국사를) 인가해 주며 말했다. "이 게송 한 수가 나의 종풍(宗風)을 이었다. 자넨 이 뒤에 왕후의 공경을 받으리니 자넨 나와 같지 않을 것이다." 저 옛 사람(소국사)이 이렇게 깨달은 걸 여겨 보라. 이 무슨 도리인가. 산승(원오)으로 하여금 (그것을) 설명해 보라는 건 옳지 않다. 그대 스스로가 하루 24시간 가운데 전력투구하지 않으면 안 된다. 이같이 저 소국사처럼만 된다면 뒷날 세상에 나와 중생제도하는 것도 또한 그렇게 어려운 일이 아닐 것이다.

【평창해설】

물음에 딱 맞아 떨어진 법안의 대답으로서 여기 '조원일적수(曹源一滴水)' 공안을 그 실례로 들고 있다.

어떤 승이 물었다. "어떤 것이 '조원일적수(선의 핵심)' 입니까?"
법안이 대답했다. "시즈원일적수(是曹源一滴水, 이것이 바로 조원일적수니라)."

이처럼 법안은 언제나 묻는 말의 어세에 딱 들어맞는 대답을 하곤 했다. "'어떤 것이 조원일적수냐'고 물은 바로 그것이 '조원일적수'다. 그래서 법안은 이런 식으로 대답한 것이다."—라고 알았다면 정말 대단하다고 할 수 있다. 그러나 이는 어디까지나 글자풀이 수준을 벗어나지 못했으므로 그 참뜻과는 거리가 멀다는 걸 알아야 한다.

여하튼 법안의 이 대답을 옆에서 듣던 천태덕소(天台德韶)라는 선승(후에 국사가 됐다)은 큰 깨달음을 얻었다. 그러나 정작 물음을 던진 승은 법안의 말뜻을 알지 못했으므로 망연자실한 표정으로 퇴장하고 말했다. 이에 대하여 더 이상의 설명은 옳지 않으므로 벗이여, 그대 스스로가 전력투구하여 이 참뜻을 간파하지 않으면 안 된다. 저 천태덕소의 경우처럼 확철대오하게 되면 이 풍진 세상속으로 들어와 중생을 교화하는 것이 그렇게 어려운 일은 아닐 것이다.

【評　　唱】

　所以僧問法眼호대「如何是佛이닛고」法眼云「汝是慧超라하니」有甚相辜負處리오 不見雲門道호대「擧不顧하면 卽差互라 擬思量하면 何劫悟리요」雪竇後面頌得하니 不妨顯赫이로다 試擧看하라

【평창번역】

　그러므로 승이 법안에게 묻기를 "어떤 것이 부처냐"고 하자 법안이 말하길 "여시혜초(汝是慧超, 그대는 혜초)"라고 했으니 (여기) 어찌 서로 배반한 곳이 있겠는가. 운문이 다음과 같이 말한 사실을 그대는 이미 알고 있을 것이다. "거론할 때 척 깨닫지 못하면 / 그대로 어긋나 버리고 만다 / (더구나) 생각으로 알려고 한다면 / 어느 세월에 깨닫겠는가." 설두가 이 뒤에 송을 했으니 (그 뜻이) 아주 분명하기 이를 데 없다. 시험삼아 거론해 보자.

【평창해설】

　다시 본칙공안으로 돌아와서 "어떤 것이 부처냐"는 물음에 "여시혜초(汝是慧超, 그대는 혜초)"라고 했으니 이 역시 물음과 대답이 딱 맞아떨어

진 경우다. 이런 식으로 거론하는 즉시 그 참뜻을 척! 깨닫지 못하면 이미 어긋나 버리고 만다. 게다가 이치도 따지거나 생각으로 헤아리려 든다면 벗이여, 깨달음의 날은 영영 오지 않을 것이다. 설두는 송에서 본칙공안의 구조를 보다 극명하게 드러내 보이고 있다.

【頌】

〔頌〕江國春風吹不起어늘(盡大地那裏得這消息고 文彩已彰이라) 鷓鴣啼在深花裏라(喃喃何用고 又被風吹別調中이라 豈有恁麼事오) 三級浪高魚化龍이어늘(通這一路로다 莫謾大衆好하라 踏著龍頭로다) 癡人猶戽夜塘水라 (扶籬摸壁하고 挨門傍戶하니 衲僧有什麼用處리요 守株待兎로다)

【송번역】

강남에 봄바람 아직 불기 전
    온 대지 어디에서 이런 소식을 얻었는가. 문채(文彩, 흔적)가 이미 다 드러나 버렸다.
자고새는 꽃숲에서 우짖고 있네.
    우짖어서 뭘 하려는가. 바람이 불자 그 곡조만 더욱 묘해지는군. 어찌 이런 일이 있는가.
삼단의 물결 거슬러 고기는 용이 됐거늘
    이 한길이 통했군. 대중을 속이지 말라. 용의 머리를 밟았다.
어리석은 이는 아직도 밤 연못의 믈을 퍼내고 있네.
    담벼락을 더듬고 문 밖에서 기웃거리니 (그대 같은) 수행자를 어디 쓰겠는가. 참 어리석기 짝이 없군.

【송과 착어 해설】

◎ 강남에 봄바람 아직 불기 전 자고새는 꽃숲에서 우짖고 있네.   이치적으로 본다면 '봄바람 불고 꽃이 피고 그 다음 자고새가 운다'고 해야 맞다. 그러나 봄바람이 불기도 전에 이미 꽃은 피고 자고새는 우짖는다고 했으니 이게 무슨 소식인가? 언어를 사용했으나 언어의 흔적이 전혀 나지 않은 법안의 대답('여시혜초')을 비유적으로 읊은 것이다. 단지 시구로서도 이 두 구절은 참 멋지다. 그러나 시구, 그 이상의 깊은 뜻이 있으니 너무 시정(詩情)에만 젖어선 안 된다.

△ 우짖어서 뭘 하려는가.   이 자리는 소리도 없고 형체도 없기 때문이다.

△ 바람이 불자 그 곡조만 더욱 묘해지는군.   그러나 흔적 없는 소리로 이 자리를 읊어내니 이 또한 여간 멋진 게 아니다.

△ 어찌 이런 일이 있는가.   그러나 눈으로 보고 귀로 들을 수 없는 경지거니 어찌 이런 일이 있을 수 있단 말인가.

◎ 삼단의 물결 거슬러 고기는 용이 됐거늘   법안의 대답을 듣는 즉시 깨달음을 얻은 혜초를 지금 '용문의 삼단물결을 거슬러 용이 되어 승천하고 있는 고기'에 견주고 있다.

△ 이 한길이 통했군.   말뜻이 누구나 알 수 있도록 분명하기 때문이다.

△ 대중을 속이지 말라.   설두여. 온천지에 용이 아닌 게 어디 있단 말인가. 더 이상 말장난하지 말게.

△ 용의 머리를 밟았다.   온누리가 그대로 온통 용일 뿐이다. 다만 우리들 눈이 멀었기 때문에 이를 모르고 있을 뿐이다. 벗이여, 분발하라. T.V.는 그만 보고……

◎ 어리석은 이는 아직도 밤 연못의 물을 퍼내고 있네.   고기는 이미 용문의 삼단폭포를 거슬러 용이 되어 승천했거늘 어리석은 이는 고기를 잡으려고 연못의 물을 퍼내고 있다. 그것도 칠흑 같은 밤에……. 혜초는

이미 깨달음을 얻어 승천했거늘 사람들은 법안의 말만 붙들고 이러쿵저러쿵 실랑이를 벌이고 있다.

　△ 담벼락을 더듬고 ~ 어리석기 짝이 없군.　　글자풀이나 하고 이치로만 따지고 앉아 있으니 벗이여, 어느 세월에 그 백일몽이 깨겠는가. 이런 어리석은 짓은 이제 더 이상 하지 말라. 이 문 안에 들어오면 서울대학 아니라 하버드대학의 할애비라도 전혀 쓸모가 없다는 이 사실을 명심하기 바란다.

【評　　唱】

〔評唱〕雪竇是作家라 於古人難咬難嚼, 難透難見, 節角誵訛處에 頌出敎人見하니 不妨奇特이라 雪竇識得法眼關棙子하며 又知慧超落處라 更恐後人向法眼言句下錯作解會할새 所以頌出이라 這僧如此問과 法眼如是答이 便是「江國春風吹不起에 鷓鴣啼在深花裏니」 此兩句只是一句니라 且道雪竇意在什麼處오 江西江南多作兩般解會道호대 「江國春風吹不起는 用頌汝是慧超라 只這箇消息은 直饒江國春風也吹不起라 鷓鴣啼在深花裏는 用頌諸方商量這話浩浩地가 似鷓鴣啼在深花裏相似라하니」 有什麼交涉。리오 殊不知雪竇這兩句只是一句로다 要得無縫無罅아 明明向汝道하노니 言也端, 語也端이며 蓋天蓋地라 他問「如何是佛이닛고」 法眼云「汝是慧超니라」 雪竇道「江國春風吹不起, 鷓鴣啼在深花裏라하니」 向這裏薦得去하면 可以丹霄獨步하리라 你若作情解하면 三生六十劫이니라

【평창번역】

　설두는 대단한 선승이다. 옛 사람(의 글귀 가운데) 음미하기 어렵고 간파하기 어렵고 심오한 곳을 송해서 사람들로 하여금 (그 핵심을) 깨닫도록

하니 (이것은) 아주 대단한 것이다. 설두는 법안(이 말한 그 말)의 핵심을 알았으며 또 혜초의 깨달은 곳〔悟處〕도 알았다. (설두는) 뒷사람들이 법안의 말(뜻)을 잘못 알까봐 다시 송을 읊었다. 이 승의 이 같은 물음과 법안의 이 같은 대답이 바로 "강남에서 봄바람 불어오기 전 / 자고새는 꽃숲에서 우짖고 있는" 경지니 이 두 글귀는 다만 한 글귀일 뿐이다. 자, 말해보라. 설두의 진의가 어디에 있는가. (그런데) 강서 강남(江西江南의 선객들)은 대부분 (이를) 두 가지(두 글귀)로 이해하고는 이렇게 말한다. "'강남에서 봄바람 불어오기 전'이란 '그대는 혜초니라'라고 말한 본칙공안의 구절을 읊은 것이다. 다만 이 소식은 비록 강남의 봄바람도 불어오기 전이다. '자고새는 꽃숲에서 우짖고 있네'는 여러 선원에서 이 공안에 대하여 제멋대로 생각하고 있는 것이 마치 '자고새가 꽃숲에서 우짖고 있는 것'과 같다." 그러나 이는 본뜻과 전혀 관계가 없다. 설두의 이 두 글귀가 실은 (서로의 뜻이 이어진) 한 글귀라는 (이 사실을) 전혀 모르고 있다. 언어의 흔적조차 없는 경지를 얻고자 하는가. 분명히 그대에게 이르노니 언어, 그 자체가 바로 그것이니 (이 언어 속에는) 하늘과 땅을 뒤덮는 (소식이 있다) 저(승)가 "어떤 것이 부처냐"고 물으니 법안이 "여시혜초(汝是慧超, 그대는 혜초)"라고 대답했다. (여기에 대하여) 설두는 말하길 "강남에 봄바람 불어오기 전 / 자고새는 꽃숲에서 우짖고 있네"라고 했으니 여기(이 글귀)에서 깨닫게 되면 홀로 저 허공을 걸어가는 것〔丹霄獨步, 절대경지에서 노니는 것〕이 가능하리라. (그러나) 만일 분별심을 일으킨다면 영영 깨달을 기약이 없을 것이다.

【평창해설】

강서(江西)와 강남(江南)은 '양자강 서쪽과 양자강 남쪽'을 일컫는 말로서 '중국 전체'를 말한다. 사실 도(道)의 핵심은 바로 우리가 늘 쓰고 있는 이 '말'이요, '언어'다. 이 '말'과 '언어' 속에는 천지를 뒤덮는 소식이 있다. 그러나 우리의 눈이 멀었기에 지금은 이걸 모르고 있을 뿐이다.

혜초가 말했다. "어떤 것이 부처입니까?"
법안이 말했다. "여시혜초(汝是慧超, 그대는 혜초니라)."

이 법안의 말뜻을 간파하게 되든 홀로 저 하늘을 걸어가듯 절대자유의 경지에서 노닐게 될 것이다. 그러나 생각으로 이해하려 든다면 깨달음의 날은 영영 오지 않는다. 왜냐하면 물을 맑힌답시고 자꾸 우물을 휘젓고 있기 때문이다. (아뿔싸. 나 또한 지금 우물을 휘젓고 있군.)

【評　唱】

雪竇第三第四句는 忒煞傷慈하야 爲人一時說破로다 超禪師當下大悟處가 如「三級浪高魚化龍, 癡人猶戽夜塘水라」禹門三級浪이요 孟津卽是龍門이니 禹帝鑿爲三級하니라 今三月三, 桃花開時에 天地所感하야 有魚透得龍門하면 頭上生角하고 昂鬐鬣尾하야 拏雲而去하나니 跳不得者는 點額而回니라 癡人向言下咬嚼이 似戽夜塘之水求魚相似니 殊不知魚已化爲龍也로다 端師翁有頌云호대 一文大光錢으로 買得箇油糍하야 喫向肚裏了하니 當下不聞飢라하니 此頌極好나 只是太拙이라 雪竇頌得極巧하야 不傷鋒犯手르 舊時慶藏主愛問人하되「如何是三級浪高魚化龍고하니」我也不必在타 我且問你³⁾하노라「化作龍去하니 卽今在什麽處오」

---

3) '愛問人~我且問你' (二十二三)
　a. 愛問人 三級浪高魚化龍 也不必在 我三問你(十八字・蜀本).
　b. 問人如何是三級浪高魚化龍 我也不問你(十七字・福本).

【평창번역】

　설두(송)의 제3구 제4구는 특히 자비심이 지나쳐서 사람들을 위하여 일시에 설파한 곳이다. 혜초선사가 (법안의 대답을 들은) 즉시 깨달은 곳은 마치 "삼단의 물결 거슬러 고기는 용이 됐거늘 / 어리석은 이는 아직도 밤 연못의 물을 퍼내고 있는 것"과도 같다. 우문(禹門 龍門)에 삼단의 물결 (이는 곳)이 있고 맹진(孟津)은 용문(龍門)을 말하나니 우(禹)임금이 (홍수를 다스리기 위해서 용문을) 쪼개어 삼단으로 만들었다. 삼월삼일 복사꽃이 필 때면 천지에 감응하는 바가 있어 (고기들은 다투어 용문의 삼단폭포를 거슬러 올라가는데) 용문을 거슬러 올라간 고기가 있으면 머리에 뿔이 나서 말의 갈기 같은 (용의) 꼬리를 높이 쳐들며 구름을 헤치고 (하늘로 날아)간다. (그러나 용문의 삼단폭포를) 거슬러 올라가지 못한 (고기는) 머리에 상처를 입고 되돌아온다. 저 어리석은 사람이 말만 가지고 이리저리 해석하는 것은 마치 '밤 연못의 물을 퍼내며 고기를 찾는 것'과 같나니 고기는 이미 용이 되어 (하늘로 올라간 줄을) 전혀 모르고 있다. 단사옹(백운수단)의 다음과 같은 시가 있다.

　　　한 푼의 대광전(大光錢)으로
　　　기름떡을 사네
　　　배부르게 먹어 치우니
　　　허기는 간데 없네.

　이 시는 아주 멋지긴 하나 너무 졸렬하다. (그러나) 설두의 송은 묘하기 이를 데 없어 그 칼날에 손이 다치지 않았다(관념의 흔적이 없다). 옛적에 경장주는 즐겨 사람들에게 다음과 같이 묻곤 했다. "어떤 것이 삼단의 물결 높은데 고기는 용이 된 것인가?" (그러나) 나(원오)라면 이런 식으로 묻지 않겠다. 내가 그대에게 묻노라 "(고기는 이미) 용이 됐으니 (그 용은) 지금 어디 있는가?"

【평창해설】

　본칙공안에 대하여 백운수단(白雲守端)은 멋진 시를 읊었다. 하지만 '배부르다'니 '더 이상 배고프지 않다' 느니 하는 흔적이 아직 남아 있다. 여기 비하면 설두의 본칙송은 전혀 흔적이 없다. 원오의 도반이었던 경장주(慶藏主)라는 이는 사람들에게 곧잘 다음과 같이 물었다. "어떤 것이 삼단의 물결 높은데 고기는 용이 된 것인가?" 그러나 원오라면 이런 식으로 묻지 않겠다고 하면서 원오는 자신의 물음을 던지고 있다. "고기는 용이 됐는데 자, 그 용은 지금 어디 있는가?" 경장주의 물음에는 박진감이 없고 핵심이 없다. 왜냐하면 여기 '고기'와 '용'의 구별이 있고 '삼단의 물결'이 있기 때문이다. 그러나 원오의 물음은 단도직입적이다. '용'이 있는 곳을 대라고 그 핵심을 찌르고 있기 때문이다.

第 8 則
翠巖夏末示衆
취암, 하안거 말에 설법하다

【垂　　示】

　垂示云「會則途中受用이니 如龍得水요 似虎靠山이라 不會則世諦流布니 羝羊觸藩이요 守株待兔라 有時一句如踞地獅子요 有時一句如金剛王寶劍이며 有時一句坐斷天下人舌頭하며 有時一句隨波逐浪이라 若也途中受用인댄 遇知音하야 別機宜하며 識休咎하야 相共證明하나니라 若也世諦流布댄 具一隻眼하야 可以坐斷十方하며 壁立千仞하나니라 所以道호대 大用現前, 不存軌則이라 有時將一莖草作丈六金身用하며 有時將丈六金身作一莖草用이니라 且道憑箇什麽道理오 還委悉麽아 試擧看하라」

【수시번역】

　㉠ 알면 깨달음의 도중에서 미리 깨달음의 희열을 맛볼 것이니 용이 물을 얻은 것 같고 범이 산을 의지한 것과 같을 것이요, 모르면 세제(世諦, 상대적인 진리)만 퍼지리니 진퇴양난이요, 말뚝을 지키며 토끼를 기다리는 것[守株待兔]과 같다.
　㉡ 어떤 때의 한 글귀는 웅크리고 앉아 있는 사자와 같고 지혜의 검과

같다. 어떤 때의 한 글귀는 천하인들의 언어를 제압하며 (또) 어떤 때의 한 글귀는 파도를 따라(인연을 따라) 굽이친다.

ⓒ 만일 깨달음의 도중에서 미리 깨달음의 희열을 맛본다면 지음인을 만나 사람과 사람 사이의 만남의 때를 알게 될 것이다. (그리고) 아름다움과 추함을 알아서 서로를 증명하게 될 것이다. (그러나) 만일 세제가 우포된다면 일척안(一隻眼, 제3의 눈)을 갖춰서 온누리를 제압하고 천 길 벼랑에 우뚝 서게 되리라.

ⓔ 그러므로 말하길 '큰 활동이 전개되면 사소한 규칙 등은 존재할 수 없다'고 했다. 어떤 때는 풀 한 포기를 가지고 부처〔佛身〕로 쓰며 (또) 어떤 때는 부처〔佛身〕를 가지고 풀 한 포기로 쓴다.

ⓜ 자, 말해보라. 무슨 이치에 의해서 (이렇게 되는가) 알겠는가? 시험삼아 거론해 보자.

【스시해설】

다섯 마디로 돼 있다.

첫째 마디(ⓖ) : 깨달으면 모든 것에서 자유롭지만 그러나 깨닫지 못하면 도처에서 장애물에 부딪친다는 걸 말하고 있다.

둘째 마디(ⓛ) : 깨달은 사람의 자유로운 기략을 언급하고 있다.

셋째 마디(ⓒ) : 그 깨달음을 이 삶 속에서 활용하고자 한다면 우선 먼저 안목을 갖추지 않으면 안 된다는 걸 말하고 있다.

넷째 마디(ⓔ) : 깨달음의 분명한 체험이 있게 되면 그 사람에겐 더 이상 규범이 필요치 않다. 왜냐하면 그는 그때 그때의 상황에 따라 거기 알맞은 규범을 스스로 만들어 쓰기 때문이다.

다섯째 마디(ⓜ) : 결론적으로 위에 말한 모든 것은 본칙공안을 통해서 체험할 것을 권하고 있다.

【本　　則】

〔本則〕擧, 翠巖夏末示衆云「一夏以來로 爲兄弟說話하니(開口焉 知恁麼리요) 看翠巖眉毛在麼아(只贏得眼睛也落地니 和鼻孔也失了로다 入 地獄如箭射라)」保福云「作賊人心虛니다」(灼然 是賊識賊이니라) 長慶 云「生也니다」(舌頭落地[1]로다 將錯就錯이라 果然) 雲門云「關」(走在什麼 處去오 天下衲僧跳不出이라 敗也로다)

【본칙번역】

여름 결재가 끝나는 날 취암이 대중에게 말했다. "여름 결재 기간 동안 줄곧 (난) 형제들을 위해서 설법했다.

　　(설령) 입을 연다한들 어찌 이를 알겠는가.

(자)보라. 취암의 눈썹이 (아직도 남아) 있는가."

　　결국 눈알이 땅에 떨어졌을 뿐만 아니라 콧구멍마저 잃어버리고 말았다. 쏜살같이 지옥으로 들어가는군.

보복이 말했다. "작적인심허(作賊人心虛, 도적질한 사람의 마음은 두려움에 차 있습니다)."

　　명백하군. 적이 적을 알아보는군.

장경이 말했다. "생야(生也, (눈썹이) 나왔습니다)."

　　혀가 떨어졌군. 전화위복이다. 과연.

운문이 말했다. "관(關, 관문)."

　　달아나서 어디에 가 있는가. 천하의 수행자들은 (운문의 손아귀에서) 벗어날 수 없다. 패배했군.

---

1) '地'는 也(福本).

【본칙과 착어 해설】

△ (설령) 입을 연다한들 어찌 이를 알겠는가.　아무리 자상하게 말을 해줘도 귀머거리에겐 아무 쓸모가 없다.

◎ (자)보라. 취암의 눈썹이 (아직도 남아) 있는가.　불법을 잘못 달하게 되면 눈썹이 모두 빠져버린다는 이야기가 있다. 취암은 여름결재 90일 동안 수행자들을 위해서 참으로 많은 말을 했다. 그러나 진정한 불법은 말의 차원을 넘어선 곳에 있으므로 입을 벌리는 순간 이미 어긋나 버리고 만다. 그러므로 취암의 눈썹은 빠져도 빠져도 수십 번은 빠져 버렸을 것이다. 왜냐하면 말할 수 없는 것에 대해서 너무나 많은 말을 했기 때문이다. 그래서 취암은 지금 자신의 눈썹이 아직도 남아 있는지 잘 보라고 말하고 있다. ……그러나 기묘하게 위장한 취암의 이 말은 수행자들의 수행 정도를 시험해 보려고 던진 낚싯밥이요, 활구라는 걸 알아야 한다. 그렇기에 《종전초》에선 이렇게 읊고 있다.

'달은 교교히 빛나고 바람은 살살 불어온다.
이런 대단한 도적놈 같으니…….'

△ 결국 눈알이 ~ 지옥으로 들어가는군.　반어적으로 취암을 칭찬한 말이다.

◎ "작적인심허(作賊人心虛, 도적질한 사람의 마음은 두려움에 차 있습니다)."　보복의 활구다.

◎ "생야(生也, (눈썹이) 나왔습니다)."　장경의 활구다.

△ 혀가 떨어졌군 ~ 과연.　반어적으로 장경을 칭찬한 대목이다.

◎ "관(關, 관문)."　운문의 활구다.

△ 달아나서 어디에 ~ 패배했군.　이 역시 반어적으로 운문을 칭찬한 대목이다.

본칙공안의 단막극 속에는 취암, 보복, 장경, 운문, 이렇게 네 명의 배우가 등장한다. 이 가운데 주역은 취암이요 조연은 나머지 세 사람이다. 우선 먼저 염두에 둬야 할 점은 이 네 사람의 경지가 동일하다는 것이다. 동일한 경지를 체험한 네 명의 거장들이 제각기 다른 차림으로 나와서 우리를 혼란시키고 있다. 즉 취암은 세 사람을 시험해 보는 주역의 입장에서 미끼를 던지고 있다. 이에 대하여 첫째, 보복은 '작적인심허'라고 대답했는데 이는 취암보다 한 수 정도 낮게 포복을 한 연출법이다. 둘째, 장경은 '생야'라고 대답했는데 이는 취암과 맞수로서 대등한 연출을 한 것이다. 셋째, 운문은 '관'이라고 대답했는데 이는 취암보다 한 수 위인 고자세로 연출을 한 것이다. 이처럼 세 사람이 제각각 한 수 낮게, 대등하게, 한 수 높게 응수했으나 사실은 여기 우열은 없다. 다만 우열이 없는 곳에서 우열이 있는 것처럼 연출을 하고 있는 것이다. 바로 이 점이 우리로 하여금 많은 분별심을 일으키게 하고 있다. 선승들은 참으로 고약한 작자들이다. 사람을 골탕먹여도 꼭 이런 식으로 골탕먹여야만 속이 후련하단 말인가. ……허나 이건 골탕을 먹이려는 게 아니라 그 골탕먹음을 통해서 우리로 하여금 깨달음을 체험할 수 있도록 하기 위한 자비심인 것이다. 너무나도 고마워해야 한다. 이 기찬 공안의 구조 앞에서…….

【評　　唱】

〔評唱〕古人有晨參暮請이라 翠巖至夏末卻恁麼示衆하니 然而不妨孤峻이요 不妨驚天動地로다 且道一大藏敎五千四十八卷이 不免說心說性, 說頓說漸이어니와 還有這箇消息麼아 一等是恁麼時節이나 翠巖就中奇特이로다 看他恁麼道하라 且道他意落在什麼處오 古人垂一鉤가 終不虛設이니 須是有箇道理爲人이니라 人多錯會道호대 「白日靑天說無向當話하야 無事生事라 夏末先自說過하고 先自點檢[2)]하야 免得別人點檢他라하니」 且喜沒交涉이로다 這般見解를 謂之滅胡種族이라 歷代宗

師出世에 若不垂示於人이면 都無利益이라 圖箇什麽오 到這裏見得透
ᄒᆞ면 方知古人有驅耕夫之牛와 奪飢人之食手段이로다 如今人問著ᄒᆞ면
便向言句下咬嚼ᄒᆞ며 眉毛上作活計라 看他屋裏人ᄒᆞ라 自然知他行履
處할새 千變萬化와 節角聱訛라도 著著有出身之路하야 便能如此與他
酬唱이로다 此語若無奇特인댄 雲門, 保福, 長慶三人이 呕呕地與他酬
唱하야 作什麽오

【평창번역】

 옛 사람은 아침저녁으로 도(道)를 묻고 수행했다. 취암이 여름결재가 끝나는 날 이렇게 (본칙공안의 내용과 같이) 대중들에게 말했으니 (그 뜻이) 매우 깊고 경이롭다. 자, 말해보라. 대장경 5천 48권이 (한결같이) 마음〔心〕과 성품〔性〕에 대해서 말하고 질러가는 방법〔頓〕과 점진적인 방법〔漸〕에 대해서 말했거니와 이 같은 (본칙공안과 같은) 소식이 있는가. 역대의 선사들이 모두들 우리를 깨우쳐 주기 위하여 많은 가르침을 줬으나 그 가운데에서도 특히 취암이 간연 돋브인다. 저(취암)가 이런 식으로 (본칙공안처럼) 말하는 걸 보라. 자, 말해브라. 저(취암)의 본뜻이 어디에 있는가? 옛 사람이 던진 낚싯바늘(사람들을 깨우쳐 주기 위해 제시한 언어)은 결코 아무렇게나 멋대로 던진 것이 아니니 (거기 반드시) 사람을 의하는 이쳐가 있었던 것이다. (그런데) 사람들은 대부분 (본칙공안을) 잘못 알고는 이렇게 말한다. "벌건 대낮에 황당무계한 말을 해서 아무 일도 없는데 일부러 일거리를 만들었다. 여름결재가 끝나는 날 스스로가 (자신의) 허물을 말하여 미리 스스로를 점검해서 타인이 자신(취암)을 점검하지 못하게 했다." 그러나 (이렇게 말하는 것은) 본뜻과는 전혀 관계가 없다. 이런 견해를 일컬 '불법을 파멸시키는 두리들의 견해'라고 한다. 역대의 스승들이 이 세

---

2) '先自說過 先自點檢' 八字 先責己過(福本).

상에 출현하시는데 만일 사람들에게 가르침을 주지 않는다면 (그분네들은) 아무 이익이 되지 않나니 무엇을 하려는 것일까(무슨 목적으로 이 세상에 출현하신 걸까)? 여기(본칙공안)에서 분명히 깨닫게 되면 고인에게는 (정말) 대단한 수완이 있다는 걸 비로소 알게 될 것이다. 지금 사람들에게 물어 볼라치면 말의 해석에만 급급해 하고 (취암의) 눈썹 위에서만 분별심을 일으키고 있다. (그러나) 저 집안 사람들(취암, 보복, 장경, 운문은 모두 설봉의 제자들이다)을 보라. 자연히(즉시) 저 (취암)의 태도를 간파하고는 (제아무리) 변화무쌍하고 난해하고 심오한 곳일지라도 (취암의 술책에 말려들지 않고) 척척 받아넘길 수 있었던 것이다. 그래서 능히 이같이 (본칙공안의 내용과 같이) 응수할 수 있었다. 이 말(취암의 말)이 만일 대단하지 않았다면 운문, 보복, 장경, 이 세 사람이 떠들썩하게 저(취암)와 응수해서 (도대체) 뭘 할 것인가?

【평창해설】

대장경(불경의 총칭)에조차 본칙공안과 같은 격외(格外)의 소식을 설하지 않았다. 그러므로 불경공부만을 한 사람에게는 선의 공안들이 참으로 황당무계한 말장난처럼 느껴질 것이다. 그래서 사람들은 흔히 동문서답을 일컬어 선문답이라 말하고 있다. 그러나 선의 공안들은 결코 그런 황당무계한 동문서답이 아니다. 대장경에조차 없는, 아니 이 세상의 어떤 책 속에도 없는 소식을 이해가 아니라 그대 스스로의 것으로 체험시키기 위한 절실하기 이를 데 없는 언어들이다. 언어의 절정은 시(詩)다. 그러나 이 시조차 선의 공안에 오면 공안에 대한 정서적인 주석(頌)에 불과하다. 선의 공안, 그 속에 있는 활구들……. 이 이상의 언어는 없다. 이 활구는 목숨보다 더 소중한 것들이다.

분명한 이 한 구절이여

이 몸 부셔 가루를 낸다 해도
그 은혜 길이 갚을 길 없네
(一句了然超百億　粉骨碎身未足酬)

공안 속의 활구는 절대로 글자풀이만으로 이해하려 해선 안 된다. 아니 할 수도 없다. 거기 오직 목숨을 내걸고 달려드는 절실함만이 필요할 뿐이다. 이 목숨을 담보로 동문서답 같은 이 활구를 붙들고 늘어질 때, 때가 되면 문이 열린다. 이건 결코 거짓말이 아니다. 그러기에 조주는 이렇게 말하지 않았던가. "20년만 활구를 붙들고 참선수행을 하게 되면 깨닫지 못할 자 없다. 내 말이 거짓말이라면 그 땐 노승의 모가지를 베어가라." 여기 본칙공안에 등장하는 네 사람은 모두 깨달은 이들이다. 그래서 말이 떨어지기가 무섭게 척척 같아 넘기고 있다. 벗이여. 우리도 깨치게 되면 이분네들처럼 된다.

【評　　唱】

保福云「作賊人心虛라하니」乃因此語하야 惹得適來說許多情解로다 且道保福意作麼生고 切忌向句下覓他古人이니라 你若生情起念하면 則換你眼睛하리라 殊不知保福下一轉語가 截斷翠巖脚跟이로다

【평창번역】

보복이 말하길 "작적인심허(作賊人心虛, 도적질한 사람의 마음은 두려움에 차 있습니다)"라 했으니 이 말이 결과적으로 갖가지 다른 해석을 낳게 했다. 자, 말해보라. 보복의 뜻은 어떤 것인가. (보복의) 말속에서 저 고인(보복)을 찾으려는 것은 금물이다. 그대 만일 분별심을 일으킨다면 그 즉시 그대의 눈알은 도둑맞을 것이다. 보복의 이 말(작적인심허)이 취암을

꼼짝 못하게 붙잡아 버렸다는 사실을 (그대는) 전혀 모르고 있다.

【평창해설】

보복의 대답 '작적인심허'는 특히 많은 분별심을 일으키게 하는 대목이다. 그러나 이 대목을 글자풀이로만 이해하고 있다면 벗이여, 그대는 이미 끝장이다. 왜냐하면 보복의 이 말은 취암의 낚싯밥을 그냥 송두리째 빼앗아 버리는 전략이기 때문이다.

【評　　唱】

長慶云「生也라」人多道호대「長慶隨翠巖脚跟轉하야 所以道生也라하니」且得沒交涉이로다 不知長慶自出他見解道生也니 各有出身處로다 我且問你하노니「是什麼處是生處오」一似作家面前金剛王寶劍을 直下便用이라 若能打破常流見解하고 截斷得失是非하면 方見長慶與他酬唱處하리라

【평창번역】

장경은 말하길 "생야(生也, 눈썹이) 나왔습니다)"라 했다. 사람들은 대부분 말하길 "장경은 취암(의 어조)을 따라서 '생야'라 했다"고 하나니 본뜻과는 전혀 관계가 없다. 장경은 (순전히) 자기 자신의 견해로서 '생야'라고 한 줄을 전혀 모르고 있다. (이처럼 보복과 장경은) 제각각 자신만의 경지가 있었던 것이다. 그대에게 묻노니 "어느 곳이 '눈썹이 나온 곳〔生處〕'인가." (이는) 마치 거장의 면전에다 지혜의 검을 한 번 휘두른 것과도 같다. 일상적인 분별망상의 견해를 타파하고 득실시비를 절단해 버리면 비로소 장경이 저(취암)에게 응수한 곳을 간파하게 될 것이다.

【평창해설】

'생야'라고 대답한 장경의 말을 두고 사람들은 이런 식으로 평하고 있다. "장경은 취암과 맞장구를 쳤다." 그러나 맞장구를 친 것 같은 장경의 이 말은 실은 장경 자신의 경지를 단적으로 드러낸 활구라는 걸 명심하라. 이는 마치 지혜의 검을 한 번 휘두른 것과도 같이 멋지다. 모든 분별심이 사라질 때 비로소 장경의 이 말을 간파하게 될 것이다.

【評　唱】

雲門云「關이라하니」不妨奇特이나 只是難參이로다 雲門大師多以一字禪示人이라 雖一字中須具三句니 看他古人臨機酬唱하라 自然與今時人逈別이니라 此乃下句底樣子라 他雖如此道나 意決不在那裏니라 旣不在那裏댄 且道在什麼處오 也須子細自參始得이니라 若是明眼人인댄 有照天照地底手脚하야 直下八面玲瓏하리라 雪竇爲他一箇關字로 和他三箇하야 穿作一串頌出이라

【평창번역】

운문은 "관(關, 관문)"이라 했으니 아주 대단하나 (이 말의 경지를 실제로) 체험하기가 무척 어렵다. 운문은 대부분 일자선(一字禪)으로 사람들을 가르쳤다. 그러나 이 일자(一字) 속에는 (예외 없이) 세 글귀(三句)가 포함돼 있나니 저 옛 사람(운문)의 응수한 것을 보라. 지금 사람들과는 너무나도 다르다. ('관'이라고 응수한 이 말은) 일전어(一轉語)를 말하는 (운문의) 방식이다. 운문이 비록 이런 식으로 말했으나 그 뜻은 결코 거기(그 '관' 자의 글자풀이)에 있지 않다. 기기 그('관' 자) 속에 뜻이 없다면 자, 말해보라. 어디 있는가? 그대 스스로가 자세히 참구해 보지 않으면 안 된다. 만일 눈밝은 이라면 하늘과 땅을 비춰보는 능력이 있어서 이 모든 곳에서

영롱하게 빛날 것이다. 설두는 운문의 '관(關)' 자 한 개로 그 셋(취암, 보복, 장경)을 하나로 묶어 송을 읊고 있다.

【평창해설】

운문은 '관'이라고 대답했는데 이 대목이야말로 그 참뜻을 간파하기가 쉽지 않다. 운문은 늘상 이런 식으로 단 한 글자의 활구법〔一字禪〕을 사용하곤 했다. 그러나 이 '관(關, 관문)'이란 글자풀이를 통해선 결코 운문의 참뜻을 간파할 수가 없다. 운문의 이 '관' 자야말로 정말 치밀하고 깊게 간파하지 않으면 안 된다. 왜냐하면 자칫 글자풀이의 암시에 걸려 영영 헤어날 수 없기 때문이다. 이 글을 쓰고 있는 나 자신의 머리 속에도 지금 이 순간 이 〈관(關)이란 관문의 뜻〉이 어른거리고 있다. 바로 이 '관문'이라는 언어의 그림자를 지워버려야 한다. 그러나 이건 좌선수행을 하지 않고는, 생각만으로는 절대로 되지 않는다. 그래서 설두는 '송'에서 운문의 이 '관' 자를 중심으로 취암, 보복, 장경을 몰아잡아 읊고 있다.

【頌】

〔頌〕翠嚴示徒는(這老賊이 敎壞人家男女로다) 千古無對로다(千箇萬箇중에 也有一箇半箇라 分一節이라) 關字相酬나(不信道, 不妨奇特이라 若是恁麼人이면 方解恁麼道니라) 失錢遭罪로다(飮氣呑聲이니 雪竇也不少라 和聲便打하다) 潦倒保福은(同行道伴이 猶作這去就로다 兩箇三箇라) 抑揚難得이요(放行把住라 誰是同生同死오 莫謗他好하라 且喜沒交涉이로다) 嘮嘮翠嚴은(這野狐精, 合取口好하라) 分明是賊이라(道著也不妨이니 捉敗了也로다) 白圭無玷커니(還辨得麼아 天下人不知價로다) 誰辨眞假오(多只是假니 山僧從來無眼이라 碧眼胡僧이로다) 長慶相諳하고(是精識精이니 須是他始得이니라 未得一半在로다) 眉毛生也라하니라(在什麼處오 從頂門上至脚跟下에 一莖草[3)]

也無로다)

【송번역】

취암이 대중에게 한 말은
 이런 도적놈 같으니, 사람들을 타락시키는군.
천고에 대적할 사람이 없네
 천 사람 만 사람 가운데 또한 한 사람의 절반이나 있을까. 딱 들어맞는 반쪽이로군.
'관(關)'자로 응수했으나
 참 대단하다고 말하지 않았는가. 이런 사람(운문)이라야 이런 식의 말을 할 수 있다.
돈 잃고 쇠고랑을 차는 격이네
 말문이 막혔군. 설두 역시 잘못이 많군. 입 벌리는 대로 후려치리라.
멍청한 보복은
 같은 도반들인데 또 이런 식이군. 두 놈 세 놈 역시 피장파장이군.
깎아 내리기도 추켜올리기도 어중간하네
 방행(放行, 긍정)과 파주(把住, 부정)로군. 누가 생사를 같이 할 것인가. 보복을 헐뜯지 말라. (말대로만 알았다간) 본뜻을 전혀 모르게 된다.
말 많은 취암은
 이 여우 같은 늙은이여 입닥쳐라.
분명히 도적이라
 말할 수 있는 것 또한 대단하니 (도적을) 잡아 굴복시켰다.
백옥에 흠이 없거니
 알겠는가. 사람들은 그 정확한 가격을 모른다.

---

3) '草' 없음(蜀本) (← 蜀本削草也 種電鈔).

그 누가 진위를 구분하겠는가
> 대부분이 가짜들이니 산승(원오) 또한 두 눈이 멀었다. 오직 달마만이 알 수 있다.

장경은 알아차리고
> 요귀라야 요귀를 알아보나니 저(장경)가 아니면 안 된다. 그러나 저(장경)도 아직 좀 부족한 데가 있다.

눈썹이 나왔다고 말했네
> 어느 곳에 있는가. 머리에서 발끝까지 (눈썹이라곤) 한 오라기도 없다.

【송과 착어해설】

△ **이런 도적놈 같으니. 사람들을 타락시키는군.** 취암은 지금 말할 수도 없고 가리켜 보일 수도 없는 이 소식을 사람들에게 거론하고 있다. 그러나 거론하면 그럴수록 오염되는 것이 이 소식이다. 그러므로 취암이야말로 날 강도 같은 놈이요, 순박한 사람들을 진리니, 부처니 따위의 개념으로 타락시키는 장본인이다.

◎ **천고에 대적할 사람이 없네** 그 누구도 '보라. 취암의 눈썹이 아직도 남아 있는가' 하고 취임식의 활구를 휘두를 수는 없다. 임제의 할이나 덕산의 방망이도 취암의 이 활구 앞에서는 한낱 아이들의 장난에 불과하다. 그래서 설두는 지금 이런 식으로 취암을 절찬하고 있다.

△ **딱 들어맞는 반쪽이로군.** 취암의 말과 그걸 절찬한 설두의 시구 '천고에 대적할 사람이 없네'는 반으로 쪼갠 두 쪽의 대나무처럼 딱 들어맞는다.

◎ **돈 잃고 쇠고랑을 차는 격이네** 운문의 이 멋진 한 수인 '관(關, 관문)'이 어찌 돈 잃고 쇠고랑을 차는 격인가. 잠깐, 움직이지 말고 정지! 생각을 일으키지 말라. 전광석화처럼 이 말의 참뜻을 간파하지 못했다면 더 이상 머리 굴려 알려고 하지 말라. 이미 어긋나도 한참을 어긋나 버리고

말았다. 설두의 이 시구는 정말 소름끼치는 대목이다. 수행자라면 적어도 이 정도의 안목은 있어야 한다.

△ 말문이 막혔군.　이 대목에서 과연 누가 입을 놀릴 수 있단 말인가.

△ 설두 역시 잘못이 많군.　그러나 원오는 설두보다 한술 더 뜨고 있다. 선배를 능가하지 못하면 그건 진정한 후배의 자격이 없다.

△ 입 벌리는 대로 후려치리라.　원오는 자신을 후려치고 있다. 지금 이 자리에선 취암이고 부처고 달마고 나발이고가 모두 몽둥이감일 뿐이다.

◎ 멍청한 보복은 / 깎아 내리기도 추켜올리기도 어중간하네　보복은, 보복의 활구는 표면상으로만 본다면 정말 어중간하다. 왜냐하면 깎아 내리자니 그 말뜻이 심상치 않고 그렇다고 추켜올리자니 기세가 약하다.

△ 같은 도반들인데 ~ 피장파장이군.　어디 보복만이 이런가. 취암, 장경, 운문, 설두, 원오. 이들이 모두 보복과 오십 보 백 보에 있다. 왜냐하면 이미 언어의 사정권속으로 모두 들어와 있기 때문이다.

△ 방행(긍정)과 파주(부정)로군.　깎아 내리는 건 파주(把住)의 입장이요, 추켜올리는 건 방행(放行)의 입장이다. 설두는 지금 보복을 방행과 파주의 그 중간쯤에 세워 놓고 머뭇거리고 있다.

△ 누가 생사를 ~ 전혀 모르게 된다.　그러나 설두의 갈을 액면대로 알았다간 정말 큰코다친다. 사실 설두만큼 보복의 심중을 간파하고 있는 지음인은 없다. 보복을 어정쩡하게 평하고 있는 설두의 이 시구야말로 실은 보복을 극찬한 대목이다. 왜냐하면 방행으로도 파주로도 보복을 전부 설명할 수 없기 때문이다. 그처럼 보복은 변장술이 뛰어나다.

◎ 말 많은 취암은　반어적인 극찬이다.

△ 이 여우 같은 늙은이여 입 닥쳐라.　이 역시 반어적으로 취암을 극찬하고 있는 구절이다.

제8칙 翠巖夏末示衆 | 257

◎ 분명히 도적이라　　번뇌망상을, 분별심을 송두리째 앗아가 버리니 삼세제불과 역대조사들은 도적이 아니고 무엇이란 말인가. 그 중에서도 제일 흉악한 도적은 취암이다.
　　△ (도적을) 잡아 굴복시켰다.　　원오는 취암, 이 흉악한 도적마저 이미 간파해 버렸다.
　　◎ 백옥에 흠이 없거니　　사람들을 깨우쳐 주기 위해서 취암은 많은 말을 하고 있다. 그러나 취암의 본마음은 티 하나 없는 백옥, 바로 그것이다.
　　◎ 그 누가 진위를 구분하겠는가　　진짜가 아니면 진짜를 알 수 없다. 그러나 주변엔 온통 가짜뿐이니 이것이 슬픈 일이다.
　　△ 산승(원오) 또한 두 눈이 멀었다.　　진짜를 보는 순간 그것은 이미 진짜가 아니다. 왜냐하면 보이는 나와 보이는 대상이 아직 거기 있기 때문이다. 그래서 원오는 "자신의 눈이 멀었기에 그걸 볼 수 없다(그것과 하나가 됐다)"고 반어적인 표현을 쓰고 있다.
　　△ 오직 달마만이 알 수 있다.　　그러나 달마인들 용빼는 재주가 있을 리 없다. '안다'면 이미 진짜가 아니다. 거기 알아야 할 대상과 알아버린 주관이 남아 있기 때문이다.
　　△ 요귀라야 ~ 아니면 안 된다.　　장경은 이미 취암을 간파했다.
　　△ 그러나 저(장경)도 아직 좀 부족한 데가 있다.　　왜냐하면 '눈썹이 나왔다'고 모두 다 말로 내쏟아 버렸기 때문이다. '진짜 말은 입 밖으로 나오지 않는 법이다〔眞言不出口〕'.
　　△ 어느 곳에 있는가.　　원오는 '눈썹이 나왔다'고 말한 장경을 다그치고 있다. '도대체 그 눈썹이 어디 있느냐'고.
　　△ 머리에서 ~ 한 오라기도 없다.　　원오는 눈썹의 그림자조차 얼씬거릴 수 없는 그 본래자리를 단적으로 내보이고 있다. 그러나 이 대목은 동시에 반어적으로 장경을 칭찬한 곳이다.

【評　　唱】

〔評唱〕雪竇若不恁麼慈悲頌出令人見이면 爭得名善知識이리요 古人如此하야 一一皆是事不獲已어늘 蓋爲後學著他言句하야 轉生情解할새 所以不見古人意旨로다 如今忽有箇出來하야 掀倒禪床하고 喝散大衆하면 怪他不得이니라 雖然如此나 也須實到這田地始得이니라

【평창번역】

설두가 이렇게 자비심으로 송을 읊어 사람들로 하여금 그 본뜻을 깨닫도록 해 주지 않았다면 어찌 (그를) 선지식(스승)이라고 할 수 있겠는가. 옛 사람(설두)의 자비심은 이와 같아서 그 말 한 마디 한 마디가 모두 부득이한 일이었거늘 후학들이 저(설두)의 언구(言句)에 집착해서 점점 더 분별심을 내고 있다. 이 때문에 옛 사람(설두)의 본뜻을 모르는 것이다. 지금 여기 어떤 이가 불현듯 앞으로 나와 선상을 뒤엎고 할(喝)을 하여 대중들을 흩어버린다면 그를 괴이하다고 말할 수 없다. 비록 그렇긴 하나 또한 (그대 스스로가) 직접 이런 경지에 이르지 않으면 안 된다.

【평창해설】

설두의 시구(송)는 하나같이 후학들을 깨우쳐 주기 위한 자비로 가득차 있다. 그러나 사람들은 오로지 글자풀이로만 이해하려 들기 때문에 설두의 참뜻을 놓쳐 버리고 있다. 지금 이 자리에서 누군가가 불쑥 일어나 선상(禪床)을 뒤엎어 버리고 할(喝)을 하여 청중들을 흩어버린다면 이것이야말로 대단하다고 할 수 있다. 그러나 진정한 체득을 전제로 해야만이 이런 행위는 인정받을 수 있다.

【評　唱】

雪竇道호대「千古無對라」他只道호대「看翠巖眉毛在麼아하니」有什麼奇特處하야 便乃千古無對인가 須知古人吐一言半句出來함이 不是造次니 須是有定乾坤底眼始得이니라 雪竇著一言半句는 如金剛王寶劍이며 如踞地獅子며 如擊石火, 似閃電光이니 若不是頂門具眼이면 爭能見他古人落處리요 這箇示衆이 直得千古無對니 過於德山棒, 臨濟喝이니라 且道雪竇爲人意在什麼處오 你且作麼生會他道千古無對오

【평창번역】

설두가 말하길 "천고에 대적할 사람이 없다"고 했다. 저(취암)는 다만 "보라. 취암의 눈썹이 (아직도 남아) 있는가?"라고 했나니 (여기) 무슨 대단한 곳이 있어서 천고에 대적할 (사람이) 없단 말인가. 옛 사람(취암)은 일언반구(一言半句)를 말함에 있어서도 아무렇게나 경솔하게 하지 않았나니 건곤(乾坤)을 정할 수 있는 확고부동한 안목을 갖추지 않으면 안 된다. 설두가 말한 일언반구는 지혜의 검과 같으며 웅크리고 앉아 있는 사자와 같으며 전광석화와도 같다. 그러므로 제3의 눈을 갖추지 않았다면 어찌 능히 저 옛 사람(취암)의 본뜻을 알 수 있겠는가. (취암이) 대중에게 말한 바로 이것을 천고에 대적할 사람이 없나니 덕산의 봉(棒)과 임제의 할(喝)을 능가하고 있다. 자, 말해보라. 설두가 사람을 위한 그 뜻이 어디에 있는가. 어떻게 하면 저(설두)가 말한 '천고에 대적할 사람이 없다'는 말의 본뜻을 알 수 있겠는가.

【평창해설】

"(자) 보라. 취암의 눈썹이 (아직도 남아) 있는가"라고 말한 취암의 이 대목을 일러 설두는 "천고에 대적할 사람이 없다"고 극찬했다. 그렇다면

도대체 취암의 말 어느 대목이 이토록 대단하단 말인가. 정말 기묘하게 사구처럼 위장을 한 이 활구를 설두는 이미 간파해 버렸다. 그래서 이런 식으로 극찬했는데 그런 설두의 직관력이야말로 대단하다. 지혜의 검이 빛을 발하는 것 같고, 목표물을 덮치기 직전 사자의 포복자세와 같고 전광석화와도 같다. 그렇다면 도대체 구엇을 어떻게 해야 설두의 이 말뜻을 알 수 있겠는가. 이 역시 활구이므로 참구(탐구)해서 몸소 뚫지 않으면 안 된다.

【評　　唱】

「關字相酬　失錢遭罪라하니」這箇意如何오　直饒是具透關底眼이라도 到這裏하야　也須子細始得이니라　且道是翠巖失錢遭罪아　是雪竇失錢遭罪아　是雲門失錢遭罪아　你若透得하면　許你具眼하리라「潦倒保福은 抑揚難得이라하니」抑自己揚古人가　且道保福在什麽處是抑이며　什麽處是揚인가「嘮嘮翠巖은　分明是賊이라하니」且道他偸什麽來컨대　雪竇卻道是賊고　切忌隨他語脈轉卻하라　到這裏하야는　須是自有操持始得이니라「白圭無玷은」頌翠巖大似白圭相似하야　更無些瑕翳라「誰辨眞假는」可謂罕有人辨得이라　雪竇有大才라　所以從頭至尾一串穿卻하고 末後卻方道호대「長慶相諳하고　眉毛生也라하니」且道生也在什麽處오　急著眼看하라

【평창번역】

" '관' 자로 응수하니 / 돈 잃고 쇠고랑을 차네" ― (설두는) 이렇게 읊었으니 이게 무슨 뜻인가. 비록 깨달음의 안목을 갖췄다 하더라도 여기 ('돈 잃고 쇠고랑을 차는'이 다목에) 이르러서는 자세히 점검해 보지 않으면 안 된다. 자, 말해보라. 돈 잃고 쇠고랑을 차는 것이 취암인가, 설두인가, 운

문인가? 그대 만일 이를 간파한다면 그대의 안목을 인정하리라. "멍청한 보복은 / 깎아 내리기도 추켜올리기도 어중간하다"고 했으니 자신을 깎아 내리고 옛 사람(취암)을 추켜올렸단 말인가. 자, 말해보라. 보복이 깎아 내린 곳이 어디며 또 추켜올린 곳이 어딘가? "말 많은 취암은 분명히 도적"이라고 했으니 자, 말해보라. 저(취암)가 (도대체) 무엇을 훔쳤길래 설두는 '도적'이라고 말하고 있는가. 저(설두)의 말에 끌려 다니는 것은 금물이니 여기 이르러서는 자기 자신을 굳게 지켜가지 않으면 안 된다. "백옥에 흠이 없다"는 말은 취암은 마치 백옥과 같아서 조금의 흠도 없음을 읊은 것이다. "그 누가 진위를 구분하겠는가"라고 말한 것은 (진짜 백옥을) 알아볼 수 있는 사람이 드물다는 것을 말한 것이다. 설두는 대단한 글재주가 있다. 그래서 (본칙공안의) 처음과 끝을 하나로 묶어 읊은 다음 그 끝에 가서 말하길 "장경은 알아차리고 / 눈썹이 나왔다"고 말했던 것이다. 자, 말해보라. 나온 눈썹이 지금 어디 있는가. 빨리 봐라.

【평창해설】

"'관' 자로 응수했으나 / 돈 잃고 쇠고랑을 차는 격이라"고 (운문을) 읊은 설두의 이 대목이야말로 아주 치밀하고 자세하게 간파하지 않으면 안되는 곳이다. 보복을 일러 "깎아 내리기도 추켜올리기도 어중간하다"고 했는데 이 대목 역시 그냥 지나쳐선 안 된다. 설두는 취암을 일컬어 "분명히 도적"이라고 했는데 취암은 도대체 무엇을 훔쳤단 말인가. 벗이여. 설두의 이 말을 액면 그대로 받아들여선 절대 안 된다. 우선 먼저 자신의 분명한 안목이 있어야만 한다. 그래야 설두의 말에 끌려다니지 않는다. 장경은 말하길 "눈썹이 새로 나왔다"고 했다. 그렇다면 취암의 눈썹이 새로 나온 곳이 어딘가. 이 말이 떨어지기가 무섭게 척! 하고 알아차리지 못한다면 이미 김빠진 맥주다.

第 9 則
趙州東西南北
조주의 네 개 문

【垂　示】

　　垂示云,「明鏡當臺에 妍醜自辨하고 鎮鎁在手에 殺活臨時라 漢去胡來하고 胡來漢去하며 死中得活하고 活中得死라 且道到這裏又作麼生고 若無透關底眼轉身處면 到這裏灼然不奈何하리라 且道如何是透關底眼轉身處오 試擧看하라」

【수시번역】

　　㉠ 거울 앞에 서니 아름다움과 추함이 분명히 구분되고 명검이 손에 있으니 죽이고 살리기를 마음대로 한다. 중국인이 가면 오랑캐가 오며 오랑캐가 오면 중국인이 간다. 죽은 가운데 살아나며 산 가운데 죽는다.
　　㉡ 자, 일러보라. 여기 이르러선 또한 어찌해야 하는가. 만일 깨달음의 안목과 전신처(轉身處)가 없다면 여기 이르러서 도저히 어찌할 수가 없다.
　　㉢ 자, 말해보라. 어떤 것이 깨달음의 안목과 전신처(轉身處)인가. 시험 삼아 거론해 보자.

【수시해설】

세 마디로 돼 있다.
첫째 마디(㉠) : 선지식(스승)의 종횡무진한 전술전략과 직관력을 피력하고 있다.
둘째 마디(㉡) : 선지식이 만일 분명한 안목을 갖추지 못했다면 수행자들을 도저히 가르칠 수가 없다는 걸 말하고 있다.
셋째 마디(㉢) : 결론적으로 본칙공안이 그 좋은 본보기라는 걸 말하고 있다.

【本　　則】

〔本則〕擧, 僧問趙州호대 「如何是趙州닛고」(河北河南이니 總說不著이로다 爛泥裏有刺라 不在河南이면 正在河北이라) 州云「東門, 西門, 南門, 北門이니라」(開也로다 相罵饒你接嘴하고 相唾饒你潑水라 見成公案이로다 還見麽아 便打하다)

【본칙번역】

승이 조주에게 물었다. "어떤 것이 조주입니까."
　　황하의 북쪽이며 (동시에) 황하의 남쪽이니 뭐라고 말할 수 없다. 진흙 속에 가시가 숨어 있군. 황하의 남쪽이 아니면 황하의 북쪽일 것이다.
조주가 말했다. "동문 서문 남문 북문(東門西門南門北門)."
　　(문이) 활짝 열려 있군. 욕하든지 헐뜯든지 마음대로 하라. 공안이 드러났군. 알겠는가. 갑자기 후려치다.

【본칙과 착어해설】

△ 황하의 북쪽이며 (동시에) 황하의 남쪽이니 뭐라고 말할 수 없다. 승이 조주에게 묻기를 "어떤 것이 조주냐"고 했다. 그런데 이 물음이 조주가 거주하고 있는 지명인 조주(조주성)와 조주 자신, 이 두 곳에 동시에 걸려 있어 참으로 대답하기가 난처하다. 그래서 원오는 착어에서 "황하의 북쪽(조주성)이며 (동시에) 황하의 남쪽(조주 자신)이니 뭐라고 딱 부러지게 잘라 대답하기가 어렵다"고 했던 것이다.

△ (문이) 활짝 열려 있군. "동문 서문 남문 북문"이라고 대답한 조주의 말은 겉으로 봐선 조주성을 말한 것 같다. 그러나 실은 조주 자신을 송두리채 드러내 보인 대목이다. 그래서 '문이 활짝 열려 있다' 느니 '공안이 드러났다' 느니…… 이런 식으로 원오는 착어를 내리고 있다.

△ 알겠는가. 갑자기 후려치다. 원오는 갑자기 우리에게 창끝을 돌려 이렇게 말하고 있다. "조주의 참뜻을 간파할 수 있겠는가." 그런 다음 곰곰이 생각하려고 하는 우리를 향해 느닷없이 한 방망이 후려치고 있다. '생각으론 알 수 없는 것이라'고……

【評　　唱】

〔評唱〕大凡參禪問道는 明究自己니 切忌揀擇言句니라 何故오 不見趙州擧道호대「至道無難, 唯嫌揀擇이라」又不見雲門道호대「如今禪和子가 三箇五箇聚頭하야 口喃喃地便道호대『這箇是上才語句며 那箇是就身處打出語라하나니』不知古人方便門中에 爲初機後學未明心地하고 未見本性하야 不得已而立箇方便語句로다 如祖師西來하사 單傳心印, 直指人心, 見性成佛이라 那裏如此葛藤고 須是斬斷語言하고 格外見諦하며 透脫得去할지니 可謂如龍得水요 似虎靠山이라」

【평창번역】

　선을 수행하고 도를 묻는 것은 본래자기를 밝히고자 함이니 말이나 언어로 분별심을 일으키는 것은 금물이다. 왜냐하면 조주가 다음과 같이 말한 사실을 (그대는) 이미 알고 있을 것이기 때문이다. "도는 어렵지 않나니/오직 간택(취사선택)하는 것을 꺼릴 뿐이다." 또한 다음과 같은 운문의 말을 (그대는) 이미 알고 있을 것이다. "요즈음 선수행자들은 셋다섯 명이 (모이면) 머리를 맞대고 시끄럽게 떠들며 말한다. '이건 기지가 번뜩이는 말이며 저건 자신의 체험에서 나온 말이다' 라고. 그러나 (그들은) 초심자와 후학들이 마음을 밝히지 못하고 본성을 깨닫지 못했기 때문에 옛 사람이 부득이 방편의 말을 사용한 줄을 전혀 모르고 있다. 조사(달마)가 서쪽(인도)으로부터 (중국에)와서 심인(心印)을 전하고 마음을 가리켜 본성이 드러나서 성불하도록 했나니 (도대체) 어디에 이와 같은 언어의 (남발이) 있는가. 말을 부정하고 틀 밖에서 본질(도)을 보며 깨닫지 않으면 안되나니 (그렇게 되면) 용이 물을 얻은 것 같고 범이 산을 의지한 것과 같다."

【평창해설】

　참선수행을 하는 것은 자기 자신의 본성을 밝히려는 것이므로 특히 언어의 남용을 꺼리고 있다. 옛 조사들이 공안을 거론하고 선법문(禪法門)을 한 것은 순전히 뒷사람들을 깨우쳐 주기 위한 임시방편이었다. 그러므로 우리는 기발한 선의 언어만을 익힐 것이 아니라 이 언어들을 매개체로 하여 본래자기를 찾아야 한다.

【評　　唱】

　久參先德이　有見而未透하고　透而未明하면　謂之請益이라　若是見得透請益인댄　卻要語句上周旋하야　無有凝滯니라　久參請益은　與賊過梯라

其實此事不在言句上이니라 所以雲門道호대 「此事若在言句上인댄 三乘十二分敎에 豈是無言句아 何須達磨西來리요」 汾陽十八問中에 此問謂之驗主問이며 亦謂之探拔問이라

【평창번역】

오랫동안 참선공부를 한 수행자가 비록 깨닫긴 했으나 분명치 않은 데가 있고, 분명하긴 하나 미세한 곳까지 밝지 못하면 재차 가르침을 청하나니 이것을 '청익(請益)'이라고 한다. 만일 분명하게 깨닫고 재차 청익을 했다면 어구(語句, 공안의 언어)를 해설하는데 있어서 조금도 막힘이 없어야 한다. 오랫동안 참선수행을 한 사람의 청익을 일러 '도적에게 사다리를 주는 것'이라고 한다. 사실 이 일(본래자기를 깨닫는 일)은 언구상(言句上)에 있지 않다. 그러므로 운문은 이렇게 말했던 것이다. '이 일이 만일 언구상에 있다면 삼승십이분교(三乘十二分敎)에 어찌 언구가 없겠는가. 달마가 굳이 서쪽에서 올 필요가 있었겠는가." 분양의 열여덟 가지 물음 가운데 이 물음(본칙공안과 같은 종류의 물음)을 일러 '상대방을 시험해 보는 물음〔驗主問〕' 또는 '상대방의 수행 정도를 탐색해 보는 물음〔探拔問〕'이라고 한다.

【평창해설】

본문의 '도적에게 사다리를 주는 격'이란 말은 무슨 뜻인가. '지혜의 안목을 갖춘 이에게 그 안목을 자유로이 쓸 수 있는 능력까지 덧붙여 준다'는 말이다. 분양(汾陽善昭, 947~1024)은 모든 선문답을 그 성질상 열여덟 종류로 분류했는데 본칙공안에서 승의 물음과 같은 경우를 일러 '험주문(驗主問)', 또는 '탐발문(探拔問)'이라고 한다. '험주문'이란 '선지식〔主〕의 경지를 시험해 보려는 물음'이요, '탐발문'이란 '상대방의 수행력

을 탐색할 목적으로 던진 질문'을 뜻한다.

【評　　唱】

這僧致箇問頭가 也不妨奇特이로다 若不是趙州면 也難抵對他라 這僧問「如何是趙州닛고」趙州是本分作家라 便向道「東門西門南門北門이니라」僧云「某甲不問這箇趙州니다」州云「你問那箇趙州오」後人喚作無事禪이라하니 賺人不少로다 何故오 他問趙州어늘 州答云「東門西門南門北門이라하니」所以只答他「趙州라」你若恁麽會댄 三家村裏漢이 更是會佛法去하리니 只這便是破滅佛法이라 如將魚目比況明珠니 似則似, 是則不是로다 山僧道호대「不在河南이면 正在河北이라하니」且道是有事아 是無事아 也須是子細始得이니라

【평창번역】

이 승의 물음은 아주 대단한 것이었다. 만일 조주가 아니었더라면 그를 상대하기가 무척 어려웠을 것이다. 이 승이 묻길 "어떤 것이 조주냐"고 했다. 조주는 본분(本分)의 일에 투철한 수행자였다. 그래서 즉시 그를 향해 말하길 "동문·서문·남문·북문"이라고 했다. 이 승은 (재차 이렇게) 물었다. "전 이 조주(趙州城)를 묻지 않았는데요." 조주는 말하길 "그대는 저 조주(조주 자신)를 물었는가"라고 했다. (그런데) 뒷사람들은 (조주의 이 말을 일러) 무사안일에 빠진 선[無事禪]이라 하나니 사람을 속임이 적지 않다. 왜냐하면 저(이 승)가 조주에게 물으니 조주는 "동문·서문·남문·북문"이라 대답했다. 이는 저(이 승)에게 오로지 "조주(趙州城)"만을 답한 것이다. ―그대가 만일 이렇게 안다면 아무것도 모르는 무지몽매한 사람이 되려 불법을 더 잘 알고 있다고 할 수 있으니 이런 견해야말로 '불법을 파멸시키는 견해'인 것이다. 마치 (썩은) 고기눈알을 밝은 구슬에 견

주는 것과 같나니 비슷하긴 하나 정확하게 맞는 건 아니다. 산승(원오)이 말하길 "하남이 아니면 하북"이라고 했으니 자, 말해보라. (조주가 '동문 서문 남문 북문'이라고 대답한) 이것이 참구해 볼만한 선[有事禪]인가. 아니면 무사안일에 빠진 선[無事禪]인가. 자세히 (점검해)보지 않으면 안 된다.

【평창해설】

이 승의 물음은 정말 대단했다. 조주가 아니었더라면 이 승의 물음을 대답하기가 무척 난처했을 것이다. 이 승은 "어떤 것이 조주냐"고 했는데 이는 지명으로서의 '조주성'과 선사로서의 '조주 자신'을 동시에 물은 것이다. 그러나 조주는 즉시 "동문·서문·남문·북문"이라고 대답했다. 말하자면 이 승의 물음과 똑같은 방식으로 대답한 것이다. 자, 이제 이렇게 되면 맞수다. 수가 똑같아서 승패의 판가름이 힘들게 됐다. 그러나 다음 순간 승패는 분명해지고 갈라졌다. 이 승은 말하길 "전 이 조주(조주성)를 묻지 않았는데요"라고 했다. 조주에게 올가미를 걸다가 이 승이 오히려 조주의 올가미에 걸려들고 말았다. 이 승의 모든 걸 간파해 버린 조주는 즉시 이 승의 수준으로 내려와서는 이렇게 물었다. "음, 그렇다면 자넨 저 조주(조주 자신)를 물었단 말이지……" 공안은 여기서 끝난다. 싱겁기 그지없다. 그러나 자세히 본다면 조주의 이 마지막 말이야말로 여간 재미있는 대목이 아니다. 임제 같으면 할(喝)을 내질렀을 것이요 덕산이라면 이 승을 사정없이 후려쳤을 것이다. 그러나 조주는 그저 평범하기 이를 데 없는 일상의 말로 임제와 덕산을 능가하고 있다. 이런 이치를 모르고 뒷사람들은 조주 가풍(家風)을 일러 '무사안일에 빠진 선[無事禪]'이라고 말하고 있으니 참 한심한 일이다. 저(이 승)가 조주(조주성)를 물었으므로 조주는 (조주성의) '동문·서문·남문·북문'을 말한 것이다. 벗이여 만일 이런 식으로 본칙공안을 알고 있다면 썩은 명태눈깔을 여의주로 착각하고 있는 격이다. 이런 견해야말로 불법을, 선을 파괴하는 마구니(악마)의 견해인 것이다. 그저 단지 글자풀이로만 봐선 이런 해석 같지만 그러나 이 대목(동문·서문·남문·북문)은 활구이므로 문자풀이만으론 그 참뜻을 알 수 없는 체험의 차원이다. 벗이여, 정말 진지하게 검토해 보라. 조주의 이 말이 과연 내 말대로 한번 참구해 볼 만한 활구인가. 아니면 그저 안일무사한 말장난에 지나지 않는가를……

【評　　唱】

遠錄公云「末後一句가 始到牢關이라하니」指南之旨는 不在言詮이라 十日一風하고 五日一雨하야 安邦樂業하며 鼓腹謳歌하면 謂之太平時節이며 謂之無事라 不是拍盲으로 便道無事니 須是透過關捩子하고 出得荊棘林하야 淨躶躶, 赤灑灑하야사 依前似平常人이니라 由你有事也得이며 無事也得이니 七縱八橫케하야 終不執無定有하라 有般底人道호대 「本來無一星事라 但只遇茶喫茶며 遇飯喫飯이라하니」 此是大妄語라 謂之未得謂得이며 未證謂證이니 元來不曾參得透라 見人說心說性하며 說玄說妙하고 便道호대 『只是狂言이니 本來無事라하나니』 可謂一盲引衆盲이로다 殊不知. 祖師未來時那裏에 喚天作地며 喚山作水來오 爲什麽祖師更西來오 諸方陞堂入室하야 說箇什麽오하나니 盡是情識計較니라 若是情識計較情盡[1]하면 方見得透하리라 若見得透하면 依舊天是天, 地是地, 山是山, 水是水니라

【평창번역】

원록공이 말하길 "최후의 한 글귀〔末後一句〕가 비로소 견고한 관문에

---

[1] 若得識情計較盡(福本).

이른다"고 했으니 본분(本分)의 뜻은 언어에 있지 않다. 열흘에 바람이 한 번 불고 닷새에 비가 한번 와서(우순풍조해서) 사람들이 편히 생업에 종사하며 배불리 먹고 노래 부르면 이틀 일러 태평시절이라 하며 '아무 일도 없다〔無事〕'라고 한다. 그저 무지하기만 한 사람을 일러 '일없다〔無事〕'고 하지 않는다. 조사의 관문(공안)을 통과하고 가시덤불 속(망상분별)을 헤쳐 나와서 적나라 적쇄쇄해야만 비로소 예전의 평범한 사람과 같을 수 있다. 유사(有事)로도 얻을 수 있고 또한 무사(無事)로도 얻을 수 있는 것은 오로지 그대 자신에게 달려 있나니 종횡무진케 하여 무(無)에도 집착하지 말고 유(有)에도 안주하지 말라. 어떤 사람은 말하길 "본래 아무 일도 없었다. 다만 차가 있으면 차를 마시고 밥이 있으면 밥을 먹을 뿐이다"라고 하나니 이는 크나큰 망발이 아닐 수 없다. 깨닫지도 않았으면서 깨달았다 하며 증득하지도 않았으면서 증득했다 하나니 (이런 사람은) 원래 공안을 참구해 본 일도 없고 또 깨달은 바도 전연 없다. 심성(心性)을 말하고 현묘(玄妙)를 말하는 걸 보면 그는 또 이렇게 말한다. "이것은 미친놈의 말이다. 본래로 아무 일도 없었다."

 (그가 이런 식으로 말하자) 한 장님이 다른 장님들을 이끌고 가듯 (많은 사람들이 여기 동조하고 있다) 아무것도 모르면서 (그는 또 이렇게 말한다) 조사(달마)가 아직 (중국에) 오기 전에도 하늘을 땅이라 하며 산을 물이라 하는 등의 잘못을 저지르지 않았다. (그런데) 무엇 때문에 조사는 서쪽(인도)에서 왔는가. 이곳 저곳의 선원에서 설법당에 오르고 입실(入室)해서 (도대체) 무엇을 말하고 있는가. (허나 그가 이런 식으로 말하는 것은) 모두 (그 자신의) 분별 망상이다. 그러나 만일 이런 분별심이 다하게 되면 (자신의 본성을) 볼 수 있을 것이다. 이렇듯 깨달음이 투철하게 되면 여전히 하늘은 하늘, 땅은 땅, 산은 산, 물은 물일 것이다.

【평창해설】

　겉보기엔 그저 평범한 일상의 말이요, 아무런 특색이 없는 것처럼 보이는 조주의 대답은 그러나 목숨을 걸고 사지(死地)를 넘어보지 않고는 내뱉을 수 없는 활구들이다. 그런데 이를 모르고 사람들은 조주의 말, 그 겉모습만을 보고 이런 식으로 말하고 있다. "본래부터 아무 일도 없었다. 그저 차가 있으면 차를 마시고 배고프면 밥이나 먹을 뿐이다." 허나 이는 크나큰 착각이다. 단돈 백 원도 없는 사람이 '돈은 필요 없다'고 떠들어대는 것과, 일생동안 돈 버는 데만 혈안이 된 사람이 어느 날 문득 돈만이 인생의 전부가 아니라는 걸 깨닫고 '돈은 더 이상 필요 없다'고 말한다면 이 두 사람의 말은 같다. 그러나 그 말속에 담겨 있는 뜻은 전혀 다르다. 참선수행이라곤 전혀 해 보지도 않은 사람이 '부처고 선이고 다 필요 없는 잔소리'라고 한다면 이거야말로 미친놈의 잠꼬대다. 그러나 피나는 수행을 해서 번뇌망상을 모두 제거한 다음 공안 활구의 그 참뜻을 간파하게 되면 그는 깨닫게 될 것이다. 역시 하늘은 그 옛날 그대로의 하늘이요, 산은 산이요 또 물은 역시 물이라는 것을……. 벗이여 이 차이를 잊지 말라. 직접 체험해 보고 버리는 것과 체험도 해보지 않고 버리는 것과는 하늘과 땅의 차이라는 것을…….

【評　　唱】

　古人道호대 「心是根, 法是塵이니 兩種猶如鏡上痕이라하니」 到這箇田地하면 自然淨躶躶, 赤灑灑하리라 若極則理論인댄 也未是安穩處在로다 到這裏하야는 人多錯會하고 打在無事界裏하야 佛也不禮하고 香也不燒하나니 似則也似나 爭奈脫體不是리요 纔問著하면 卻是極則相似나 纔拶著하면 七花八裂하야 坐在空腹高心處라 及到臘月三十日하야는 換手搥胸이라도 已是遲了也라 這僧恁麽問하고 趙州恁麽答하니 且道作麽生摸索고 恁麽也不得이며 不恁麽也不得이니 畢竟如何오 這些子가 是

難處라 所以雪竇拈出來當面示人이라

【평창번역】

옛 사람(永嘉玄覺)은 말했다. "마음은 뿌리요, 객관의 사물〔法〕들은 모두 티끌이니 이 두 가지는 마치 거울에 묻은 먼지와도 같다." 이런 경지에 이르면 저절로 적나라 적쇄쇄하리라. (허나) 만일 언어로 표현할 수 없는 그 불변의 진리〔極則〕를 말로 설명하려 한다면 아직 궁극의 경지에 이르렀다고 볼 수 없다. 여기 이르러서 사람들은 대부분 잘못 알고는 무사안일에 빠져 부처에게도 절하지 않고 향도 또한 사르지 않나니 (깨달은 것과) 비슷하긴 하나 해탈의 본체는 이것이 아님을 어찌하겠는가. (본분의 일을) 묻게 되면 말은 그럴듯하기 하나 일격을 가해 보면 (그만) 풍비박산이 나나니 (깨달았다는) 자만심으로만 가득 차 있다. 임종의 때에 이르러선 가슴을 치며 후회해본들 때는 이미 늦어버린걸 어찌하겠는가. 이 승이 이렇게 묻고 조주가 이렇게 대답했으니 자, 말해보라. 어찌하면 (조주가 대답한 그 말의 본 뜻을) 알 수 있겠는가. 이렇게 하더라도(긍정적인 입장을 취하더라도) 알 수 없으며 이렇게 하지 않더라도 (부정적인 입장) 알 수 없나니 필경에는 어찌해야 하겠는가. 바로 이것(조주의 대답인 '동문·서문·남문·북문')이 가장 알기 어려운 곳이다. 그러므로 설두는 (단도직입적으로) 이를 사람들에게 알렸다.

【평창해설】

마음으로부터 갖가지 선악의 생각들이 비롯됐기 때문에 '마음은 뿌리〔心是根〕'라고 한 것이요, 이 모든 사물〔法〕들은 결국 우리 마음의 투영현상〔透影現像〕에 지나지 않기 때문에 '객관적 사물〔法〕들은 모두 티끌〔塵〕'이라고 한 것이다. 우리의 본성에서 본다면 객관적 사물들은 물론이고 이 마음마저 본성의 빛을 가리는 장애물이다. 이 경우 마음은 '생각의 집적(集積)'이라는 의미가 된다. 그리고 이 본성에 대해 아직도 설명할 수 있는 언어가 남아 있다면 그것은 본성의 핵심에 도달했다고 볼 수가 없다. 그런데 사람들은 '이 마음마저 본성의 빛을 차단하는 장애물'이라는 말을 듣고는 부처님에게 절하거나 향을 피우지 않나니 겉보기엔 모든 걸 초월한 것처럼 보이나 실은 그렇지 못하다. 활구로 일격을 가해 보면 그만 박살이 나버리고 마나니 '난 해탈한 사람'이란 자만심으로 꽉 차 있을 뿐이다. 허나 죽음의 문 앞에 이르러선 제아무리 땅을 치고 후회해 봤자 이미 때는 늦어버렸다.— 다시 본칙으로 돌아가서 '동문·서문·남문·북문'이라고 대답한 조주의 참뜻은 무엇인가. 긍정의 입장이나 부정의 입장으로선 도무지 알 수 없나니 정말 어찌해야 한단 말인가. 바로 이 부분(조주의 활구)이 그 속뜻을 간파하기가 여간 어렵지 않다. 그래서 설두는 거두절미하고 단도직입적으로 송을 읊었다.

【評　　唱】

趙州一日坐次에 侍者報云「大王來也니다」趙州矍然云「大王萬福하소서」侍者云「未到和尙이시여」州云「又道來也로다하니」參到這裏하며 見到這裏하면 不妨奇特이라 南禪師拈云호대「侍者只知報客하고 不知身在帝鄕이라 趙州入草求人타가 不覺渾身泥水라하니」這些子實處를 諸人還知麼아 看取雪竇頌하라

【평창번역】

조주가 어느 날 앉아 있는데 시자가 말했다. "대왕께서 오십니다." 조주는 두리번거리며 말했다. "대왕이시여, 평안하십니까." 시자가 말했다. "아직 (대왕이) 도착하지 않았습니다." 조주가 말했다. "또 오신다고 말하

는 군." 이것을 참구하며 이것을 깨닫게 되면 아주 대단하다고 할 수 있다. (조주와 시자의 이 문답(공안)에 대하여) 황룡혜남은 이렇게 평했다. "시자는 손님(대왕)이 온다는 걸 알릴 줄만 알았지 자신이 지금 제향(帝鄕, 대왕이 거처하는 곳)에 있음을 모르고 있다. 조주는 번뇌망상의 풀 속에 들어가 사람(시자)을 구해 주다가 자신도 모르게 그만 진흙 속에 빠져 버렸다." (조주가 말한) 그 말의 참뜻을 여러분은 알겠는가. 설두의 송을 보라.

【평창해설】

여기선 본칙공안과 일맥상통하는 또 하나의 조주공안을 예로 들고 있다. 이 공안에서 조주는 시자의 눈높이에 자기 자신을 맞춰가며 응수를 하고 있다. 그러나 시자는 조주의 이 간절한 마음을 전혀 모르고 있다. 이 공안의 핵심은 조주의 마지막 말인 "또 오신다고 말하는구나"이다. 이 대목을 참구하여 그 속뜻을 간파하게 되면 조주의 그 깊은 경지를 조주 자신이 되어 만끽할 수 있다. 이 공안에 대한 임제의 후예 황룡혜남(黃龍慧南)의 평은 정말 일품이다. 자, 그렇다면 벗이여 다음의 두 가지를 대답해 보라. 첫째 "시자는 손님이 온다는 것을 알릴 줄만 알았지 자신이 지금 제향(帝鄕)에 있음을 모르고 있다"고 했는데 이게 무슨 뜻인가. 둘째, 어떤 곳이 조주가 진흙탕 속에 빠진 곳인가.

【頌】

〔頌〕句裏呈機劈面來하니(響, 魚行水濁이로다 莫謗趙州好하라) 爍迦羅眼絶纖埃라(撒沙撒土로다 莫帶累趙州하라 撈天摸地作什麼오) 東西南北門相對니(開也라 那裏有許多門고 背却趙州城하고 向什麼處去오) 無限輪鎚擊不開로다(自是你輪鎚不到라 開也²)로다)

【송번역】

말 속에 안목을 드러내며 정면으로 대드니
    울림이 있군. 고기가 가면 물이 탁해지나니 조주를 비난하지 말라.
깨달은 눈에는 티끌이 없네
    모래 먼지를 마구 뿌리고 있군. 조주를 번거롭게 말라. 하늘과 땅을 더듬어서 무엇 하려는가.
동서남북의 문으로 상대하니
    (문이)열렸군. 어디에 이처럼 많은 문이 있었는가. 조주성을 등지고 어디로 가는가.
쇠몽둥이로 아무리 후려쳐봐야 열리지 않네
    그대(설두)의 쇠몽둥이가 (아직도) 역부족일 뿐이다. (문이) 열렸다.

【송과 착어해설】

◎ 말 속에 안목을 드러내며 정면으로 대드니   조주성과 조주 자신을 동시에 물어서 조주의 경지를 시험해 보려는 이 승의 대담무쌍함을 읊은 구절이다.

   △ 울림이 있군.   이 승의 물음에는 심상치 않은 데가 있다.

   △ 고기가 가면 ~ 비난하지 말라.   물음을 던지는 순간 그 자리에는 티끌이 인다. 티끌이 없는 조주를 이런 식으로 시험해 보는 것 그 자체가 조주를 모독하는 짓이다.

◎ 깨달은 눈에는 티끌이 없네   조주의 경지를 읊은 구절이다.

   △ 모래 먼지를 마구 뿌리고 있군.   설두의 이런 식 시구야말로 조주의 경지에 모래 먼지를 뿌리는 짓이다.

   △ 조주를 번거롭게 말라.   말을, 언어를 내뱉는 순간 조주라는 그 본

---

2) '開也' 2字 없음(蜀本).

성자리와는 멀어져 버리기 때문이다.

　△ **하늘과 ~ 무엇 하려는가.**　　설두가 지금 이런 식으로 조주를 칭찬하는 것은 마치 허공에 오색물감을 칠하는 격이다. 왜냐하면 그 본성자리는 일체의 명칭과 형태가 없는 곳이기 때문이다.

　◎ **동서남북의 문으로 상대하니**　　'동문·서문·남문·북문'이라고 대답한 조주의 활구는 바로 조주의 본성 전체가 그대로 드러난 곳이다. 이 말이 전혀 감이 잡히지 않거든 감이 잡힐 때까지 일 년이고 십 년이고 백 년이고 돌이 되어 앉아 있어 보라. 틀림없이 기별이 있을 것이다.

　△ **(문이) 열렸군.**　　이 문은 터고적부터 일찍이 단 한 번도 닫힌 적이 없다.

　△ **어디에 ~ 있었는가.**　　이 자리에는 문은커녕 티끌 한 오라기조차 얼씬할 수 없는 곳이다.

　△ **조주성을 등지고 어디로 가는가.**　　깨달은 눈으로 본다면 온 누리가 그대로 조주성이다.

　◎ **쇠몽둥이로 ~ 열리지 않네**　　그 누구도, 그 어떤 것으로도 이 문을 열 수 없다. 왜냐하면 거기 '열려고 하는 마음'이 있기 때문이다. 이 마음이 사라지는 바로 그 순간이 이 문이 열리는 바로 그곳이다.

　△ **(문이) 열렸다.**　　설두를 능가하는 원오의 경지다. 원오에게는 애초부터 열려는 마음이 전혀 없었기 때문에 문은 저절로 열린 것이다. 아니 문 그 자체가 본래부터 존재하지 않았다(말조심!).

【　評　　　唱　】

〔評唱〕趙州臨機一似金剛王寶劍이라　擬議卽截卻你頭하며　往往更當面換卻你眼睛하나니라　這僧也敢捋虎鬚하야　致箇問頭하니　大似無事生事나　爭奈句中有機리요　他旣呈機來할새　趙州也不辜負他問頭라　所以亦呈機答하니　不是他特地如此라　蓋爲透底人自然合轍하야　一似安

排來相似로다

【평창번역】

　수행자를 제접(지도)하는 조주의 안목은 마치 지혜의 검과도 같다. 여기서 머뭇거리다가는 그대의 목이 잘리며 또 때론 그대의 두 눈알이 뽑혀지기도 한다. 이 승 또한 감히 범의 수염을 움켜잡고 이렇게 물으니 아무 일도 없는데서 일을 만든 것 같으나 (이 승의)말 속에는 안목이 있음을 어찌하겠는가. 저(이 승)가 안목을 드러냈기 때문에 조주도 또한 저의 물음을 무시할 수가 없었다. 그래서 안목이 있는 대답을 했으니 저(조주)만이 특히 이런 식으로 대답한 것은 아니다. 깨달은 사람은 저절로 (상대방의) 물음에 딱 들어맞는 대답을 하나니 이는 자연히 박자가 들어맞아 적재적소에 알맞게 배치된 것과도 같다.

【평창해설】

　조주의 대답은 마치 지혜의 검과도 같아서 여기 생각을 붙이려 하다간 그 즉시 모가지가 날아가 버리고 만다. 이 승의 물음 또한 예사롭지 않았기에 조주의 대답 역시 남다른 데가 있었다. 그러나 이는 조주만이 이런 것이 아니라 깨달은 사람은 누구나 이처럼 전혀 의도하지 않아도 상대방의 눈높이에 알맞은 대답을 하게 된다. 이것은 마치 두 사람의 고수가 서로 만나 전혀 예행연습을 하지 않아도 손발이, 박자가 척척 들어맞는 것과도 같다.

【評　　唱】

不見有一外道가 手握雀兒來問世尊云호대「且道某甲手中雀兒가

是死耶아 是活耶아」世尊遂騎門閫云호대「你道我出耶아 入耶(一本云, 世尊豎起拳頭云, 開也合也)아하니」外道無語하고 遂禮拜라 此話便似這公案이니 古人自是血脈不斷이라 所以道호대 問在答處하고 答在問處라하니라

【평창번역】

다음과 같은 외도와 부처의 문답을 (그대는) 이미 알고 있을 것이다.

한 외도(이교도)가 손에 참새 한 마리를 쥐고 와서 세존(부처)께 물었다. "제 손 안에 있는 참새가 죽었습니까? 살았습니까?" 세존은 문지방에 한 발을 올려놓으며 말했다. "내가 지금 나가려 하느냐 들어가려 하느냐?" (이 말을 듣자) 외도는 아무 말 없이 절을 하고는 물러갔다.

앞의 이야기(공안)는 본칙공안과 흡사하니 옛 사람(세존과 조주)의 법맥은(이처럼) 끊어지지 않고 면면히 이어져 내려오고 있다. 그러므로 말하길 '물음은 대답한 곳에 있고 대답은 묻는 곳에 있다'고 했던 것이다.

【평창해설】

본칙공안과 그 상황이 똑같은 공안 하나를 예로 들고 있다. 이처럼 본칙공안은 이미 멀리 세존(부처)에게로부터 그 연원을 찾을 수 있다. 본칙공안의 경우 그 호흡면에서 볼 때 물음과 대답은 단 한 치의 틈도 없다. 물음에 딱 들어맞는 대답이요 대답에 딱 맞는 물음이다. 그래서 평창에서는 이렇게 말했다. "물음은 대답한 곳에 있고 대답은 물은 곳에 있다[問在答處 答在問處]."

【評　　唱】

　雪竇如此見得透하야 便道「句裏呈機劈面來라하니라」句裏有機가 如帶兩意니 又似問人하며 又似問境相似라 趙州不移易一絲毫하고 便向他道호대「東門西門南門北門이라하니라」「爍迦羅眼絶纖埃라하니」此頌趙州人境俱奪과 向句裏呈機與他答이라 此謂之有機有境[3]이니 纔轉便照破他心膽이니라 若不如此면 難塞他問頭라 爍迦羅眼者는 是梵語라 此云堅固眼이며 亦云金剛眼이니 照見無礙가 不唯千里明察秋毫라 亦乃定邪決正하야 辨得失, 別機宜, 識休咎라 雪竇云「東西南北門相對니 無限輪鎚擊不開라하니」旣是無限輪鎚커니 何故擊不開오 自是雪竇見處如此라 你諸人又作麼生得此門開去오 請參詳看하라

【평창번역】

　설두는 이처럼 (본칙공안을) 간파하고는 "말 속에 안목을 드러내며 정면으로 다가온다"고 했다. 말 속에 안목을 드러낸 것이 두 가지 뜻을 포함하고 있나니 조주 자신[人]을 물은 것 같기도 하고 조주가 머물고 있는 조주성[境]을 물은 것 같기도 하다. 조주는 티끌 한 오라기조차 움직이지 않고 즉시 저(이 승)를 향해 "동문 · 서문 · 남문 · 북문"이라고 대답했다. "깨달음의 눈에는 티끌이 없다"고 했으니 이는 인경(人境, 주관과 객관)을 모두 빼앗아 버린 조주(의 대답)를 읊은 구절이다. (조주 또한) 말 속에 안목을 드러내며 저(이 승)에게 대답했으니 이를 일러 '인경(人境)을 모두 인정했다'고 한다. 그 마음을 조금만 움직여도 (조주는) 저(이 승)의 오장육부까지 모두 간파해 버리나니 만일 이처럼 (능수능란하지 않다면) 저의 물음을 차단하기가 매우 어려웠을 것이다. '삭가라안(爍迦羅眼)'이란 인도말을 중국음으로 발음한 것[音寫]으로 '견고한 시력(堅固眼)', '다이아몬드와

---

3) 此之謂有機變(福本).

도 같이 빛나는 시력(金剛眼)'을 뜻한다. (이 '삭가라안'으로) 걸림 없이 보는 것이 천 리 밖의 한 오라기 털끝뿐만이 아니다. 또한 정과 사(正邪)를 분별하고 득과 실(得失)을 구분하며 상대방의 정도와 가르침을 펼 적절한 시기를 알고 선과 악을 구분할 줄도 안다. 설두가 말하길 "동서남북의 문으로 상대하니 쇠몽둥이로 아무리 후려쳐 봐야 열리지 않는다"고 했다. 쇠몽둥이로 마구 후려치거늘 무엇 때문에 열리지 않는가. 이는 설두가 간파한 곳이 이와 같다(는 말이다). 여러분은 어찌해야 이 문을 열 수 있겠는가. 간청하노니 자세히 참구해 보기 바란다.

【평창해설】

"쇠몽둥이로 아무리 후려쳐 봐야 열리지 않네"라고 설두는 읊고 있다. 그러나 이는 어디까지나 파주(把住, 부정)에 선 설두의 입장이다. 그렇다면 어찌해야 이 문이 열리겠는가. 쇠몽둥이 자체를 없애야 한다. 그러면 문은 '제발 열리지 말라'고 해도 열려 버린다. 아니 원래부터 문은 없었다. 없는 그 문을 만든 것은 바로 문을 열려는 그 마음이었다.(참 구업(口業)깨나 짓고 있군요. 석선생……)

第 10 則
睦州問僧甚處
목주, 승의 온 곳을 묻다

【垂　示】

垂示云「恁麼恁麼며 不恁麼不恁麼니 若論戰也댄 箇箇立在轉處라 所以道호대 若向上轉去댄 直得釋迦彌勒과 文殊普賢과 千聖萬聖과 天下宗師라도 普皆飮氣呑聲이어니와 若向下轉去댄 醯雞蠛蠓[1)]과 蠢動含靈이라도 一一放大光明하며 一一壁立萬仞이니라 儻或不上不下댄 又作麼生商量고 有條攀條하고 無條攀例하리라 試擧看하라」

【수시번역】

㉠ 이러하고 이러하며(向下, 긍정적인 입장), 이렇지 않고 이렇지 않나니(向上, 부정적인 입장) 만일 법(法, 진리)의 싸움을 논할진댄 한 동작 한 표정이 모두 전환점에 서 있다.

㉡ 그러므로 이렇게 말했던 것이다. 만일 향상(向上, 把住, 이렇지 않음, 부정적인 입장)을 향해 전환한다면 석가와 미륵, 문수와 보현 그리고 일천 성인 일만 성인과 천하의 모든 스승들이라도 모두들 꿀 먹은 벙어리 될

---

1) '蠛蠓' 2字 蚊虻(福本).

것이다.

ⓒ 만일 향하(向下, 放行, 이러함, 긍정적인 입장)를 향해 전환한다면 하루살이 날파리와 미물 곤충조차도 모두가 큰 빛을 놓으며 제각각 절대적 존재일 것이다.

ⓔ 그러나 만일 향상도 향하도 아닐진댄 어찌해야 하겠는가. 법조문에 있으면 법조문에 따르고 법조문에 없으면 판례를 따르라. 시험삼아 거론해보자.

【수시해설】

네 마디로 되어 있다.

첫째 마디(ⓐ) : (안목이 분명한 이는) 상황 상황에 따라 긍정과 부정의 입장을 자유로이 취하면서 상대방을 제압할 수 있다는 것을 말하고 있다.

둘째 마디(ⓑ) : 부정의 입장〔向上〕을 취하게 되면 부처와 조사마저 용납지 않는다는 것을 말하고 있다.

셋째 마디(ⓒ) : 그러나 긍정의 입장〔向下〕을 취하게 되면 이 세상 모든 존재들이 절대적이며 독립적이라는 것을 말하고 있다.

넷째 마디(ⓔ) : 결론적으로 본칙공안이 그 좋은 본보기라는 것을 말하고 있다.

【本　　則】

〔本則〕擧, 睦州問僧호대「近離甚處오」(探竿影草로다) 僧便喝이라 (作家禪客이로다 且莫詐明頭하라 也解恁麼去라) 州云「老僧被汝一喝이로다」(陷虎之機니 獵人作麼오) 僧又喝이라 (看取頭角하라 似則似나 是則未是라 只恐龍頭蛇尾로다) 州云「三喝四喝後作麼生고」(逆水之波라 未曾有一人出得頭라 入那裏去오) 僧無語라 (果然摸索不著이로다) 州便打云호대 (若使睦

州盡令而行이면 盡大地草木悉斬爲三段이로다) 這掠虛頭漢(放過一著이로다 落在第二라)

【본칙번역】

목주가 승에게 물었다. "어디서 왔는가."

  탐색작전이로군.

승이 갑자기 할(喝)을 했다.

  대단한 선객이로군. 깨달은 체 마라. 또한 이런 식으로 맞받아칠 줄 아는군.

목주가 말했다. "노승이 자네에게 일할(一喝)을 맞았네."

  함정이 있군. 짓궂게도 사람을 놀리고 있군.

승이 또 할을 했다.

  뿔이 났는가 잘 보라. 비슷하긴 하나 맞는 건 아니다. 용두사미가 될까 걱정스럽군.

목주가 말했다. "세 번 '할'을 하고 네 번 '할'을 한 그 다음에는 어찌할 것인가."

  역습이로군. 목주의 손아귀에서 벗어날 수 있는 사람은 단 한 사람도 없다. 어디로 도망가는가.

승은 아무 말이 없었다.

  과연 캄캄하군.

목주는 (승을) 갑자기 후려치며 말했다.

  목주가 만일 법대로 행했더라면 이 대지에 풀 한 포기 나무 한 그루도 남아 나지 않았을 것이다.

"이 사기꾼 같은 놈."

  한 수 늦었군. 김빠진 맥주로군.

【본칙과 착어해설】

△ **탐색작전이로군.**   목주는 승에게 "어디서 왔는가"라고 물었다. 그런데 이 물음은 승의 수행정도를 탐색해 보기 위한 낚싯밥이다.

△ **대단한 선객이로군.**   그러자 승은 갑자기 할(喝)을 했다. 결코 목주의 낚시에는 걸려들지 않으려고……. 그래서 원오는 이 승을 가리켜 이런 식으로 극찬을 하고 있다.

△ **깨달은 체 마라.**   원오는 이미 이 승을 간파해 버렸다. 그래서 "깨달은 흉내를 내지 마라"라고 했다. 자, 그렇다면 어느 곳이 원오가 이 승을 간파한 곳인가. 할(喝)!(웃기지 마라)

△ **또한 ~ 아는군.**   이렇게 첫마디에 할을 할 줄 안다는 것은 여하튼 보통 솜씨가 아닌 것만은 틀림없다.

◎ **"노승이 자네에게 일할(一喝)을 맞았네."**   그러자 목주는 이런 식으로 승의 할을 가볍게 받아넘겼다.

△ **함정이 있군.**   이 목주의 말 속에는 사실 기가 막힌 함정이 있는데 이를 알아차릴 수 있는 사람이 과연 몇이나 되겠는가.

△ **짓궂게도 사람을 놀리고 있군.**   목주의 말 속에는 다분히 장난기가 있다.

◎ **승이 또 할(喝)을 했다**   목주가 약하게 나오는 듯하자 이 승은 내친 김에 다시 한 번 할을 해서 목주를 밀어붙였다.

△ **뿔이 났는가 ~ 걱정스럽군.**   정말 멋진 할(喝)이다. 그러나 문제는 그 다음이다. 이 승은 힘을 다 써버렸으니 어찌할 셈인가. 무조건 할(喝)만을 내지른다고 해서 될 일이 아니다. 이 뒤를 어떻게 마무리할지 걱정스럽다.

◎ **세 번 할을 하고 네 번 할을 한 그 다음에는 어찌할 것인가.**   목주는 후퇴하는 듯하다가는 돌연 방향을 바꿔 이 승을 기습하고 있다. 《종전초》에서는 목주의 이 기습 장면을 이렇게 묘사하고 있다. "관운장이 언월도(偃月刀)를 휘두르며 적진으로 돌진하는 것과도 같다."

△ 목주의 ~ 한 사람도 없다.　　전광석화와도 같이 빠른 목주의 이 전술전략을 벗어날 수 있는 사람 있으면 어디 한 번 나와 봐라.
　△ 어디로 도망가는가.　　그 누구도 목주의 이 기습을 피할 방법이 없다.
　◎ 승은 아무 말이 없었다.　　돌진하던 양이 그만 울타리에 뿔이 걸린 격이다.
　△ 과연 캄캄하군.　　승은 이제 더 이상 목주를 상대할 힘이 없었다.
　△ 목주가 만일 ~ 남아나지 않았을 것이다.　　험난하기 이를 데 없는 목주의 가풍을 멋지게 표현한 대목이다.
　◎ "이 사기꾼 같은 놈."　　목주는 이 승을 산채로 잡아버렸다. 이 승의 목숨은 이제 목주의 손안에 있다.
　△ 한 수 늦었군. 김빠진 맥주로군.　　그러나 원오의 입장에서 본다면 목주의 이 마무리가 영 맘에 들지 않았다. 여기 좀더 박진감이 있었어야 한다. 이렇게 맥없이 끝나서야 되겠는가. 이 승을 그냥 여지없이 박살내 버렸어야 한다.

【評　唱】

〔評唱〕大凡扶豎宗教면 須是有本分宗師眼目하며 有本分宗師作用이니라 睦州機鋒이 如閃電相似하니 愛勘座主라 尋常出一言半句가 似箇荊棘叢相似하야 著脚手不得이라 他纔見僧來하면 便道호대 「見成公案이라도 放你三十棒하리라」 又見僧云호대 「上座!」 僧回首하면 州云 「橽板漢이로다」 又示衆云 「未有箇入頭處면 須得箇入頭處요 旣得箇入頭處면 不得辜負老僧하라하니」 睦州爲人多如此라

【평창번역】

선문(禪門)의 가르침을 진작시키고자 한다면 본분종사(本分宗師)의 안

목이 있어야 하며 본분종사의 능력이 있어야 한다. 목주의 기봉(機鋒, 직관력)은 전광석화와 같아서 곧잘 수행자들을 시험해 보곤 했다. 보통 때 내뱉는 한 마디〔一言半句〕가 가시숲과 같아서 가까이 접근하기가 무척 어려웠다. 목주는 승이 오는 걸 보면 이렇게 말했다. "공안이 드러났더라도 30봉을 먹이리라." 또 승을 보면 "상좌" 하고 부른다. 승이 고개를 돌리면 "담판한(擔板漢, 한쪽밖에 못 보는 놈)"이라고 말한다. (목주는) 대중에게 이렇게 말하기도 했다. "아직 깨닫지 못했다면 깨닫지 않으면 안 된다. 이미 깨달음을 체험했다면 노승을 배반하지 마라." 목주의 가르침은 대부분 이런 식이었다.

【평창해설】

임제에게 깨달음의 계기를 주고 운문을 깨닫게 한 사람 목주도명(睦州道明), 그의 활구는 워낙 혁하여 감히 발도 붙일 수 없다. 이 대목에선 그런 목주의 공안 세 개를 예로 들어 보이고 있다.

【評　唱】

這僧也善雕琢이나 爭奈龍頭蛇尾리요 當時若不是睦州댄 也被他惑亂一場하리라 只如他問近離什麼處오 僧便喝하니 且道他意作麼生고 這老漢也不忙하고 緩緩地向他道호대「老僧被汝一喝이라하니」似領他話在一邊이며 又似驗他相似하야 斜身看他如何라 這僧又喝하니 似則似나 是則未是라 被這老漢穿卻鼻孔來也로다 遂問云「三喝四喝後作麼生고하니」這僧果然無語라 州便打云「這掠虛頭漢이라하니」驗人端的處는 下口便知音이라 可惜許這僧無語하야 惹得睦州道掠虛頭漢이로다 若是諸人이 被睦州道「三喝四喝後作麼生고하면」合作麼生祇對하야사 免得他道掠虛頭漢고 這裏若是識存亡, 別休咎하며 脚踏實地漢인댄 誰

管三喝四喝後作麼生이리요 只爲這僧無語하야 被這老漢便據款結案이
로다 聽取雪竇頌出하라

【평창번역】

　이 승은 또한 잘 갈고 닦았으나 용두사미가 돼 버린 걸 어찌하겠는가. 당시에 만일 목주가 아니었던들 저(이 승)에게 한바탕 혼쭐이 났을 것이다. 그건 그렇고 목주가 '어디서 왔는가' 물으니 승이 갑자기 할(喝)을 했으니 자, 말해보라. 저(이 승)의 뜻은 어떤 것인가. 이 어르신네 역시 서두르지 않고 여유만만하게 저(이 승)를 향해 말하길 "노승이 자네에게 일할(一喝)을 맞았다"고 했다. (그런데 이것은) 저(이 승)의 말을 이미 간파하고는 한쪽에 서 있는 것과도 같다. 또 저(이 승)를 시험해 본 것과 같으며, 몸을 옆으로 비스듬히 기울여서 저(이 승)가 어쩌는가를 보는 것과 같다. 이 승이 또 할(喝)을 하니 비슷하긴 하나 맞는 건 아니다. 이 승은 그만 이 어르신네(목주)에게 잡혀 버리고 말았다. (목주가) 묻기를 "세 번 할을 하고 네 번 할을 한 그 다음에는 어찌할 것인가"하니 이 승은 과연 말이 없었다(말문이 막혀 버렸다). 목주는 (이 승을) 갑자기 후려치며 말하길 "이 사기꾼 같은 놈"이라고 했으니 사람을 시험해 보는 가장 정확한 방법은 (상대방의) 말을 (들어 보는 것이다. 상대방의 말을) 들어 보면 (그의 수행 정도를) 즉시 알 수가 있다. 애석하게도 이 승은 말문이 막혀서 목주에게 사기꾼이란 말을 듣지 않을 수 없었다. 여러분이 만일 "세 번째 할을 하고 네 번째 할을 한 그 다음에는 어찌할 것인가"라고 목주에게 질문을 받았다면 (어떻게 하겠는가) 어떻게 (목주를) 상대해야만 '사기꾼 같은 놈'이란 그의 힐책으로부터 벗어날 수 있겠는가. 유무(有無)를 알고 선악을 구별할 수 있으며 실질적인 체험이 있는 사람이라면 '세 번 할을 하고 네 번 할을 한 그 다음에는 어찌할 것인가' 라는 (목주의 말에) 전혀 개의치 않았을 것이다. 그러나 이 승은 그만 말문이 막혀 버려서 이 어르신네에게 모

든 걸 자백해 버리고 말았던 것이다. (그럼 이제) 설두의 송을 보자.

【평창해설】

이 승의 수행력은 대단했으나 뒤에 가서 그만 목주에게 밀리고 말았다. 그러나 만일 목주가 아니었더라면 이 승에게 아주 혼쭐이 났을 것이다. 목주는 이 승에게 느닷없이 할(喝)을 맞고는 이렇게 말했다. "노승이 자네에게 일할을 맞았네."……이 대목이 정말 죽여주는 곳이다. 이 승을 놀려먹는 것도 같고 시험해 보는 것도 같은 이 말은 사실상 이 승의 공격을 살짝 옆으로 비켜 서서 이 승이 그 다음엔 어떤 식으로 나오는가를 보려는 술책이다. 그러자 이 승은 또다시 할(喝)로 밀어붙였다. 그 순간 목주는 이 승의 모든 것을 간파해 버렸다. 그래서 이렇게 말했다. "세 번 할을 하고 네 번 할을 한 그 다음에는 어찌할 것인가." 승은 아무 말을 못 했고 목주는 그런 승을 후려치며 말했다. "이 사기꾼 같은 놈." 자, 여러분이라면 어떻게 목주의 이 말에서 벗어날 수 있겠는가. 정말 안목이 밝은 수행자라면 목주의 말(세 번 할을 하고 ~ 어찌할 것인가)에 전혀 개의치 않았을 것이다. 그러나 이 승은 이제 더 이상 목주를 감당할 힘이 없었으므로 자신의 모든 걸 목주에게 자백해 버리고 말았다.

【頌】

〔頌〕兩喝與三喝이여(雷聲浩大나 雨點全無라 自古至今에 祇有人恁麼다) 作者知機變이로다(若不是作家면 爭驗得이리요 只恐不恁麼로다) 若謂騎虎頭면(因, 瞎漢, 虎頭如何騎오 多少人恁麼會라 也有人作這見解로다) 二俱成瞎漢이로다(親言出親口라 何止兩箇오 自領出去하라) 誰瞎漢고 教誰辨고 賴有末後句로다 泊乎賺殺人이로-) 拈來天下與人看하라(看卽不無나 覷著卽瞎이라 闍梨若著眼看하면 則兩手托空이라 恁麼擧가 且道是第幾機오)

제10칙 睦州問僧甚處 | 289

【송번역】

두 개의 할과 세 번째의 할이여

    우렛소리 크나 비 한 방울 없다. 자고로 (목주와 같은) 사람은 많지 않았다.

노련한 수행자는 기변(機變)을 아네

    만일 거장이 아니었더라면 어떻게 (이 승을) 알 수 있었겠는가. 이렇지 못할까 염려스럽다.

(이 승이) 만일 범의 머리를 타고 앉았더라면

    화! 눈먼 놈. 범의 머리를 어떻게 타고 앉는단 말인가. 대부분의 사람들이 이렇게 알고 있으며 또한 이런 견해를 가지고 있다.

둘은 모두 눈먼 봉사가 되었으리

    그(설두)가 아니면 누가 감히 이런 말을 할 수 있겠는가. 어찌 둘뿐이겠는가. 자네(설두)나 가지고 가게.

누가 눈먼 봉사인가.

    누구더러 식별해 보라 하는가. 다행히도 뒤의 글귀(거론해서 ~ 잘 살펴보라)가 있었군. 하마터면 속을 뻔했다.

거론해서 모두들 잘 살펴보라.

    보면 없진 않으나 (그것을) 보는 순간 눈멀 것이다. 그대(설두)가 만일 눈으로 (그것을) 볼 수 있다면 두 손으로 허공을 치는 것이다(헛수고를 하는 것이다). (산승의) 이러한 제시가 자, 말해 보라. 몇 번째의 등급〔機〕인가.

【송과 착어해설】

◎ **두 개의 할과 세 번째의 할이여** '두 개의 할'은 승이 내지른 두 개의 '할'을, 그리고 '세 번째의 할'은 목주의 질책('세 번 할을 하고 ~ 어찌할 것인가')을 뜻한다.

△ **우렛소리 크나 비 한 방울 없다.** 이 승의 할은 정말 대단했다. 그러나 진짜 할이 아니었으므로 마른 번개에 비유하고 있다.

△ 자고로 (목주와 같은) 사람은 많지 않았다.　　목주와 같은 전술전략을 사용한 선승은 많지 않았다.

◎ 노련한 수행자는 기변(機變)을 아네　　'노련한 수행자'는 이 승을 말한다. 목주의 말('세 번 할을 하고 ~ 어찌할 것인가')을 듣는 순간 이 승은 재빨리 상황의 전환(機變)을 알아차리고 입을 다물어 버렸다.

△ 만일 ~ 있었겠는가.　　목주 같은 거장이 아니었더라면 이 승을 간파해 내지 못했을 것이다.

△ 이렇지 못할까 염려스럽다.　　'이 승처럼 즉시 상황 변화를 알아차리지 못할까 염려된다'고 원오는 청중에게 마치 혼잣말처럼 중얼거리고 있다.

◎ (이 승이) 만일 범의 머리를 타고 앉았더라면　　이 승이 만일 범의 머리를 탄 듯이 마구 할을 했더라면 어찌됐겠는가.

△ 와! ~ 앉는단 말인가.　　'와(咼)'란 놀랐을 때 내지르는 외마디 소리다. '범의 머리를 타고 앉는다', 즉 '무조건 할을 내지른다'는 발상 자체가 안목이 전혀 없는 막무가내식 방법이다. 원오는 그래서 설두의 이 시구를 농담조로 이렇게 가볍게 받아넘기고 있다.

△ 대부분의 ~ 가지고 있다.　　그러나 대부분의 사람들은 무조건 할(喝)만 내지르면 다 된다는 식의 견해를 갖고 있다. '할'이 뭔지, 또 어떤 경우에 사용하는지 그걸 전혀 알지 못하면서 참선 좀 했다 하면 너나없이 서당 개 삼 년에 풍월을 읊으려 하고 있다.

◎ 둘은 모두 눈먼 봉사가 되었으리　　왜냐하면 할을 내지르는 자와 그 할을 맞는 자의 대립이 거기 있기 때문이다.

△ 어찌 둘뿐이겠는가.　　이렇게 되면 선문답을 하는 두 사람뿐 아니라 온누리 사람들이 모두 이 '말의 싸움판'에서 벗어날 수가 없다. 왜냐하면 여기 '옳다, 옳지 않다'의 입씨름이 끝없이 이어지고 있기 때문이다.

△ 자네(설두)나 가지고 가게.　　적어도 이치적으로는 이런 도리를 모르는 사람이 없다. 그러므로 설두는 더 이상 사족을 붙이지 말아야 한다.

◎ 누가 눈먼 봉사인가.　　그렇다면 과연 누가 눈먼 봉사인가, 이 승인가, 목주인가, 설두인가, 원오인가, 아니면 이 글을 쓰고 있는 필자인가. 이 글을 읽고 있는 그대인가.

△ 누구더러 식별해 보라 하는가.　　원오는 설두의 의중을 간파해 버렸다. 그래서 설두에게 이런 식으로 되묻고 있다.

△ 다행히도 ～ 속을 뻔했다.　　이 뒤의 시구('거론해서 ～ 잘 살펴보라')는 활구성(活句性)이 아주 강한 대목이다. 그러므로 단순한 글자풀이만으로는 그 참뜻을 간파할 수가 없다. 만일 이 시구가 없었더라면 설두는 틀림없이 원오의 손에 잡혀 박살이 나고 말았을 것이다.

◎ 거론해서 ～ 잘 살펴보라.　　이게 눈먼 경지인가, 눈멀지 않은 경지인가, 이 시구를 잘 살펴보라.

△ 보면 없진 않으나 ～ 눈멀 것이다.　　본다면 이미 어긋나 버린다. 왜냐하면 거기 보는 주관과 보이는 대상이 있기 때문이다. 이 양자의 대립이 있는 한 '진정한 봄[眞見]'은 있을 수 없다. 보지 않는 것[不見]으로 볼 때만이, 본다는 생각 없이 볼 때만이 거기 '진정한 봄'은 가능하다. 보는 주관과 보이는 대상의 대립이 없다.

△ (산승의) 이러한 제시가 ～ 등급(機)인가.　　원오는 자신의 말을 되잡아 치고 있다. 자, 원오의 이 횡설수설이 과연 몇 번째 등급에 속하겠는가. 원오는 그렇다 치고 이 글을 쓰고 있는 필자는 몇 번째 등급인가.

【評　　唱】

〔評唱〕雪竇不妨有爲人處라 若不是作者면 只是胡喝亂喝이라 所以古人道호대 「有時一喝은 不作一喝用이요 有時一喝은 卻作一喝用이며 有時一喝은 如踞地獅子요 有時一喝은 如金剛王寶劍이니라」 興化道호대 「我見你諸人東廊下也喝하며 西廊下也喝이라 且莫胡喝亂喝이어다 直饒喝得興化上三十三天하고 卻撲下來하야 氣息一點也無라도 待我甦

醒起來하야 向汝道未在라하리라 何故오 興化未曾向紫羅帳裏撒眞珠與你諸人在니라 只管胡喝亂喝作什麽오」臨濟道호대「我聞汝等이 總學我喝이니 我且問你하노라 東堂有僧出하고 西堂有僧出하야 兩箇齊下喝하면 那箇是賓이며 那箇是主오 你若分賓主不得인댄 已後不得學老僧하라」

【평창번역】

설두는 간절히 사람을 위하는 곳이 있었다. (이 승이) 만일 노련한 수행자가 아니었더라면 계속 할(喝)만을 남발했을 것이다. 그러므로 옛 사람(임제)은 이렇게 말했다. "어떤 때의 일할은 일할로서도 쓸 수가 없고, 어떤 때의 일할은 일할로서 쓸 수가 있다. 또 어떤 때의 일할은 웅크리고 앉아 있는 사자와도 같고, 어떤 때의 일할은 마치 지혜의 검과 같다." 홍화가 말했다. "나는 그대들이 동쪽 희랑에서 할을 하고 서쪽 희랑에서 할을 하는 걸 봤다. 그러나 (그런 식으로) 할을 남발해서는 안 된다. 할을 해서 홍화를 하늘 꼭대기〔三十三天〕까지 들어올린 다음 (땅으로) 내팽개쳐서 완전히 숨이 끊어진다 하더라도 내가 정신이 들면 그대들을 향해 말하리라. '아직 멀었다'고. 왜냐하면 난 일찍이 그대들을 위한답시고 붉은 비단 장막 속을 향해서 진주알을 뿌린 일이 없기 때문이다(쓸데없는 사족을 붙인 일이 없기 때문이다). 그런 식으로 할을 남발해서 어찌하려는가." 임제가 말했다. "그대들이 나의 할을 배운다고 들었다. 그대들에게 묻노라. 동당(東堂)에서 어떤 승이 나오고 서당(西堂)에서 어떤 승이 나와 둘이 일시에(동시에) 할을 한다면 누가 객(賓)이며 누가 주인(主)인가. 그대들이 만일 빈주(賓主)를 구분하지 못한다면 이후론 절대로 노승(의 할)을 배우지 마라."

【평창해설】

할(喝)은 임제가 주로 사용했다. 그런데 이 '할'은 상황에 따라 그 용도가 각각 다르다. 이 대목에서는 그 다름을 다음의 네 묶음으로 간추리고 있다.

첫째, 어떤 때의 일할(一喝)은 일할로서도 쓸 수가 없다. 왜냐하면 이 일할은 일할로서도 미칠 수 없는 본분자리를 나타내기 때문이다.

둘째, 어떤 때의 일할은 일할로서 쓸 수가 있다. 왜냐하면 이 경우의 일할은 진짜와 가짜를 판별하는 저울눈금이기 때문이다.

셋째, 어떤 때의 일할은 웅크리고 앉아 있는 사자와 같다. 왜냐하면 이 경우의 일할은 그 어떤 것도 용납지 않는 선지식의 위용을 나타내는 것이기 때문이다.

넷째, 어떤 때의 일할은 마치 지혜의 검과 같다. 왜냐하면 이 경우의 일할은 유형(有形)과 무형(無形)을 모두 박살내 버리는 직관력으로 사용되기 때문이다.

홍화(興化)는 임제의 법을 이은 선승으로서 임제가 쓰는 할(喝)의 사용법을 누구보다도 잘 알았다. 그래서 그는 뒷사람들에게 할을 함부로 사용해선 절대 안 된다고 단단히 타이르고 있다. 홍화의 말 가운데 '붉은 비단 장막 속을 향해서 진주를 뿌린 일이 없다'는 대목은 무슨 뜻인가. 붉은 비단 장막은 황제가 거주하는 곳으로서 이곳에는 뭐든지 다 있다. 그런데 그 속에다 귀한 물건이랍시고 진주알을 뿌린다면 이건 부질없는 짓이다. 그러므로 이 말은 '쓸데없이 사족을 붙이지 않았다'는 뜻이다. 그리고 '할'을 제창한 임제 자신도 역시 '할'의 남용을 철저히 금하고 있다. 여기 두 사람의 수행자가 만나자마자 동시에 '할'을 했다고 하자. 자, 그렇다면 선제공격을 한 자와 그 공격을 방어하는 자가 있을 것이다. "동시에 '할'을 한 이 속에서 공격자(主, 주인)와 방어자(賓, 객)를 가려낼 수 있는 그 직관력이 없다면 절대로 '할'을 사용해선 안 된다"고 임제는 거듭 강조하고 있다.

【評　唱】

所以雪竇頌道호대「作者知機變이라하니」這僧雖被睦州收나 他卻有識機變處라 且道什麼處是這僧識機變處2)오 鹿門智禪師點這僧云호대「識法者懼라하며」巖頭道호대「若論戰也댄 箇箇立在轉處라하며」黃龍心和尙道호대「窮則變, 變則通이라하니」這箇些子는 是祖師坐斷天下人舌頭處라 你若識機變하면 擧著便知落處하리라

【평창번역】

그러므로 설두는 이렇게 읊었다. "노련한 수행자는 기변(機變)을 아네." 이 승이 비록 목주의 손아귀에서 벗어나진 못했으나 상황이 급변하는 곳(機變處)을 식별할 줄은 알았다. 자, 말해 보라. 어떤 곳이 이 승이 기변처(機變處)를 안 곳인가. 녹문지 선사는 이 승을 가리켜 말하길 "법을 아는 자가 두렵다"고 했다. 암두는 말하길 "만일 법전(法戰)을 논할진댄 한 동작 한 표정이 모두 전환점에 서 있다"라고 했다. (또) 황룡심 화상은 말하길 "궁색하면 변하고 변하면 통한다"고 했으니 이것(機變處)은 조사가 천하인의 언어를 제압한 곳이다. 그대가 만일 기변처를 안다면 (본칙공안을) 거론하는 순간 그 핵심을 간파해 버릴 것이다.

【평창해설】

이 승은 목주의 전술전략에 걸려들긴 했으나 상황이 급변하는 곳(機變處)을 즉시 알아차렸다. 그렇다면 이 승이 상황 급변처를 안 곳은 어디인가. —목주의 질책을 듣는 순간 입을 꽉 다물어 버린 바로 그곳이다. 이 승이 만일 안목이 전혀 없는 수행자였더라면 이 경우에도 또 할(喝)로 마

---

2) 이 아래에 '是謂騎虎頭' 5字 있음(福本).

구 목주를 밀어붙였을 것이다. 본문의 "법을 아는 자가 두렵다"는 말은 이 승처럼 "안목 있는 이가 두렵기 때문에 선지식은 함부로 살림보따리를 풀어서는 안 된다"는 말이다. '법전(法戰)'이란 선지식과 수행자 사이에 밀고 당기는 상대방에 대한 탐색전을 뜻한다. 이 '법전'을 할 경우 한 동작 한 동작은 그대로 다음 동작을 위한 전환점이 돼야 한다. 왜냐하면 상대방의 공격이 언제 어디로 향해 올지 알 수 없기 때문이다.

어떤 방향으로 공격해 오더라도 즉시 그 상황에 대처할 수 있어야 한다. 즉 한 동작 한 동작이 제각각 독립적이면서도 유기적인 연속관계를 유지해야 한다. 그렇지 못하고 어느 시점에서 동작의 연결이 끊기면, 즉 말문이 막혀 버리면 그 즉시 그의 모가지는 순식간에 날아가 버리고 만다. 공격하는 선지식과 방어하는 수행자, 또는 공격하는 수행자와 방어하는 선지식, 이 두 사람이 모두 안목이 있다면 법전은 이제 어떤 위기에 처하더라도 그 위기를 타개할 수 있는 전환점이 반드시 있게 마련이다. 이 이치를 황룡조심(黃龍祖心)은 이렇게 말했다. "궁지에 몰리면 그 위기사항에서 탈출하는 방법이 있고, 그 위기를 탈출하게 되면 다시 상대를 공격할 수가 있다〔窮則變 變則通〕." 역대의 조사(선지식)들은 바로 이 상황의 전환처〔機變處〕를 통해서 수행자들을 제압했던 것이다. 우리가 만일 걷잡을 수 없이 급변하고 있는 이 '상황의 전환처'를 안다면 바로 그 순간 우리는 공안의 암호를 해독하게 될 것이다.

【評　　唱】

有般漢云호대「管他道三喝四喝作什麽오 只管喝將去니 說什麽三十二十喝가 喝到彌勒佛下生하면 謂之騎虎頭라하니」若恁麽知見인댄 不識睦州則故是며 要見這僧太遠在라 如人騎虎頭댄 須是手中有刀며 兼有轉變始得이니라 雪竇道호대「若恁麽댄 二俱成瞎漢이라하니」雪竇似倚天長劍하야 凜凜全威라 若會得雪竇意하면 自然千處萬處一時會하리

니 便見他雪竇後面頌은 只是下注脚이라 又道誰瞎漢고하니 且道是賓家瞎가 是主家瞎가 莫是賓主一時瞎麼아 拈來天下與人看하라하니 此是活處라 雪竇一時頌了也니라 爲什麼卻道拈來天下與人看고 且道作麼生看고 開眼也著이며 合眼也著이라 還有人免得麼아

　　　　　　　　　　　佛果圜悟禪師碧巖錄卷第一 終

【평창번역】

　어떤 사람은 말한다. "'세 번 할을 하고 네 번 할을 한 그 다음에는 어찌 할 것인가'라고 말한 저(목주)의 말을 개의할 필요가 없다. 오직 '할' 만을 하면 되나니 무엇 때문에 30할, 20할을 논하는가. 미륵불이 이 세상에 올 때까지 (56억 7천만 년 동안) 계속 '할' 만을 외쳐대면 이를 일러 '범의 머리를 타고 앉았다'고 하는 것이다." 만일 이런 식의 견해를 갖고 있다면 목주를 알아보지 못하는 건 물론이고 이 승조차도 전혀 모를 것이다. 만일 범의 머리를 타고 앉았다면 손에는 칼이 있어야 하며 상황 변화에 대처 할 수 있는 자재로운 능력이 있어야 한다. 설두는 말했다. "(이 승이) 만일 범의 머리를 타고 앉았더라면 둘은 모두 눈먼 봉사가 됐을 것이다." 설두는 마치 하늘에 기댄 장검(長劍)과도 같아서 그 기세가 늠름하기 이를 데 없다. 만일 설두의 참뜻을 간파한다면 천 곳 만 곳을 일시에 알게될 것이다. (그리고) 이 뒤의 설두 송은 부차적으로 덧붙인 주석에 불과하다. (설두는) 또 말하길 "누가 눈먼 봉사인가"라고 했다. 자, 말해보라. 객이 눈멀었는가, 주인이 눈멀었는가, 아니면 객과 주인이 모두 눈멀었는가. '거론해서 모두들 잘 살펴보라'고 했으니 이는 활구가 (내포돼) 있는 곳이다. 설두는 (이런 식으로) 송을 끝마쳤다. 그런데 무엇 때문에 '거론해서 모두들 잘 살펴보라'고 하는가. 자, 말해 보라. 어떻게 살펴봐야 하는가. 눈을 떠도 그것이며 눈을 감아도 그것이니 (이것으로부터) 도망갈 수 있는 사람이 있는가.

【평창해설】

　선문답의 경우 앞뒤를 가리지 않고 무조건 '할' 만을 하는 것을 일러 사람들은 '범의 머리를 타고 앉았다'고 하는데 이는 틀린 말이다. 범의 머리를 타고 앉는 것은 ('할'을 사용하는 것은) 아주 위험하기 때문에 여기엔 반드시 다음의 두 가지가 필수적으로 구비되어야만 한다.
　첫째, 범을 굴복시킬 수 있는 지혜의 칼, 둘째, 어떤 상황에서도 능히 대처할 수 있는 순발력. 설두는 말하길 "만일 이런 식이라면 (무조건 '할' 만을 한다면) 둘은 모두 눈먼 봉사가 되었을 것"이라고 했다. 왜냐하면 거기 상황의 전환이 불가능하고 공격자와 방어자가 계속 대치 상태로만 있게 될 것이기 때문이다. 이 대목은 설두의 직관력을 단적으로 드러낸 곳으로서 그 위세가 마치 하늘에 기댄 장검과도 같다. 만일 설두의 이 말뜻을 간과한다면 모든 공안의 전환점을 알 수 있을 것이다. 이 말은 단지 설두의 이 대목을 이해함으로써가 아니라 우리 자신이 설두가 돼야만 가능하다는 말이다. 그리고 송의 마지막 두 구절('누가 ~ 잘 살펴보라')은 주석적인 성격을 띠고 있다. 그러나 이 주석적인 대목이 활구적이라는 데 문제가 있다. "누가 눈먼 봉사인가." ……설두는 갑자기 창 끝을 우리에게 되돌려 묻고 있다. 공격자(목주)가 눈먼 봉사인가. 방어자(이 승)가 눈먼 봉사인가. 두 사람이 모두 눈먼 봉사인가. 아니 설두 자신이 눈먼 봉사인가, 필자인가. 이 글을 읽고 있는 그대인가. 도대체 누가 눈멀었는가. "거론해서 모두들 잘 살펴보라."—설두는 송의 마지막 구절을 이렇게 마무리짓고 있다. 이 뒤의 평창 본문('눈을 떠도 그것이며 ~ 사람이 있는가')은 원오의 평창이 아니라 뒷사람 누군가가 덧붙인 사족이라는 말이 있다.

❧❧❧ 참고사항 ❧❧❧

　이 뒤에 〈협산무애선사항마표(夾山無碍禪師降魔表)〉라는 글이 붙은 〈본(本)〉이 있다. 그러나 이 문장은 그 내용상 《벽암록》과는 전혀 관계가 없으며 또 원오의 문장으로 보기에도 다소 무리가 있다. 문장이 너무나 관념적이고 격식적이며 독창성이 전혀 없다. 《三省本》, 《覆元版宮內省圖書寮藏本》, 《一夜本》, 《不二鈔》, 《種電鈔》 등에도 이 문장이 없다. 그래서 필자도 앞의 다섯 가지 판본의 입장을 따라 이 문장을 싣지 않기로 했다.

佛果圜悟禪師碧巖錄 卷第二

第 11 則
黃檗酒糟漢
황벽의 머저리 같은 놈

【垂　　示】

垂示云,「佛祖大機를 全歸掌握하니 人天命脉이 悉受指呼라 等閑一句一言이 驚群動衆하며 一機一境이 打鎖敲枷니 接向上機하야 提向上事니라 且道什麽人曾恁麽來오 還有知落處麽아 試擧看하라」

【수시번역】

㉠ 불조(佛祖)의 대기(大機)를 모두 장악해 버리니 중생들이 모두 그 지시를 받는다.

㉡ 무심히 내뱉는 한 마디 말[一句一言]이 사람들을 놀라게 하며, 표정 하나 손짓 하나가 그대로 현묘(玄妙)의 오랏줄을 끊어 버리고 망상[識情]의 족쇄를 부숴 버린다. (이것은) 최상의 수행자를 맞이하여 최상의 일을 제시하는 것이다.

㉢ 자, 일러 보라. 어떤 사람이 이런 식인가. (이 말의) 본뜻을 알겠는가.

시험삼아 거론해 보자.

【수시해설】

세 마디로 되어 있다.

첫째 마디(㉠) : 본칙공안의 주역인 황벽의 넓고 큰 도량에 대한 언급이다.

둘째 마디(㉡) : 황벽의 특출한 교수법에 대해서 말하고 있다.

셋째 마디(㉢) : 본칙공안이야말로 황벽의 그런 특성을 가장 잘 나타낸 본보기라는 것을 말하고 있다.

【本　　則】

〔本則〕擧, 黃檗示衆云호대(打木礙盆이니 一口呑盡이로다 天下衲僧跳不出이라) 汝等諸人盡是噇酒糟漢이라 恁麽行脚인댄(道著, 踏破草鞋요 掀天搖地[1]로다) 何處有今日이리요(用今日作什麽오 不妨驚群動衆이로다) 還知大唐國裏無禪師麽아(老僧不會라 一口呑盡[2]이니 也是雲居羅漢[3]이로다) 時有僧出云호대「只如諸方玉徒領衆又作麽生이닛고」(也好與一拶이라 臨機不得不恁麽라) 檗云「不道無禪이요 只是無師로다」(直得分疏不下라 瓦解冰消니 龍頭蛇尾漢이로다)

【본칙번역】

황벽이 말했다.

---

1) 掀天搖地 (4字) 없음(蜀本).
2) 一口呑盡 (4字) 없음(福本).
3) 也是雲居羅漢 (6字) 없음(蜀本).

물을 퍼올리는 데는 두레박이 한계가 있다. 한입에 모두 삼켜 버렸다. 천하의 수행자들은 (황벽의 손아귀에서) 벗어날 수 없다.
"그대들은 모두 머저리 같은 놈들이다.
이런 식으로 행각한다면
말 한번 잘했다. 짚신만 다 떨어졌군. 천지를 뒤흔드는군.
어느 곳에 깨달을 날이 있겠느냐.
깨달을 날을 들먹여서 뭘 하려는가. 사람을 놀라게 하는군.
대당국(大唐國) 안에는 선사가 없다는 걸 알겠느냐."
노승(원오)은 알 바 아니다. 한입에 (뭇 선지식들을) 모두 삼켜 버렸으니 거만하기 이를 데 없군.
그때 어떤 승이 나와서 말했다.
"그렇다면 여러 곳의 선원에서 수행자들을 지도하고 있는 (분들은) 누굽니까?"
한 방 잘 먹였다. 맞붙으려면 적어도 이 정도는 되어야 한다.
황벽이 말했다. "불도무선 지시무사(不道無禪 只是無師, 선이 없다고는 말하지 않았다. 다만 스승이 없을 뿐이다)."
아무 말도 못 하는군. 풀이 팍 죽어 버렸군. 용두사미로군.

【본칙과 착어해설】

△ 물을 퍼올리는 데는 ~ 벗어날 수 없다.　황벽의 도량이 크다는 걸 강조하는 대목이다. 황벽이라는 이 우물물을 퍼올리기에는 두레박이 너무 작다는 것이다. 즉 '황벽의 도량을 논하는 데 있어서 인간의 언어는 너무 빈약하다'는 것이다. '황벽은 삼세제불과 역대 조사들을 모두 한입에 삼켜 버렸다'고 원오는 착어를 내리고 있는데 이건 좀 지나친 과장이다. '그 누구도 황벽의 손아귀에서 벗어날 수 없다'는 말은 원오의 착어에서 약방의 감초식으로 나오는 말이다. 자, 그러면 이제 그토록 대단하다는 황벽의

말을 들어 보자.

◎ "그대들은 모두 머저리 같은 놈들이다. 이런 식으로 행각한다면 어느 곳에 깨달을 날이 있겠느냐. 대당국 안에는 선사가 없다는 걸 알겠느냐." 황벽의 기백을 단적으로 나타낸 이 말은 사실 거만하기 이를 데 없는 독설이다. 그러나 이 독설이 다분히 의도적이라는 데 문제가 있다. 황벽은 지금 이런 식의 독설을 통해서 제자들의 마음을 자극하고 있다. 묻지 않고는 견딜 수 없는 낚싯밥을 던지고 있다.

△ 천지를 뒤흔드는군. 황벽의 이 발언이야말로 우리의 상식을 송두리째 뒤집어엎고 있다.

△ 깨달을 날을 ~ 뭘 하려는가. 원오는 깨달음마저 필요치 않은 경지에 서 있다.

△ 노승(원오)은 알 바 아니다. 원오는 황벽의 미끼에 걸려들지 않았다. 그래서 이렇게 말한 것이다.

△ 한입에 ~ 이를 데 없군. 황벽은 뭇 선지식들을 모조리 새발의 피로 얕잡아봐 버렸다. 황벽의 이런 태도야말로 거만하기 이를 데 없다.

◎ "그렇다면 ~ 누굽니까?" 그때 어떤 한 승이 황벽의 미끼에 그만 걸려들고 말았다. 그래서 제딴에는 황벽을 제압하려고 이런 식의 말로 반격을 시도했다. 그러나 그는 모르고 있다. 자신이 지금 황벽의 전략에 갈려들었다는 걸…….

△ 한 방 잘 먹였다. 그러나 원오는 일단 이 승의 기백을 높이 평가해 주고 있다.

◎ "불도무선 지시무사(不道無禪 只是無師, 선이 없다고는 말하지 않았다. 다만 스승이 없을 뿐이다)." 풀이 팍! 꺾여 버린 듯한 황벽의 이 대답은 그러나 교묘하게 위장을 한 활구라는 사실을 알아야 한다. 이 승에게 연막을 치기 위하여 황벽은 이런 식의 답변을 한 것이다. 그래서 《종전초》에선 이렇게 말했다. "영산회상의 향기와 소림의 현지(玄旨)를 꿰뚫었다."

△ 아무 말도 ~ 용두사미로군. 원오 역시 황벽의 연막작전에 동참

하여 이 승을, 아니 우리를 속이고 있다. 아무 말도 못 한다느니 풀이 죽었다느니 …… 이런 식으로 황벽을 깎아내리고 있다. 그러나 이건 반어적으로 황벽을 극찬한 곳이다. 그대여, 정신 바짝 차려라. 본칙의 첫머리에서 황벽은 '그대들은 모두 머저리 같다' 는 식으로 거창하게 나왔다. 그러나 이 승의 반격에 밀려 끝에 가서는 슬그머니 꼬리를 내리고 있다. '불도무선 지시무사(不道無禪 只是無師, 선이 없다는 게 아니라 스승이 없을 따름이라)' 라고 변명 같은 말을 하고 있다. 그래서 이걸 보고 원오는 '용두사미' 라고 말했다. 황벽과 여기 맞장구를 쳐대는 원오. 이 두 사람이 벌이는 이 한판의 연극을 보라. 벗이여, 이 어찌 웃지 않을 수 있겠는가.

【評　　唱】

〔評唱〕黃檗身長七尺이요 額有圓珠하며 天性會禪이라 師昔遊天台할새 路逢一僧하야 與之談笑가 如故相識터니 熟視之에 目光射人하고 頗有異相이라 乃偕行하야 屬溪水暴漲하니 乃植杖捐笠而止라 其僧率師同渡할새 師曰「請渡하라」 彼卽褰衣躡波, 如履平地라 回顧云「渡來! 渡來하라」 師咄云「這自了漢이여 吾早知捏怪런들 當斫汝脛하리라」 其僧歎曰「眞大乘法器라하고」 言訖不見이라

【평창번역】

황벽은 키가 칠 척이요, 미간은 솟아올라 (마치) 둥근 구슬[圓珠]과도 같았으며 천성적으로 선사의 기질을 타고났다. 그가 천태산에 갔을 때 길에서 한 승을 만났는데 서로 담소하다가 옛 친구처럼 친하게 됐다. 이 승을 자세히 보니 그 눈빛이 사람을 꿰뚫었으며 자못 범상치 않았다. 둘이 동행하다가 개울물이 세차게 흐르는 곳을 만났다. 황벽은 지팡이를 꽂아 놓고 삿갓을 벗은 채 서 있었다. 그 승이 황벽을 데리고 개울 물살을 건너

려고 하는데 황벽이 말했다. "자네가 먼저 건너가게." 그러자 그는 옷을 걷어붙이고는 평지처럼 물살 위를 건너가면서 (황벽을) 뒤돌아보며 말했다. "어서 건너오게. 어서……." (이 말을 들은) 황벽은 혀를 차면서 말했다. "이 소승놈. 내 일찍이 그대의 이 낯도깨비 같은 짓을 알았더라면 그 허리를 두 동강이 내 버렸을 것이다." 이 말을 들은 그 승은 혀를 차면서 말했다. "참으로 대승의 그릇이군." 말을 마치자 그 승은 간 곳이 없었다.

【평창해설】

황벽은 천성적으로 선사의 기질을 타고난 인물인데, 그 좋은 본보기가 바로 이 대목에 나오는 나한 화신(羅漢化身)과의 동행 이야기다. '나한'이란 깨달음을 성취한 소승의 수행자로서 기적을 일으키는 힘〔神通力〕이 뛰어나다고 한다. 그러나 이 신통력에 못지않게 좀 짓궂은 장난기가 많기로 유명하다. 그래서 곧잘 수행자 앞에 나타나 수행의 깊이를 시험해 보곤 한다는 이야기가 있다. 이 나한이 지금 한 행각승의 모습으로 황벽 앞에 나타나 황벽의 도량을 시험해 보고 있다. 그러나 황벽은 나한의 이 신통력 따위에 전혀 현혹되지 않았다. 아니 현혹되긴커녕 오히려 그런 나한을 혼내고 있다. 기적이나 일으켜서 혹세무민시키려는 그런 행위를 심하게 꾸짖고 있다. 그러자 나한은 '정말 대단한 수행자'라고 황벽을 칭찬하면서 사라져 버렸다는 것이다.

【評　　唱】

初到百丈하니 丈問云「巍巍堂堂從什麼處來오」 檗云「巍巍堂堂從嶺中來니다」 丈云「來爲何事오」 檗云「不爲別事니다」 百丈深器之라 次日辭百丈하니 丈云「什麼處去오」 檗云「江西禮拜馬大師去니다」 丈云「馬大師已遷化去已라」 你道黃檗恁麼問이 是知來問가 是不知

來問⁴⁾가 卻云「某甲特地去禮拜러니 福緣淺薄하야 不及一見이니다 未審平日有何言句닛고 願聞擧示하소서」丈遂擧再參馬祖因緣이라「祖見我來하고 便豎起拂子어늘 我問云『卽此用가 離此用가』祖遂掛拂子於禪床角이라 良久에 祖卻問我호대『汝已後鼓兩片皮하야 如何爲人고』我取拂子豎起라 祖云『卽此用가 離此用가』我將拂子掛禪床角하니 祖振威一喝커늘 我當時直得三日耳聾이로다」黃蘗不覺悚然吐舌하니라 丈云「子已後莫承嗣馬大師麼아」蘗云「不然이니다 今日因師擧하야 得見馬大師大機大用이니다 若承嗣馬師면 他日已後喪我兒孫하리다」丈云「如是！如是니라 見與師齊면 減師半德이요 智過於師하야사 方堪傳授니라 子今見處宛有超師之作이니라」諸人且道黃蘗恁麼問이 是知而故問耶아 是不知而問耶⁵⁾아 須是親見他家父子行履處始得이니라

【평창번역】

　(황벽이) 처음 백장에 이르니 백장이 물었다. "외외당당한 (기풍을 가진) 자여, 어디서 왔는가?"

　황벽이 말했다. "외외당당하게 영중(嶺中)에서 왔습니다."

　백장이 말했다. "무엇 하러 왔는가."

　황벽이 말했다. "아무 일도 없습니다."

　(이 말을 들은) 백장은 황벽이 대단한 재목이라는 걸 알았다. 다음날 (황벽은) 백장에게 하직인사를 했다.

　백장이 말했다. "어디로 가려는가."

　황벽이 말했다. "강서로 가서 마대사〔馬祖道一〕를 뵐까 합니다."

　백장이 말했다. "마대사는 이미 입적하셨다네."

---

4) 你道 ~ 是不知來問(16字) 없음(蜀本).
5) 諸人 ~ 是不知而問耶(22字) 없음(福本).

자, 말해 보라. 황벽의 이 물음이 알고 물은 것인가, 모르고 물은 것인가.

황벽이 말했다. "제가 꼭 찾아가서 예배드리려 했는데 인연이 없어 뵙지 못하는군요. 보통 때 두슨 말씀을 하셨는지 말해 주십시오."

백장은 다음과 같이 재차 마조를 참배한 인연을 말했다.

"마조께서는 내가 오는 걸 보고는 불자(拂子)를 들어 보였다. 그래서 내가 물었다. '이 작용에 즉(即)했습니까. 이 작용을 떠났습니까.' 마조는 불자를 선상의 귀퉁이에 걸었다. 잠시 후〔良久〕 마조께서 내게 물었다. '자넨 이후로 주둥이를 놀려서 어떻게 사람들을 제도하려는가', 난 불자를 들어 보였다. 마조께서 물었다. '이 작용에 즉(即)했는가. 이 작용을 떠났는가.' 난 불자를 선상 귀퉁이에 걸었다. 그 순간 마조의 일할(一喝)이 벼락치듯 울렸다. 난 그후 3일 동안 귀가 멀어서 아무 소리도 들을 수가 없었다."

(백장의 이 말을 들은) 황벽은 자신도 모르게 기가 질려 혀를 내둘렀다.

백장이 말했다. "자넨 이후로 마대사(의 법)을 잇지 않겠는가."

황벽이 말했다. "그럴 필요는 없겠습니다. 오늘 스님의 이야기를 듣고는 비로소 마대사의 대기대용(大機大用)을 알았습니다. (제가) 만일 마대사(의 법)을 잇는다면 뒷날 저의 후손들이 단절될 것입니다."

백장이 말했다. "그렇고말고. 그 경지가 스승과 동등하면 스승의 덕을 반감할 것이요, 그 지혜가 스승을 능가해야만 비로소 (스승의 법을) 이을 수 있나니 자네의 경지는 분명 마대사를 능가하고 있네."

여러분은 말해 보라. 황벽의 이 물음이 알고 물은 것인가. 모르고 물은 것인가. 저 부자(백장과 황벽)의 행동거지를 간파하지 않으면 안 된다.

【평창해설】

황벽이 그의 스승인 백장을 찾아갔을 때의 이야기를 예로 들어 황벽의 도량을 말하고 있다. 그 다음 백장은 자신이 마조를 만났을 때의 이야기를 황벽에게 들려줬다. 그러자 황벽은 즉시 마조의 진면목을 간파해 버리고는 혀를 내둘렀다. 백장은 그런 황벽의 안목과 기백을 극구 칭찬했다.

【評　唱】

黃檗一日又問百丈호대 「從上宗乘을 如何指示닛고」 百丈良久어늘 檗云 「不可敎後人斷絶去니다」 百丈云 「將謂汝是箇人이라하고」 遂乃起하야 入方丈이라

【평창번역】

황벽이 어느 날 백장에게 물었다. "대대로 전해 오는 선의 진수〔從上宗乘〕를 어떻게 가르치시렵니까?" (이 말을 들은) 백장은 잠자코〔良久〕 있었다.

황벽이 말했다. "뒷사람들로 하여금 (대대로 전해 오는 선의 진수를) 단절시키도록 하지 마십시오."

백장은 "자네가 바로 그 사람('선의 진수'를 단절시키는 사람)이다"라고 말한 다음 즉시 일어나 방장실로 들어가 버렸다.

【평창해설】

황벽과 백장 사이에 오고 간 공안 하나를 소개하고 있다. 그러나 이 공안에서의 황벽은 아직 안목이 없는 걸로 돼 있다. 그러므로 이 공안은 황벽이 백장을 처음 대면했을 때의 문답이라고 봐야 한다. 좀더 자세히 이 공안을 살펴보자.

황벽이 어느 날 백장에게 이렇게 물었다.

"'대대로 전해 오는 선의 진수〔從上宗乘〕'를 어떻게 가르치시렵니까?"

이 말을 들은 백장은 존자코〔良久〕 있었다. 그러나 이 '잠자코 있음〔良久〕'은 그저 가만히 있었던 게 아니라 활구 소식을 이런 식으로 위장해서 백장에게 보여 준 것이다. 그러나 백장은 아직 안목이 없었으므로 이 활구를 미처 간파하지 못했다. 그래서 걱정스러운 듯 이렇게 말했다. "뒷사람들로 하여금 '대대로 전해 오는 선의 진수'를 단절시키도록 하지 마십시오." 그 순간 백장은 황벽의 모든 걸 간파해 버리고는 이런 말을 남긴 채 방장실로 들어가 버렸다. '자네야말로 '대대로 전해 오는 선의 진수'를 단절시키는 장본인일세."

【評　　唱】

檗與裴相國爲方外友ㄹ 裴鎭宛陵할새 請師至郡하니 以所解一編示師어늘 師接置於座하고 略不披閱일러니 良久乃云「會麽아」 裴云「不會니다」 檗云「若便恁麽會得인댄 猶較些子니라 若也形於紙墨하면 何處更有吾宗이리요」 裴乃以頌贊云호대 自從大士傳心印으로 額有圓珠七尺身이라 掛錫十年棲蜀水하고 浮盃今日渡漳濱이라 八千龍象隨高步요 萬里香花結勝因이라 擬欲事師爲弟子하노니 不知將法付何人이로다 師亦無喜色云[6]호대 「心如大海無邊際어늘 口吐紅蓮養病身이라 自有一雙無事手나 不曾祇揖等閑人이라」

【평창번역】

황벽과 배상국(배휴)은 절친한 친구였다. 배휴가 완릉의 곤찰사로 부임했을 때 스님(황벽)을 초청했다. 스님이 군의 역소에 이르니 (배휴가 자신

---

6) 師亦無喜色云(6자) = 檗云(福ㅈ).

이 아는 바를) 한 편의 시로 지어 스님에게 보였다. 스님은 그걸 받아 자리 옆에 놓고는 거들떠보지도 않았다. 조금 후〔良久〕 말했다. "알겠는가?" 배휴는 "모르겠다"고 말했다.

황벽이 말했다. "만일 이렇게 안다면 괜찮을 것이다. 그러나 만약 지묵(紙墨)으로 표현한다면(글자로 표현한다면) 어느 곳에 나의 종지(宗旨)가 있겠는가?"

배휴는 이에 다음의 게송으로 (황벽을) 찬탄했다.

    대사께서 심인(心印)을 전해 받은 이후로
    미간은 솟아 둥근 구슬〔圓珠〕과 같은 칠 척 장신이라
    주장자를 걸어 놓곤 십 년 동안 촉수(蜀水)에 머물고
    조각배로 오늘 장빈(漳濱)을 건너오셨네
    많은 납자들이 스님의 뒤를 따르고
    만리의 향화(香花)는 좋은 인연을 맺네
    스님을 받들고 제자가 되고자 하노니
    그 법을 뉘에게 전할지 모르겠구나.

(배휴의 이 시를 보고도) 스님은 전혀 기뻐하는 기색이 없었다. (스님은 다음의 시로 배휴의 시에 화답했다.)

    마음은 바다와 같이 끝간 데 없으나
    입으론 눈높이 법문을 하며 병든 몸을 가누네
    여기 한 쌍의 일없는 손〔無事手〕이 있으나
    일찍이 한가롭게 사람들을 향해 읍하지 않네.

【평창해설】

　당시의 재상이었던 배상국(裴相國, 裴休)은 황벽과 절친했던 친구이기 이전에 사제지간이었다. 그 배휴와의 일화를 통해서 황벽의 기백을 말하고 있다. 배휴는 황벽에게 한 편의 시를 써서 제자의 예를 다했고, 황벽은 또 이에 화답하는 한 편의 시를 썼다. 배휴의 시가 은근한 정감에 좇어 있는 데 비하여 황벽의 화답시는 매몰차기 이를 데 없다. 배휴의 시 속의 '만리의 향화〔萬里香花〕'란 '황벽이 걸어가는 길 양옆에서 황벽에게 향을 피우고 꽃을 바치는 수많은 사람들'을 묘사한 말이다. '좋은 인연을 맺는다〔結勝因〕'는 말은 '사람들이 서로 다투어 황벽의 재가 제자(在家弟子)가 되고자 한다'는 뜻이다.

【評　　唱】

　檗住後에 機鋒峭峻이라 臨濟在會下러니 睦州爲首座라 問云「上座在此多時라 何不去問話오」濟云「敎某甲問什麼話卽得이닛고」座云「何不去問如何是佛法的的大意오」濟便去問이나 三度被打出이라 濟辭座曰「蒙首座令三番去問이나 被打出하니 恐因緣不在這裏라 暫且下山할까하나이다」座云「子若去런들 須辭和尙去方可니라」首座預去白檗云호대「問話上座甚不可得이니다 和尙何不穿鑿敎成一株樹去하야 與後人爲陰凉이닛고」檗云「吾已知로다」濟來辭어늘 檗云「汝不得向別處去하고 直向高安灘頭見大愚去하라」濟到大愚하야 遂擧前話하고「不知某甲過在什麼處라하니」愚云「檗與麼老婆心切하야 爲你徹困이어늘 更說什麼有過無過오」濟忽然大悟云「黃檗佛法無多子로다」大愚搊住云「你適來又道有過라하더니 而今卻道佛法無多子라하는가」濟於大愚脅下築三拳이어늘 愚拓開云「汝師黃檗이라 非干我事로다」

【평창번역】

　　황벽이 법석(法席)을 연 이후에는 그 기봉(機鋒)이 험준하기 이를 데 없었다. (마침 그때) 임제가 그 문하에 있었고 목주가 수좌(首座)직을 맡고 있었다. (어느 날 목주는) 임제에게 물었다. "상좌는 (여기 머문 지) 오래됐는데 어찌 (황벽 스님에게) 가서 도를 묻지 않는가."
　　임제가 말했다. "제가 뭐라고 물어야 합니까?"
　　수좌(목주)가 말했다. "'어떤 것이 불법의 분명한 대의(大意)입니까'—왜 이런 식으로 묻지 않는가."
　　임제는 (황벽을) 찾아가서 이런 식으로 물었으나 세 번이나 얻어맞고 쫓겨나기만 했다. (그래서 황벽의 문하를 떠나기로 마음먹고) 수좌(목주)에게 이렇게 하직인사를 했다. "수좌 스님의 명대로 세 번이나 (황벽 스님을) 찾아가서 불법의 대의를 물었지만 얻어맞고 쫓겨나기만 했습니다. 아마 이곳과는 도의 인연이 없는 것 같습니다. 당분간 산을 내려가 있을까 합니다."
　　수좌(목주)가 말했다. "자네가 만일 (여길) 떠나려거든 황벽 스님에게 하직인사를 하고 가지 않으면 안 되네."
　　(임제에게 이렇게 말한 다음) 수좌는 미리 황벽에게 가서 말했다. "도(道)를 물었던 상좌는 좀처럼 보기 드문 재목입니다. 스님께서는 어찌 한 그루의 나무로 잘 키워서 뒷사람들을 위하여 그늘이 되게 하지 않으십니까?"
　　황벽이 말했다. "내가 이미 알고 있네."
　　임제가 작별인사를 하러 오자 황벽이 말했다.
　　"자넨 다른 곳으로 가지 말고 곧바로 고안탄두로 가서 대우를 만나 보도록 하라."
　　임제는 대우를 찾아가서 황벽에게 얻어맞은 (자초지종의) 이야기를 한 다음 말했다. "도대체 제가 잘못한 게 뭐 있습니까?"
　　대우가 말했다. "황벽이 이토록 간절하게 보여 줬거늘 (자넨 지금) 잘못이 있느니 없느니 불평을 하고 있는가?"

(대우의 이 말을 듣는 순간) 임제는 문득 크게 깨달았다. 그러고는 이렇게 말했다. "황벽의 불법은 간단하군요(별거 아니군요)." 대우는 (임제의) 멱살을 움켜잡고는 말했다. "이 녀석이 아까는 무슨 잘못이 있느냐고 불평을 하더니 지금은 (황벽의) 불법은 별거 아니라고 하는구나." 임제는 대우의 옆구리를 세 번 쥐어박았다. (그러자) 대우는 (잡았던 임제의 멱살을) 놓으며 말했다. "자네 스승은 황벽이네. 나하곤 아무 상관이 없네."

【평창해설】

이렇게 준엄하기 이를 데 없는 황벽의 문하에서 임제가 출현, 질풍노도와도 같이 중국 천하를 휩쓸었다. 그런 임제의 오도(悟道) 전후 사정이 이 대목에 자세히 기술되어 있다. 불교의 핵심을 물었다가 황벽에게 세 번이나 얻어맞은 다음 깨달음을 성취한 임제였기에 그의 선풍 또한 스승 황벽에 못지않았던 것이다.

【評　　唱】

一日檗示衆云호대「牛頭融大師가 橫說豎說이나 猶未知向上關捩子在로다」是時石頭馬祖下禪和子가 浩浩地說禪說道어늘 他何故卻與麽道오

【평창번역】

어느 날 황벽이 대중에게 말했다. "우두산의 법융대사가 횡설수설하고 있으나 선(禪)의 진수는 전혀 모르고 있다." 그 당시 석두, 마조 문하의 수행자들이 선과 도(道)에 관해서 많은 말을 하고 있었거늘 황벽은 무엇 때문에 이런 식으로(본칙공안 식으로) 말했는가.

【평창해설】

　우두산의 법융(法融)은 사조도신(四祖道信)의 법을 이은 대선지식이다. 그런 그를 황벽은 지금 '선의 진수를 전혀 몰랐다'고 깎아내리고 있다. 그 저의는 무엇일까. 다음의 문장을 보기 바란다. "법융 대사조차도 선의 진수를 몰랐거늘 석두, 마조 문하의 수행자들은 더 말할 나위도 없다. 비록 그들이 선에 대하여 도에 대하여 많은 말을 하고는 있지만 선의 핵심은 전혀 모르고 있다. 왜냐하면 선은, 도는 말의 차원을 초월해 있기 때문이다."

【評　　唱】

　所以示衆云호대「汝等諸人盡是噇酒糟漢이라 恁麽行脚인댄 取笑於人이라 但見八百一千人處便去하나니 不可只圖熱鬧也라 可中總似汝如此容易댄 何處更有今日事也리요」唐時愛罵人作噇酒糟漢이니 人多喚作黃檗罵人이라하나 具眼者自見佗落處니라 大意垂一鉤하야 釣人問이라 衆中有不惜身命底禪和하야 便解恁麽하고 出衆問佗道호대「只如諸方匡徒領衆又作麽生고하니」也好一捧이로다 這老漢果然分疏不下하야 便卻漏逗云「不道無禪, 只是無師라하니」且道意在什麽處오 佗從上宗旨는 有時擒, 有時縱, 有時殺, 有時活, 有時放, 有時收라 敢問諸人하노니 作麽生是禪中師오 山僧恁麽道도 已是和頭沒卻了也라 諸人鼻孔在什麽處오 良久云「穿卻了也로다」

【평창번역】

　그러므로 (황벽은) 대중에게 이렇게 말했던 것이다. "그대들은 모두 머저리 같은 놈들이다. 이런 식으로 행각한다면 사람들의 웃음거리밖에는 되지 않을 것이다. 팔백 명이나 천 명의 수행자들이 북적거리는 (큰 회상만을) 찾아가나니 (이런 式으로) 설치고만 다니는 건 옳지 않다. 만일 모두가 그대처럼 손쉽게 수행한다면 어느 곳에 깨달을 날이 있겠는가." 당나라 때는 사람을 욕할 때 곧잘 '머저리 같은 놈〔噇酒糟漢〕'이라 했나니 사람들은 황벽이 욕을 했다고 말한다. 그러나 안목이 열린 이는 황벽의 참뜻을 간파할 것이다. 그 속뜻은 (황벽은 이런 식으로) 미끼를 던져서 사람들을 낚아 올리고자 한 것이다. (당시의) 대중 가운데 목숨을 돌보지 않는 (용감한) 수행자가 있어서 (황벽의 말을 즉시) 알아듣고는 대중에서 나왔다. 그러고는 황벽에게 이렇게 물었다. "그렇다면 여러 곳의 선원에서 수행자들을 지도하고 있는 (분들은) 누굽니까?" 이 물음은 참으로 멋진 한 방이었다. 이 어르신네는 아무 말도 못 하고 낭패가 되어 말하길 "불도무선 지시무사(不道無禪 只是無師, 선이 없다고는 말하지 않았다. 다만 스승이 없을 뿐이다)"라고 했으니 자, 말해 보라. 그 본뜻이 어디에 있는가?

  예로부터 전해 오는 선의 가르침〔宗旨〕은 어떤 때는 빼앗고(부정의 입장을 취하고), 어떤 때는 풀어주며(긍정의 입장을 취하며), 또 어떤 때는 죽이고, 또 어떤 때는 살리며, 또 어떤 때는 놓다가 또 어떤 때는 거둬들인다.

  여러분에게 묻노니 어떤 것이 '선(禪) 가운데 스승'인가. 산승(원오)의 이런 말도 이미 맛이 간 것이다. 여러분의 콧구멍(본성)은 지금 어디 있는가. (원오는) 잠시 후〔良久〕 이렇게 말했다. "(콧구멍을) 이미 꿰뚫어 버렸다."

【평창해설】

  자, 다시 본칙공안으로 돌아오자. 본칙공안에서 황벽은 왜 이런 식으로 중국 천하의 모든 수행자들과 선지식들을 깎아내렸는가. 그것은 의도적으로 수행자들에게 던진 낚싯밥이다. 말하자면 수행자들의 질문을 아주 강렬하게 자극한 것이다. 그러자 과연 한 수행자가 일어나서 즉시 반문을 제기했다. 황벽은 이 승에게 한 방 얻어맞고는 슬그머니 꼬리를 내렸다. 자,

그렇다면 황벽의 저의가 도대체 무엇인가. 황벽의 전략은 전진과 후퇴, 직선적인 공격과 우회적인 방어를 자유자재로 구사하고 있다. 황벽은 이 승의 반문에 이렇게 말했다. "불도무선 지시무사(不道無禪 只是無師, 선이 없다고는 말하지 않았다. 다만 스승이 없을 뿐이다)." 그렇다면 선의 스승은 과연 누군가. 벗이여, 이 대목을 잘 참구해 보라.

【頌】

〔頌〕凜凜孤風不自誇하고(猶自不知有라 也是雲居羅漢이니라) 端居寰海定龍蛇로다(也要別緇素요 也要皀白分明이라) 大中天子曾輕觸하야(說什麽大中天子오 任大也須從地起나 更高爭奈有天何리요) 三度親遭弄爪牙로다 (死蝦蟆多口作什麽오 未爲奇特이로다 猶是小機巧니 若是大機大用現前인댄 盡十方世界와 乃至山河大地가 盡在黃檗處乞命하리라)

【송번역】

늠름하고 고고한 풍모를 자랑하지 않고
　(자기) 스스로는 (이런 풍모가) 있는 줄조차 알지 못한다. 여간 거만한 친구가 아니군.
이 세계의 중앙에 앉아 용사(龍蛇)를 결정하네
　승속을 구분할 줄 알아야 하며 흑백을 분명히 알지 않으면 안 된다.
대중천자(大中天子)가 일찍이 살짝 건드렸다가
　대중천자를 말해서 뭘 하려는가. 땅 이상 큰 것은 없지만 다시 더 높이 보면 하늘이 있는 걸 어찌하겠는가.
세 번이나 따귀를 얻어맞았네
　이 두꺼비 같은 놈. 주둥일 놀려서 뭘 하려는가. 대단한 바가 전혀 없군. 만일 (황벽의) 대기대용(大機大用)이 현전한다면 온 우주와 이 산하대지가 모두 황벽 앞에 엎드려 목숨을 구걸하지 않으면 안 될 것이다.

【송과 착어 해설】

◎ 늠름하고 고고한 풍모를 자랑하지 않고　　본칙에서 안하무인격으로 내뱉는 황벽의 말은 그가 거만해서 그런 식으로 말한 게 아니라 그의 천성이 본래 그렇게 타고났기 때문이다.

△ (자기) 스스로는 (이런 풍모가) 있는 줄조차 알지 못한다.　　우리가 볼 때는 황벽의 말이 안하무인격이지만 그러나 그 자신은 지극히 자연스럽게 내뱉는 말이다. 그리고 그는 그 자신이 직선적이며 강직한 성격의 소유자라는 이 사실조차 전혀 모르고 있다.

△ 여간 거만한 친구가 아니군.　　그러나 여하튼 우리의 입장에서 본다면 황벽은 여간 거만한 선승이 아니다.

◎ 이 세계의 중앙에 앉아 용사(龍蛇)를 결정하네　　황벽은 마치 황제처럼 이 세계의 중앙에 앉아서 뭇 수행자들의 경지를 간파하고 있다.

△ 승속을 구분할 줄 ~ 알지 않으면 안 된다.　　선지식이라면 적어도 황벽처럼 수행의 깊고 얕음을 한눈에 간파할 줄 알아야 한다.

◎ 대중천자(大中天子)가 일찍이 살짝 건드렸다가　　당(唐)의 16대 황제 선종(宣宗, 846~859)이 태자로 있을 때 황벽과 선문답을 하다가 혼난 일이 있었다(평창에 그 자초지종이 자세하게 나온다).

△ 대중천자를 말해서 뭘 하려는가.　　황벽의 기략 앞에서는 대중천자는 물론이고 저 허공마저도 산산조각이 나 버릴 것이다.

△ 땅 이상 큰 것은 ~ 어찌하겠는가.　　늠름하고 고고한 풍모를 자랑하지 않는 황벽의 선(禪) 앞에선 대지도 저 하늘도 한갓 종이 한 장의 크기에 불과하다(과장이 아주 심하군).

◎ 세 번이나 따귀를 얻어맞았네　　대중천자, 즉 당의 제16대 황제 선종이 황벽에게 따귀를 얻어맞은 자초지종은 평창에 자세하게 기술되어

있다.

△ 이 두꺼비 같은 놈 ~ 구걸하지 않으면 안 될 것이다.　　황벽의 험난한 가풍을 극찬한 대목이다. 문장의 과장이 아주 심하다.

【評　　唱】

〔評唱〕雪竇此一頌이 一似黃蘗眞贊相似나 人卻不得作眞贊會니 他底句下便有出身處라 分明道「凜凜孤風不自誇라하니」 黃蘗恁麽示衆이 且不是爭人負我며 自逞自誇라 若會這箇消息인댄 一任七縱八橫하야 有時孤峰頂獨立하며 有時鬧市裏橫身하리니 豈可僻守一隅리요 愈捨愈不歇하고 愈尋愈不見하며 愈擔荷愈沒溺이라 古人道호대 「無翼飛天下하며 有名傳世間이니라」 盡情捨卻佛法道理하고 玄妙奇特一時放下하면 卻較些子니 自然觸處現成하리라 雪竇道 「端居寰海定龍蛇라하니」 是龍가 是蛇아 入門來便驗取하나니 謂之定龍蛇眼, 擒虎咒機[7]라 雪竇又道호대 「定龍蛇兮眼何正가 擒虎咒兮機不全이라」

【평창번역】

　설두의 이 게송은 황벽의 진영(眞影, 초상화)에 붙이는 찬(贊)과도 같다. (그러나) 사람들은 이를 알지 못하나니 설두의 이 글귀(시구) 속에는 (분명한) 해탈에의 실마리〔出身處〕가 있다. (설두가 말하길) "늠름하고 고고한 풍모를 자랑하지 않는다"고 했으니 황벽이 대중을 향해 던진 이런 식(본칙공안)의 말은 자신을 돋보이려는 것도 아니요, 자화자찬도 아니다. 만일 이 소식을 안다면 자유자재함을 얻어서 어느 땐 고봉정상에 홀로 설 것이며〔把住〕, 또 어느 땐 시장바닥을 헤치고 다니리니〔放行〕 어찌 편협하

---

7) 眼擒虎咒機(5字) 없음(蜀本).

게 한쪽만을 고수하겠는가. 버리려 하면 할수록 버려지지 않고, 찾으면 찾을수록 보이지 않으며, 짊어지면 짊어질수록 (더욱더 그곳으로) 빠지게 된다. (그러므로) 옛사람은 이렇게 말했던 것이다.

"날개도 없이 천하를 날아다니니/ 그 이름이 알려져 세상에 전해 가네." 불법의 도리와 현묘하고 기이하고 특이한 것을 모두 버린다면 그런대로 봐줄 만하나니 (오감이) 닿는 곳마다 (본성이) 드러나게 될 것이다. 설두가 말하길 "이 세계의 한가운데 앉아 용사(龍蛇)를 결정한다"고 했으니 이것이 용인가, 뱀인가.

입문자(入門者)를 보는 순간 간파해 버리나니 이를 일러 '용사(龍蛇)를 결정하는 안목이요, 맹수를 잡는 수단'이라 한다. 설두는 또 이렇게 말했다. "용사(龍蛇)를 결정하는 안목을 어찌 올바르다고 말할 수 있겠는가. 맹수를 잡는 수단 역시 완벽하다고는 말할 수 없다."

【평창해설】

다시 말하는 바지만 본칙공안에서의 황벽의 안하무인격 발언은 결코 그 자신을 돋보이려고 그렇게 말한 건 아니다. 여기에는 수행자들을 분발시키기 위한 전략적인 의도가 깔려 있나니 만일 이를 간파한다면 벗이여, 그대는 이제 대자유를 얻게 될 것이다. 부정적인 입장[把住]과 긍정적인 입장[放行]을 상황에 따라 종횡무진으로 쓸 수 있거니 어찌 한 가지 입장만을 고집하겠는가. 우리의 '본성'은 버리려 하면 '버리려는 그 마음' 때문에 더욱 버려지질 않고, 찾으면 찾을수록 찾으려는 그 마음이 앞을 가려 보이질 않는다. 그러므로 불교의 이 깊은 이치마저 미련없이 버려야 한다.

그러면 이제 보이는 것, 들리는 것이 모두 본성의 현재화가 될 것이다. "이 세계의 중앙에 앉아 황벽은 용과 뱀을 식별한다"고 원오는 말했다. 자, 그렇다면 우린 용(龍)인가, 뱀인가. 그러나 이처럼 용과 뱀을 식별할 수 있다 하더라도 그것을 일러 궁극적인 경지라고 할 수는 없다. 왜냐하면 여기 아직 용이니 뱀이니 하는 양자의 대립 개념이 남아 있기 때문이다.

【評　　唱】

　又道「大中天子曾輕觸, 三度親遭弄爪牙라하니」 黃檗豈是如今惡
脚手리요. 從來如此니라 大中天子는 續咸通傳中載라 唐憲宗有二子
하니 一曰穆宗이요 一曰宣宗이라 宣宗乃大中也라 年十三에 少而敏黠하
야 常愛跏趺坐라 穆宗在位時에 因早朝罷하야 大中乃戲登龍床하야 作
揖群臣勢하니 大臣見而謂之心風이라하고 乃奏穆宗이라 穆宗見而撫歎
曰「我弟乃吾宗英冑也라」 穆宗於長慶四年晏駕하고 有三子하니 曰敬
宗, 文宗, 武宗이라 敬宗繼父位二年에 內臣謀易之하니 文宗繼位라
一十四年하고 武宗卽位하니 常喚大中作癡奴[8]라 一日武宗恨大中昔日
戲登父位하야 遂打殺致後苑하니 中以不潔로 灌而復甦라

【평창번역】

　(설두는) 또 이렇게 말했다. "대중천자가 일찍이 살짝 건드렸다가/ 세
번이나 따귀를 얻어맞았네." 황벽의 교수법이 (이처럼) 엄한 것은 어제오
늘이 아니었다. (황벽은) 원래부터 늘 이런 식이었다. 대중천자(大中天子)
에 대해선 《속함통전(續咸通傳)》에 실려 있다. 당(唐)의 헌종(憲宗)에게는
목종(穆宗)과 선종(宣宗)이라는 두 아들이 있었는데 대중(大中, 大中天子)
이란 선종을 지칭하는 말이다. 그는 열세 살의 어린 나이에 (이미) 총명하
여 결가부좌를 틀고 앉아 있기를 좋아했다. 목종이 재위 시에 아침 조례를
파하자 대중은 장난삼아 용상에 올라가서 신하들에게 읍(揖)하는 자세를
취했다. 대신들은 그걸 보고 정신이 돌았다고 수군거리며 목종에게 (이 사

---

8) 奴 = 叔(一夜本).

실을) 고했다. 목종은 그걸 보고 손뼉을 치며 이렇게 칭찬했다. "내 아우는 우리 집안의 뛰어난 후계자니라." 목종은 장경 4년(長慶四年, 824년)에 붕어했다. 목종에겐 경종, 문종, 무종(敬宗, 文宗, 武宗)이라는 세 아들이 있었다. 경종이 왕위를 계승했으나 2년 후에 내신들이 모반하여 문종으로 교체했다. 문종이 14년 동안 통치하다가 무종이 즉위했는데 (그는 작은아버지인 대중을) 늘 '어리석은 놈'이라고 불렀다. 어느 날 무종은 (대중이) 옛날에 아버지 용상에 장난삼아 올라갔던 것에 원한을 품고 때려죽여서 후원에 내던져 버렸다. (그러나) 대중은 대소변으로 장독을 씻은 다음 (가까스로) 다시 살아났다.

【평창해설】

대중천자(大中天子)인 선종에 대한 《속함통전》의 기록을 싣고 있다.

【評　唱】

遂潛遁在香嚴閑和尙會下라가 後剃度爲沙彌나 未受具戒라 後與志[9]閑遊方到廬山하야 医志[10]閑題瀑布詩云호대 「穿雲透石不辭勞하니 地遠方知出處高라하고」 乃吟此両句하며 佇思久之하야 欲釣他語䏲看如何[11]라 大中續云 「溪澗豈能留得住오 終歸大海作波濤라하거늘」 閑乃知不是尋常人하고 乃默而識之라

―――――――――――――――
9,10) 志 = '智'의 誤記일 것이다(岩波本).
11) 佇思 ~ 如何(12字) = 釣他看是什麽人(一夜本).

【평창번역】

(그후 대중은) 향엄지한 화상의 회하에 숨어 있다가 후에 머리를 깎고 사미계를 받았으나 비구계는 받지 않았다. 뒤에 (향엄)지한과 유람하다가 여산에 이르렀다. 지한은 다음과 같은 폭포시 (두 줄을) 지었다.

    구름 뚫고 돌을 뚫는 수고를 마다하지 않으니
    땅이 멀기에 비로소 나온 곳이 높은 줄을 알겠네.

지한은 이 두 글귀를 읊고는 저(대중)가 (뒤의) 두 글귀를 어떻게 맞추는가를 보려고 가만히 있었다. (그러자) 대중은 (다음과 같이 나머지 두 글귀를) 읊었다.

    개울에 어찌 머물러 있겠는가
    마침내는 바다로 돌아가 파도를 일으키리.

지한은 그(대중)가 보통 사람이 아니라는 걸 알고 묵묵히 그를 알아봤다.

【평창해설】

선종이 향엄지한의 회상에 들어가 잠시 동안 승이 되어 숨어 있던 사실을 기술하고 있다.

【評　唱】

後到鹽官會中하야 請大中作書記러니 黃檗在彼作首座라 檗一日禮佛次에 大中見而問曰호대 「不著佛求, 不著法求, 不著衆求거니 禮拜

當何所求오」 檗云「不著佛求, 不著法求, 不著衆求니 常禮如是니라」 大中云「用禮何爲오」 檗便掌이라 大中云「太麤生이로다」 檗云「這裏什麽所在건댄 說麤說細으하고」 檗又掌이라 大中後繼國位하야 賜黃檗爲麤行沙門하니라 裴相國在朝에 後奏賜斷際禪師라 雪竇知他血脉出處하야 便用得巧라 如今還有弄爪牙底麽아 便打하다

【평창번역】

대중은 후에 염관의 회상에 이르러 서기(書記) 직책을 맡게 됐는데 황벽은 그때 마침 수좌직에 있었다. 황벽이 어느 날 예불을 할 때 대중이 물었다.

"'부처에게도 구하지 말고 법(法)에서도 구하지 말며 승(僧)에게서도 구하지 마라' 했거니 무엇을 구하려고 예배하는가?"

황벽이 말했다. "부처에게도 구하지 않고 법에서도 구하지 않고 승에게서도 구하지 않나니 언제나 이같이 예배하나니라."

대중이 말했다. "예배해서 뭘 하려는가?"

(이 말을 듣고) 황벽은 느닷없이 (대중의 뺨을) 한 대 갈겼다.

대중이 말했다. "너무 거칠군."

황벽이 말했다. "여기 무엇이 있길래 거칠다 말하고 섬세하다 말하는가?"

(이렇게 말한 다음) 황벽은 (대중의 뺨을) 또 한 대 갈겼다. 대중은 그후 황제가 됐는데 황벽에게 (뺨 맞은 걸 기억하고는) 추행사문(麤行沙門)이란 이름을 내렸다. 배상국(비휴)이 조정에 있을 때 뒤에 (다시) 간청해서 (황벽에게) 단제 선사(斷際禪師)라는 호를 내렸다. 설두는 (이 두 사람에 관한 고사의) 출처를 잘 알았기 때문에 (이 고사를) 아주 멋지게 인용해 쓰고 있다.

"지금 여기에 (대중천자와 같은) 기백을 갖춘 자가 있는가.' (이렇게 말한

다음 원오는) 갑자기 (선상을) 후려쳤다.

【평창해설】

 황벽은 대중(대중천자, 선종)의 물음을 그대로 빌려서 답을 했다. 그러나 대중은 황벽의 이 활구 소식을 간파하지 못했기 때문에 "예배해서 뭘 하려는가"라고 물었다. 그러자 황벽은 좀더 강렬한 활구(뺨을 갈김)로써 대중을 자극했다. 그러나 대중은 그것을 모르고 이번에는 감정적으로 받아들여서 "너무 거칠군"이라고 말했다.

 그러자 황벽도 대중의 수준으로 내려와서 사족을 붙였다. 그러고는 마지막을 아주 거친 활구(또 뺨을 갈김)로써 마무리했다. 공안은 이것으로써 일단 끝난 걸로 되어 있다. 그런데 설두는 송에서 "세 번이나 따귀를 얻어맞았다"고 읊고 있다. 대중은 세 번이 아니라 두 번 따귀를 얻어맞았다.

第 12 則
洞山麻三斤
동산의 마 삼 근

【垂　　示】

垂示云,「殺人刀, 活人劍은 乃上古之風規며 亦今時之樞要라 若論殺也댄 不傷一毫하며 若論活也댄 喪身失命이라 所以道호디 向上一路는 千聖不傳이니 學者勞形이 如猿捉影이라 且道旣是不傳인댄 爲什麽卻有許多葛藤公案고 具眼者試說看하라」

【수시번역】

㉠ 살인도 활인검(殺人刀 活人劍)은 예로부터 전해 오는 선의 중요한 교수법〔風規〕이며 또한 지금도 가장 중요시 여기는 것이다.

㉡ 만일 '살(殺, 把住, 부정적인 입장)'을 논할진댄 털끝 하나도 상하지 않으며 만일 '활(活, 放行, 긍정적인 입장)'을 논할진댄 목숨을 잃게 될 것이다.

㉢ 그러므로 (옛사람은) 이렇게 말했다. "절대적인 한 길〔向上一路〕은 모든 성인들도 전할 수 없거니 학자들이 그걸 말하려고 애쓰는 것은 마치 물에 빠진 (달)그림자를 잡으려는 원숭이와 같다."

㉣ 자, 말해 보라. 전할 수 없다면 무엇 때문에 이렇게 많은 언어와 공

안이 있는가. 안목이 있는 이는 시험삼아 말해 보라.

【수시해설】

네 마디로 되어 있다.
  첫째 마디(㉠) : 파주(把住, 부정적인 입장)와 방행(放行, 긍정적인 입장)은 역대의 모든 조사들이 제자들을 가르칠 때 사용하는 두 가지 상반되는 교육 방법임을 말하고 있다.
  둘째 마디(㉡) : 파주와 방행의 상반되는 두 가지 입장에서 (본칙공안에서의) 동산의 대답을 조명해 보고 있다.
  셋째 마디(㉢) : 선지식(스승)의 교육 방법은 일상적인 견해로는 도무지 이해할 수 없음을 말하고 있다.
  넷째 마디(㉣) : 본칙공안이야말로 파주와 방행의 상반되는 두 입장을 가장 잘 사용한 예임을 말하고 있다.

【本　　則】

〔本則〕擧, 僧問洞山호대「如何是佛이닛고」(鐵蒺藜로다 天下衲僧跳不出이라) 山云「麻三斤이니라」(灼然, 破草鞋로다 指槐樹罵柳樹하야 爲秤鎚[1]로다)

【본칙번역】

승이 동산에게 물었다. "어떤 것이 부처입니까?"
  무쇠로 만든 질려로군. 천하의 수행자들은 여기에서 단 한치도 벗어날 수

---

1) 爲秤鎚(3字) 없음(蜀本). (← 衍字 같다(岩波文庫本).

없다.

동산은 말했다. "마 삼 근(麻三斤, 마 세 근)."

분명하군. 파초혜(破草鞋, 다 혀진 신발)다. 느티나무를 가리켜 버드나무를 욕하면서 저울추로 삼고 있군.

【본칙과 착어 해설】

△ **무쇠로 만든 질려로군.** 진짜 부처는 전혀 형상이 없기 때문에 접근할 수 있는 방법이 없다는 걸 이런 식으로 말하고 있다.

△ **천하의 ~ 벗어날 수 없다.** 왜냐하면 이 우주 전체가 그대로 부처이기 때문이다.

◎ **"마 삼 근(麻三斤, 마 세 근)."** '어떤 것이 부처냐'는 물음에 동산은 "마 삼 근"이라고 대답했다. '마(麻)'란 삼베 짜는 원료인 삼나무 껍질을 말한다. 이 '마 세 근'이면 아래위로 한 벌 옷을 짤 수 있다고 한다. 그래서 '마 삼 근(마 세 근)'이란 말을 '옷 한 벌'의 동의어로 해설하려는 학자들이 있다. 그러나 이 '마 삼 근'이란 말은 이런 식의 글자풀이와는 전혀 관계 없는 활구라는 걸 알아야 한다.

그래서 《종전초》에서 이렇게 말하고 있다. "봄이 오면 꽃이 피고 가을이 되면 잎이 진다. 동산이 만일 '마 삼 근'이란 말을 통해서 부처를 드러냈다고 한다면 (이건 잘못 안 것이다.) 저울 눈금은 저울대어 있는 것이지 저울 쟁반에 있는 것은 아니다."

△ **분명하군.** '부처'의 본질이 명백하다는 말이다.

△ **파초혜(破草鞋, 다 혀진 신발)다.** 다 헤진 신발은 쓸데가 없다. 그러므로 여기선 '무용지물'이란 뜻으로 쓰이고 있다.

△ **느티나무를 ~ 삼고 있군.** '눈은 동쪽을 보고 있지단 마음은 서쪽을 향하고 있다'는 말과 같은 뜻이다. 동산의 대답은 그 참뜻이 결코 '마 삼 근'이란 글자풀이에 있지 않다. 비록 '마 삼 근'이란 단어를 쓰고는 있

지만 그러나 '마 삼 근'의 본뜻은 결코 '마 삼 근'이란 이 세 글자 속에 있지 않다. 그렇다면 이 '마 삼 근'의 참뜻은 도대체 무엇인가. 벗이여, 어디 한번 속시원하게 대답해 보라.

【評　　唱】

〔評唱〕這箇公案을 多少人錯會니 直是難咬嚼이며 無你下口處라 何故오 淡而無味[2]라 古人有多少答佛話니 或云殿裏底며 或云三十二相이며 或云杖林山下竹筋鞭이라 及至洞山하야 卻道麻三斤이니 不妨截斷古人舌頭라 人多作話會道호대 「洞山是時在庫下秤麻타가 有僧問하니 所以如此答이라하며」 有底道호대 「洞山問東答西라하며」 有底道호대 「你是佛이어늘 更去問佛할새 所以洞山遶路答之라하니라」 死漢更有一般道호대 「只這麻三斤便是佛이라하니」 且得沒交涉이로다 你若恁麽去洞山句下尋討댄 參到彌勒佛下生이라도 也未夢見在니라

【평창번역】

이 공안을 대부분의 사람들이 잘못 알고 있나니 음미해 보기도 어렵고 설명할 수도 없다. 왜냐하면 담백하여 아무 맛도 없기 때문이다. '어떤 것이 부처냐'는 물음에 옛사람들은 여러 가지로 대답했나니 혹은 "전리저(殿裏底, 법당에 있다.─조주)"라 말하기도 하고 혹은 "삼십이상(三十二相, 부처에게 있다는 서른두 가지 성자다운 특징)"이라 말하기도 하고 혹은 "장림산하 죽근편(杖林山下 竹筋鞭, 장림산 아래 대나무 회초리.─풍혈)"이라 말하기도 했다. 동산은 "마 삼 근(麻三斤, 삼 세 근)"이라 말했나니 (동산의 이 대답은) 옛사람의 말을 모두 제압해 버렸다고 할 수 있다. (그런데) 사

---

2) 淡而無味(4字) 없음(蜀本).

람들은 대부분 (동산의 이 말을) 잘못 알고는 이렇게 말한다.

"동산은 그때 마침 창고에서 삼(麻)을 저울에 달고 있었는데 어떤 승이 부처를 물었기 때문에 이런 식으로 대답한 것이다." 또 어떤 이는 말하길 "동산은 동문서답을 했다"라고 하며 또 어떤 이는 말하길 "그대 자신이 부처거늘 다시 부처를 물었기 때문에 동산은 빙 둘러서 이런 식으로 대답한 것이다"라고 한다. 또한 아주 멍청한 친구들은 말하길 "이 마 삼 근이야말로 부처"라고 하느니 빗나가도 여간 빗나간 게 아니다. 그대가 만일 이런 식으로 동산의 말뜻 속에서 답을 찾으려 들면 미륵불이 이 세상에 출현할 때까지 찾아 헤매더라도 그 답을 찾을 수 없을 것이다.

【평창해설】

'어떤 것이 부처냐'는 물음에 선지식들은 예로부터 여러 가지 활구로써 대답했다. 여기선 그 많은 활구들 가운데 우선 몇 가지를 예로 들고 있다. 그 중에서도 본칙공안에서의 동산의 대답인 '마 삼 근'이야말로 단연 압권이라고 할 수 있다. 그런데 사람들은 동산의 이 활구에 대해서 여러 가지로 해설을 붙이고 있지만 이 모두가 하나같이 수박 겉 핥기 식이다. 이런 식의 문자풀이를 통해서 동산의 활구 '마 삼 근'의 속뜻을 알려 한다면 미륵불이 출현할 때(56억 7천만 년 후)가 되더라도 도저히 알 수가 없을 것이다.

【評　　唱】

何故오 言語只是載道之器어늘 殊不知古人意하고 只管去句中求하니 有什麼巴鼻리오 不見古人道호대「道本無言이나 因言顯道니 見道卽忘言하라하니」若到這裏하면 還我第一機來始得이니라 只這麻三斤은 一似長安大路一條相似니 擧足下足無有不是라 這箇話與雲門餬餅話로 是

一般이니 不妨難會로다 五祖先師頌云호대 「賤賣擔板漢이 貼秤麻三斤이라 千百年滯貨러니 無處著渾身이라하니」 你但打疊得情塵, 意想, 計較, 得失, 是非를 一時淨盡하면 自然會去하리라

【평창번역】

왜냐하면 언어는 다만 도를 담는 그릇〔載道之器〕이거늘 옛사람(동산)의 뜻을 전혀 알지 못하고 오로지 글자풀이만을 하고 있으니 그 참뜻을 어떻게 깨달을 수 있겠는가. 옛사람(澄觀)이 다음과 같이 말한 사실을 (그대는) 이미 알고 있을 것이다. "도는 본래 말이 없으나 말을 인해서 도가 나타나나니 도를 봤으면(깨달았으면) 말을 잊어버려라."

만일 이런 경지에 이르렀다면 나 자신의 본래 자리로 되돌아오지 않으면 안 된다. 이 '마 삼 근' 이야말로 한 가닥 장안으로 통하는 고속도로〔大路〕와도 같나니 한 걸음 한 걸음이 (모두) 옳지 않음이 없다. (본칙의) 이 공안과 운문의 '호병(餬餅, 제77칙 공안)'은 같나니 여간 알기 어려운 게 아니다. 오조(五祖法演) 선사는 (본칙공안에 대해서) 이렇게 송을 읊었다. "싸구려만 팔던 외골수가/ '마 삼 근'을 저울에 달았네/ 천백 년 동안 재고품으로 묶여 있었으나/ (이젠) 모두 팔아넘겨서 한 오라기도 없네."

그대가 만일 감정의 티끌〔情塵〕, 사량분별〔意想〕, 이치로 따짐〔計較〕, 득실, 시비 등을 모두 마무리지어 깨끗이 연소시켜 버린다면 자연히 (이 '마 삼 근'의 참뜻을) 간파하게 될 것이다.

【평창해설】

언어문자는 도(道)를 담는 그릇과도 같다. 그러므로 도를 깨닫기 위해선 언어문자라는 이 매개체가 절대적으로 필요하다. 그러나 일단 도를 깨달은 다음에는 이 언어문자에 얽매여 있어선 안 된다. 고기를 잡은 다음에

는 그물은 버려야 한다. 본칙공안('마 삼 근')은 마치 (도의 핵심을 향해 뻗어 있는) 한 가닥 고속도로와도 같아서 일단 이 길을 타게 되면 도(道) 아닌 게 없다. 제77칙 운문공안 '호병(餬餅)'과 본칙공안 '마 삼 근'은 그 구조가 동일하다. 그러나 그 암호풀이가 결코 쉽지는 않다. 본칙공안에 대한 오조법연(五祖法演)의 시구 가운데 마지막 구절의 '혼신(渾身)'이란 말은 '(재고로 쌓여 있던) 마 전체'를 말한다.

이 마지막 구절을 직역하면 '전신을 의지할 곳이 없다〔無處著渾身〕'가 된다. 그러나 이 직역으로는 문맥이 통하지 않는다. 그러므로 '(재고로 쌓여 있던) 마 전체를 팔아넘겨서 한 오라기도 없다'로 뜻 번역을 해야 한다. 이래야 문맥이 되살아나 굽이치게 된다.

【頌】

〔頌〕金烏急,(左眼半斤이라 快鷂趕不及이니 火焰裏橫身이로다) 玉兎速이여(右眼八兩이라 姮娥宮裏作窠窟이로다) 善應何曾有輕觸가(如鐘在扣요 如谷受響[3]이라) 展事投機見洞山하든(錯認定盤星이로다 自是闍黎恁麽見이라) 跛鱉盲龜入空谷이라(自領出去하라 同坑無異土요 阿誰打你鷂子死요) 花簇簇, 錦簇簇이여(兩重公案이요 一狀領過로다 依舊一般[4]이라) 南地竹兮北地木이여(三重也有라 四重公案이로다 頭上安頭[5]로다) 因思長慶陸大夫하노니(癩兒牽伴이로다 山僧也恁麽며 雪竇也恁麽[6]라) 解道合笑不合哭이니라(呵呵! 蒼天! 夜半[7]更添冤苦로다) 咦!(咄! 是什麽오 便打하다)

---

3) 受響 = 應聲(福本).
4) 一狀領過 依舊一般(8字) 없음(福本).
5) 三重 ~ 安頭(12字) = 依舊一般 一狀領過(福本).
6) 雪竇也恁麽(5字) 아래에 '遂呵呵大笑'(5字) 있음(福本).
7) 夜半 = 中(蜀本).

【송번역】

금오급(金烏急, 금까마귀 급히 날고)
  왼쪽 눈 반 근이니 빠른 번개조차도 쫓아갈 수 없다. 불꽃 속을 가로질러 가는군.
옥토속(玉兔速, 옥토끼 빨리 가네)
  오른쪽 눈 여덟 량이니 항아의 궁전 속에서 망상을 피우시는군.
멋진 대응이거니 어찌 경솔함이 있겠는가
  종을 (종대로) 치는 것과 같고 골짜기에서 메아리가 울리는 것과 같다.
전사투기(展事投機)로 동산을 보려 하면
  저울 눈금을 잘못 보셨군. 그대 스스로가 이렇게 본 것일세.
파별맹구(跛鼈盲龜)가 빈 골〔空谷〕로 드는 격이네
  (설두) 자네나 가져가게. 그놈이 그놈이다. 누가 그대의 빠른 매를 죽였는가.
화족족 금족족(花簇簇 錦簇簇)이여
  이중의 공안이군. 두 가지 죄를 한 장의 판결문으로 처리해 버리는군. 옛날과 다를 바 없군.
남지죽혜 북지목(南地竹兮 北地木)이여
  삼중공안이요 사중공안이로군. 쓸데없는 사족이 너무 많군.
장경과 육긍대부를 생각하노니
  동병상련이로군. 산승(원오)도 또한 이렇고 설두 또한 이렇다.
알았으면 웃어야지 곡(哭)하는 건 옳지 않네
  하하, 아이고. 한밤중에 또다시 원한만 더하는군.
이(咦)
  쯧쯧, 이 무엇인가? (원오는) 갑자기 (선상을) 후려쳤다.

【송과 착어해설】

◎ **금오급 옥토속(金烏急 玉兔速)**   금까마귀〔金烏〕는 해를, 옥토끼〔玉

兎]는 달을 뜻한다. '금까마귀 급히 날고 옥토끼 빨리 간다'는 말은 '시간이 빠르게 지나간다'는 말로서 동산의 대답은 마치 전광석화와도 같이 빠르다는 뜻이다. 그러나 이건 어디까지나 글자풀이의 수준에서 하는 말이다. '금오급 옥토속'은 그대로 동산의 대답 '마 삼 근'에 맞먹는 설두의 활구라는 사실을 알아야 한다.

△ 왼쪽 눈 반 근이니 ~ 오른쪽 눈 여덟 량이니   한 근은 16량이기 때문에 여덟 량은 반 근에 해당한다. 그러므로 '왼쪽 눈도 반 근이요, 오른쪽 눈도 역시 반 근'이라는 말이다. 그러나 이 대목은 '마 삼 근(麻三斤)'의 삼근(三斤)에 박자를 맞추려고 원오가 그냥 집어넣은 구절이다. 그러므로 특별한 뜻은 없다.

△ 빠른 번개조차도 쫓아갈 수 없다.   '마 삼 근'에 맞먹는 설두의 활구 '금오급'은 마치 전광석화와도 같아서 우리의 분별심으로는 도저히 따라잡을 수가 없다는 말이다.

△ 불꽃 속을 가로질러 가는군.   불꽃 속으로 들어가면 모든 게 타 버리고 만다. 이와 마찬가지로 동산과 설두의 이 활구는 전혀 흔적이 없다.

△ 항하의 ~ 피우시는군.   설두의 활구인 '옥토속'을 대하게 되면 우린 곧잘 '달[月]'을 연상하게 된다. 그러나 '달'을 연상하는 그 순간 '달'이라는 이 말에 떨어진다. 그래서 원오는 지금 그걸 경계하라고 이런 식으로 일침을 가하고 있다.

◎ 멋진 대응이거니 ~ 있겠는가   동산의 대답 '마 삼 근'은 '어떤 것이 부처냐'는 승의 일격에 가장 적절한 대응이었다. 그냥 아무렇게나 무책임하고 경솔하게 내뱉은 그런 말이 아니다.

△ 종을 ~ 울리는 것과 같다.   종을 세게 치면 크게 울고 살짝 치면 작게 운다. 또한 골짜기에서 크게 소리치면 그 메아리도 크게 울려 가고 작게 소리치면 그 메아리도 역시 작게 울려 간다. 이처럼 물음의 강도에 따라 선지식의 대답도 거기 상응하는 것이다.

◎ 전사투기(展事投機)르 ~ 드는 격이네   동산의 대답('마 삼 근')을

'구체적인 물건이나 사건을 들어 보여〔展事〕 상대방의 물음에 대답한 것〔投機〕'이라고 이해한다면 이건 너무나 잘못된 것이다. 그러나 언어문자의 차원에서 본다면 동산은 분명히 이 승의 물음에 '마 삼 근(麻三斤)'이라는 구체적인 물건을 들어서 상대의 물음에 대답한 것이 분명하다. 그런데 왜 이것이 잘못됐단 말인가……. 이런 식으로 의문을 제기하는 바로 이것이 '공안참구 수행방법'이다. 벗이여, 그대 자신이 한번 이 의문점을 풀어 보라. 그러면 동산의 대답 '마 삼 근'이란 말이 어떤 흔적도 없는 활구 그 자체라는 걸 깨닫게 될 것이다. 아니 '마 삼 근'은 바로 그대 자신이라는 걸 깨닫게 될 것이다(이 녀석아, 도대체 자네 모가지가 몇 개나 있다고 마구 지껄여 대는 거냐).

△ 저울 눈금을 잘못 ~ 본 것일세.　　'마 삼 근'이라는 이 언어문자를 따라가지 말고 이 언어문자 자체를 보라(아차, 내가 또 실언을 했군).

△ (설두) 자네나 가져가게.　　명약관화한 이 사실을 모르는 사람은 없다. 그러므로 설두는 더 이상 사족을 달지 말아야 한다. 그러나 이 사실을, 우리가 지금 이 '마 삼 근'이란 언어문자에 붙박혀 있다는 이 사실을 정말 뼈저리게 느끼는 사람이 과연 몇이나 있겠는가.

△ 그놈이 그놈이다.　　설두 역시 이 '마 삼 근'이라는 말에 붙잡혀 있긴 우리와 마찬가지다. 그러나 이 대목은 반어적으로 봐야 한다. '설두야말로 '마 삼 근'의 참뜻을 간파한 사람'이라는 말을 하기 위하여 원오는 이런 식의 반어법을 쓴 것이다.

△ 누가 ~ 죽였는가.　　그렇다면 도대체 누가 그대의 주인공〔本性〕을 절름발이 자라〔跛龜〕와 눈먼 거북이〔盲龜〕로 만들었단 말인가. 바로 나 자신이 그렇게 만든 것이다. 그러므로 우린 이에서 분발하지 않으면 안 된다. 벗이여, 그대는 사자다. 염소의 무리 속에서 더 이상 염소의 울음을 흉내내지 마라.

◎ 화족족 금족족(花簇簇 錦簇簇)이여　　'활짝 핀 꽃들이 마치 비단에 수놓은 듯 아름답다'는 말이지만 그러나 이 말은 지문(智門光祚)의 활구

다. 자세한 건 평창에 나온다.

△ 이중의 공안이군.　　지문의 공안을 설두가 재차 여기 인용했기 때문이다.

△ 두 가지 죄를 ~ 다를 바 없군.　　동산의 '마 삼 근'과 이 마 삼 근의 뜻을 묻는 승의 물음에 대한 지문의 대답인 '화족족 금족족'은 결국 같은 말이다. '어머니'와 '모친'이 같은 말이듯. '왜 이 둘이 같단 말인가?' 하고 의문을 품는 이것이 바로 공안참구 공부법이다. 명심하도록.

◎ 남지죽혜 북지목(南地竹兮 北地木)이여　　글자풀이로 봐선 '남쪽 땅에선 대나무요, 북쪽에선 나무'라는 말이다. 그러나 이 역시 '마 삼 근'의 뜻을 밝히고 있는 지문의 활구다.

△ 삼중공안이요 사중공안이로군.　　동산과 지문, 설두가 결국은 마찬가지의 공안을 거론하고 있으므로 '삼중공안'이라고 했다. 그리고 여기에 원오가 지금 가세를 했기 때문에 '사중공안'이 된 것이다.

◎ 장경과 육긍대부를 ~ 옳지 않네　　남전의 재가 제자(在家弟子)인 육긍대부가 남전의 입멸 소식을 듣고 선주 관찰사로 부임해 가는 길에 남전의 영전(靈前)에 가서 껄껄 웃었다. 그러자 그 절 원주가 '스승이 돌아가셨는데 왜 울지 않고 웃느냐'고 나무랐다.

육긍대부가 말했다. "원주 스님 한 마디 일러 보시오. 그러면 내 곡(哭)을 하리다."

원주는 아무 말도 못 했다. 그러자 육긍대부는 통곡을 하며 이렇게 말했다. "스승이 세상을 떠나신 지 너무 오래됐구나." 후에 이 얘기를 들은 장경(長慶大安, 793~883)은 이렇게 말했다. "원주의 말을 알아들었으면 웃어야지 곡(哭)하는 건 옳지 않다." 더 자세한 것은 평창을 보라.

△ 동병상련이로군. ~ 또한 이렇다.　　육긍대부·장경·설두·원오는 모두들 같은 안목을 갖춘 이들이다. 그러므로 이네들의 관점은 결국 마찬가지다.

△ 하하.　　원오 역시 장경·설두와 같은 입장이다. 그래서 하하 웃고

있는 것이다.

　△ 아이고. ~ 더하는군.　　그러나 '알았으면 마땅히 곡할 게 아니라 웃어야 한다'는 이 장경의 말뜻을 아직 간파하지 못했다면 가슴을 치며 통곡하지 않으면 안 된다. 벗이여, 시간은 참새 떼처럼 삽시간에 날아가 버린다. 아직도 웬 잠이 그리 깊단 말인가. 벗이여, 허송세월하는 게 원통하지 않은가. 생각 있는 자 가슴을 치며 통탄해할 일이다.

　◎ 이(咦)　　'이(咦)'란 사람을 꾸짖거나 주의를 줄 때 내뱉는 소리다. 설두는 앞에서 읊은 자신의 송구(頌句)를 '이(咦)'자를 통해서 모조리 부정해 버리고 있다. 왜냐하면 장경과 육긍대부까지 들먹이며 너무 많은 말을 했기 때문이다. 이 대목이야말로 설두의 안목이 빛나는 곳이다.

　△ 쯧쯧,　　원오 역시 설두의 '이(咦)'자에 박자를 맞추고 있다.

　△ 이 무엇인가?　　"'이'(咦)라고 말한 바로 이것(?)은 무엇인가?"라고 원오는 우리에게 반문하고 있다.

　△ (원오는) 갑자기 (선상을) 후려쳤다.　　원오는 설두의 말과 자신의 말 전체를 모조리 박살내 버리고 있다. 참 멋진 마무리다(미친놈)!

【評　　唱】

〔評唱〕雪竇見得透라 所以劈頭便道호대 金烏急, 玉兎速이라하니 與洞山答麻三斤으로 更無兩般이라 日出月沒에 日日如是라 人多情解하야 只管道호대「金烏是左眼이요 玉兎是右眼이라하고」纔問著하면 便瞠眼云「在這裏라하나니」有什麼交涉이리요 若恁麼會댄 達磨一宗이 掃地而盡하리라 所以道호대 垂鉤四海는 只釣獰龍이요 格外玄機는 爲尋知己라 雪竇是出陰界底人이라 豈作這般見解리요 雪竇輕輕去敲[8] 關擊節處하야 略露些子教你見이라 便下箇注脚道호대「善應何曾有輕觸이리요하니」

---

8) 敲 = 扣(福本).

洞山不輕酬這僧이라 如鐘在扣하며 如谷受響하야 大小隨應하니 不敢輕觸이라 雪竇一時突出心肝五臟하야 呈似你諸人了也라 雪竇有靜而善應頌云호대 「覿面相呈이어니 不在多端이라 龍蛇易辨이나 衲子難瞞이라 金鎚影動하고 寶劍光寒이라 直下來也니 急著眼看하라하니라」

【평창번역】

설두는 (본칙공안을) 간파했기 때문에 (송의) 처음에 '금오급 옥토속(金烏急 玉兎速)'이라 했으니 동산이 "마 삼 근(麻三斤)"이라 대답한 것과 다르지 않다. 해가 뜨고 달이 져도 나날이 이와 같다. (그런데) 사람들은 대부분 자기 감정대로 분별심을 내어 말하길 "금오(金烏, 해)는 이 왼쪽 눈이요, 옥토(玉兎, 달)는 이 오른쪽 눈"이라 한다. (그리고) 질문을 받으면 두 눈을 똑바로 뜨고 노려보면서 "여기 있다"고 하나니 전혀 맞지 않는다. 만일 이런 식으로 (본칙공안을) 이해한다면 달마의 종〔達磨宗, 禪宗〕은 흔적도 없이 사라져 버렸을 것이다. 그러므로 (옛사람은) 이렇게 말했던 것이다. "바다에 낚싯바늘을 내리는 것은 영악한 용을 낚아 올리고자 함이요, 격외의 현기(玄機)는 지기(知己)를 찾고 있다." 설두는 해탈한(깨달은) 사람이니 어찌 이런 식의 견해를 갖겠는가. 설두는 (본칙공안의) 핵심을 집어내고 간략히 이것〔些子, 本分消息〕을 드러내 그대로 하여금 깨닫도록 했다. 그러고는 주석을 붙여 말하길 "멋진 대응이거니 어찌 경솔함이 있겠는가"라고 했다. 동산은 이 승을 경솔하게 맞이하지 않았으니 (그것은 마치) 종을 치는 것과 같았으며 골짜기에서 메아리가 울리는 것과 같았다. (종을) 세게 치면 크게 울리고 작게 치면 작게 울리며, 크게 외치면 크게 메아리치고 작게 외치면 작게 메아리치나니 (어찌) 감히 경솔하게 접근하겠는가. 설두는 (자신의) 오장육부를 모두 드러내 여러분에게 보여줬다. '정이선응송(靜而善應頌이라는 설두의 송)'이 있는데 (거기서 그는 다음과 같이) 읊고 있다.

마주 대하니 다른 게 별반 없네
용과 뱀은 가려내기 쉽지만 수행자의 눈은 속일 수 없네
금(金) 방망이 그림자가 움직이고 보검의 빛이 차갑네
곧바로 달려오나니 빨리 봐야만 하네.

【평창해설】

'해가 뜨고 달이 져도 나날이 이와 같다〔日出月沒 日日如是〕'는 말은 무슨 뜻인가. 동산이나 설두는 언제나 '마 삼 근'과 '금오급 옥토속'의 활구 경지 속에서 살았다는 말이다. 아니 이들의 활구를 간파하게 되면 우리 역시 매일매일을 이분들과 동일한 경지에서 살아갈 수 있다는 말이다. 분별심의 그림자조차 얼씬할 수 없는데 여기 어딜 감히 '부처'니 '진리'니 따위가 붙을 수 있단 말인가.

'이것〔些子〕'이란 송(頌)에서 언급한 다음의 두 공안을 말한다. '화족족 금족족(花簇簇 錦簇簇)', 남지죽혜 북지목(南地竹兮 北地木).

【評 唱】

洞山初參雲門하니 門問 「近離甚處오」 山云 「渣渡니다」 門云 「夏在甚麼處오」 山云 「湖南報慈니다」 門云 「幾時離彼中고」 山云 「八月二十五니다」 門云 「放你三頓棒하노니 參堂去하라」 師晚間入室親近問云 「某甲過在什麼處닛고」 門云 「飯袋子여 江西, 湖南便恁麼去아」 洞山於言下豁然大悟하고 遂云 「某甲他日向無人煙處卓箇庵子하고 不蓄一粒米, 不種一莖菜하야 常接待往來十方大善知識하야 盡與伊抽卻釘, 拔卻楔하며 拈卻臘脂帽子하고 脫卻鶻臭布衫하야 各令灑灑落落地作箇無事人去라하니」 門云 「身如椰子大로되 開得許大口로다」 洞山便辭去라 他當時悟處가 直下穎脫이라 豈同小見이리오.

【편창번역】

동산(洞山守初)이 처음 운문을 참배하니 운문이 물었다. "어디서 왔는가?"

동산이 말했다. "사진(査津)을 건너왔습니다."

운문이 말했다. "여름에는 어느 곳에 있었는가?"

동산이 말했다. "호남의 보자원에 있었습니다."

운문이 말했다. "거기서 언제 떠났는가?"

동산이 말했다. "8월 25일(에 떠났습니다)."

운문이 말했다. "그대에게 세 방의 봉(棒)을 내리나니 승당(僧堂)으로 가게."

동산은 저녁에 다시 (운문을) 찾아와서 이렇게 물었다. "저의 잘못이 어느 곳에 있습니까?"

운문이 말했다. "이 밥통아. 강서·호남을 이런 식으로 다녔느냐(행각했느냐)?"

동산은 (운문의) 이 말에서 문득 크게 깨달았다. 그러고는 이렇게 말했다. "제가 훗날 사람의 흔적이 없는 곳에 암자를 지어 놓고 쌀 한 톨 비축해 놓지 않으며 채소 한 가지 심어 놓지도 않고 언제나 오가는 시방의 큰 스승들을 접대할 것입니다. (그리하여) 그분네들로 하여금 번뇌의 못을 뽑고 망상의 쐐기를 뽑아내며 기름 때로 더러워진 (無明의) 모자를 벗고 냄새나는 (業識의) 옷을 벗게 하겠습니다. 그리하여 모두들 쇄쇄낙락케 하여 무사도인(無事道人)이 되도록 하겠습니다."

(이 말을 들은) 운문은 말했다. "몸은 야자 열매만한 것이 제법 거창한 말을 하는군."

동산은 즉시 (운문에게) 하직인사를 하고 가 버렸다. 저(동산)가 그 당시 깨달은 곳은 아주 뛰어났거니 어찌 비좁은 소견(을 가진 무리들과) 같겠는가.

【평창해설】

본칙공안의 주역인 동산(洞山守初)이 운문을 찾아가 깨달은 그 자초지종을 기술하고 있다.

【評　　唱】

後來出世하야 應機麻三斤語하니 諸方只[9]作答佛話會[10]라 如何是佛이닛고 杖林山下竹筋鞭이며 丙丁童子來求火[11]라하니 只管於佛上作道理[12]라 雪竇云「若恁麼作展事與投機會댄 正似跛鼈盲龜入空谷이니 何年日月尋得出路去리요」「花簇簇, 錦簇簇은」 此是僧問智門和尙호대 「洞山道『麻三斤』意旨如何닛고」 智門云「花簇簇, 錦簇簇이니 會麼아」 僧云「不會니다」 智門云「南地竹兮北地木이니라」 僧回擧似洞山하니 山云「我不爲汝說하고 我爲大衆說하리라하고」 遂上堂云「言無展事하고 語不投機니 承言者喪이요 滯句者迷라하니라」 雪竇破人情見하야 故意引作一串頌出이어늘 後人卻轉生情見하야 道호대 「麻是孝服이요 竹是孝杖이라 所以道호대 南地竹兮北地木이라 花簇簇, 錦簇簇은 是棺材頭邊畫底花草라하니」 還識羞麼아 殊不知南地竹兮北地木與麻三斤은 只是阿爺與阿爹相似니라 古人答一轉語가 決是意不恁麼라 正似雪竇道「金烏急, 玉兎速이니」 自是一般寬曠이나 只是金鍮難辨이며 魚魯參差로다

---

9) 只 = 多(福本).
10) 會 = 語(福本).
11) 如何 ~ 求火(18字) 없음(福本).
12) 作道理(3字) = 作道理會(福本).

【평창번역】

뒤에 (동산은) 세상에 나와 '마 삼 근(麻三斤)' 같은 공안으로 제자들을 가르쳤다. 그런데 이곳저곳의 선원에서는 (이 '마 삼 근'을) 오직 부처를 물은 데 대한 대답으로만 이해하고 있다. "'어떤 것이 부처인가', '장림산 하죽근편(杖林山下竹筋鞭)'이며 '병정동자래구화(丙丁童子來求火)'라 하니"[13] 오직 '부처'라는 이 말 위에서만 이치로 따져 보고 있다. 설두는 말했다. "만일 이런 식의 조사투기(祖事投機)로 알려고 하면 절름발이 자라[跛龜]와 눈먼 거북이[盲龜]가 빈 골짜기로 들어가는 격이니 어느 날에야 길을 찾아 (빈 골짜기에서) 나오겠는가. '화족족 금족족(花簇簇 錦簇簇)'은 (지문 화상의 공안인데 그 자초지종은 다음과 같다.)"

어떤 승이 지문(智門) 화상에게 물었다. "동산이 말한 '마 삼 근(麻三斤)'의 뜻은 어떤 것입니까?"

지문이 말했다. "화족족 금족족(花簇簇 錦簇簇, 활짝 핀 꽃들이 마치 비단에 수놓은 것 같다)이니 알겠는가?"

승이 말했다. "모르겠습니다."

지문이 말했다. "남지죽혜 북지목(南地竹兮 北地木, 남쪽 지방의 대나무요, 북방의 나무)이니라."

이 승은 돌아와서 (다시) 동산에게 이 사실을 고하니 동산은 이렇게 말했다. "난 자네에게 말하지 않겠네. 난 대중에게 말하겠네." (그런 다음 동산은) 설법당에 올라가 (이렇게) 말했다.

"말에는 사건의 전개[展事]가 없으며 또 상대방의 물음에 응답한 것[投機]도 아니다. (그러므로) 말을 따르는 자는 상할 것이요, 말에 걸리는 자는 혼미하게 될 것이다."

설두는 사람들의 잘못된 견해[情見]를 부수기 위해 일부러 (옛사람의 공

---

13) "'어떤 것이 부처인가 ~라 하니" = 《福本》에는 없는 구절이다. 이 구절을 생략하면 문맥이 훨씬 부드럽고 그 뜻이 더욱 선명해진다.

안을) 인용하여 한 묶음으로 간추려 송(頌)했다. (그런데) 뒷사람들은 오히려 갖가지 사견(情見)을 내어 다음과 같이 말하고 있으니 부끄러운 줄을 아는가. "'마(麻)'는 상복을 말하는 것이요, '죽(竹)'은 상주가 짚는 지팡이를 일컫는 것이다. 그러므로 '남지죽혜 북지목(南地竹兮 北地木)'이라고 말한 것이다. (그리고) '화족족 금족족(花簇簇 錦簇簇)'은 관(棺)의 머리 쪽에 그려진 화초(花草)를 말한다."

(그러나) '남지죽혜 북지목'과 '마 삼 근'은 '아버지'와 '부친'이라는 말이 동일한 것과 같이 동일한 말이라는 걸 전혀 모르고 있다. 옛사람이 대답한 일전어(一轉語)는 그 뜻이 결코 이렇지가 않다.

('마 삼 근'의 뜻은) 설두가 말한 '금오급 옥토속(金烏急 玉兎速)'과 똑같나니 자유롭긴 매일반이나 다만 그대가 깨닫지 못했기 때문에 금과 구리를 구분하기 어려우며 '어(魚)'자와 '노(魯)'자의 다름이 있는 것이다.

【평창해설】

'어떤 것이 부처냐'는 물음에 동산은 "마 삼 근"이라고 대답했다. 그러나 이 '마 삼 근'이란 말을 부처를 물은 데 대한 대답으로만 이해한다면 그것은 이 '마 삼 근'에 대한 완벽한 이해라고 볼 수가 없다. 왜냐하면 동산은 이 '마 삼 근'을 통해서 부처가 있기 그 이전의 소식을 설파하고 있기 때문이다. 그렇다면 도대체 '마 삼 근'의 어느 부분에 그런 깊은 뜻이 들어 있는가. 벗이여, 돌이 된 듯 앉아서 한번 참구해 보라. 어떤 선지식은 이 경우 "장림산하죽근편(杖林山下竹筋鞭, 장림산 아래 대나무 채찍)"이라고 대답했으며 또 "병정동자래구화(丙丁童子來求火, 불이 불을 구하러 온다)"라고도 대답했다. 그러나 이 두 공안 역시 부처가 있기 그 이전 소식을 알리는 암호라는 사실을 알아야 한다. 그러므로 '부처(佛)'라는 말과 이들 공안을 연관시켜 쓸데없이 분별심을 일으켜선 안 된다.

어떤 승이 지문(智門光祚)에게 물었다.

"동산의 '마 삼 근'이란 말은 무슨 뜻입니까?"

지문이 말했다. "'화족즉 금족족'이니 알겠는가?"

승이 말했다. "모르겠는데요."

지문이 말했다. "'남지죽혜 북지목'이니라."

그런데 뒷사람들은 '마 삼 근'을 설명한 지문의 이 활구를 다음과 같은 식으로 해설을 붙이고 있다. 그러나 이런 해설은 전혀 맞지 않는다.―"동산이 말한 '마 삼 근(麻三斤)'의 '마(麻)'는 삼베 짜는 삼나무 껍질로서 상주가 입는 상복을 뜻한다. 그리고 지문이 말한 '남지죽혜 북지목'의 '죽(竹)'과 '목(木)'은 둘 다 상주가 짚는 지팡이를 말한 것이다. 역시 지문이 말한 '화족족 금족족'은 상여와 관의 머리 쪽에 그려진 꽃들을 말한 것이다."

사실 '마 삼 근', '화족족 금족족', '남지죽혜 북지목'은 모두 같은 말이다. '아빠', '아버지', '부친'이라는 말이 같듯……. 또한 설두가 말한 '금오급 옥토속(金烏急 玉兎速)'도 앞의 셋과 같은 말이다. 그러나 우리가 지금 공안활구의 암호를 풀지 못했기 때문에 앞의 세 개의 활구들이 왜 같은가를 모르고 있다. 벗이여, 이래도 머뭇거릴 참인가. 어서 박차고 일어나라.

【評　唱】

雪竇老婆心切하야 要破你疑情하야 更引箇死漢하야「因思長慶陸大夫, 解道合笑不合哭이라하니라」若論他頌인댄 只頭上三句에 一時頌了니라 我且問你하노라 都盧只是箇麻三斤이어늘 雪竇卻有許多葛藤은 只是慈悲忒煞하야 所以如此니라 陸亘大夫가 作宣州觀察使하야 參南泉하니 泉遷化라 亘聞喪入寺下祭할새 卻呵呵大笑어늘 院主云「先師與大夫有師資之義어늘 何不哭이닛고」大夫云「道得卽哭하리라」院主無語하니 亘大哭云「蒼天! 蒼天! 先師去世遠矣라하니라」後來長慶聞云

「大夫合笑不合哭이니라」雪竇借此意大綱하야 道호대 「你若作這般情解댄 正好笑莫哭하라하니」是卽是나 末後有一箇字하니 不妨聲訛라 更道 「㘞라하니」雪竇還洗得脫麽[14]아

【평창번역】

　설두는 노파심이 간절하여 그대의 의정(疑情)을 부숴 주려고 다시 멍청한 친구들을 끌어 와서 이렇게 말했다. "장경과 육긍대부를 생각하노니/ 알았으면 웃어야지 곡(哭)하는 건 옳지 않네." 만일 설두의 송을 논한다면 처음의 세 글귀에서 송은 모두 끝났다고 봐야 한다. 그대에게 묻노니 이 전체가 '마 삼 근'이거늘 설두는 왜 이렇게 많은 말을 하고 있는가. 그것은 자비심이 너무 많기 때문이다.

　육긍대부가 선주 관찰사가 되어 (가는 길에) 남전을 참배했는데 남전은 이미 입적한 후였다. 육긍대부가 그 말을 듣고 절에 들어가 (남전의 영전에) 제사를 올리면서 껄껄 웃었다. (이를 본) 원주는 말했다. "선사(先師)와 대부는 사제지간이거늘 어찌 곡(哭)을 하지 않으십니까?"

　대부가 말했다. "(한 마디) 일러 보라. 그러면 곡하리라." 원주는 아무 말이 없었다. (그러자) 대부는 대성통곡을 하며 말했다. "아이고 아이고. 선사가 세상을 뜨신 지 오래됐구나." 그후 장경이 (이 말을) 듣고 이렇게 평을 했다. "대부는 웃어야지 곡하는 건 옳지 않다." 설두는 이 말뜻의 대강을 빌려 와서 이렇게 말했다. "그대들이 만일 이런 식으로(麻는 상복이라는 식의 잘못된 견해로) 분별심을 낸다면 웃을 일이지 굳이 곡을 할 필요는 없다." (설두의 이 말이) 옳긴 옳으나 (송의) 맨 끝에 (아직) 한 글자가 (남아) 있으니 (그 속뜻을) 이해하기가 무척 어렵다. (설두는) 다시 읊기를 '이(㘞)'라 했으니 (그렇다면) 설두는 완전히 벗어났단 말인가.

---

14) 洗得脫麽(4字) = 見得脫麽(福本).

【평창해설】

처음의 세 글귀란 송의 제1구 '금오급(金烏急)', 제2구 '옥토속(玉兎速)', 제3구 '멋진 대응이거니 어찌 경솔함이 있겠는가〔善應何曾有輕觸〕'를 말한다. 설두는 송의 갠 끝에 가서 '이(咦)'라는 이 한 글자로써 자신의 말을 모조리 박살내 버리고 있다. 바로 이 부분이 그 속뜻을 간파하기가 여간 쉽지 않다. 왜냐하면 '아! 알았다'고 생각하는 순간 그것은 즉시 '이(咦)'자의 그물에 걸려들 것이기 때문이다. 그렇다면 '이(咦)'라고 외친 설두는 이 '이'자 그물에서 완전히 벗어났단 말인가. 어디 그대가 한번 직접 점검해 보라. '이(咦)' 히히.

第 13 則
巴陵銀椀裏
파릉의 은완리성설

【垂　　示】

垂示云,「雲凝大野면 徧界不藏이요 雪覆蘆花면 難分眹迹이라 冷處冷如冰雪하고 細處細如米末이라 深深處佛眼難窺요 密密處魔外莫測이로다 擧一明三卽且止하고 坐斷天下人舌頭를 作麼生道오 且道是什麼人分上事오 試擧看하라」

【수시번역】

㉠ 구름이 들판에 모여들자 온누리가 구름에 싸여 버리고 눈이 갈대꽃을 덮으니 그 흔적을 구분하기 어렵다.

㉡ 찬 곳은 (그 차갑기가) 빙설과 같고 미세한 곳은 (그 미세하기가) 분말가루와도 같나니 깊고 깊은 곳은 부처의 눈〔佛眼〕으로도 엿보기 힘들고 치밀한 곳은 천마외도(天魔外道)조차 엿볼 수 없다.

㉢ 하나를 제시하면 셋을 알아 버리는 것은 그렇다 치고 천하인들의 언어를 제압하려면 어떻게 말해야 하는가.

㉣ 자, 일러 보라. (이것은) 어떤 사람이 감당해야 할 몫인가. 시험삼아 (한번) 거론해 보자.

【수시해설】

네 마디로 되어 있다.

첫째 마디(㉠) : 깨달은 눈으로 보면 삼라만상의 갖가지 차별 현상 이대로가 곧 절대평등의 세계라는 것을 비유적으로 설명하고 있다.

둘째 마디(㉡) : 우리 본성의 신령한 작용에 대해 갈하고 있다.

셋째 마디(㉢) : 이상 첫째 마디와 둘째 마디에서 언급한 사실들은 일단 접어 두고 본칙공안에서와 같은 질문을 받았을 땐 어떤 식으로 대답해야 하는가를 반문하고 있다.

넷째 마디(㉣) : 결과적으로 본칙 공안에서의 파릉의 대답이야말로 가장 적절한 활구라는 것을 말하고 있다

【本　　則】

〔本則〕擧. 僧問巴陵호대「如何是提婆宗이닛고」(白馬入蘆花로다　道什麽오　點) 巴陵云「銀椀裏盛雪이니라」(塞斷你咽喉로다　七花八裂이라)

【본칙번역】

승이 파릉에게 물었다.

"어떤 것이 제바 존자의 종지(宗旨)입니까?"

　　백마가 갈대꽃 속으로 들어가는군. 뭐라고 말하는가. 바로 그것이다.

파릉이 말했다.

"은완리성설(銀椀裏盛雪, 은그릇 속에 눈이 가득 담겼다)."

　　그대의 숨통을 꽉 막아 버렸다. 칠통팔달(자유자재)이로군.

【본칙과 착어 해설】

◎ "어떤 것이 '제바 존자의 종지〔提婆宗〕'입니까?" 제바, 즉 가나제바(迦那提婆, kanadeva) 존자는 용수(龍樹, Nagarjuna)의 법을 이은 사람으로서 특히 웅변력과 언어 구사력이 뛰어나 당대를 제압했다고 한다. 본칙에서 묻고 있는 '제바 존자의 종지〔提婆宗〕'는 그러므로 '진리의 말'과 같은 뜻으로 쓰이고 있다. 즉 "어떤 것이 '진리를 나타내는 말'입니까"라는 뜻으로 볼 수 있다. 더 자세한 것은 평창에 나오므로 평창을 보기 바란다.

△ 백마가 갈대꽃 속으로 들어가는군. 이 뒤에 나오는 파릉의 대답('은완리성설')과 같은 말이다. 백마도 흰색, 갈꽃도 흰색. 그러므로 백마가 갈대꽃 속으로 들어가면 둘이 모두 희어서 구분할 수가 없다. 그러나 백마는 어디까지나 백마요, 갈대꽃은 갈대꽃이다. '같으면서도 제각기 자신의 개성을 잃지 않는 것', 이것이 바로 백마가 갈대꽃 속으로 들어간 상태다.

△ 뭐라고 말하는가. '진리'의 'ㅈ'을 말하는 순간 그것은 이미 진리가 아니다. 그런데 지금 그대는 뭐라고 지껄이고 있는가.

△ 바로 그것이다. 입 벌리지 마라. 입 벌리는 순간 빗나가 버린다. 요점은 바로 이것이다.

◎ "은완리성설(銀椀裏盛雪, 은그릇 속에 눈이 가득 담겼다)." 흰 은그릇 속에 흰눈이 담기면 둘 다 흰색이므로 구분할 수가 없다. 그러나 눈은 어디까지나 눈이요, 은그릇은 어디까지나 은그릇이다. (언어와) 같으면서도 또한 (언어와) 다른 것, 이것이 바로 불멸의 진리다. ―그러나 이건 어디까지나 문자풀이요, '은완리성설'은 이런 식으로는 알 수 없는 활구라는 사실을 명심하기 바란다. 활구치고도 기가 막힌 활구다. 언어가 워낙 세련됐기 때문에 자칫하면 이 언어 감상의 함정에 빠져 나올 수 없게 된다. 조심하도록.

△ 그대의 숨통을 꽉 막아 버렸다. 그 누구도 파릉의 이 멋진 활구를

벗어날 수가 없다. 이 사정권을 벗어날 수가 없다.
△ 칠통팔달(자유자재)이로군.　　파릉은 이처럼 활구를 쓰는 방법이 자유자재하다.

【評　唱】

〔評唱〕這箇公案을 人多錯會道호대「此是外道宗이라하니」 有什麼交涉이리요 第十五祖提婆尊者는 亦是外道中一數러니 因見第十四祖龍樹尊者하야 以針投鉢하니 龍樹深器之하야 傳佛心宗하니 繼爲第十五祖라

【평창번역】

이 공안을 사람들은 대부분 잘못 알고는 "이것은 외도종(外道宗)이라" 하나니 전혀 맞지 않는 말이다. 제15조 제바 존자는 (원래) 외도 가운데 한 사람이었다. (그러나) 제14조 용수 존자를 만나서 바늘을 발우(밥그릇) 속에 던져 넣으니 용수는 그가 법기(法器)인 것을 깊이 알아보고는 불심(佛心)의 종지를 전했다. (그래서 그는) 제15조가 된 것이다.

【평창해설】

본칙공안의 중심 인물 제바 존자에 대한 간략한 소개다. 그는 이교도였으나 용수를 만나 그의 제자가 되어 제15대 존자가 되었다.

【評　唱】

《楞伽經》云「佛語心爲宗하고 無門爲法門이라하며」 馬祖云「凡有言句는 是提婆宗이니 只以此箇爲主라하니」 諸人盡是衲僧門下客이라 還

曾體究得提婆宗麽아 若體究得하면 西天九十六種外道가 被汝一時降伏하리라 若體究不得하면 未免著返披袈裟去在[1]하리라 且道是作麽生고 若道言句是라하면 也沒交涉이요 若道言句不是라하야도 也沒交涉이라 且道馬大師意在什麽處오 後來雲門道호대「馬大師好言語를 只是無人問이로다」有僧便問호대「如何是提婆宗이닛고」門云「九十六種중에 汝是最下一種이니라」昔有僧辭大隋어늘 隋云「什麽處去오」僧云「禮拜普賢去니다」大隋豎起拂子云「文殊, 普賢盡在這裏라하니」僧畫一圓相하야 以手托呈師하고 又抛向背後라 隋云「侍者야 將一貼茶來與這僧去하라」雲門別云「西天斬頭截臂요 這裏自領出去니라」又云「赤旛在我手裏라」西天論議에 勝者手執赤旛하고 負墮者返披袈裟하고 從偏門出入이니라

【평창번역】

《능가경》[2]에서는 말했다. "부처가 말한 마음〔眞心〕을 종지로 삼고, 문(門)이 없는 것으로 진리로 들어가는 문〔法門〕을 삼는다." 마조는 말했다. "모든 언구(言句)는 제바의 종지니 이것(언구)으로 주체를 삼으라." 여러분은 모두 납승 문하객(衲僧門下客, 수행자)이니 이 제바의 종지를 분명히 알겠는가. 만일 분명히 알았다면 서천(西天, 인도)의 96종 외도가 모두 그대에게 항복하리라. (그러나) 만일 분명히 알지 못했다면 가사를 뒤집어 입을 수밖에 없을 것이다. 자, 말해 보라. 이것(제바의 종지)이 어떤 것인가. 만일 언구(언어문자)를 이것이라 한다면 전혀 맞지 않는다. 만일 언구를 이것이 아니라 한다면 (그 역시) 맞지 않는다. 자, 말해 보라. 마대사의 본뜻이 어느 곳에 있는가. 뒤에 운문은 이렇게 말했다. "마대사의 이 멋진

---

1) 未免 ~ 去在(9字) = 返披袈裟去(福本).
2) 《능가경》에는 이 문장이 없다. 대신 《조당집(祖堂集)》(제14 馬祖章)에 이 문장이 보인다.

달을 다만 물어보는 사람이 없었다."(운문의 이 말을 듣고 그때) 어떤 승이 물었다. "어떤 것이 제바의 종지입니까?"

운문이 말했다. "구십육종 여시최하일종(九十六種 汝是最下一種, 96종 외도 가운데 너는 가장 낮은 외도다)."

옛적에 어떤 승이 대수(大隋)를 하직하거늘 대수가 물었다. "어디로 가려는가?"

승이 말했다. "보현 보살에게 예배하러 갑니다."

대수는 불자를 들어 보이며 말했다. "문수·보현이 모두 여기 있네." (그러자) 승은 한 개의 원상(圓相)을 그린 다음 손으로 (그 원상을) 대수에게 들어 보이고는 등 뒤로 던지는 시늉을 했다.

대수가 말했다. "시자야 차 한 봉지 가져다 이 승에게 줘라."

(이에 대하여) 운문은 이렇게 독자적인 촌평을 했다. "인도에선 (法戰에서 패한 자의) 목과 팔을 자르지만 (그러나) 여기(중국)서는 스스로 가지고 가게 (내버려)둔다." 또 (운문은) 이렇게 말했다. "(승리의) 붉은 깃발이 내 수중에 있다." 인도에선 법전(法戰)을 벌여 이긴 자는 손에 붉은 깃발을 잡는다. (그리고) 패한 자는 가사를 뒤집어 입고 쪽문으로 출입하는 (전통이 있었다).

【평창해설】

'가사를 뒤집어 입는다'는 말은 무슨 뜻인가. 옛날 인도에서는 진리에 대한 말싸움(法戰)에서 진 자는 가사(수행자가 입는 옷)를 거꾸로 뒤집어 입는 풍습이 있었다고 한다. '도(道, 제바의 종지)를 언어'라 하면 틀린 말이다. 왜냐하면 도는 언어를 초월해 있기 때문이다. 그러나 '언어는 도가 아니다'라고 한다면 이 역시 틀린 말이다. 왜냐하면 도는 언어를 빌려 나타나기 때문이다. 자, 그렇다면 어떻게 해야 그 도의 핵심에 적중할 수 있겠는가. 여기 '운문의 공안'을 그 좋은 본보기로 소개하고 있다.

승이 말했다. "어떤 것이 제바의 종지(提婆宗)입니까?"

운문이 말했다. "구십육종 여시최하일종(九十六種 汝是最下一種, 96종 외도 가운데 너는 가장 낮은 외도다)."

—라고 말한 운문의 이 대답이야말로 도의 핵심을 관통한 활구다. 왜, 어째서 운문의 이 대답이 도의 핵심을 관통한 활구란 말인가? 이건 절대로 말장난이 아니니 벗이여, 이 문제를 아주 진지하게 탐구해 보라. 패기에 차 있던 그 여름날도 다 가고 어느 가을날 잎 지는 오솔길에서, 겨울이 오는 그 쓸쓸한 저녁 무렵 그대는 깨닫게 될 것이다. 도의 핵심을 꿰뚫고 흔적도 없이 지나가 버린 운문의 이 활구를…….

아, 아, 이래서 삶은 이토록 고마운 것이다. 지는 노을이 아름답듯.

이 뒤에 나오는 공안, 대수와 어떤 승의 문답에서 대수는 이 승에게 차 한 봉을 줬다. 그런데 이 차 한 봉지는 상으로 준 게 아니라 벌로 준 것이다. '이 차나 마시고 잠을 깨라'는 경책의 뜻이 담겨 있다. 이 '대수의 공안'에 대하여 운문은 평하길 "(승리의) 붉은 깃발이 내 수중에 있다"고 했다. 운문은 이미 이 승의 모든 걸 간파해 버렸으므로 (승리의) 붉은 깃발을 운문 자신이 거머쥐게 된 것이다.

【評　唱】

西天欲論議하면　須得奉王勅하고　於大寺中聲鐘擊鼓한　然後論議하나니　於是外道가　於僧寺中封禁鐘鼓하니　爲之沙汰라　時迦那提婆尊者가 知佛法有難하고　遂運神通하야　登樓撞鐘하고　欲擯外道하니　外道遂問「樓上聲鐘者誰오」提婆云「天이라」外道云「天是誰오」婆云「我니라」外道云「我是誰오」婆云「我是你니라」外道云「你是[3]誰오」婆云「你是狗니라」外道云「狗是誰오」婆云「狗是你[4]니라」如是七返에

---

3) 你是(2字) 없음(蜀本).

外道自知負墮하고 伏義, 遂自開門이라 提婆於是從樓上持赤旛下來하니 外道云「汝何不後오」 婆云「汝何不前고」 外道云「汝是賤人가」 婆云「汝是良人가」 如是展轉酬問하야 提婆折以無礙之辯하고 由是歸伏이라 時提婆尊者手持赤旛하고 義墮者旛下立하니 外道皆斬首謝過라 時提婆止之하고 但化令削髮入道하니 於是提婆宗大興하니라 雪竇後用此事而頌之라

【평창번역】

 인도에서는 법전(法戰)을 벌이고자 하면 (먼저) 왕의 칙명을 받들고 대사원의 종을 치고 북을 울린 후에 법전을 벌였다. 그때 외도들이 불교 사원의 종과 북을 (치지 못하도록) 막아 버렸으므로 (불교는) 수난을 당하고 있었다. 이때 가나제바 존자가 불교의 수난이 있음을 알고 기적을 일으켜 (공중으로 날아서) 종루에 올라가 종을 쳐서 외도들을 축출하려고 했다. 외도들이 물었다. "종루 위에 (올라가) 종을 치는 자는 누구냐?"
 제바가 말했다. "하늘(天[5])이다."
 외도가 말했다. "하늘은 누구냐?"
 제바가 말했다. "나다."
 외도가 말했다. "나는 누구냐?"
 제바가 말했다. "나는 너다."
 외도가 말했다. "너는 누구냐?"
 제바가 말했다. "너는 개다."
 외도가 말했다. "개는 누구냐?"

---

4) 狗是你(3字) = 你外道云你是誰婆云天(蜀本).
5) 제바(提婆)는 산스크리트어의 deva를 소리나는 대로 적은(音寫한) 것으로서 중국말로 옮기면 '天'이 된다.

제바가 말했다. "개는 너다."

이렇게 일곱 번을 반복해서 문답을 한 다음 외도는 스스로가 패한 것을 알고 승복한 다음 종루의 문을 열었다. 제바가 이때 종루 위에서 붉은 깃발을 잡고 내려오니 외도가 물었다. "넌 어찌 뒤에 오지 않는가?"

제바가 말했다. "넌 어찌 앞서가지 않는가?"

외도가 말했다. "너는 천인인가?"

제바가 말했다. "너는 귀인인가?"

이런 식으로 여러 번의 문답을 해서 제바는 거침없는 변설로 (외도들을 모두) 꺾어 버렸다. 그래서 (외도들은 모두 제바에게) 굴복하고 말았다. 그때 제바 존자는 손에 붉은 깃발을 잡고 패한 자(외도)들은 깃발 아래 서 있었다. 외도들이 모두 목을 베어 사과하려 하자 제바는 그것을 제지하고 (그들을) 교화시켜 삭발하고 불도에 들어오게 하니 이때 제바의 종지가 크게 흥성했다. 설두는 후에 이 사건을 송(頌)으로 읊었다.

【평창해설】

웅변력과 언어 구사력이 뛰어났던 제바 존자의 한 일화를 소개하고 있다. 제바는 이런 식으로 당시의 모든 이교도들을 굴복시켜 불교로 개종하게 했다. 그러나 후에 제바는 어이없게도 한 이교도에 의해서 피살되는 운명을 맞게 된다.

【評　　唱】

巴陵은 衆中謂之鑒多口라 常縫坐具行脚하야 深得他雲門脚跟下大事하니 所以奇特이라 後出世하야 法嗣雲門하니라 先住岳州巴陵하니 更不作法嗣書하고 只將三轉語上雲門하니라「如何是道오」「明眼人落井이니라」「如何是吹毛劍이닛고」「珊瑚枝枝撐著月이니라」「如何是提婆

宗이닛고」「銀椀裏盛雪이니라」 雲門云「他日老僧忌辰에 只擧此三轉語하면 報恩足矣라」自後에 果不作忌辰齋하고 依雲門之囑하야 只擧此三轉語라

【평창번역】

사람들은 파릉을 일컬어 감다구(鑒多口, 달변가 파릉)라 했다. (그는) 언제나 (좌선용의) 좌구(坐具)를 굳게 밀봉한 채 행각을 해서 저 운문의 발 밑 대사〔脚跟下大事, 깨달음〕를 깊이 체득했으니 참으로 대단하다고 할 수 있다. 후에 세상에 나가 (제자들을 지도할 적에) 운문의 법을 이었다. (그러기 전에) 먼저 악주의 파릉원에 머물렀는데 (그는) 법사서(法嗣書)를 짓지 않고 다만 (다음의) 삼전어(三轉語)를 운문에게 올렸다.

(一) 어떤 것이 도인가.
답 : 명안인낙정(明眼人落井, 눈밝은 이가 우물에 빠졌다).
(二) 어떤 것이 취모검(吹毛劍, 지혜의 검)인가.
답 : 산호지지탱착월(珊瑚枝枝撑著月, 산호 가지마다 달이 가득하다).
(三) 어떤 것이 제바의 종지인가.
답 : 은완리성설(銀椀裏盛雪, 은그릇 속에 눈이 가득 담겼다).

(파릉의 이 삼전어를 보고) 운문은 말했다. "훗날 노승의 제사 때 다만 이 삼전어를 거론하면 (그것으로써) 보은은 충분하리라." 뒤에 (운문이 입적하자 제자들은) 과연 제사를 지내지 않고 운문의 부촉대로 (파릉의) 이 삼전어만을 거론했다.

【평창해설】

본칙공안의 주역인 파릉에 대한 언급이다. 파릉은 언제나 (좌선용의) 좌구(坐具)를 굳게 봉한 채 한 번도 사용한 일이 없이 행각했다. 왜냐하면

가는 곳마다 궂은 일을 자신이 도맡아 했으며 남을 돕는 일이라면 발벗고 나서느라 미처 좌선하고 앉아 있을 겨를이 없었기 때문이다. 깨달은 이들은 이렇듯 자신을 숨긴 채 묵묵히 선행을 했다. 파릉은 자신의 깨달은 바를 보고하는 보고문〔法嗣書〕 대신 자문자답식으로 세 개의 활구〔三轉語〕를 지어 운문에게 바쳤다. 운문은 파릉의 이 세 마디 활구를 극찬했다. 그리고 유언으로서 자신의 기일날에는 음식을 전혀 차려 놓지 말고 단지 파릉의 이 '세 개 활구'만을 써서 걸어 달라고 했다. 그후 운문종에선 운문의 기일이 되면 파릉의 이 세 개 활구만을 매달아 거는 풍습이 있었다고 한다. 아, 이 얼마나 멋진 제삿날인가. 수행자들이여, 이를 본받으라.

【評　　唱】

然諸方答此話가 多就事上答이어늘 唯有巴陵恁麽道하니 極是孤峻이요 不妨難會라 亦不露些子鋒鋩하고 八面受敵하대 著著有出身之路하며 有陷虎之機하야 脫人情見이라 若論一色邊事댄 到這裏하야 須是自家透脫了니 卻須是遇人始得이니라 所以道호대 道吾舞笏同人會요 石鞏彎弓作者諳이라 此理若無師印授하면 擬將何法語玄談가 雪竇隨後拈提爲人이라 所以頌出이니라

【평창번역】

많은 사람들이 이 제바의 종지에 대해서 (여러 가지로) 대답을 했지만 그 대부분이 역사적인 사실적 견지에서 대답을 했다. 그러나 오직 파릉만은 이렇게 (본질적인 입장에서) 대답했으니 고고하고 준엄하기 이를 데 없으며 그 참뜻을 간파하기가 참으로 어렵다. 또한 이것(本分一著子)의 칼날을 전혀 드러내지 않고 팔면(으로 밀어닥치는) 적을 상대해서 한발 한발 출신(出身)의 길을 열었으며 범을 함정에 빠트리는 책략이 있어서 사람들

의 정견(情見)을 멀리 벗어났다. 만일 둘이 아닌 경지〔一色邊事〕를 논한다면 여기 이르러선 스스로가 활구를 뚫고 해탈〔透脫〕하지 않으면 안 된다. (그런 다음에는 그 깨달음의 경지를 인가해 줄) 사람을 만나지 않으면 안 된다. 그러므로 (옛사람은) 이렇게 말했던 것이다. "도오가 홀(笏)을 잡고 춤추자 동인(同人)이 알았고 석공이 활줄을 당기자 작자(作者)가 알아봤네." 이 선도현리(禪道玄理)에 만일 (그것을) 인가해 주고 전수해 주는 스승이 없다면 무슨 법을 가지고 현담(玄談)을 말하겠는가. 설두는 (파릉의) 뒤를 이어 사람들을 위해 (본칙공안을) 제시하고 거론했다. 그래서 (다음과 같이) 송을 읊었던 것이다.

【평창해설】

'도오가 홀(笏)을 잡고 춤추자 동인(同人)이 알았다'는 것은 무슨 뜻인가. 도오는 어느 날 촌락을 지나가다가 무당이 굿을 하면서 "신을 아느냐 모르느냐"라고 외치는 소릴 듣고 깨달았다. 그후 도오가 도상(道常)을 찾아가서 홀(笏)을 잡고 춤을 추자 도상은 도오가 깨달음을 얻었다는 걸 직감적으로 알았다. 그래서 도상은 즉시 도오를 인가해 줬다. 여기서의 동인(同人)은 도상을 말한다.

'석공이 활줄을 당기자 작자(선객)가 알아봤다'는 말은 무슨 뜻인가.

석공은 원래 사냥꾼이었는데 마조를 만나 큰 깨달음을 얻었다. 그후 그는 도를 묻는 사람이 있으면 활을 겨눴다. 그러나 그 누구도 석공의 이 활에 대적하는 사람이 없었다. 마침내 삼평을 만나 공감처를 얻었으므로 그 후론 더 이상 활줄을 당기지 않았다. 여기서의 '작자'는 물론 삼평을 지칭하는 말이다.

【頌】

〔頌〕老新開여(千兵易得이나 一將難求로다 多口阿師라) 端的別하니(是什麼端的고 頂門上一著夢見也未로다) 解道銀椀裏盛雪이라(鰕跳不出斗로다 兩重公案이라 多少人이 喪身失命이로다) 九十六箇應自知할지니(兼身在內니 闍黎還知麼아 一坑埋卻하라) 不知卻問天邊月하라(遠之遠矣로다 自領出去하라 望空啓告로다) 提婆宗, 提婆宗이여(道什麼오 山僧在這裏에 滿口含霜이로다) 赤旛之下起淸風이로다(百雜碎이라 打云「已[6]著了也라」你且去斬頭截臂來하면 與你道一句하리라)

【송번역】

신개(新開) 어르신네여

    병사 천 명은 얻긴 쉬우나 한 사람의 장수를 구하긴 어렵다. 말이 많은 대사(大師)로군.

핵심을 말하는 방법이 특별하니

    이 무슨 핵심인가. 정수리 위의 한 수는 꿈에도 보지 못했을 것이다.

'은완리성설(銀椀裏盛雪)'이라고 말할 수 있었네

    아무리 날뛰어 봤자 새우는 (잡힌) 그릇 속을 벗어나지 못한다. 이중의 공안이군. 많은 사람이 신명(身命)을 잃는군.

96종 외도는 마땅히 알지니

    (설두) 자네 또한 예외는 아니다. (설두) 자네는 알겠는가. 한 구덩이에 모두 파묻어 버려야 한다.

모른다면 저 하늘가의 달에게나 물어보라

    멀고 멀구나. (설두) 자네나 가져가게. 허공(의 달)에게 묻고 있군.

제바의 종지여, 제바의 종지여

---

6) 已 = 打(福本).

뭐라 말하는가. 산승(원오)은 여기서 단 한 마디도 할 수 없다.
붉은 깃발 아래 청풍이 불고 있네
　　산산조각이 났군. (원오는 선상을) 치며 말했다. "'은완리성설'이라고 이미 말하지 않았는가. 그대가 몸소 가서 머리와 팔을 잘리고 오던(패하고 오면) 그대를 위하여 일구(一句)를 말하리라."

【송과 착어해설】

　◎ 신개(新開) 어르신네여　　신개(新開)는 파릉을 지칭한 말이다. 파릉은 신개원(新開院)에 오랫동안 주석했기 때문이다.

　△ 말이 많은 대사(大師)로군.　　언어 구사력이 남달리 뛰어났던 파릉을 원오는 지금 반어적으로 칭찬하고 있다.

　◎ 핵심을 말하는 방법이 특별하니　　'어떤 것이 제바의 종지〔提婆宗〕냐'는 물음에 대한 파릉의 대답은 일품이다. 자고로 이처럼 특별한 예는 일찍이 없었다. 그래서 원오는 지금 그걸 격찬하고 있다.

　△ 이 무슨 핵심인가.　　그렇다면 그 핵심(본래자기)은 도대체 어떤 것인가. 언어로 표현할 수 있는가, 없는가. 벗이여, 그대가 직접 점검해 보라.

　△ 정수리 위의 ~ 못했을 것이다.　　파릉의 이 한 수(向上一著子)를 벗이여, 간파할 수 있겠는가.

　◎ '은완리성설(銀椀裏盛雪)'이라고 말할 수 있었네　　파릉이 아니면 그 누구도 이런 식의 활구를 쓸 수가 없다. 앞에서 '핵심을 말하는 방법이 특별하다'는 말은 바로 이 대목을 두고 하는 말이다.

　△ 아무리 ~ 벗어나지 못한다.　　그 누구도 파릉의 이 활구를 벗어날 수가 없다. 왜냐하면 온 우주가 그대로 '제바의 종지'요 '은완리성설' 그 자체이기 때문이다.

　△ 이중의 공안이군.　　파릉이 거론한 것을 설두가 재차 거론하고 있

기 때문이다.

△ **많은 사람이 신명(身命)을 잃는군.** 모든 사람들이 파릉의 이 활구를 빠져나갈 수 없기 때문이다.

◎ **96종 외도는 마땅히 알지니** 부처 당시 인도에는 96종의 명상 수행 그룹이 있었다. 이들은 주장하는 바 또한 제각각이어서 그야말로 사상의 백화난만기였다. 그러나 파릉은 어떤 학설이나 이론도 내세우지 않고 본질적인 진리를 말하는 데 단지 '은완리성설'이라고만 했다. 파릉의 이 활구는 부자지간에도 전해 주고 전해 받을 수 없는 신선의 비결이다. 그러므로 96종의 이교도들은 파릉의 이 활구를 간파하지 않으면 안 된다. 왜냐하면 그네들에게는 이런 활구가 전혀 없기 때문이다. 제아무리 문자풀이에 능숙하다 하더라도 활구를 통해서 힘을 얻지 않으면 그건 한낱 그림의 떡일 뿐이다. 죽음이 그대의 문을 두드릴 때 전혀 도움이 되지 않는다. 그러므로 우리는 활구공안을 통해서 힘을 얻지 않으면 안 된다.

△ **(설두) 자네 또한 예외는 아니다.** 이런 식으로 지껄이고 있는 설두 역시 96종 이단의 하나에 불과하다. 그렇다면 원오는 어떤가. 역시 96종 이단 가운데 하나다. 그럼 이 글을 쓰고 있는 나는…… 역시 96종 이단 가운데 말단에 불과하다.

△ **(설두) 자네는 알겠는가.** '이를 분명히 알아야 한다'는 것을 원오는 지금 설두에 빗대어 이런 식으로 말하고 있다.

△ **한 구덩이에 ~ 버려야 한다.** 그러나 엄밀히 따져 본다면 여기 96종 이단이 어디 있고 또 파릉이 어디 있단 말인가. 그것은 한갓 분별심일 뿐이다. 그래서 원오는 지금 96종 이단들과 설두를 한 묶음에 묶어서 매장시키고 있다. 그렇다면 원오 자네는…… 역시 온전하진 못할 것이다(아차, 내 입술에 그만 생채기가 났구나).

◎ **모른다면 ~ 물어보라** 파릉의 이 활구를 도저히 간파할 수 없다면 저 하늘가에 떠 있는 달님에게나 물어볼 일이다.

△ **멀고 멀구나.** 저 달에게 가서 물어보라니…… 너무나 멀고 멀구

나.

△ (설두) 자네나 가져가게.　　그러나 파릉의 이 활구는 바로 나 자신인데 그걸 누가 모르겠는가 그러므로 이런 부질없는 소린 그만 집어치우는 게 좋다.

◎ 제바의 종지여, 제바의 종지여　　설두는 지금 이 말을 활구적으로 사용하고 있다. 그러므로 여기에는 어떤 해설도 붙을 수 없다. 그래도 한 마디쯤 해야 한다면 이 우주 전체가 그대로 '제바의 종지'라고 말할 수 있다.

△ 뭐라 말하는가. ~ 할 수 없다.　　그러나 '제바의 종지'라고 말하는 순간 그것은 이미 제바의 종지가 아니다. 왜냐하면 언어의 영역을 초월해 있는 '제바의 종지'가 제바의 종지라는 이 다섯 글자 속에 갇혀 버리기 때문이다. 그렇기에 원오는 '뭐라 말하는가'라고 반문하고 있다. 그리고 이 뒤를 이어 원오는 또 '단 한 마디도 할 수 없다'고 시치미를 잡아떼고 있다. 그러나 원오는 이미 어떤 흔적도 남기지 않은 채 '제바의 종지' 전부를 드러내 보였다. 자, 그렇다면 원오가 제바의 종지 전체를 드러내 보인 그곳이 어디인가. 벗이여 적어도 이 정도는 간파해야 하지 않겠는가.

◎ 붉은 깃발 아래 청풍이 불고 있네　　제바의 종지를 멋지게 드러내 보인 시구다. 자세한 건 평창을 보라.

△ 산산조각이 났군. ~ 일구(一句)를 말하리라.　　제바의 종지가 그만 산산조각이 났다는 말이다. 왜냐하면 제바의 종지가 그만 언어의 도마 위에 올라와 버렸기 때문이다. ……그렇다. 언어의 올가미에 걸려들지 않으려면 무수한 좌절과 패배를 맛보지 않으면 안 된다. 언어로 인한 고뇌와 고통을 맛보지 않으면 안 된다. 그럼으로써 우린 비로소 언어의 사슬에서 풀려나게 된다. 언어의 사슬에서 풀려나 대자유를 얻게 된다. 그래서 원오는 이렇게 말하고 있는 것이다. "패배하고 오면 그때 가서 한 마디를 말해 주리라."

【評　　唱】

〔評唱〕「老新開의」 新開는 乃院名也라 「端的別이라하니」 雪竇讚歎有分이로다 且道什麼處是別處오 一切語言이 皆是佛法이라 山僧如此說話가 成什麼道理去오 雪竇微露些子意하야 道호대 「只是端的別이라하고」 後面打開云 「解道銀椀裏盛雪이라하니라」 更與你下箇注脚하야 「九十六箇應自知라하니」 負墮始得이니라 你若不知댄 問取天邊月하라 古人曾答此話云 問取天邊月이라하니라 雪竇頌了하고 末後須有活路하니 有獅子返擲之句라 更提起與你道호대 「提婆宗, 提婆宗이여 赤旛之下起清風이라하니라」 巴陵道銀椀裏盛雪이어늘 爲什麼雪竇卻道赤旛之下起清風고 還知雪竇殺人不用刀麼아

【평창번역】

'신개 어르신네〔老新開〕'의 '신개(新開)'는 (파릉이 머물던) 절의 이름〔院名〕이다. '핵심을 말하는 방법이 특별하다' 했으니 설두는 (파릉을) 찬탄할 자격이 있다. 자, 일러 보라. 어느 곳이 특별한 곳〔別處〕인가. 모든 말과 언어는 다 불법이니 산승(원오)의 이 같은 말이 (도대체) 무슨 의미가 있겠는가. 설두는 이 뜻〔別處〕을 약간 드러내어 말하길 "핵심을 말하는 방법이 특별하다"고 했다. (그런 다음) 바로 뒤이어 (특별한 곳을) 활짝 열어 보이며 이렇게 말했다. "(파릉은) '은완리성설'이라고 말할 수 있었다." (그런 다음) 또다시 여러분을 위하여 주석을 붙이기를 "96종 (외도는) 마땅히 알라"고 했으니 (외도들은) 패배하지 않을 수 없었던 것이다. 여러분이 만일 '모른다면 저 하늘가의 달에게나 물어보라.' 옛사람은 이 말(본칙공안)을 답하여 이르길 "저 하늘가의 달에게나 물어보라"고 했다. 설두는 송을 다 읊은 다음 끝에 가서 활로(活路)를 열어 보이고 있으니 (여기) 사자반척의 구절(일격을 가하는 구절)이 있다. 다시 여러분을 위하여 (본칙공안을) 거론하여 이르길 "제바의 종지여, 제바의 종지여/ 붉은 깃발 아래 청

풍이 불고 있다"고 했다. 파릉은 '은완리성설'이라 말했거늘 무엇 때문에 설두는 '붉은 깃발 아래 청풍이 불고 있다'고 했는가. 설두는 (지금) 조혀 칼을 쓰지 않고 사람을 죽이고 있으니 (이를) 알겠는가.

【평창해설】

설두의 송은 그 구성상 다음의 두 장면으로 나눌 수 있다.

첫째 장면 : '신개 어르신네여 ~ 달에게나 물어보라'까지로서 시상(詩想)이 부드럽기 이를 데 없다.

둘째 장면 : '제바의 종지여 ~ 청풍이 불고 있다'까지. 한없이 부드럽기만 하던 시상이 둘째 장면에 와선 돌연 격동하고 있다. 그것은 마치 백만 대군을 호령하는 장군의 기세와도 같다. "제바의 종지여, 제바의 종지여"하고 설두는 지금 사자후를 외치고 있다. 반전도 이쯤 되면 정말 대단한 것이다. 그런 다음 설두는 다음과 같이 끝을 맺고 있다. '붉은 깃발 아래 청풍이 불고 있네."—이 마지막 시구가 무한한 여운을 남기고 있다. 파릉은 제바의 종지에 대하여 "은완리성설(銀椀裏盛雪)"이라고 대답했는데 설두는 왜 이런 식으로 읊고 있는가. 이 둘 사이에는 어떤 연관성이 있는가. 이 연관성을 모른다면 본칙의 송을 완벽하게 음미할 수가 없다. 설두가 '제바의 종지여, 제바의 종지여'라고 외친 것은 다름 아닌 (파릉의) '은완리성설이여, 은완리성설이여'를 외쳐 댄 것과 동일하다. 왜냐하면 제바의 종지를 일러 파릉은 '은완리성설'이라고 말했기 때문이다. 그 다음의 마지막 시구인 '붉은 깃발'은 승리의 깃발을 뜻하는 것이다.

이 승리의 붉은 깃발 아래 먼지가 이는 게 아니라 '청풍이 불고 있다.' 티끌 한 점 없고 흔적조차 없는 그 청풍이 불고 있다. 본래면목(우리의 본성)을 설명하자면 많은 언어와 비유가 필요하다. 그러나 설두는 '맑은 바람이 불고 있다〔起淸風〕'는 이 단 세 글자로써 본래면목 전부를 드러내고 있다. 정말 기막힌 문장 솜씨다. 그렇기에 원오는 이런 식으로 말하지 않앉는가. "설두는 (지금) 전혀 칼을 쓰지 않고 사람을 죽이고 있으니 (이를) 알겠는가."

　여담이지만 중국 선승들은 정말 언어 구사력이 뛰어나다. 그래서 당송 팔대가의 한 사람이었던 소동파(蘇東坡)는 설두를 평하여 설두의 이 백칙 송고(頌古)를 평하여 '당대 제일의 시문(詩文)'이라고 격찬했던 것이다. 도는 언어를 초월해 있지만 그러나 언어를 모르면, 언어의 구조를 모르면 올바른 도의 길을 갈 수 없다는 이 사실을 명심하라, 수행자들이여.

第 14 則
雲門對一說
운문의 대일설

【本　　則】

〔本則〕擧, 僧問雲門호대「如何是一代時敎닛고」(直至如今不了하니 座主不會로다 葛藤窠裏라) 雲門云「對一說이니라」(無孔鐵鎚로다 七花八裂이라 老鼠咬生薑이니라)

【본칙번역】

승이 운문에게 물었다. "어떤 것이 일대시교(一代時敎)입니까?"
　　지금껏 (이를) 정확히 아는 사람이 없었다. 학자들은 알 수 없나니 언어의
　　구덩이에(서 헤매고) 있을 뿐이다.
운문이 말했다. "대일설(對一說, 마주 대한 이 한 마디니라)."
　　구멍 없는 무쇠 몽둥이르다. 자유자재로군. 늙은 쥐가 생강을 깨물었다.

【본칙과 착어해설】

◎ "어떤 것이 일대시교(一代時敎)입니까?"　　일대시교(一代時敎)란 부처가 일생 동안 제자들에게 말한 그 가르침을 말한다. 부처는 깨달음을

얻은 후 49년 동안 360여 차례에 걸쳐 그의 가르침을 전했다. 이 가르침을 '교설(敎說)'이라고 하는데 이를 문자화시켜 책으로 만든 것이 대장경(大藏經)이다. 이 대장경은 무려 6,000여 권이나 되는 방대한 양이다. 그런데 이 승은 지금 운문에게 이 6,000여 권의 불경 전체를 하나로 묶어 묻고 있다.

△ **지금껏 (이를) 정확히 아는 사람이 없었다.** 부처의 가르침은, 그 핵심은 언어를 초월해 있다. 그러므로 지금껏 그 누구도 이를 정확히 간파한 사람은 없었다. 아니 '알았다'고 하는 순간 그것은 이미 '안다'는 그 '앎'에 떨어져 버리기 때문이다.

△ **학자들은 알 수 없나니 ~ 있을 뿐이다.** 진리는 언어 속에, 책 속에 있지 않다. 언어는 단지 진리로 가는 지도에 불과하다. 그러므로 지도만을 붙들고 있는 사람들(학자들)은 결코 지도가 가리키고 있는 그 목적지에 가 닿을 수 없다.

◎ **"대일설(對一說, 마주 대한 이 한 마디니라)."** 글자풀이로 본다면 운문의 대답인 이 '대일설'은 '어떤 것이 일대시교냐'고 묻고 있는 바로 이 말 자체가 일대시교라는 뜻이다. 이건 말장난도 아니고 그렇다고 질서정연한 논리 체계도 아니고 도대체가 싱겁기 그지없는 말일 뿐이다. 그러나 이건 활구이므로 그런 식의 문자풀이로는 그 참뜻을 전혀 알 수가 없다. 그래서 《종전초》에선 이렇게 말하고 있다. "('대일설'이라고 대답한) 운문의 이 단도직입적인 활구 앞에서는 뭇 성인들조차 한 걸음 뒤로 물러설 수밖에 없다."

△ **구멍 없는 무쇠 몽둥이로다.** 운문의 이 활구는 언어 분별로써는 전혀 접근이 불가능하다. 그것은 마치 구멍 안 뚫린 무쇠덩이와 같아서 어떤 용도로도 사용이 불가능하다.

△ **자유자재로군.** 운문은 조금도 주저하지 않고 순간적으로 이런 식의 활구를 내뱉었다. 이는 운문 같은 거장이 아니면 도저히 불가능한 일이다.

△ 늙은 쥐가 생강을 깨물었다. 늙은 쥐가 생강을 깨물었으니 매워서 삼킬 수도 없고 그렇다고 내뱉을 수도 없는 처지가 됐다 이처럼 운문의 이 활구 '대일설'은 우리로선 도무지 어찌 해볼 도리가 없다.

【評　唱】

〔評唱〕禪家流欲知佛性義댄 當觀時節因緣이니 謂之敎外別傳, 單傳心印, 直指人心, 見性成佛이라 釋迦老子四十九年住世에 三百六十會開談頓漸權實하니 謂之一代時敎라 這僧拈來問云「如何是一代時敎닛고하니」 雲門何不與他紛紛解說하고 卻向他道箇對一說고 雲門尋常一句中須具三句하니 謂之函蓋乾坤句, 隨波逐浪句, 截斷衆流句라 放去收來에 自然奇特이라 如斬釘截鐵하야 敎人義解卜度他底不得이로다

【평창번역】

선 수행자들이 불성(佛性)의 뜻을 깨닫고자 한다면 마땅히 시절인연을 관해야 하나니 그것을 일러 '교외별전 단전심인 직지인심 견성성불(敎外別傳, 單傳心印, 直指人心, 見性成佛)'이라고 한다. 부처가 49년 동안 세상에 머물면서 360여 차례나 돈점권실(頓漸權實)을 말씀하시니 그것을 일러 일대시교(一代時敎)라 한다. 이 승은 (이 일대시교를) 평하여 이렇게 물었다. "어떤 것이 일대시교입니까?" 운문은 왜 저(이 승)에게 (이 일대시교에 대하여) 조목조목 자세하게 해설해 주지 않고 그저 '대일설(對一說)'이라 그만 했는가? 운문은 보통의 일구(一句) 가운데 삼구(三句)를 갖추고 있나니 '천지를 뒤덮는 글귀〔函蓋乾坤句〕', '상대의 말을 따라 굽이치는 글귀〔隨波逐浪句〕', '뭇 생각의 흐름을 절단해 버리는 글귀〔截斷衆流句〕'가 그것이다. (그러므로 운문은) 놓아 버리고〔放去, 긍정의 입장, 隨波逐浪句〕

거둬들이는 데〔收來, 부정의 입장, 函蓋乾坤句, 截斷衆流句〕있어서 남다른 데가 있었다. (이처럼 운문은) 아주 과단성이 있었기 때문에 사람들은 도저히 운문의 활구를 이치로 해설하거나 분별심으로 따져 볼 수가 없었던 것이다.

【평창해설】

○ 교외별전(教外別傳) : 경전에는 언급되지 않은 아주 특별한 가르침.
○ 단전심인(單傳心印) : 이 특별한 가르침은 마음에서 마음으로 전해 주고 받는〔以心傳心〕이외에 다른 방법이 없다. 그러므로 '단전심인'이란 '곧바로 마음으로 전해 주는 가르침'이라는 뜻이다.
○ 직지인심(直指人心) : 이 특별한 가르침의 핵심은 바로 우리 각자의 마음속에 있다. 그래서 '바로 마음을 가리킨다〔直指人心〕'라고 한 것이다.
○ 견성성불(見性成佛) : 우리의 마음을 덮고 있는 이 번뇌의 구름이 사라지고 우리의 본성이 드러나면〔見性, 즉 顯性〕바로 그 자리가 부처가 되는 자리〔成佛〕다.
○ 부처가 49년 동안 세상에 머물면서 : 부처는 79년 동안 사셨다. 여기서의 49년이란 붓다가야에서 도를 깨친 이후 사르나드(녹야원)에서 시작된 중생교화 기간을 말한다.

【評　　唱】

　　一大藏教只消三箇字하니　四方八面無你穿鑿處라　人多錯會하야　卻道호대「對一時機宜之事故로　說이라하며」又道호대「森羅及萬象이　皆是一法之所印일새　謂之對一說이라하며」更有道호대「只是說那箇一法이라하니」有什麼交涉이리요　非唯不會라　更入地獄如箭하리라　殊不知古

人意不如此로다 所以道호대 粉骨碎身未足酬요 一句了然超百億이라하니 不妨奇特이로다 如何是一代時敎닛고 只消道箇對一說이라 若當頭薦得하면 便可歸家穩坐어니와 若薦不得인댄 且伏聽處分하라

【평창번역】

일대장교(一大藏敎, 一代時敎)를 (설명하는 데) 단 세 글자(對一說)를 사용했을 뿐이니 어떤 방법을 쓴다 해도 (여기에) 의미를 붙이고 해설할 길이 없다. (그런데도) 사람들은 대부분 잘못 알고는 이렇게 말한다. "상대의 수준에 맞춰 구체적[事]으로 말씀하신 까닭에 (이런 식으로) 말했다." 또는 이렇게 말한다. "삼라만상이 모두 같은 근원에서 비롯됐기 때문에 '대일설(對一說)'이라고 말한 것이다." 어떤 이는 또 이렇게도 말한다. "다만 저 근원[一法]을 달한 것이다." (그러나 이런 식의 견해들은 본뜻에) 전혀 맞지 않는다. (이런 식의 견해를 갖고 있으면 본칙공안의 참뜻을) 알지 못할 뿐만 아니라 쏜 화살보다도 더 빨리 지옥으로 들어가게 될 것이다. 옛사람(운문)의 뜻이 이 같지 않음을 전혀 알지 못하고 있는 것이다. 그러므로 (영가 대사는) 말하길 "분골쇄신하더라도 그 은혜 갚을 수 없느니/일구(一句 = 活句)는 분명히 백억의 글귀를 초월했다"고 했으니 참으로 대단하다고 할 수 있다. "어떤 것이 일대시교입니까?"(라고 묻는 말에) 다만 '대일설(對一說)'이라고 말했으니 (이 말의 참뜻을) 즉시 간파했다면 (본래의) 집에 돌아가 편안히 앉아 있을 수 있다. 그러나 (아직도) 간파하지 못했다면 조용히 엎드려서 그저 처분만을(송을 읊는 것을) 들어야 한다.

【평창해설】

운문의 이 활구('대일설')는 갖가지 방법을 다 동원하여 해설하려 해도

도무지 이빨도 들어가지 않는다. 그렇기에 이 활구는 이 세상의 모든 언어를 초월해 있는 것이다. 문자풀이가 아니라 그대 목숨을 저당잡히고 이 활구의 무쇠벽을 뚫는다면 그때 그대는 알게 될 것이다. 그대의 뼈를 가루 내어 바치더라도 이 활구의 은혜는 다 갚을 수 없다는 것을. 왜냐하면 이 활구를 통해서 그대의 미망이 모두 사라져 버렸기 때문이다. 허깨비의 환영이 깨끗이 사라져 버렸기 때문이다. 이제 더 이상 그 무엇에도 그 누구에게도 끌려다니지 않을 것이기 때문이다. 벗이여, 그대는 이제 그대 자신에게로 되돌아왔다. 다신 나그네로 떠돌지 않을 것이다. 더 이상 불안해하지 마라.

【頌】

〔頌〕對一說이여(活鱍鱍이요 言猶在耳라 不妨孤峻이로다) 太孤絶하니(傍觀有分이로다 何止壁立千仞가 豈有恁麽事아) 無孔鐵鎚 重下楔이로다(錯會名言也라 雲門老漢도 也是泥裏洗土塊요 雪竇也是粧飾이라) 閻浮樹下笑呵呵하니(四州八縣不曾見箇漢이로다 同道者方知니 能有幾人知이리요) 昨夜驪龍拗角折이로다(非止驪龍拗折이니 有誰見來오 還有證明麽아 啞) 別! 別!(讚歎有分이로다 須是雪竇始得이니라 有什麽別處오) 韶陽老人得一橛이라(在什麽處오 更有一橛을 分付阿誰오 德山, 臨濟도 也須退倒三千이니라 那一橛又作麽生고 便打하다)

【송번역】

'대일설(對一說)'이여
　　활발하군. 아직도 귀에 쟁쟁하다. 대단히 높고 험하구나.
아주 높고 험악하니
　　방관자의 자격이 있군. 어찌 높고 험악함에서 그치겠는가? 어찌 이런 일이 있는가.

구멍 없는 철퇴에 거듭 쐐기를 박네

　　말을 잘못 이해하셨군. 운문 어른께서도 또한 무의미한 짓을 하고 계시군. 설두 역시 수식(의 차원에 머물고 있을) 뿐이다.

염부수 아래서 껄껄 웃고 있나니

　　온 천지에 설두 같은 친구를 만나긴 쉽지 않다. 도(의 경지)가 같은 자는 알 것이니 능히 몇 사람이나 있겠는가.

어젯밤 용의 뿔을 꺾어 버렸네

　　(어찌) 용의 뿔을 꺾는 데 그치겠는가. 본 사람이 누가 있는가. 이를 증명할 수 있겠는가. 아(啞, 끝없이 웃다).

대단하군 대단하군

　　찬탄할 자격이 있군. (찬탄하려면) 마땅히 설두처럼 하지 않으면 안 된다. 무슨 대단한 곳이 있을까?

소양 노인(운문)이 그 절반을 얻었네

　　어느 곳에 있는가. 나머지 반쪽은 누구에게 전하겠는가. 덕산·임제라도 삼천 리는 도망가리라. 저 (나머지) 절반은 어찌할 것인가. (원오는) 갑자기 (선상을) 후려쳤다.

【송과 착어해설】

　△ **활발하군. ~ 험하구나.**　　'대일설'이란 이 운문의 활구는 영원히 녹슬지 않는 불길이다. 들으면 들을수록 신선한 음악이다. 그러나 그 참뜻을 간파하기가 쉽지는 않다.

　◎ **아주 높고 험악하니**　　운문의 이 활구는 부처도 49년 동안 말하지 못했고 달마도 9년 동안 면벽하고 앉아 있었으나 간파하지 못했다. 그러니 높고 험악하지 않을 수 있겠는가. 그렇다면 도대체 누가 이 활구를 간파했단 말인가.

△ 방관자의 자격이 있군.　　설두는 운문의 활구를 간파했다. 그래서 원오는 이런 식으로 설두를 칭찬하고 있다.

△ 어찌 높고 ~ 있는가.　　운문의 이 활구는 높고 험악하기로 말하면 언어가 모자란다. 그러나 본래적인 입장에서 본다면 높은 것도 낮은 것도 없다. 이 모두가 분별심의 장난일 뿐이다. 그러므로 '높다' 느니 '험악하다' 느니 이런 식의 과장은 있을 수 없다.

◎ 구멍 없는 ~ 쐐기를 박네　　부처의 49년 설법을 단 한 마디로 말해 보라고 다그친 이 승의 물음은 그 저돌적인 기세가 마치 구멍 안 뚫린 무쇠덩이와도 같다. 그런데 운문의 대답은 이보다 한술 더 뜨고 있다. 그것은 마치 구멍 안 뚫린 무쇠덩이에 거듭 쐐기를 박는 것과도 같다.

△ 말을 잘못 이해하셨군.　　그러나 또 다른 입장에서 본다면 이 승과 운문은 이미 흔적이 나 버렸다. 그런데 설두는 이걸 못 보고 좋은 쪽으로만 보고 있다.

△ 운문 어른께서도 ~ 하고 계시군.　　운문은 애시당초 이 승의 한 수를 아예 상대해 주지 말았어야 한다. 왜냐하면 이 승과 서로 엉켜서 주거니 받거니가 돼 버렸기 때문이다.

△ 설두 역시 ~ 뿐이다.　　설두는 어떤가? 이 승과 운문의 주거니 받거니에 설두까지 가세했으니 참으로 가관이다.

◎ 염부수 아래서 껄껄 웃고 있나니　　염부수는 여기선 '본래 자리', '절대 경지'를 말한다. 설두는 지금 어떤 흔적도 없는 그 절대 경지에서 껄껄 웃고 있다.

△ 온 천지에 ~ 있겠는가.　　이렇게 웃을 수 있는 사람이 설두를 제외하고 누가 있겠는가. 설두야말로 운문의 활구를 정확하게 간파하고 있다.

◎ 어젯밤 용의 뿔을 꺾어 버렸네　　여기서의 '용(龍)'은 저돌적으로 덤벼드는 이 승을 말한다. 운문은 저돌적으로 덤벼드는 이 용의 뿔을 단숨에 꺾어 버렸던 것이다.

△ (어찌) 용의 뿔을 꺾는 데 그치겠는가.　　이 승뿐 아니라 운문 앞에

서는 천하의 수행자들조차 꼼짝할 수가 없다.

△ **본 사람이 ~ 있겠는가.** 설두만이 운문의 기략을 간파했다. 설두 이외에 또 누가 이를 증명할 수 있단 말인가.

△ **아(啞, 말없이 웃다).** 원오는 지금 운문과 설두, 이 두 사람을 번갈아 보며 빙긋이 웃고 있다. 초립은 동석이군.

◎ **대단하군, 대단하군** 이 구절은 운문을 칭찬한 말이면서 동시에 설두 자신의 활구다. 설두는 본칙의 송을 모두 마무리지은 다음 갑자기 방향을 바꿔 자신의 활구를 이런 식으로 드러내고 있다. 일종의 역습이다.

△ **찬탄할 ~ 곳이 있을까?** 언어를 구사하려면 마땅히 설두처럼 이렇게 해야 한다. 그러나 원오는 결코 설두의 아류가 아니다. "설두, 자넨 지금 뭐가 그리 대단하다고 수선을 떨고 있는가?"—원오는 이렇게 설두를 꾸짖고 있다. 그러나 이 구절은 반어적인 칭찬으로 봐야 한다.

◎ **소양 노인(운문)이 그 절반을 얻었네** 운문은 왜 전부를 얻지 못하고 그 절반만을 얻었단 말인가? 아니 부처도 그 전부를 얻지 못했고 역대 조사들도 그 전부를 얻지 못했다. 그렇기에 유마는 침묵 아닌 침묵[良久] 속에 앉아 있지 않았는가.

옛 부처 나기 전/ 한 모양이 있었네
부처도 몰랐거니/ 가섭에게 어찌 전했겠는가.
(古佛未生前 凝然一圓相 釋迦猶未會 迦葉豈能傳)

△ **어느 곳에 ~ 전하겠는가.** 그렇다면 그 나머지 반쪽은 어디 있는가? 그리고 누구에게 전했단 말인가?

△ **덕산·임제라도 ~ 어찌할 것인가.** 비록 험악하기로 이름난 덕산과 임제라 해도 이 나머지 절반은 얻을 수 없다.

△ **(원오는) 갑자기 (선상을) 후려쳤다.** 그러나 어림없지. 아암, 어림도 없고말고. 선상을 백번 천번 후려친다 해도 그 나머지 반쪽은 어림도

없지.

【評　唱】

〔評唱〕「對一說이여　太孤絕이라하니」 雪竇讚之不及이라 此語獨脫孤危하야 光前絶後라 如萬丈懸崖相似하며 亦如百萬軍陣하야 無你入處니 只是忒煞孤危로다 古人道호대「欲得親切인댄 莫將問來問이니 問在答處요 答在問端이라하니」 直是孤峻이로다 且道什麽處是孤峻處오 天下人奈何不得이로다 這僧도 也是箇作家라 所以如此問이라 雲門又恁麽答하니 大似「無孔鐵鎚重下楔」相似라 雪竇使文言이 用得甚巧로다

「閻浮樹下笑呵呵는」《起世經》中說호대「須彌南畔吠琉璃樹[1]」가 映閻浮洲하야 中皆靑色일새 此洲乃大樹로 爲名하야 名閻浮提라 其樹縱廣七千由旬이요 下有閻浮壇金聚니 高二十由旬이라 以金從樹下出生故로 號閻浮樹라 所以雪竇自說호대 他在閻浮樹下笑呵呵라하니 且道他笑箇什麽오 笑「昨夜驪龍拗角折이라」 只得瞻之仰之하니 讚嘆雲門有分이로다 雲門道對一說이 似箇什麽오 如拗折驪龍一角相似라 到這裏하야 若無恁麽事댄 焉能恁麽說話리요 雪竇一時頌了라 末後卻道호대「別! 別! 韶陽老人得一橛이라하니」 何不道全得고 如何只得一橛고 且道那一橛이 在什麽處오 直得穿過第二人[2]이로다

【평창번역】

"대일설(對一說)이여/ 아주 높고 험악하다"고 했으니 설두의 찬탄에도 한계가 있다. ('대일설'이라는) 이 말은 홀로 높고 험악해서 전무후무라.

---

1)《起世經》~ 吠琉璃樹(13字) = 須彌南畔閻浮樹(福本).
2) 直得穿過第二人(7字) 없음(蜀本).

만 길 절벽과도 같으며 백만 대군의 포진과도 같아서 도저히 발붙일 곳이 없나니 오직 높고 험악할 뿐이다. 옛사람(首山省念)은 이렇게 말했다. "친절(한 가르침)을 얻고자 한다면 물음으로 묻지 마라. 물음은 대답하는 곳에 있고 대답은 묻는 곳에 있다."—고 했으니 이 말은 높고 험악하기 이를 데 없다. 자, 일러 보라. 어느 곳이 높고 험한 곳인가? 천하 사람들이 (운문의 이 '대일설'을) 어떻게 해볼 수가 없다. 이 승(질문한 승) 또한 대단한 수행자였기 때문에 이런 식으로 물었던 것이다. 운문 또한 이렇게 대답했으니 (그것은) 마치 구멍 없는 철퇴에 거듭 쐐기를 박은 것과도 같다. 설두의 언어는 (이처럼) 절묘하기 이를 데 없다. '염부수 아래서 껄껄 웃고 있다'는 말은 《기세경(起世經)》에 있는 구절이다. (《기세경》에서는 말했다.) "수미산 남쪽에 (있는) 파유리 보배나무가 염부주(閻浮洲, 인간계)에 비쳐서 (염부주) 안에 있는 나무는 모두 푸른색을 띠고 있다. 이 세계(염부주)는 이 큰 나무로 하여 염부제(閻浮提)라 일컫게 된 것이다. 그 나무(파유리 보배나무)의 길이와 넓이는 7천 유순3)이요, (뿌리) 밑에는 염부단 금무더기가 있는데 그 높이(두께)가 20유순이나 된다. 이 (염부단) 금이 나무(뿌리) 밑에서 나오는 까닭에 이름을 염부수(閻浮樹)라고 일컫게 된 것이다." 그러므로 설두는 스스로 말하길 "저(설두)가 염부수 아래서 껄껄 웃고 있다"고 했던 것이다. 자, 일러 보라. 저(설두)가 웃고 있는 것은 무엇 때문인가? '어젯밤 용의 뿔을 꺾어 버린 것'을 웃고 있는 것이다. 다만 그것('대일설')을 우러러볼 뿐이니 (설두는) 운문을 칭찬할 자격이 있다. 운문이 말한 '대일설(對一說)'이 무엇과 같은가. 용의 뿔 한 개를 꺾은 것과도 같다. 여기 이르러서(이 승의 물음에 이르러서) 만일 이런 일(용의 뿔을 꺾는 일)이 없었다면 어찌 이런 식으로 말했겠는가. (이렇게) 설두는 송을 모두 끝냈다. (그런데) 뒤에 가서 이렇게 말하고 있다. "대단하군, 대단하군/ 소양 노인(운문)이 그 절반을 얻었네." 왜 전부를 얻었다고 말하지 않

---

3) 《기세경》에는 7유순(49km)으로 되어 있다.

는가? 왜 절반밖에 얻지 못했는가? 자, 일러 보라. 저 (나머지) 반쪽은 어디 있는가? 이미 두 사람(운문과 이 승)을 뚫고 지나가 버렸다.

【평창해설】

　운문의 활구 '대일설(對一說)'에 대하여 설두는 '아주 높고 험악하다'고 읊고 있다. 그러나 운문의 활구를 칭찬하는 데는 이 정도로는 아직 부족하다. 아니 어떤 언어를 가져와도 양에 차지 않는다. 활구는 무한하지만 그러나 언어에는 한계가 있다. 원오가 "설두의 칭찬에도 한계가 있다"고 말한 것은 바로 이 언어의 한계를 말한 것이다. 그래서 원오는 설두의 찬탄에다 다음과 같이 자신의 말을 덧붙이고 있다. "운문의 활구는 만 길 절벽과도 같이 가파르며 백만 대군이 포진하고 있는 것과도 같다." 자, 그렇다면 도대체 운문의 활구 어느 곳이 그렇게 대단하단 말인가? 벗이여, 그대 자신이 몸소 이를 탐구해 보라. 이 승의 물음 역시 보통 물음은 아니었다. 그러나 운문의 대답은 이보다 한 수 위다. 이 승의 물음이 마치 구멍 안 뚫린 무쇠덩이와 같다면 운문의 대답은 이 무쇠덩이에 쐐기를 박는 것과도 같다고나 할까.

　'염부수(閻浮樹)'는《기세경(起世經)》이라는 경전에 나오는 상징적인 나무인데 여기선 '절대적 경지'라는 뜻으로 쓰이고 있다. 원오는 이 염부수에 대하여《기세경》의 원문을 인용하면서 설명하고 있는데, 신화 같은 이야기라서 이 대목(염부수 아래서 껄껄 웃고 있다)을 이해하는 데 별 도움이 되지 않는다. 본칙의 송은 일단 이 대목에서 끝났다고 봐야 한다. 그런데 설두는 갑자기 반야검을 뽑아 들고는 이렇게 외치고 있다. "대단하군, 대단하군/ 소양 노인(운문)이 그 절반을 얻었네." 설두가 '대단하다〔別〕'고 연거푸 외친 것은 운문이 대단하다는 말인 동시에 설두 자신의 활구를 말하고 있는 것이다. 그런 다음 곧바로 뒤를 이어 '운문은 다만 그 절반만을 얻었을 뿐'이라고 말하고 있다. 지금까진 운문을 극찬하더니만 그 극찬의 절정(대단하군, 대단하군)에 이르러서 갑자기 운문을 깎아내리고 있다. 그렇다면 왜, 어째서 운문은 절반밖에 얻지 못했단 말인가. 운문뿐 아니라 삼세제불 역대 조사들도 그 절반만을 얻었을 뿐이다. 그럼 나머지 절반은 어디 있는가? 벗이여, 이를 탐구해 보라. 이 절반이 있는 곳을 간파하는 그 순간 벗이여, 그대는 마침내 악몽에서 깨어나게 된다. 울고 웃는 이 윤회의 긴 잠에서 깨어나게 된다. 그러나 그대가 잠에서 깨어나는 그 순간 이 나머지 절반은 이미 그대의 사정권에서 훨씬 벗어나 버릴 것이다. 그래서 원오는 이렇게 말하고 있다. "그 나머지 절반은 이미 운문과 이 승의 세력권을 훨씬 지나가 버렸다." 아니 설두와 원오의 세력권마저 꿰뚫고 지나가 버렸다. 그러므로 그 누구도 이 나머지 절반이 있는 곳을 알 수가 없다. '아는' 그 순간 그것은 이미 '그 나머지 절반'은 아니기 때문이다.

第 15 則
雲門倒一説
운문의 도일설

【垂　示】

垂示云,「殺人刀, 活人劍은 乃上古之風規며 是今時之樞要라 且道 如今那箇是殺人刀, 活人劍고 試擧看하라」

【수시번역】

㉠ 살인도 활인검은 옛 (성인들이 사용하던) 법도며 지금(사람들)도 가장 중요시 여기는 바다.
㉡ 자, 일러 보라. 지금은 어느 것이 살인도며 활인검인가? 시험삼아 거론해 보자.

【수시해설】

제12칙의 수시 첫째 마디에 이미 나온 말이다. 편의상 본칙의 수시는 다음의 두 마디로 나눌 수 있다.
첫째 마디(㉠) : 파주(把住, 부정적인 입장, 살인도)와 방행(放行, 긍정적인 입장, 활인검)은 고금의 선지식들이 제자들을 가르칠 때 사용하는 상반되는 두 가지 방법이라는 것을 말하고 있다.
　둘째 마디(ⓛ) : 결론적으로 본칙공안이 이 살인도와 활인검을 가장 적절하게 사용한 그 본보기라는 것이다.

【本　　則】

〔本則〕擧, 僧問雲門호대「不是目前機며 亦非目前事時如何닛고」(蹉跳作什麼오 倒退三千里하라) 門云「倒一說이니라」(平出이로다 欵出因人口라 也不得放過하라 荒草裏橫身이라)

【본칙번역】

승이 운문에게 물었다.
"눈앞의 심기(心機, 표정이나 몸짓)도 아니며 또한 눈앞의 사상(事相, 정치나 사건의 전개)도 아닐 때는 어떻습니까?"
　뛰어 봐서 뭘 하겠는가? 삼천 리쯤은 물러서야 할 것이다.
운문은 답했다. "도일설(倒一說, 이 한 마디가 잘못되었느니라)."
　무승부. 자백은 죄인의 입에서 나오는군. 절대로 놔주지 마라. 거친 풀숲으로 가시는군.

【본칙과 착어해설】

◎ "눈앞의 심기(心機)도 아니며 또한 눈앞의 사상(事相)도 아닐 때는 어떻습니까?"　　심기(心機)란 감정 표현이나 말, 눈짓, 손짓 등으로 도를 표현하는 것이다. 그리고 사상(事相)이란 어떤 사물이나 자연 현상(相)을 빌려 도를 표현하는 것이다. 이 승은 지금 다음과 같이 묻고 있다. "감정 표현(표정)이나 말, 눈짓, 손짓 등을 사용하지 말고 어떤 사물이나 객관

현상을 매개로 하지도 말고 바로 그 자리(도)를 나타내 보이십시오." 도대체 누가 이 물음에 대답을 할 수 있단 말인가? 정말 대답하기 난처한 물음이다.

△ **뛰어 봐서 ~ 물러서야 할 것이다.** 아예 처음부터 대답을 포기하는 게 낫다. 이 물음 앞에선 삼십육계가 상책이다. 이 방법 이외엔 별다른 묘책이 없다.

◎ "**도일설(倒一說**, 이 한 마디가 잘못되었느니라)." 그러나 운문은 너무나도 멋지게 이 승의 물음에 대답을 하고 있다. 마치 도둑의 수중에서 장물을 뺏은 다음 되려 도적을 보고 도둑질을 했다고 호통을 치는 것과도 같다. 운문은 이 승의 물음에 딱 들어맞는 대답을 했다. 이 승이 물을 수 없는 것을 물었기 때문에 운문도 대답할 수 없는 것을 대답한 것이다.

△ **무승부. ~ 입에서 나오는군.** 질문에 딱 들어맞는 대답을 했기 때문에 두 사람은 서로 비긴 꼴이 됐다. 이 승과 운문은 그러므로 공범죄를 저지른 결과가 됐다.

△ **절대로 놔주지 마라.** 운문처럼 이런 식으로 대답해야만 한다. 정말이지 물음을 꽉 물어 버린 대답이다.

△ **거친 풀숲으로 가시는군.** 그러나 운문은 일부러 이 승의 수준으로 내려갔으니 번뇌망상의 거친 풀숲으로 들어간 꼴이 됐다.

【評　　唱】

〔評唱〕這僧不妨是箇作家라 解恁麽問이로다 頭邊은 謂之請益이니 此是呈解問이며 亦謂之藏鋒問이라 若不是雲門인댄 也不柰他何라 雲門有這般手脚이라 他既將問來할새 不得已而應之니 何故오 作家宗師는 如明鏡臨臺하야 胡來胡現하고 漢來漢現이라 古人道호대「欲得親切인댄 莫將問來問하라」何故오 問在答處며 答在問處라 從上諸聖이 何曾有一法與人가 那裏有禪道與你來리오 你若不造地獄業하면 自然不招地

獄果요 你若不造天堂因하면 自然不受天堂果하리니 一切業緣이 皆是 自作自受니라 古人이 分明向你道호대 若論此事댄 不在言句上이라 若 在言句上인댄 三乘十二分敎가 豈是無言句아 更何用祖師西來리요하니 라

【평창번역】

이 승은 대단한 수행자였다. (그래서) 이런 식으로 물음을 던질 수 있었던 것이다. 앞(제14측 공안의 물음)인 '如何是一代時敎')을 청익(請益)이라 하며 (본칙공안과 같은 물음을 일컬어) 정해문(呈解問), 또는 장봉문(藏鋒問)이라 한다. 만일 운문이 아니었더라면 저(이 승)를 어떻게 해볼 도리가 없었을 것이다. 운문에게는 이렇듯 (자유자재한) 수완이 있었던 것이다. 저(이 승)가 이미 물음을 던졌으므로 (운문은) 부득이 그(물음)에 응답할 수밖에 없었다. 왜냐하면 작가종사(作家宗師, 선지식)는 경대에 걸려 있는 거울과 같아서 오랑캐가 오면 오랑캐가 나타나고 중국인이 오면 중국인이 나타나는 것과 같기 때문이다. 옛사람(首山省念)은 말했다. "친절한 가르침을 받고자 할진댄 물음으로 묻지 마라." 왜냐하면 물음이 대답 속에 있고 대답이 물음 속에 있기 때문이다. 뭇 성인들이 어찌 일법(一法, 하나의 진리)이라도 사람들에게 전해 줄 것이 있었겠는가? 어느 곳에 그대에게 전해 줄 선도(禪道)가 있단 말인가? 그대가 만일 지옥의 업을 짓지 않으면 지옥의 과보를 불러오지 않을 것이요, 천상(天上)에 (태어날) 원인을 만들지 않으면 천상의 전보를 받지 않을 것이니 이 모든 업연(業緣)이 스스로 짓고 스스로 받는 것이다. 옛사람(운문)은 그대를 향해 분명히 이렇게 말하지 않았는가. "만일 이 일(깨닫는 일)을 논할진댄 언구상(言句上)에 있지 않나니 만일 언구상에 있다면 삼승십이분교(三乘十二分敎)에 어찌 언구가 없겠는가? 무엇 때문에 (삼승십이분교를 놔두고) 또다시 조사서래(祖師西來 → 不立文字)의 가르침을 썼겠는가?"

【평창해설】

　제14칙 '어떤 것이 일대시교입니까'와 같은 물음을 일러 청익(請益)이라 한다. 청익이란 수행자가 자신의 경지를 더욱 견고하게 다져 가기 위해서 선지식에게 던지는 물음이다. 그러나 본칙의 물음과 같은 것은 정해문(呈解問), 또는 장봉문(藏鋒問)이라고 한다. 정해문이란 수행자가 자신의 수행력을 과시해 보이기 위해 선지식에게 던지는 물음이다. 장봉문이란 칼을 품은 채 접근하는 물음으로서 수행자가 선지식의 경지를 시험해 보기 위해서 던지는 물음이다. 만일 운문이 아니었더라면 이 승의 장봉문에 걸려 아주 곤욕을 치렀을 것이다. '물음이 대답 속에 있고 대답이 물음 속에 있다〔問在答處 答在問處〕'는 말은 무슨 뜻인가? 선지식은 물음의 강약에 따라 거기 알맞게 대답을 한다는 뜻이다. 병의 종류와 그 강도에 따라 거기 알맞은 처방을 해준다는 것이다. 그러므로 원래부터 깨달음이니, 도니, 선이니, 부처가 따로 있었던 것은 아니다. 우리가 지금 이런 것들을 필요로 하고 있기 때문에 이런 것들이 편의상 생겨났을 뿐이다. 병이 나으면 약은 필요치 않다. 우리가 악몽을 꾸지 않으면 이런 것들은 더 이상 필요치 않다. 거기 물음이 있기 때문에 대답이 있는 것이다. 활구의 참뜻은 결코 말이나 언어의 개념 속에는 없다. 만일 언어의 개념 속에 활구의 참뜻이 있다면 부처의 말씀을 기록한 6,000여 권이나 되는 팔만대장경을 놔두고 무엇 때문에 불립문자를 외치고 공안을 운운하겠는가? 그러나 벗이여, 잘못 알지 마라. '활구의 참뜻은 결코 언어의 개념 속에 없다'는 이 소식을 알기 위해선 제일차적으로 언어를, 말을 알아야 한다. 언어의 쓰임새를 속속들이 알아야만 한다. 불립문자(不立文字)의 앞에는 불리문자(不離文字)가 있다는 것을 알아야 한다.

【評　唱】

　前頭道「對一說이라하고」這裏卻道「倒一說이라하니」只爭一字에 爲

什麼卻有千差萬別고 且道聲訛在什麼處오 所以道호대 法隨法行하니 法幢隨處建立이라 不是目前機며 亦非目前事時如何닛고하니 只消當頭 一點이라 若是具眼漢인댄 一點也謾他不得이니라 問處旣聲訛라 答處須 得恁麼니라 其實雲門은 騎賊馬趕賊이니라 有者錯會道호대「本是主家 話를 卻是賓家道라 所以雲門云到一說이라하니」 有什麼死急가 這僧問 得好호대「不是目前機며 亦非目前事時如何닛고하니」 雲門何不答他別 語言하고 卻只向他道倒一說고 雲門一時打破他底라 到這裏하야는 道 倒一說이라도 也是好肉上剜瘡이니라 何故오 言迹之興하면 白雲萬里[1]니 異途之所由生也라 設使一時無言無句라도 露柱燈籠이 何曾有言句아 還會麼아 若不會댄 到這裏也須是轉動始知落處니라

【평창번역】

앞(제14칙)에선 '대일설(對一說)'이라 하고 여기선 '도일설(倒一說)'이라 했다. 다만 한 글자의 차이가 있을 뿐인데 무엇 때문에 천차만별의 다름이 있게 됐는가. 자, 일러 보라. 잘못된 곳이 어디에 있는가? 그러므로 (옛사람은) 말하길 "법(法. 진리)은 법을 따라가나니 법의 당간[法幢, 당간지주]이 가는 곳마다 서게 된다"고 했다. '눈앞의 심기(心機)도 아니며 또한 눈앞의 사상(事相)도 아닐 때는 어떠냐'고 했으니 다만 그 즉시 한 수〔一點〕를 썼을 뿐이다. 만일 안목이 있는 사람이라면 이 한 수조차도 그를 속일 수 없을 것이다. 물은 곳이 잘못됐기 때문에 대답도 이런 식일 수밖에 없었던 것이다. 사실 운문은 적의 말을 (빼앗아) 타고 적을 추격하고 있는 것이다. 어떤 이는 잘못 알고는 말하길 "(이 물음은) 본시 주인〔主, 선지식〕이 해야 할 말인데 객〔賓, 수행자〕이 말해 버렸다. 그래서 운문은 '도일설(倒一說)'이라고 말했다"—라 하나니 왜 이리 성급한가. 이 승이 묻기

---

[1] 白雲萬里(4字) 없음(蜀本).

를 "눈앞의 심기(心機)도 아니며 또한 눈앞의 사상(事相)도 아닐 때는 어떻습니까?"라고 했다. 운문은 어째서 저에게 다른 말로 답하지 않고 다만 저를 향해 '도일설(倒一說)'이라고 했는가? (그것은) 운문이 즉시 저(이 승)를 간파해 버렸기 때문이다. 여기 이르러서는 '도일설(倒一說)'이라 말하더라도 이 또한 긁어 부스럼일 뿐이다. 왜 그런가? 언어의 흔적이 찍히면 백운만리(白雲萬里)니(그 참뜻과는 멀고 머나니) 이단이 생기는 원인이 되기 때문이다. 설사 언구가 (전혀) 없는 곳에 이르렀다 하더라도 노주, 등롱(露柱, 燈籠)이 어찌 언구가 있었겠는가(저 무정물인 노주, 등롱과 어떻게 다른가). (언어의 흔적이 없는 곳을) 알겠는가. 만일 모른다면 여기 이르러선 또 한 번 박차고 나아가지 않으면 안 되나니 (그래야만이) 비로소 (본칙공안의) 참뜻[落處]을 알게 될 것이다.

【평창해설】

제14칙 물음과 본칙의 물음은 전혀 다르다. 그런데 운문의 대답은 앞(제14칙)에서의 '대(對)'자가 본칙에 와서는 '도(倒)'자로 단 한 글자만 바뀌었을 뿐이다. 두 물음이 전혀 다른데 운문은 왜 단 한 글자만 바꿔서 대답했는가? 벗이여, 이 부분도 그대가 몸소 뚫고 지나가야 할 관문이다. "말이나 표정을 사용하지 말고 사물이나 객관 현상을 매개로 하지도 말고 그 자리를 나타내 보이십시오"라고 이 승은 물었다. 그러나 이 물음은 이미 '말'을 매개 수단으로 하고 있기 때문에 자기가 파 놓은 함정에 자기 스스로가 빠진 꼴이 됐다. 그래서 운문은 대답하길 "이 물음은 잘못됐다〔倒一說〕"고 했던 것이다. 말하자면 운문은 적의 말을 빼앗아 타고 적을 추격하는 식이다. 그러나 그 본래 자리에서 본다면 운문의 이 대답조차도 사족에 지나지 않는다. 왜냐하면 언어의 흔적이 찍히는 그 순간 그 자리와는 멀어져 버리기 때문이다. 그리고 거기 '~이다, ~ 아니다'라는 말다툼이 시작된다. 그러나 언어의 흔적이 찍히지 않는 게 바로 '그 자리'라고 한다면 아무 말이 없는 저 이슬받이 돌기둥[露柱]이나 등[燈籠]이 바로 그 자리가 아니겠는가. 그렇다면 언어의 흔적이 없는 그 자리와 저 이슬받이 돌기둥[露柱]과 등[燈籠]과는 어떻게 다른가? 한번 깊이 참구해 봐야 할 문제다.

【頌】

〔頌〕倒一說이여(放不下라 七花八裂이로다 須彌南畔卷盡五千四十八[2]이라) 分一節이라(在你邊在我邊이요 牛河南半河北이니라 把手共行이라) 同死同生 爲君訣이로다(泥裏洗土塊라 著甚來由오 放你不得이로다) 八萬四千非鳳毛 니(羽毛는 相似라 太煞減人威光이니 粢桶如麻如粟이로다) 三十三人入虎穴 이라(唯我能知로다 一將難求다 野狐精一隊로다) 別! 別!(有什麽別處오 少賣 弄이로다 一任跨跳하라) 擾擾忽忽水裏月이로다(靑天白日이로다 迷頭認影이라 著忙作什麽오)

【송번역】

도일설(倒一說)이여
　　처치곤란하군. 산산조각이 나 버렸다. 이 세상에는 오천사십팔 권의 대장경이 있다.
분명한 반쪽[一節]이니
　　자네 쪽에도 있고 내 쪽에도 있다. 절반은 황하의 남쪽이요, 절반은 황하의 북쪽이다. 손잡고 같이 가는군.
그대와 생사를 같이하기로 결심했네
　　형편없군. 무슨 이유인가? 절대로 놔주면 안 된다.

---

2) 須彌 ~ 四十八(11字) = 此著語在十四則 對一說答下可也 這裡用不著 恐錯間(耳林鈔).

팔만 사천 대중은 봉모(鳳毛)가 아니거니

    깃털만은 비슷하군. 사람을 몹시 깎아내리고 있군. 먹칠통 같은 놈들이 좁쌀처럼 널려 있다.

서른세 분만이 범 굴속으로 들어갔네

    나 자신의 체험은 오직 나만이 알고 있다. 한 사람의 장군을 구하긴 참으로 어렵다. 들여우 같은 놈들이로군.

대단하군, 대단하군

    무엇이 그리 대단한 곳인가? 자만하지 마라. 날뛰도록 내버려둬 보자.

요요총총수리월(擾擾忽忽水裏月, 급히 흘러가는 물속의 달)이여

    청천백일이여. 자기를 잃고 남의 말만 쫓아가는군. 수선을 떨어서 뭘 하겠단 말인가.

【송과 착어 해설】

△ **처치곤란하군.**   운문의 활구 '도일설'을 설두가 송의 첫 구절에서 다시 거론하고 있기 때문이다.

△ **산산조각이 나 버렸다.**   물음을 던진 승은 운문의 이 활구 '도일설'을 듣는 순간 그만 풍비박산이 나 버리고 말았다. 왜냐하면 그는 운문 활구의 참뜻을 도저히 알 수 없었기 때문이다.

△ **이 세상에는 ~ 있다.**   운문의 활구 '도일설' 속에는 오천사십팔 권 불경 전체의 뜻이 모두 들어 있다.

◎ **분명한 반쪽(一節)이니**   여기 대나무를 두 쪽으로 쪼갰다면 반쪽은 승의 물음이요, 나머지 반쪽은 운문의 대답이다. 왜냐하면 두 쪽으로 쪼갠 대나무가 딱 들어맞듯 이 승의 물음과 운문의 대답이 딱 들어맞았기 때문이다.

△ **자네 쪽에도 ~ 북쪽이다.**   운문의 활구 '도일설(倒一說)'과 이것을 '분명한 반쪽(分一節)'이라고 읊은 설두. 이 두 사람의 연주는 기가 막

히게 멋진 화음을 내고 있다. 이 두 사람은 서로 하나가 되어 그 우열을 가름할 수가 없다. 그래서 원오는 이런 식으로 착어를 내리고 있다.

△ **손잡고 같이 가는군.**　운문과 설두는 지금 수레의 두 바퀴처럼 하나가 되어 굴러가고 있다.

◎ **그대와 ~ 결심했네**　설두는 지금 방행(放行, 긍정)의 입장을 취하고 있는 운문을 칭찬하고 있다. 운문은 물음을 던진 승의 눈높이에 자신을 맞추고 있다. 번뇌망상의 구렁 속으로 자신을 내던지고 있다. 우리와 생사고락을 같이하려 하고 있다. 왜냐하면 그럼으로써만이 우리가 이 악몽에서 깨어날 수 있기 때문이다. 그러므로 깨달음을 얻겠다고 자신 속으로만 몰입하는 이 이기주의는 결국 다른 사람들을 깨닫게 해주기 위한 이타주의로 바뀌는 것이다.

△ **형편없군.**　원오는 지금 번뇌망상 속으로 들어온 운문을 비웃고 있다. 그러나 이 구절은 반어적인 칭찬이다.

△ **무슨 이유인가?**　본래 자리 그곳에는 깨달음도 없고 번뇌도 없는데 무엇 때문에 운문은 지금 '우리와 생사고락을 같이하겠다'고 다짐하고 있는가? 그러나 이 구절 역시 반어적인 칭찬으로 봐야 한다.

△ **절대로 놔주면 안 된다.**　이는 제자를 향한 스승의 간절한 마음을 말한 것이다. 스승은 절대로 제자를 혼자 가도록 놔두지 않는다. 왜냐하면 제자에게는 지금 길잡이가 필요하기 때문이다. 스승들의 이 간절한 마음이 있었기에 지금은 내가 어설픈 이 벽암록 뜻풀이를 할 수 있는 것이다. 지난날 나를 깨우쳐 준 그 많은 스승들께 깊이 머리 숙이나니―. 그분네들의 그 간절한 마음이 없었더라면 나는 틀림없이 웃기는 사이비가 됐을 것이다.

◎ **팔만 사천 대중은 봉모(鳳毛)가 아니거니**　부처 당시 영산회상에 모였던 그 수많은(팔만 사천) 청중들은 그 누구도 염화미소의 뜻을 알지 못했다. 그래서 설두는 지금 '그들은 봉황의 깃털(鳳毛)이 아니라'고 읊고 있다.

△ 깃털만은 비슷하군.　비록 그들(영산회상의 청중들)은 진정한 봉황 새는 아니지만 그러나 새(수행자)는 새이기 때문에 깃털만은 비슷하다. ― 원오가 이런 식으로 착어를 붙인 것은 일종의 야유라고 봐야 한다.

△ 사람을 ~ 내리고 있군.　설두는 지금 불제자들을 여지없이 깎아내리고 있다.

△ 먹칠통 같은 ~ 널려 있다.　영산회상의 청중뿐이 아니다. 봉황이 아니라 참새 같은 무리들이 사방천지에 깔려 있다. 눈먼 수행자들이 좁쌀처럼 널려 있다.

◎ 서른세 분만이 범 굴속으로 들어갔네　영산회상에서 염화미소의 뜻을 간파한 사람은 오직 가섭 존자뿐이었다. 그래서 이 불립문자의 비법이 가섭에게서 → 아난으로…… 이렇게 28번째 달마에게로 전해 갔고 달마는 중국으로 와서 → 혜가에게로…… 육조혜능에게까지 전해져 왔는데 혜능이 바로 서른세 번째다. 이 서른세 분〔33人〕 조사들만이 범이 새끼(진정한 수행자)를 얻기 위해서 자신의 목숨을 돌보지 않고 범 굴(번뇌망상의 굴)속으로 들어갔다. 운문은 이 서른세 분네들을 통해 전해 온 불립문자의 참뜻을 간파한 선지식이다. 그래서 운문을 칭찬하기 위하여 설두는 서른세 분 조사들을 모조리 끌어 온 것이다.

△ 나 자신의 체험은 오직 나만이 알고 있다.　그러나 원오의 입장은 다르다. 원오의 입장에서 본다면 불립문자의 비결은 누가 누구에게 전해주고 전해 받을 수 있는 그런 것이 아니다. 오직 스스로의 체험을 통해서만이 알 수 있는 그런 것이다. "오래오래 순수하게 익다 보면/ 차고 더운 건 나 스스로 알 수 있다〔久久純熟 冷煖自知〕."

△ 한 사람의 ~ 어렵다.　범의 굴속으로 들어갈 수 있는 그런 선지식을 만나기란 쉽지 않다.

△ 들여우 같은 놈들이로군.　원오는 반어적으로 서른세 분 조사들을 칭찬하고 있다.

◎ 대단하군, 대단하군　설두의 송은 이 부분에 와서 돌연히 역류하

고 있다. '대단하다'는 것은 불립문자의 비결이 대단하다는 뜻도 되고 서른세 분을 위시한 역대 조사들이 대단하다는 뜻도 된다.

△ 무엇이 그리 대단한 곳인가?　역시 설두를 향한 반어적인 칭찬이다.

△ 자만하지 마라.　'언어문자를 다루는 기술이 능숙하다고 너무 자만해선 안 된다'고 원오는 설두에게 일침을 가하고 있다.

△ 날뛰도록 내버려둬 보자.　원오는 말하고 있다. "어디 설두 자네가 어디까지 까부나 내버려둬 보자." 그러나 이 대목 역시 반어적 칭찬이다.

◎ 요요총총수리월(擾擾忽忽水裏ㅋ, 급히 흘러가는 물속의 달)이여　이 시구는 설두의 활구다. 그러므로 글자풀이의 해설로써는 도무지 뜻이 통하지 않는다. 그래서 《종전초》에선 이렇게 평하고 있다.

"자, 일러 보라. 이 시구에 심오한 이치가 담겨 있는가, 아니면 미묘한 뜻이 있는가. 언어로써는 도저히 이걸 설명할 수가 없다. 이 경지에 이르러서는 털끝만큼이라도 분별심을 일으켰다가는 이 활구의 빛〔靈光〕을 감지할 수 없게 된다. 그 본래 자리에서 빗나가게 된다. 그러나 이 활구를 간파하게 되면 심오한 이치와 미묘한 뜻을 모두 초월하게 된다. 그리고 염화미소의 뜻을 알았다고 하더라도 이 경지에서 본다면 그건 김빠진 맥주에 불과하다. 말하자면 이 시구는 설두의 안목을 그대로 드러낸 곳이다. 그러나 이런 뜻을 모르고 어떤 이들은 이 시구에 다음과 같이 주석을 붙이고 있지만 전혀 맞지 않는 갈이다. ― '이 시구는 「굉장히 급하고 소란스럽다」는 뜻이다.'"

△ 청천백일이여.　이 시구의 핵심을 찌른 원오의 착어다.

△ 자기를 잃고 남의 말만 쫓아가는군.　그러나 우린 이 시구의 참뜻을 모르고 글자를 따라 해설을 시도하고 있으니 한심스럽기만 하다.

△ 수선을 떨어서 뭘 하겠단 말인가.　대부분 사람들이 이 시구를 '굉장히 급하고 소란스럽다'는 뜻으로만 알고 있다. 그래서 원으는 지금 그것을 깨우쳐 주려고 이런 식의 착어를 내리고 있다. 설두의 이 활구를 올

바르게 간파하라고 일침을 가하고 있다.

【評　　唱】

〔評唱〕雪竇亦不妨作家라 於一句下에 便道分一節이라하니 分明放過一著하야 與他把手共行이라 他從來有放行手段하야 敢與你入泥入水하야 同死同生이라 所以雪竇恁麽頌이나 其實無他라 只要與你解粘去縛하며 抽釘拔楔이어늘 如今卻因言句하야 轉生情解로다 只如巖頭道호대 「雪峰雖與我同條生이나 不與我同條死라하니」 若非全機透脫得大自在底人이면 焉能與你同死同生이리요 何故오 爲他無許多得失是非滲漏處니라 故洞山云호대 「若要辨認向上之人眞僞者댄 有三種滲漏니 情滲漏, 見滲漏, 語滲漏라 見滲漏는 機不離位하야 墮在毒海요 情滲漏는 智常向背하야 見處偏枯요 語滲漏는 體妙失宗하나니 機昧終始라 此三滲漏를 宜已知之니라 又有三玄하니 體中玄, 句中玄, 玄中玄이라」 古人到這境界하야 全機大用하나니라 遇生與你同生하고 遇死與你同死하야 向虎口裏橫身하나니 放得手脚, 千里萬里하야 隨你銜去니라 何故오 還他得這一著子始得이니라

【평창번역】

설두 또한 대단한 수행자였다. ('도일설'이라는) 일구 아래에 '분명한 반쪽〔分一節〕'이라고 즉시 송을 읊었으니 한 박자 늦춰서(방행의 입장으로 내려와서) 저(운문)와 손잡고 같이 간 것이(보조를 맞춘 것이) 분명하다. 저 (운문)는 (이렇듯) 방행의 수단이 있어서 이 승과 더불어 생사고락을 같이 하고 있다. 그렇기에 설두는 이런 식(그대와 생사를 ~ 결심했네)으로 송했으니 사실은 다른 뜻이 있는 게 아니다. 그대들을 위하여 번뇌의 매듭을 풀고 망상의 못과 쐐기를 뽑아 주기 위해서거늘 지금(사람들)은 도리어 언

구('도일설')로 말미암아 갈수록 더욱더 망상분별(情解)만을 일으키고 있다. 그건 그렇고 암두가 말하길 "설봉은 나와 같은 가지에서 태어났으나 나와 같은 가지에서 죽지는 않는다'고 했으니 만일 완전히 해탈하여 대자재함을 얻은 사람이 아니면 어찌 능히 그대와 더불어 생사를 같이할 수 있겠는가. 왜냐하면 저(대자재함을 얻은 사람)에게는 득실시비의 마음과 번뇌가 전혀 없기 때문이다. 그러므로 동산은 이렇게 말했다. '만일 향상인(向上人, 깨달은 이)의 진위를 알아보고자 한다면 (여기) 세 가지 번뇌(三種滲漏)가 있으니 (이것을 기준 삼아 진위를 판별하지 않으면 안 된다. '세 가지 번뇌'란) 감정번뇌, 견해번뇌, 언어번뇌가 그것이다. '견해번뇌(見滲漏)'는 그 마음이 (깨달음의) 차원을 떠나지 못하여 (해탈의) 깊은 구렁(毒海)에 빠져 있는 것이다. '감정번뇌(情滲漏)'는 그 안목이 언제나 취사선택에만 붙잡혀 있어서 시야가 한쪽으로만 치우쳐 있는 것이다. '언어번뇌(語滲漏)'는 말의 기교(體妙)에 걸려 본뜻을 잃어버리고(失宗) 줄곧 마음이 미망의 상태에 있는 것을 말한다. (우린) 이 세 가지 번뇌를 분명히 알지 않으면 안 된다. 또 (임제의) 삼현(三玄)이 있나니 체중현, 구중현, 현중현(體中玄, 句中玄, 玄中玄)(이 그것)이다.

옛사람은 이 경지(세 가지 번뇌가 다하고 삼현에 계합한 경지)에 이르러 그 마음을 자유자재로 사용했다. 삶(生)을 만나면 그대와 더불어 같이 살고 죽음(死)을 만나면 그대와 더불어 같이 죽는다. (또한) 범의 아가리를 향해 (그) 몸을 내던져 버렸으며 손과 발을 모두 놔 버려서 천리만리까지 그대가 물고 가도록 (그 자신을) 내버려두기도 했다. 왜냐하면 그대가 이 한 수(깨달음)를 얻도록 (모든 걸) 그대에게 내맡겨 버려야만 했기 때문이다.

【평창해설】

운문의 활구 '도일설(倒一說)'을 설두는 '분일절(分一節, 분명한 반쪽)'

이라고 송했다. 이는 설두 스스로가 방행(放行, 긍정)의 입장으로 내려와
서 운문과 보조를 맞춘 것이다. 운문과 설두가 이처럼 굳이 방행의 입장을
취한 것은 우리의 번뇌망상을 없애 주기 위해서였다. 이를 모르고 사람들
은 운문의 활구 '도일설'을 문자풀이나 이치로 따져 알려고만 하고 있다.
"설봉은 나와 같은 가지에서 태어났으나(같은 스승 밑에서 공부했으나) 나
와 같은 가지에서 죽지는 않는다(가르치는 방법이 나와는 전혀 다르다)"라
고 말한 암두의 활구를 인용하여 설두는 지금 생사를 같이하는 것[同生同
死]이 얼마나 어려운가를 설명하고 있다. 그 다음 동산은 수행자의 진위
를 판별하는 그 기준으로 세 가지 번뇌[三種滲漏]를 말하고 있다. 그리고
선지식이 수행자를 지도하는 방법으로 임제의 세 가지 언어 사용법인 삼
현(三玄)을 말하고 있다. 다시 말하자면 앞의 세 가지 번뇌가 모두 없어지
고 세 가지 언어 사용법[三玄]에 능통해야만 비로소 상대방(수행자)의 눈
높이로 내려와서 상대방과 생사를 같이할 수 있다는 것이다. 운문이야말
로 이런 사람으로서 우리가 마음대로 물고 뜯도록 자신을 모두 우리에게
내맡겨 버렸다는 것이다. 그것은 다름 아닌 우리의 악몽을 깨우기 위해
서이다. 우리로 하여금 그 본래 자리를 깨닫도록 하기 위해서이다. 벗이
여, 고개 숙여야 한다. 중생을 향한 선지식들의 이 간절한 마음 앞에
서……

【評　唱】

「八萬四千非鳳毛」者는 靈山八萬四千聖衆이 非鳳毛也라《南史》云
호대 宋時謝超宗은 陳郡陽夏人이니 謝鳳之子라 博學, 文才傑俊이니
朝中無比하야 當世爲之獨步라 善爲文하야 爲王府常侍러니 王母殷淑
儀薨할새 超宗作誄奏之라 武帝見其文하고 大加嘆賞曰「超宗殊有鳳
毛라하니라」古詩云「朝罷香煙攜滿袖하고 詩成珠玉在揮毫라 欲知世
掌絲綸美댄 池上如今有鳳毛라」昔日靈山會上에 四衆雲集이라 世尊

拈花어늘 唯迦葉獨破顔微笑하고 餘者不知是何宗旨라 雪竇所以道호대 「八萬四千非鳳毛라하니라 三十三人入虎穴은」 阿難問迦葉云호대 「世尊傳金襴袈裟外에 別傳何法이닛고_ 迦葉召「阿難하니」 阿難應喏라 迦葉云「倒卻門前刹竿著하라하니」 阿難遂悟[3]라 已後祖祖相傳하야 西天此土三十三人이 有入虎穴底手脚이라 古人道호대 「不入虎穴이면 爭得虎子리요하니라」

【평창번역】

'팔만 사천 대중은 봉모(鳳毛)가 아니라'는 말은 '영산(회상)의 팔만 사천(수많은) 대중은 봉황이 아니라'는 말이다. ('鳳毛'에 대해)《남사(南史)》에서는 이렇게 기록하고 있다. "송(宋)의 사초종(謝超宗)은 진군양하(陳郡陽夏)의 사람이니 사봉(謝鳳)의 아들이었다. 박학(다식)하고 글재주가 뛰어나서 조정에선 (그와) 견줄 자가 없었으므로 당시 그는 독보적인 존재였다. 글을 잘해서 왕부의 상시〔王府常侍〕가 됐는데 왕의 모친인 은숙의가 별세하자 초종은 제문을 지어 바쳤다. 무제는 그 문장을 보고 크게 칭찬하길 '초종에게는 뛰어난 봉모(鳳毛)가 있다'고 했다."

(여기 鳳毛에 관한) 옛 시(두보의 시)가 있다.

조례를 끝냈으나 향 연기는 소매 가득하니
시는 붓놀림 따라 주옥이 되어 나오네
세상을 관장하는 칙명의 멋짐을 알고자 하는가
연못 위에는 지금 봉모(鳳毛)가 있네.

(그) 옛날 영산회상에 사부대중이 구름같이 모였었다. 세존(부처)이 꽃

---

3) 阿難遂悟(4字) 없음(蜀本).

(한 송이)을 들어 보이거늘 가섭만이 (그 뜻을 알고는) 홀로 미소 지었다. (그러나) 나머지 사람들은 이게 무슨 뜻인지 전혀 알지 못했다. 그래서 설두는 이렇게 송을 읊었던 것이다. "팔만 사천 대중은 봉모가 아니네." '서른세 분만이 범 굴속으로 들어갔다' (는 말에는 다음과 같은 뜻이 있다).

아난이 가섭에게 물었다. "세존께서 (형님에게) 금란가사를 전해 준 것 이외에 특별히 무슨 법(法, 가르침)을 전해 줬습니까?" 가섭이 "아난이여" 하고 부르자 아난이 "예" 하고 대답했다.

가섭이 말했다. "도각문전찰간착(倒卻門前刹竿著, 문 앞의 쇠기둥을 꺾어 버려라)."

아난은 (이 말을 듣고) 깨달음을 얻었다. 이후 (이 깨달음의 소식은) 조사와 조사가 서로 전해서 인도와 중국에서 (모두) 서른세 분이 범 굴속으로 들어갈 수 있는 수완을 갖추기에 이르렀다. 옛사람(후한의 班超)이 이르길 "범의 굴속으로 들어가지 않으면 어찌 범을 잡겠는가"라고 말했다.

【평창해설】

'봉모(鳳毛)'라는 말의 어원에 대해서 언급하고 있다. 그리고 제2조 아난 존자가 제1조 가섭 존자로부터 깨달음을 얻고 불립문자의 비결을 전해 받는 공안 '도각문전찰간착(倒卻門前刹竿著)'을 인용하고 있다.

【評　　唱】

雲門是這般人이니 善能同死同生이로다 宗師爲人須至如此라 據曲彔木床上坐하야 捨得敎你打破하며 容你捋虎鬚하나니 也須是到這般田地始得이니라 具七事隨身하야 可以同生同死니 高者抑之하고 下者擧之하며 不足者與之하고 在孤峰者救令入荒草하고 落荒草者救令處孤峰이라 你若入鑊湯爐炭하면 我也入鑊湯爐炭이니 其實無他라 只要與你解粘

去縛하고 抽釘拔楔하며 脫卻籠頭하고 卸卻角馱니라 平田和尙有一頌이 最好라「靈光不昧하야 萬古徽猷라 入此門來하야는 莫存知解하라」「別! 別! 擾擾忽忽水裏月이라하니」不妨有出身之路하며 亦有活人之機로다 雪竇拈了하고 敎人自去明悟生機다 莫隨他語句하라 你若隨他하면 正是擾擾忽忽水裏月이라 如今作麼生得平穩去오 放過一著이르다

【평창번역】

운문이야말로 이런 사람이니 능히 생사를 같이할 수 있는 능력을 갖췄다. 종사(宗師, 선지식)가 사람(제자)을 의하는 데는 이러한 지경에까지 이르지 않으면 안 된다. 법상에 앉아 그 자신을 모두 내던져서 그대들로 하여금 업식(業識)을 타파하도록 하며 범의 수염을 잡도록 기꺼이 허락하나니 또한 이런 경지에 이르지 않으면 안 된다. 칠사수신(七事隨身)을 구비해서 (그대와 더불어) 생사를 같이하나니 위로 높이 올라간 자는 끌어내리고 밑으로 너무 내려간 자는 들어올리며 부족한 자에게는 주고 고봉(정상)에 있는 자는 황초(荒草, 번뇌) 속으르 들어가게 하며 황초에 빠져 있는 자는 고봉(정상)에 있게 한다. 그대가 만일 확탕·노탄지옥에 들어가면 나 또한 확탕·노탄지옥에 들어가리니 사실은 다른 뜻이 있는 게 아니다. 그대들로 하여금 번뇌의 매듭을 풀고 망상의 못과 쐐기를 뽑게 하려는 것이며 속박에서 벗어나고 (편견의) 무거운 짐을 벗도록 하려는 것이다. 여기 평전(平田) 화상의 멋진 송이 있다. "신령한 빛은 매(昧)하지 않아/ 만고 불변의 진리니/ 이 문안에 들어와선/ 분별심을 내지 마라." 설두는 (송을 읊기를) "대단하군, 대단하군/ 요요총총수리월"이라 했으니 (여기) 해탈의 길이 있으며 또한 굽이치는 삶[活人之機]이 있다. 설두는 평을 마치고[拈了, 송을 마치고] 사람들로 하여금 스스로 굽이치는 힘[生機]을 분명히 깨닫도록 했다. (그러나) 저(설두)의 말을 따라가선 안 된다. 그대가 만일 설두(의 말)를 따라간다면 이것이 바로 '요요총총수리월(擾擾忽忽水裏月, 급

히 흘러가는 물속의 달, 즉 '아주 다급한 상태')'인 것이다. (그렇다면) 어찌해야 분명히 알 수 있겠는가. ……(이미) 한 수가 늦어 버렸다.

【평창해설】

운문이야말로 봉황(鳳毛)이며 우리와 생사를 같이할 수 있는 사람임을 다시 한 번 강조하고 있다. 평전 화상의 시구 가운데 이 문(此門)이란 '신령스런 빛이 있는 문(본래 자리)'을 말한다. 마지막으로 설두의 활구인 '요요총총수리월'을 보자. 이 시구를 간파하게 되면 본칙공안의 활구 '도일설'을 간파하게 된다. 그러면 벗이여, 그대는 이제 기나긴 그 악몽에서 깨어나게 된다. 그러나 설두의 이 활구를 그저 문자풀이의 수준에서만 이해하려 한다면 진짜로 다급해질 것이다. 글자풀이 그대로 '급히 흘러가는 물속의 달(擾擾忽忽水裏月)'처럼 그렇게 정신없이 다급한 상태에 놓이게 될 것이다.

第 16 則
鏡淸草裏漢
경청의 형편없는 놈

【垂　示】

　垂示云, 「道無橫徑하니　立者孤危요　法非見聞이니　言息迥絶이로다　若能透過荊棘林하고　解開佛祖縛하야　得箇穩密田地하면　諸天捧花無路하고　外道潛窺無門이라　終日行而未嘗行하며　終日說而未嘗說이니　便可以自由自在하야　展啐啄之機하며　弄殺活之劍하리라　直饒恁麼라도　更須知有建化門中에　一手擡一手搦이니　猶較些子니라　若是本分事上인댄　且得沒交涉이로다　作麼生是本分事오　試擧看하라」

【수시번역】

　㉠ 대도(大道)에는 가짓길이 없으니 그 길에 선 자는(그 길을 가는 자는) 외롭고 위태로우며 법(法, 道)은 견문이 아니니 언어와 사고를 멀리 벗어났다.
　㉡ 만일 (번뇌망상의) 가시밭길을 뚫고 지나가서 불조(佛祖)의 속박마저 풀어 버리고 견실하여 아무런 흔적도 남지 않는 경지를 얻게 되면 천신(天神)들이 꽃을 바칠 길이 없고 외도가 몰래 엿볼 문(틈)마저 없다.
　㉢ 온종일 활동해도 활등한 것이 아니며 온종일 말을 해도 말을 한 것

이 아니니 자유자재해야만 줄탁(啐啄)의 전략[機]을 전개하며 살활(殺活)의 검을 쓰리라.

ⓔ (그러나) 비록 이렇다 하더라도 다시 교화의 문 가운데 한 손은 들고[放行], 한 손은 내릴[把住] 줄을 알지 않으면 안 되나니 (그래야만 비로소) 그런대로 봐줄 만하다.

ⓜ 그러나 본분사(本分事, 본질적인 일)의 입장에서 본다면 이 또한 틀린 것이다. (그렇다면 도대체) 어떤 것이 본분사인가. 시험삼아 거론해 보자.

【수시해설】

다섯 마디로 되어 있다.

첫째 마디(ⓖ) : 대도(大道)에는 가짓길이 전혀 없다는 것을 말하고 있다.

둘째 마디(ⓛ) : 범부의 감정과 성인이라는 이 분별심이 모두 사라져 버리면 이 대도와 하나가 될 수 있다는 것을 말하고 있다.

셋째 마디(ⓒ) : 앞(둘째 마디)의 경지에 이르게 되면 비로소 절차탁마[啐啄]의 기략을 전개할 수 있음을 말하고 있다.

넷째 마디(ⓔ) : 제자를 가르치는 스승은 파주(把住, 부정적인 입장)와 방행(放行, 긍정적인 입장)의 어느 한 입장만을 고수해서는 안 된다는 것을 말하고 있다.

다섯째 마디(ⓜ) : 그러나 본질적인 입장에서 본다면 파주와 방행만으로는 아직 부족하다. 그렇다면 본질적인 입장[本分事]이란 어떤 것인가. 본칙공안이 바로 그것이라는 것이다.

【本　則】

〔本則〕擧, 僧問鏡淸호대「學人이 啐하리니 請師啄하소서」(無風起浪作什麼오 你用許多見解作什麼오) 淸云「還得活也無아」(箭! 買帽相頭요 將錯就錯이니 不可總恁麼로다) 僧云「若不活인댄 遭人怪笑니다」(相帶累라 撑天拄地로다 擔板漢이로다) 淸云「也是草裏漢이로다」(果然, 自領出去하라 放過卽不可니라)

【본칙번역】

승이 경청에게 물었다.

"제가 (안에서 껍질을) 찍을 테니 스님이 (밖에서) 쪼아 주십시오."

바람도 없는데 파도는 일으켜 뭘 하려는가. 자네, 그 많은 망상을 피워서 뭘 하려는가.

경청이 말했다. "환득활야무(還得活也無, 살아 있느냐)."

일침을 가했다. 모자를 사려고 머리 크기를 재고 있군. 실수를 역이용하는군. 완전히 이런 식이라면 좀 곤란하다.

승이 말했다. "(제가) 만일 살아 있지 않다면 사람들이 비웃을 것입니다."

서로 누를 끼치는군. 기백 한번 대단하다. 한쪽밖에 모르는 놈이로군.

경청이 말했다. "형편없는 놈이로군."

음, 과연 그렇군. (경청) 자네나 가져가게. 절대로 놓치면 안 된다.

【본칙과 착어해설】

◎ "제가 (안에서 껍질을) 찍을 테니 스님이 (밖에서) 쪼아 주십시오."

닭이 알을 품고 있을 경우 달걀 속에서 병아리가 부화되어 밖으로 나오려고 달걀 껍질을 안에서 찍는다. 그러면 그때를 기다려 어미 닭은 그 즉시 달걀 안에서 병아리가 찍은 바로 그 자리를 쪼아 준다. 이렇게 여러 번을 찍고〔啐〕 쪼아 주기〔啄〕를 반복한 다음 병아리는 마침내 껍질을 깨고 밖으로 나온다. 이렇게 한 생명이 태어나는 것이다. 선 수행에서의 스승과 제자도 이 닭과 병아리의 경우와 같다. 제자가 껍질을 깨고 나오려고 껍질을 찍는〔啐〕 바로 그곳을 스승은 쪼아 준다〔啄〕. 이것을 '줄탁의 탁마〔啐啄之機〕'라고 하는데 본칙공안은 이 줄탁의 탁마법으로서 가장 좋은 본보기다. 이 승은 지금 경청에게 이 줄탁의 탁마에 대해서 묻고 있다.

△ 바람도 없는데 ~ 뭘 하려는가.   그러나 본래 자리에서 본다면 찍고〔啐〕 쪼아 준다〔啄〕는 그 자체가 이미 파도를 일으킨 셈이다. 찍는 주체가 있고 쪼아 주는 객체가 있는 바로 그곳에서 망상분별이 시작된다.

◎ "환득활야무(**還得活也無**, 살아 있느냐)."   경청의 이 활구는 마치 전광석화와도 같아서 그 누구도 따라잡을 수 없다. 이 승이 껍질을 깨고 나오려고 찍는 바로 그 자리를 경청은 지금 정확히 쪼아 주고 있는 것이다.

△ 일침을 가했다.   경청은 정말 멋지게 이 승의 껍질을 쪼아 줬다.

△ 모자를 ~ 재고 있군.   이 승의 물음에 딱 들어맞는 경청의 대답이다.

△ 실수를 역이용하는군.   경청은 이 승의 물음과 똑같은 어조로 이 승을 되받아치고 있다. 그러므로 경청의 대답은 대답이면서 동시에 '이 승을 향한 질문의 역습이다.'

△ 완전히 ~ 곤란하다.   경청의 역습은 그 강도가 좀 지나쳤다. 이 승이 과연 경청의 이 역습을 감당할 수 있을지 그것이 걱정스럽다.

◎ 승이 말했다. "(제가) 만일 살아 있지 않다면 사람들이 비웃을 것입니다."   참으로 애석하다. 이 승은 전력을 다하여 경청의 역습을 막아 봤지만 그러나 역부족인 걸 어찌하겠는가. 경청의 올가미에 그만 걸려든 걸 어찌하겠는가.

△ 서로 누를 끼치는군.   이 승은 지금 자기 자신과 다른 사람들에게까지 누를 끼치고 있다. 왜냐하면 다른 사람들까지 끌고 들어왔기 때문

이다.

△ 기백 한번 대단하다.　　이 승의 대답은 씩씩하기 이를 데 없다. 그러나 이 착어는 원오가 이 승을 조롱하고 있는 대목이다.

△ 한쪽밖에 모르는 놈이로군.　　이 승은 '살아 있느냐'는 경청의 말에 걸려서 어떻게든 살아 있어야 한다는 집념에 불타고 있다. 그렇기에 이 승은 다음 단계의 수를 보지 못하고 있다. 전환점을 모르고 있다.

◎ 경청이 말했다. "형편없는 놈이로군."　　정말 멋진 마무리다. 제자를 가르치려면 적어도 이 정도는 돼야 한다. 《종전초》에서는 이 대목을 이렇게 평하고 있다. "경청을 알고 싶은가. 모든 경전을 내던져 버려라. 한 줄기 신령스러운 빛이 창조 이전을 꿰뚫고 있다."

△ 음, 과연 그렇군.　　과연 경청답군. 정말 지독한 늙은이로군.

△ (경청) 자네나 가져가게.　　"이 정도를 모르는 사람은 없으니 경청 자네는 실없는 소리 그만하게."—원오는 이렇게 경청을 깎아내리고 있다. 그러나 사실은 반어적인 칭찬이다.

△ 절대로 놓치면 안 된다.　　경청의 이 마무리 같은 아주 중요하다. 이 말의 참뜻을 간파하지 못하면 본칙공안의 암호는 절대로 풀리지 않는다. 그러므로 이 대목을 그냥 스쳐 지나가서는 절대로 안 된다.

【評　　唱】

〔評唱〕鏡淸承嗣雪峰하니 與本仁, 玄沙, 疏山, 太原孚輩로 同時라 初見雪峰하고 得旨後에 常以啐啄之機로 開示後學하니 善能應機說法이라

【평창번역】

경청은 설봉의 법을 이었으니 본인(本人), 현사(玄沙), 소산(疏山), 태

원부(太原浮)들과 동시대 사람이었다. 처음 설봉을 친견하고 뜻을 얻은 후에 언제나 줄탁(啐啄)의 방법[機]으로 후학을 가르치니 상대의 정도에 따라 아주 잘 가르침을 폈다.

【평창해설】

경청의 지도 방법은 줄탁의 탁마[啐啄之機]였는데 그는 상대방의 눈높이로 내려가서 거기 가장 적절한 가르침을 주곤 했다. 이런 경우를 일러 '물음은 대답 속에 있고 대답은 물음 속에 있다[問在答處 答在問處]'고 하는 것이다.

【評　唱】

示衆云「大凡行脚人은 須具啐啄同時眼하고 有啐啄同時用하야사 方稱衲僧이라 如母欲啄에 而子不得不啐이며 子欲啐에 而母不得不啄이니라」有僧便出問호대「母啄子啐하면 於和尙分上成得箇什麽邊事닛고」淸云「好箇消息이니라」僧云「子啐母啄하면 於學人分上成得箇什麽邊事닛고」淸云「露箇面目이니라」所以鏡淸門下에 有啐啄之機니라

【평창번역】

(어느 때 그는) 대중에게 말했다. "(스승을 찾아) 행각하는 사람은 줄탁동시(啐啄同時)의 안목을 갖추고 줄탁동시의 작용(능력)이 있어야만 비로소 수행자라 부를 수 있는 것이다. 어미(닭)가 쪼고자 함에 자식(병아리)은 찍지 않을 수 없으며 자식이 찍고자 함에 어미가 쪼아 주지 않을 수 없다." (그때) 어떤 승이 나와서 물었다. "어미는 쪼고 자식이 찍으면 스님에

게는 무슨 일이 성취됩니까?"

경청이 말했다. "좋은 소식이니라."

승이 말했다. "자식이 쪼고 어미가 쪼으면 스님에게는 무슨 일이 성취됩니까?"

경청이 말했다. "본래면목이 드러나느니라."

(이런 식의 문답이 있기) 때문에 경청의 문하에는 찍고 쪼는 절차탁마〔啐啄之機〕가 있는 것이다.

【평창해설】

구도의 길에 있어서는 제자는 스승을 잘 만나야 한다. 그러나 스승 역시 제자를 잘 만나지 않으면 안 된다. 스승이 제자를 깨우쳐 주고자 하면 제자는 스승의 그 간절함이 응하지 않을 수 없다. 동시에 제자가 깨닫고자 몸부림치게 되면 스승은 제자의 그 구도열에 응하지 않을 수 없다. 스승이 적극적이고 제자가 수동적일 때는 스승에게는 참으로 좋은 일이요, 제자가 적극적이고 스승이 수동적일 때는 제자에게는 그 자신의 본래면목(本來面目, 本性)이 드러나게 된다. 이처럼 제자와 스승이 서로 찍고 쪼는 절차탁마의 수행법〔啐啄之機〕은 특히 경청의 문하에서 성행했다.

【評　　唱】

這僧亦是他門下客일새 會他家裏事라 所以如此問호대 「學人啐하리니 請師啄하소서하니라」 此問을 洞下謂之借事明機라하니 那裏如此라 子啐而母啄하야 自然恰好同時라 鏡清도 好하니 可謂拳踢相應이요 心眼相照라 便答道호대 「還得活也無아하니」 其僧也好라 亦知機變하야 一句下有賓有主하고 有照有用하며 有殺有活이라 僧云 「若不活인댄 遭人怪笑니다」 清云 「也是草裏漢이라하니」 一等是入泥入水나 鏡清이 不妨惡脚手로다

這僧이 旣會恁麼問이어늘 爲什麼卻道호대 也是草裏漢고 所以作家眼目은 須是恁麼니 如擊石火, 似閃電光하야 構得構不得에 未免喪身失命이니라 若恁麼댄 便見鏡淸道草裏漢하리라

【평창번역】

　　이 승 또한 저(경청) 문하의 사람이었기 때문에 저의 속사정을 (잘) 알고 있었다. 그러므로 이렇게 물을 수 있었던 것이다. "제가 (안에서 껍질을) 쪼을 테니 스님이 (밖에서) 쪼아 주십시오." 이런 식의 물음을 동산 문하에서는 '어떤 사례를 빌려 본래면목을 밝히는 것〔借事明機〕'이라 하나니 저(동산 문하)의 속내는 이와 같다(이 정도 수준밖에는 되지 않는다. 그러나 경청 문하에서는) 새끼(제자)가 (안에서) 쪼으면 어미(스승)가 (밖에서) 쪼아 주나니 (쌍방이) 동시에 저절로 딱 맞아떨어진다(의기가 투합하게 된다). 경청 또한 멋졌으니 주먹과 팔이 서로 상대하듯 (물음과 대답의 박자가 잘 맞으며) 심안(心眼)이 서로 비추고 있다. (그렇기에 경청은) 즉시 이렇게 답했던 것이다. "환득활야무(還得活也無, 살아 있느냐)." 그 승 또한 멋졌으니 문답의 변화를 알아서 이 한 마디 아래 주인과 객이 있고 관조와 작용이 있고 부정〔殺〕과 긍정〔活〕이 있게 됐다. 승이 말하길 "(제가) 만일 살아 있지 않다면 사람들이 비웃을 것입니다"라고 했다. (이에 대하여) 경청은 "형편없는 놈"이라고 했다. (선지식들은) 한결같이 노파심이 간절했으나 (그 중에서도) 경청의 (지도 방법은) 특히 엄격하기 이를 데 없었다. 이 승이 이렇게 물을 줄 알았거늘 무엇 때문에 (경청은) '형편없는 놈'이라고 했는가. 작가의 안목은 당연히 이와(경청과) 같아야만 하나니 (마치) 전광석화와도 같아서 (경청의 경지에) 도달했건 도달하지 못했건 간에 목숨을 잃을 수밖에 없을 것이다. 만일 이럴진댄(이런 경지에 이르렀을진댄) '형편없는 놈'이라 말한 경청의 속마음을 간파하게 될 것이다.

【평창해설】

　경청의 이 '찍고 쪼는 절차탁마의 지도 방법'을 동산의 문하〔曹洞家〕에서는 이렇게 말하고 있다. "어떤 구체적인 사례를 들어 본래면목을 밝히는 방법〔借事明機〕"이다. 그러나 경청의 절차탁마법은 물음과 대답 그 자체가 본래적이며 주객의 의기가 투합하고 있다. 그리고 한 마디 한 마디의 말이 그대로 본래면목 그 자체의 드러남인 것이다. 경청은 이 승의 물음에 즉시 "환득활야무(還得活也無, 살아 있느냐)"라고 대답했는데 이는 활구라서 빛의 속도로도 따라잡을 수 없다. 승은 경청의 이 활구에 이렇게 응수했다. "(제가) 만일 살아 있지 않다면 사람들이 비웃을 것입니다." 그러나 경청은 승의 말을 듣고는 이렇게 마무리를 지었다. "형편없는 놈이로군." 이 승은 상황의 변화를 잘 알아서 즉기 맞게 응수를 했으나 경청을 제압할 수는 없었다. 그래서 지금 경청의 구지람을 듣고 있는 것이다. 벗이여, 그대가 만일 경청의 이 말뜻을 간파한다면 경청의 활구 '환득활야무(還得活也無, 살아 있느냐)'를 깨닫게 될 것이다. 역대의 조사들 가운데 경청처럼 이렇게 전광석화와도 같이 빠른 전략을 썼던 선지식은 많지 않았다.

【評　　唱】

　所以南院示衆云호대「諸方只具啐啄同時眼하고　不具啐啄同時用이라」有僧出問호대「如何是啐啄同時用이닛고」南院云「作家不啐啄이니　啐啄同時失이니라」僧云「猶是學人疑處니다」南院云「作麼生是你疑處오」僧云「失이라하니」南院便打라　其僧不肯커늘　院便趕出하다　僧後到雲門會裏擧前話하니　有一僧云「南院棒折那아」其僧豁然有省하니라　且道意在什麼處오　其僧卻回見南院일러니　院適已遷化라　卻見風穴하고　纔禮拜한대　穴云「莫是當時問先師啐啄同時底僧麼아」僧云「是니다」穴云「你當時作麼生會오」僧云「某甲當初時如燈影裏行相似니다」穴云「你會也라하니」且道是箇什麼道理오　這僧都來只道호대　某甲

當初時如燈影裏行相似라했거늘 因甚麼風穴便向他道你會也라하는가

【평창번역】

이 때문에 남원은 대중들에게 이렇게 말했다. "제방(諸方, 이곳저곳 선원의 선 수행자들)은 다만 줄탁동시의 안목을 갖췄으나 줄탁동시의 사용 방법은 갖추지 못했다." (그때) 어떤 승이 (대중 가운데서) 나와 말했다. "어떤 것이 줄탁동시의 작용(사용 방법)입니까?"

남원이 말했다. "작가부줄탁 줄탁동시실(作家不啐啄 啐啄同時失, 작가는 줄탁하지 않나니 줄탁하면 그와 동시에 모든 걸 상실해 버린다)."

승이 말했다. "오히려 이것이 (바로) 제가 의문을 품고 있는 곳입니다."

남원이 말했다. "어떤 것이 그대가 의문을 품고 있는 곳인가?"

승이 말했다. "(스님께선 이미) 상실해 버리셨군요."

(이 말을 들은) 남원은 즉시 (이 승을) 후려쳤다. (그러나) 이 승은 (끝까지) 굴복하지 않았으므로 남원은 (그를) 쫓아내고 말았다. (그) 승이 뒤에 운문의 회상에 이르러 전번의 이야기(남원과 문답한 내용)를 거론했다. (그때) 어떤 승이 말했다. "남원의 몽둥이가 부러졌단 말인가(왜 너 같은 놈을 때려죽이지 않고 그냥 놔줬단 말인가)?" (이 말을 들은) 그 승은 확연히 깨달은 바가 있었다. 자, 일러 보라. (남원의) 뜻이 어느 곳에 있는가. 그 승이 되돌아와서 남원을 뵈려 했으나 남원은 이미 입적한 뒤였다. (그래서 남원의 법을 이은) 풍혈을 뵙고 예배를 드리자마자 풍혈이 물었다. "당시 선사(先師)에게 줄탁동시에 대해서 물었던 승이 아닌가?"

승이 말했다. "그렇습니다."

풍혈이 말했다. "그대는 그 당시 어떻게 이해했었는가?"

승이 말했다. "전 그 당시 등불 그림자 속을 가는 것과 같았습니다."

풍혈이 말했다. "그대는 깨달았다."

자, 일러 보라. ('그대는 깨달았다'고 말한) 이것이 무슨 도리인가. 이 승

은 다만 말하길 "전 그 당시 등불 그림자 속을 가는 것과 같았다"고 했거늘 무엇 때문에 풍혈은 저에게 "그대는 깨달았다"고 말했는가.

【평창해설】

경청의 이 절차탁마법을 놓고 전개된 남원과 어떤 승의 문답을 싣고 있다. 여기서의 남원의 대답('작가부줄탁 줄탁동시실')은 활구로서 경청의 활구와 동일한 어조를 띠고 있다. 남원에게 물음을 던진 승은 경청에게 물음을 던진 승보다 한 수 위다. 그러나 남원은 이 승의 계략을 이미 알고 있었으므로 결코 이 승의 함정에 빠지지 않았다. 그러나 이 승도 끝까지 남원에게 굴복하지 않았다. 이 승은 그 뒤 운문의 회상에 이르러서 비로소 자신의 잘못을 알고 분명한 깨달음을 얻었다. 그래서 남원을 다시 찾아왔으나 남원은 이미 입적한 뒤였다. 이 승은 풍혈(남원의 법을 이은 제자)을 찾아가서 그동안의 자초지종을 말했다. 그러자 풍혈은 이렇게 물었다. "자네는 남원 노사에게 질문할 그 당시 이 문제를 어떻게 이해하고 있었는가?" 이 승은 말했다. "전 그 당시 등불 그림자 속〔燈影裏〕을 가는 것과 같았습니다." 이 말을 듣자마자 풍혈은 "그대는 깨달았다"고 이 승을 인가해 줘 버렸다. 이처럼 깨달은 사람은 상대방의 말이나 표정을 보는 그 순간 그가 진정한 체험을 했는지 하지 않았는지를 즉시 알 수가 있는 것이다. 그렇다면 벗이여, '그 당시 등불 그림자 속을 가는 것과 같았다'는 이 승의 말은 도대체 무슨 뜻인가? …… 결코 소홀히 넘겨서는 안 되는 대목이다.

【評　　唱】

後來翠巖이 拈云「南院雖然運籌帷幄[1]이나 爭奈土曠人稀하야 知音者少리요」 風穴이 拈云 「南院[2]이 當時待他開口하야 劈脊便打하고 看

他作麽生이니라」 若見此公案하면 便見這僧與鏡淸相見處하리라 諸人은 作麽生免得他道草裏漢고 所以雪竇는 愛他道草裏漢하야 便頌出이라

【평창번역】

그 뒤에 취암은 (남원과 이 승의 문답을) 거론하여 이렇게 말했다.
"남원이 장막 속에서 (멋진) 전략을 세웠으나 남원의 본뜻을 아는 자가 적었음을 어찌하겠는가?" 풍혈은 (또 이렇게) 평했다. "남원은 그 당시 이 승이 입을 열자마자 등줄기를 후려쳐서 저(이 승)가 어찌하는가를 지켜봤어야 한다."
만일 이 공안(남원의 공안)을 간파한다면 그 즉시 이 승(본칙공안에서 물음을 던진 승)과 경청의 상견처(相見處)를 간파하게 될 것이다.
여러분은 어찌해야 저(경청)가 말한 '형편없는 놈'이란 이 꾸지람에서 벗어날 수 있겠는가. 설두는 저(경청)가 말한 '형편없는 놈'이라는 말에 역점을 두고 송을 읊고 있다.

【평창해설】

그러므로 앞에서 인용한 남원의 공안을 간파하게 되면 본칙공안의 참뜻을 알게 될 것이다. 왜냐하면 이 두 공안의 전개 과정과 그 구조가 서로 닮았기 때문이다. 약간의 차이가 있다면 본칙공안이 평면적인 데 비해 남원의 공안은 그 구조가 입체적이라는 것이다.

---

1) 運籌帷幄(4字) 아래에 '決勝千里' 있음(福本).
2) 南院(2字) 없음(福本).

【頌】

〔頌〕古佛有家風이니(言猶在耳라 千古榜樣이로다 莫謗釋迦老子好하라) 對揚遭貶剝이로다(鼻孔爲什麽卻在山僧手裏오 八棒對十三이니 你作麼生고 放過一著이로다 便打하다) 子母不相知니(旣不相知거니 爲什麽하야 卻有啐啄고 天然³⁾) 是誰同啐啄고(百雜碎이요 老婆心切이라 且莫錯認하라) 啄覺이나 (道什麼오 落在第二頭로다) 猶在殼하니(何不出頭來오) 重遭撲이라(錯, 便打하다 兩重公案이요 三重四重了也라) 天下衲僧徒名邈이로다(放過了也로다 不須擧起니 還有名邈得底麼아 若名邈得이면 也是草裏漢이라 千古萬古黑漫漫이여 塡溝塞壑無人會로다)

【송번역】

옛 부처의 가풍이 있으니
  아직도 귀에 쟁쟁하군. 천고의 본보기다. 부처를 비난하지 마라.
거론했다간 혼쭐이 나네
  콧구멍(목숨)이 무엇 때문에 산승(원오)의 수중에 있는가. 8봉이 13봉을 상대했으니 그대는 어쩔 셈인가. 한 수 늦었다. 즉시 후려치다.
자식과 어미가 서로 알지 못하거니
  이미 서로가 알지 못하거니 뭣 땜에 찍고 쪼음〔啐啄〕이 있는가. 천연(天然).
누가 함께 찍고 쪼을〔啐啄〕 것인가
  산산조각이 났군. 노파심이 간절하군. 잘못 알지 마라.
(밖에서) 쪼아 주자〔啄〕 (안에서) 찍었으나〔覺〕
  뭐라 하는가. 김빠진 맥주로군.
아직도 껍질 속에 있으니

---

3) 天然 = 果然(一夜本).

어찌 뛰쳐나오지 못하는가.
거듭 (한 방 더) 얻어맞는구나
　　빗나갔군. 갑자기 후려치다. 이중의 공안이요, 삼중 사중으로 (실수를) 하는 군.
천하의 수행자들은 한갓 그 이름뿐이네
　　이미 놓쳐 버렸다. 다시 거론할 필요도 없나니 (이) 실속 없는 이름을 얻은 자가 있는가. 있다면 이 또한 형편없는 놈일 뿐이다. 천고만고에 깜깜할 뿐이니 온 천지에 가득 차 있으나 (이를) 아는 이가 없다.

【송과 착어 해설】

◎ 옛 부처의 가풍이 있으니　　절차탁마의 수행법은 경청 이전에 이미 부처에게서 비롯됐다. 그래서 지금 그 근원을 밝히고 있는 것이다.

△ 아직도 ~ 본보기다.　　이 옛 부처의 가풍은 거론할수록 신선한 맛이 있다. 동시에 수행자들을 가르치는 영원한 본보기라고 할 수 있다.

△ 부처를 비난하지 마라.　　그러나 본래 자리에서 본다면 부처와 중생의 구분마저 없거니 여기 또 무슨 가풍이 있단 말인가.

◎ 거론했다간 혼쭐이 나네　　진정한 '옛 부처의 가풍'은 거론조차 할 수 없는 경지에 이르는 것이다. 그러므로 거론할 수 없는 이 가풍을 거론했다가는 그 즉시 불벼락이 떨어진다. 부처가 태어나자마자 한 손으로 땅을, 또 한 손으로 하늘을 가리키며 '천상천하 유아독존'이라 했다가 운문에게 혼쭐이 났듯…….

△ 콧구멍이 ~ 있는가.　　원오는 지금 부처와, 그(부처)를 혼낸 운문과 경청, 설두를 모조리 싸잡아서 혼쭐을 내고 있다.

△ 8봉이 13봉을 ~ 어쩔 셈인가.　　'8봉'은 '거론했다간 혼쭐이 난다'고 옛 부처의 가풍을 말한 설두의 이 시구를 뜻한다. '13봉'은 본칙공안에서 '형편없는 놈'이라고 마무리를 지은 경청의 말을 뜻한다. 그러므로 산

문적인 경청의 말(13봉)을 설두는 간단명료한 시구(8봉)로 압축했다고 볼 수 있다. '8봉이 13봉을 상대했다' 는 말은 바로 이를 뜻한다.

△ 한 수 ~ 후려치다.　　설두는 "옛 부처의 가풍을 거론했다간 '혼쭐이 난다'"고 했다. 그러나 원오의 입장에서 본다면 '혼쭐이 난다'고 말한 그것도 이미 한 수가 늦은 것이다. 그렇다면 그 앞선 한 수는 어떤 것인가. 원오는 느닷없이 주장자로 선상을 쳐서 그 앞선 한 수의 소식을 드러내고 있다. 그러나 원오의 주장자 소리에 피~ 하고 비웃는 이가 여기 있다.

◎ 자식과 어미가 서로 알지 못하거니　　진정한 절차탁마는 자식(제자)과 어미(스승)가 서로를 의식하지 않는 데서 비롯된다. 즉 스승은 가르친다는 생각 없이 가르치고 제자는 배운다는 생각 없이 배우는 이것이야말로 최상의 절차탁마라고 할 수 있다.

△ 이미 ~ 있는가.　　스승과 제자가 무심의 경지에서 서로 가르치고 배우는 이것이야말로 둘이 하나가 되는 경지다.

△ 천연(天然).　　《일야본(一夜本)》에는 '과연(果然)'으로 되어 있다. 《일야본》을 따라야 문맥에 무리가 없다. '과연'이란 '음, 과연 그렇군'이라는 수긍의 뜻이다.

◎ 누가 함께 찍고 쪼을〔啐啄〕 것인가　　스승과 제자가 서로를 의식하지 않는 이 마당에서 누가 누구와 절차탁마를 한단 말인가. —이렇게 설두는 반문하고 있다. 그러나 이 말의 속뜻은 다음과 같다. '본래 자리에서 본다면 절차탁마란 없는 것이지만 그러나 지금 우리의 입장에서는 절차탁마는 반드시 필요하다. 스승의 가르침도 필요하고 제자의 힘써 배움도 필요하다.'

△ 산산조각이 났군.　　앞의 시구에서 설두는 "스승과 제자가 서로를 모른다"고 했다. 그러고는 이 대목에 와서는 또 이런 식으로 반문하고 있다. 그래서 원오는 그런 설두를 한 방 먹이고 있다. "점점 더 엉망진창으로 만들고 있군" 하고 혼을 내고 있다.

△ 노파심이 간절하군.　　그러나 설두의 이 중언부언은 사실은 우리를 깨우쳐 주기 위한 노파심에서 나온 말들이다.

△ 잘못 알지 마라.　　절차탁마는 반드시 필요하다. 우린 설두의 이 시구를 잘못 이해하지 말아야 한다.

◎ (밖에서) 쪼아 주자〔啄〕 (안에서) 찍었으나〔覺〕　　스승이 밖에서 쪼아 준 것은 경청의 활구 '환득활야무(還得活也無, 살아 있느냐)'요, 제자가 안에서 찍은 것은 이 승의 대답인 "(제가) 만일 살아 있지 않다면 사람들이 비웃을 것입니다"이다.

△ 뭐라 ~ 맥주로군.　　본래 자리에서 본다면 안에서 찍고 밖에서 쪼는 이 절차탁마조차 긁어 부스럼이다.

◎ 아직도 껍질 속에 있으니　　이 승은 전력을 다해 경청에게 응수했으나 경청의 손아귀에서 벗어날 수가 없었다. 껍질 안에서 밖으로 나오려고 찍어 봤지만 그러나 아직 껍질을 깨고 나오지 못했다.

△ 어찌 뛰쳐나오지 못하는가.　　원오는 지금 이 승을 분발하라고 윽박지르고 있다.

◎ 거듭 (한 방 더) 얻어맞는구나　　이 승이 아직도 껍질을 깨고 나오지 못했기 때문에 거듭 경청에게 한 방 더 얻어맞았다. '형편없는 놈이로군'이라고 말한 경청의 이 마무리가 바로 이 승을 한 방 더 후려친 대목이다. 알간!

△ 빗나갔군.　　본래 자리에서 본다면 껍질조차 없는 것인데 무엇을 깨고 나온단 말이며 거듭 한 방 더 후려친단 말인가. 그것은 모두 빗나간 짓이다.

△ 갑자기 후려치다.　　원오는 갑자기 선상을 후려쳤다. 왜냐하면 우리가 지금 '본래 자리에서 본다면 경청의 이 마무리조차 빗나간 짓이다'라는 이 허무적인 생각에 오염되고 있기 때문이다.

△ 이중의 ~ (실수를) 하는군.　　본칙공안 속에서 이 승은 경청으로부터 가르침을 받고〔啄〕 혼이 났다. 그리고 또 설두의 송에 이르러서 삼중

사중으로 경책을 당하고 있다.

◎ **천하의 수행자들은 한갓 그 이름뿐이네** 경청의 이 마무리 말('형편없는 놈이로군')의 경지에서 본다면 제아무리 날고 기는 수행자라 해도 결국은 언어의 영역을 벗어나지 못한 언어의 똘마니에 지나지 않는다. 그렇다면 경청은 도대체 어떤 경지에서 이 마무리말을 내뱉었는가. "만일 이 마무리 말의 참뜻을 간파한다면 송을 읊고 있는 설두와 평창을 붙이고 있는 원오가 모두 허공 속에서 바람을 잡아 매는 짓을 하며 번갯불을 심어 그 뿌리를 찾는 짓(부질없는 짓)을 하는 격이다. 그렇다면 도대체 어찌해야 한단 말인가."

> 부처의 사십구 년 설법마저 언어의 똘마니 신세
> 달마는 웅이산에서 두 눈 뜨고 꿈을 꾸네.
>
> 《종전초》

△ **이미 놓쳐 ~ 놈일 뿐이다.** 무슨 말인가를 하려고 입을 벌리는 바로 그 순간 이미 빗나가 버렸거니 더 이상 지껄이지 마라. '난 깨달았다'고 떠들어대는 놈들은 이 모두가 언어의 똘마니들이다.

△ **천고만고에 깜깜할 뿐이니** 언어의 영역 너머는 제아무리 많은 언어로 이를 설명한다 해도 결국은 '설명할 수 없다'는 결론에 이를 수밖에 없다. 그래서 원오는 '깜깜할 뿐이다'라고 절망적인 말을 하고 있다.

△ **온 천지에 ~ 아는 이가 없다.** 그러나 그것(언어의 너머)은 보라, 온 천지에 가득 차 있다. 저 구름이 가고 바람이 불고 새가 울고 꽃이 피는 이것이 바로 '그것'의 소식이거니……. 그러나 이를 가슴으로 느껴 아는 이, 몇이나 있겠는가?

> 세상은 이토록 드넓은데 사람이 없구나
> 더불어 잔을 나눌 사람이 없구나.

(土廣人稀　　相逢者小)

【評　　唱】

〔評唱〕古佛有家風이라하니 雪竇一句頌了也라 凡是出頭來라도 直是近傍不得이라 若近傍著인댄 則萬里崖州라 纔出頭來라도 便是落草며 直饒七縱八橫이라도 不消一捏이로다 雪竇道古佛有家風이라함은 不是如今恁麽也라 釋迦老子初生下來하야 一手指天, 一手指地하고 目顧四方云「天上天下, 唯我獨尊이라하니」 雲門道호대 「我當時若見인댄 一棒打殺與狗子喫卻하야 貴要天下太平이라하니」 如此方酬得하야사 恰好라 所以啐啄之機가 皆是古佛家風이라 若達此道者댄 便可一拳拳倒黃鶴樓[4]하며 一踢踢翻鸚鵡洲[5]하리라 如大火聚하야 近之則燎卻面門하며 如太阿劍하야 擬之則喪身失命이라 此箇는 唯是透脫得大解脫者라야 方能如此니라 苟或迷源滯句하면 決定搆這般說話不得이니라 「對揚遭貶剝이라하니」 則是一賓一主, 一問一答하야 於問答處에 便有貶剝을 謂之對揚遭貶剝이라 雪竇深知此事할새 所以只向兩句下에 頌了라

【평창번역】

'옛 부처의 가풍이 있다' 했으니 설두는 이 한 글귀로써 송을 끝마쳤다. 아무리 다가가도 도저히 접근할 수 없나니 만일 접근할 수 있다면 천지현격의 차이가 날 것이다. 다가가는 그 순간 이미 어긋나 버리고 말 것이다. 비록 종횡무진함이 있다 하더라도 (여기선) 전혀 쓸모가 없다. 설두가 "옛 부처의 가풍이 있다"고 말한 것은 지금의 이런 예(경청의 '啐啄之機')만을

---

4) 黃鶴樓(3字) = 須彌山(福本).
5) 鸚鵡洲(3字) = 大海水(福本).

말한 것은 아니다. 부처는 태어나자마자 한 손으로 하늘을 가리키고 또 한 손으로 땅을 가리키며 사방을 돌아보면서 이렇게 말했다. "천상천하 유아독존." (이에 대하여) 운문은 (이렇게) 말했다. "내가 만일 그때 (부처를) 봤더라면 한 방망이 때려서 개밥을 만들어 버렸을 것이다. (그리하여) 온 천하를 태평스럽도록 했을 것이다." —이렇게 응수해야만 비로소 적절하다고 할 수 있다. 그러므로 절차탁마의 수행법(啐啄의 機用)은 모두 '옛 부처의 가풍'이라고 할 수 있다. 만일 이 도(道)에 통달한 자라면 한주먹에 황학루를 때려눕히고 한발에 앵무주를 짓밟아 버릴 것이다. (반야의 지혜는) 큰 불더미와 같아서 가까이 가면 얼굴이 타 버린다. (반야의 지혜는 또한) 고대의 명검과도 같아서 머뭇거리다가는 (그 즉시) 목숨을 잃어버리게 될 것이다. 이것(自己本分事)은 (번뇌망상에서) 벗어나 대해탈을 얻은 자라야 비로소 이렇게 될 수 있는 것이다. (그러나) 만일 글귀(말)에 걸려 근원을 미(迷)하게 되면 결코 이런 말(본칙공안 및 운문의 말)의 경지에 이를 수 없다. '거론했다간 혼쭐이 난다'고 했으니 나그네(행각승)와 주인이 일문일답을 해서 그 문답처에서 문득 흔쭐이 나게 되면 이를 일러 '거론했다간 혼쭐이 난다'고 하는 것이다. 설두는 이 일(啐啄의 機用)을 깊이 알고 있기 때문에 오직 두 글귀(옛 부처의 ~ 혼쭐이 나네)로써 송을 (모두) 끝마쳐 버린 것이다.

【평창해설】

'옛 부처의 가풍이 있다(古佛有家風)'는 이 한 시구로써 본칙공안의 송은 사실상 끝났다고 봐야 한다. 왜냐하면 경청의 전략은 바로 이 '옛 부처의 가풍'을 드러낸 그 단적인 예이기 때문이다. 따라서 이 '옛 부처의 가풍' 가까이 접근할 수 있는 사람은 아무도 없다. 아니 다가가는 그 순간 이미 빗나가 버리고 말 것이다. '옛 부처의 가풍'은 '가풍' 그 자체마저 부정해 버리는 극한의 경지이기 때문이다. 여기 다가갈 가풍이 어디 있고 다가가는 자는 또 어디 있단 말인가. 다가가는 자가 있고 그 가풍이 있다면 그것은 아직 완전한 '옛 부처의 가풍'이라고 볼 수가 없다. 전광석화와도 같은 직관력과 능숙한 언어 구사력이 있다 하더라도 이 '옛 부처의 가풍' 앞에서는 전혀 쓸모가 없다. 제아무리 용빼는 재주가 있다 하더라도 결국은 흔적이 찍히기 때문이다. 이 '옛 부처의 가풍'은 본칙공안만을 지칭한 것이 아니다. '옛 부처의 가풍'은 멀리 부처 탄생의 이야기로부터 비롯된다. 부처는 태어나자마자 일곱 걸음을 걷고 난 다음 한 손으론 하늘을, 또 한 손으론 땅을 가리키며 "천상천하 유아독존"이라고 외쳤다. 그로부터 1,600여 년 뒤에 운문이 나타나서 부처의 이 말을 다음과 같이 평했다. "내(운문)가 만일 그 소릴 직접 들었더라면 즉시 부처를 몽둥이 찜질해서 개밥을 만들어 버렸을 것이다." — 이건 부처를 깎아내려도 너무 심하게 깎아내린 말이다. 그러나 선승들은 운문이야말로 부처를 진짜 살려냈다고 극찬을 했으니 이게 도대체 어찌된 일인가. 진정한 의미에서의 '천상천하 유아독존' 그 자리에는 높고 낮음도 없고 나도 남도 전혀 없기 때문이다. 만일 이 자리에 실끝만큼이라도 언어나 감정의 흔적을 찍는다면 그 순간 그것은 이미 '천상천하 유아독존'이 아니다. 그래서 운문은 뒷사람들이 이 '천상천하 유아독존'의 함정에 빠질까 염려되어 이런 식의 반어법을 사용한 것이다. 아니 반어법이 아니라 사실상 운문의 이 말이야말로 '천상천하 유아독존'의 경지를 가장 적절하게 표현해 낸 것이다. 부처가 이런 식으로 운을 띄우자 운문이 전혀 다른 박자로 화답을 하는 바로 이런 것을 일러 절차탁마의 수행법〔啐啄之機用〕이라고 하는 것이다. 언어(관념)의 굴레에서 완전히 벗어난 사람이라야만 이런 식의 화답이 가능하다. '옛 부처의 가풍'을 거론하는 그 순간 불벼락이 떨어지는 바로 이것이 진정한 의미에서의 '옛 부처의 가풍'이 되살아나는 바로 그 자리이다. "옛 부처의 가풍이 있으니/ 거론했다간 혼쭐이 나네." — 이 두 시구로써 본칙공안의 송은 사실상 끝났다고 봐야 한다.

【評　唱】

末後只是落草니 爲你注破라 「子母不相知, 是誰同啐啄고하니」 母雖啄이나 不能致子之啐하며 子雖啐이나 不能致母之啄이니 各不相知라 當啐啄之時하야 是誰同啐啄고 若恁麼會댄 也出雪竇末後句不得在로다 何故오 不見香嚴道호대 「子吽母啄이여 子覺無殼이라 子母俱忘이나 應緣不錯이요 同道唱和하니 妙玄獨脚이로다」

【평창번역】

이 뒤('자식과 어미가 서로 알지 못하거니' 이하의 시구)는 사족이니 여러분을 위해서 주석을 붙인 것이다. "자식과 어미가 서로 알지 못하거니/ 누가 함께 찍고 쪼을[啐啄] 것인가"라고 했으니 어미가 비록 쪼아 주나 자식이 찍음에 이르지 못하며, 자식이 비록 찍으나 어미의 쪼음에 이르지 못하니 각각 서로가 서로를 알지 못하고 있는 것이다. —(그러니) 찍고 쪼을 때를 당해서 누가 함께 찍고 쪼을 것인가. 만일 이런 식으로 (잘못) 안다면 설두의 마지막 시 구절(송의 마지막 구절인 '천하의 ~ 그 이름뿐이네')을 벗어날 수 없을 것이다. 왜 그런가? 다음과 같은 향엄의 말을 (여러분은) 익히 알고 있을 것이다.

"자식이 찍고 어미가 쪼음이여/ 자식은 껍질이 없음을 깨달았네/ 자식과 어미가 모두 잊었으나/ 인연따라 감응함에는 착오가 없네/ 같은 곡조로 합창하여 부르나니/ 미묘하고 심오한 절대인이여."

【평창해설】

스승은 가르친다는 생각 없이 가르치고 제자는 배운다는 생각 없이 배우는 이 무심의 상태야말로 진정한 절차탁마의 수행이다. 그런데 이 말을 다음과 같이 잘못 이해한다면 벗이여, 그대는 언어의 똘마니 신세를 면치 못할 것이다.

 '제자가 배우려 해도 스승이 가르칠 줄 모르고 스승이 가르치려 해도 제자가 배울 줄을 모른다면 절차탁마의 수행이 어떻게 가능하단 말인가.'

    가르치지 않고 가르치며 배우지 않고 배우는
    이 소식이여
    봄이 오면 꽃피고 새가 우나니
    나의 주인공은 바로 지금 여기 있어라.

【評　　唱】

　雪竇不妨落草라 打葛藤道호대 「啄이라하니」 此一字는 頌鏡淸答道 「還得活也無라」 「覺은」 頌這僧道 「若不活, 遭人怪笑라」 爲什麽雪竇卻便道호대 猶在殼고 雪竇向石火光中別緇素하며 閃電機裏辨端倪라

【평창번역】

　설두는 노파심이 너무 간절했다. 그래서 또 이렇게 말했던 것이다. "啄(밖에서 쪼아 주자)." —이 한 글자[一字]는 경청이 (이 승에게) 답한 "환득활야무(還得活也無, 살아 있느냐)"를 말하는 것이다. "覺[안에서 찍는다]"은 "(제가) 만일 살아 있지 않다면 사람들이 비웃을 것입니다"라는 이 승의 말을 읊은 것이다. 설두는 무엇 때문에 "아직도 껍질 속에 있다"고 말했는가. 설두는 전광석화 속에서 흑백을 구분할 줄 알았으며 일의 자초지종을 판별할 줄 알았던 것이다.

【평창해설】

이 승의 대답을 설두는 "아직도 껍질 속에 있다"고 읊고 있다. 이 구절은 전광석화와도 같이 빠른 설두의 안목을 드러낸 곳이다. 자, 벗이여. 설두의 이 구절을 꿰뚫어 보라. 그대 인생의 날이 저물기 전에…….

【評　　唱】

鏡淸道「也是草裏漢을」雪竇道호대「重遭撲이라하니」者[6] 難處些子是라 鏡淸道호대「也是草裏漢이라-하니」喚作鏡淸換人眼睛得麽아 這句도 莫是猶在殼麽아하면 上得沒交涉이니 那裏如此랴 若會得하면 繞天下行脚이라도 報恩有分하리라 山僧恁麽說話도 也是草裏漢이라

【평창번역】

경청이 말한 "형편없는 놈이로군"을 (가리켜) 설두는 "(더 승이) 거듭(한 방 더) 얻어맞았다"고 말했으니 (본칙공안의) 풀기 어려운 곳은 (바로) 이 대목이다. 경청은 '형편없는 놈'이라고 했으니 경청이 사람(이 승)의 눈알을 바꿔치기했다고 말할 수 있겠는가. '이 구절도 역시 껍질 속에 있는 것이 아닌가' 라고 말한다면 본뜻에는 전혀 맞지 않으니 저 속내(본칙공안의 내용)는 이와 같다. 만일 알았다면 천하를 두루 누비고 다니더라도 불조(佛祖)의 은혜를 갚을 자격이 있는 것이다. ─이렇게 지껄이는 산승(원오) 역시 형편없는 놈일 뿐이다.

---

6) 者 = 這(一夜本).

【평창해설】

본칙공안의 암호를 푸는 열쇠는 경청의 마무리 말인 '형편없는 놈이로군'이다. 이 말의 속뜻을 알게 되면 본칙공안은 손쉽게 풀려 버린다. 그러나 이 말의 속뜻은 그리 쉽게 풀리지 않나니 벗이여, 그대의 목숨과 맞바꿀 비장한 각오가 없는 한 섣불리 덤벼들지 마라. 그런데 경청의 이 마무리 말도 역시 껍질의 수준이라고 속단한다면 그건 전혀 맞지 않는 말이다.

【評 唱】

「天下衲僧徒名邈이라하니」誰不是名邈者오 到這裏하야 雪竇自名邈不出하고 卻更累他天下衲僧이로다 且道鏡淸作麼生이 是爲這僧處오 天下衲僧跳不出[7]이로다

【평창번역】

"천하의 수행자들은 한갓 그 이름뿐이네"라 했으니 한갓 이름뿐이 아닌 자가 누군가. 여기(이름이 붙을 수 없는 곳) 이르러서 설두는 스스로가 언어의 굴레에서 벗어나지 못하고 오히려 천하의 수행자들을 번거롭게 하고 있다. 자, 일러 보라. 경청의 어떤 것이 이 승을 위한 곳인가. 천하의 수행자들은 (경청의 손아귀에서) 벗어나지 못할 것이다.

【평창해설】

언어를 사용하고 있는 한 우린 언어의 굴레에서 벗어날 수가 없다. 설

---

7) 跳不出(3字) = 徒名邈(福本).

두는 자신이 지금 언어의 굴레에서 벗어날 수 없다는 것을 알았다. 그래서 '모든 수행자들은 수행자로만 붙박혀 있는 한 언어의 굴레에서 벗어날 수가 없다'고 자신의 짐을 남에게 떠넘기고 있다. 자, 마지막으로 경청이 (본칙공안에서) 이 승에게 가장 친절한 가르침을 준 곳이 어디인가. 벗이여, 참구해 보라.

第 17 則
香林西來意
향림의 서래의

【垂　　示】

垂示云,「斬釘截鐵하야사 始可爲本分宗師니 避箭隈刀하면 焉能爲通方作者리요 針箚不入處則且置하고 白浪滔天時如何오 試擧看하라」

【수시번역】

㉠ 일도양단(하는 결단력)이 있어야만 본분종사(本分宗師)라 할 수 있나니 화살과 칼을 피하게 되면 어찌 통달무애한 거장이라 할 수 있겠는가. 바늘로 찔러도 들어가지 않는 곳(언어와 생각이 미칠 수 없는 곳, 把住處)은 그렇다 치자.

㉡ 흰 물결이 하늘을 뒤덮을 때〔放行處〕를 어찌할 것인가. 시험삼아 거론해 보자.

【수시해설】

두 마디로 되어 있다.
첫째 마디(㉠) : 선지식의 종횡무진한 전술전략에 대한 언급이다.

둘째 마디(ⓒ) : 본칙공안이야말로 선지식의 종횡무진한 전술전략을 보인 그 좋은 본보기임을 강조하고 있다.

【本　　則】

〔本則〕擧, 僧問香林호대 「如何是祖師西來意닛고」(大有人疑著이로다 猶有這箇消息在라) 林云「坐久成勞니라」(魚行水濁이요 鳥飛落毛이라 合取狗口好하라 作家眼目이요 鋸解秤鎚로다)

【본칙번역】

승이 향림에게 물었다. "어떤 것이 조사서래(祖師西來)의 뜻입니까?"
　(많은) 사람들이 (이에 대해서) 의문을 품고 있다. 오히려 이 소식이 있군.
향림은 말했다. "좌구성로(坐久成勞, 오래 앉아 있으니 피곤하구나)."
　고기가 가면 물이 흐려지고 새가 날면 깃이 떨어진다. 개 주둥이를 닥쳐라. 작가의 안목이니 톱으로 저울추를 자른다(아주 알기 어려운 문제다).

【본칙과 착어해설】

　△ 오히려 이 소식이 있군.　　승이 향림에게 '어떤 것이 '조사서래의 뜻'이냐'고 물었다. 그런데 바로 이 물음 속에 '조사서래의 뜻'이 드러나 있다. 자, 그렇다면 물음의 어느 곳에 이런 뜻이 드러나 있는가. 벗이여, 이를 자세히 참구해 보라.
　◎ "좌구성로(坐久成勞, 오래 앉아 있으니 피곤하구나)."　　이 대목은 활구이므로 글자풀이만으론 그 속뜻을 알 수가 없다. 그러므로 이 '좌구성로'란 말을 하나의 화두로 삼아 참구해야 한다. 이 무쇠벽이 펑! 뚫릴 때까지…… 처음부터 아예 잔재주를 부리거나 머리를 굴려서 알 생각은 않

는 게 좋다. 그래서 《종전초》에선 이렇게 말했다. "조사(달마)가 서쪽(인도)에서 중국으로 오기 그 이전 자리에서 이 '좌구성로'를 간파해야 한다. '좌구성로'라는 이 네 글자가 곧 '조사서래의 뜻'이라고 말한다면 빗나가도 너무나 빗나가 버렸다. 그러나 이 '좌구성로'라는 네 글자를 떠나서 알 수도 없다."

△ 고기가 가면 ~ 닥쳐라.　　향림은 '좌구성로'란 활구로써 조사서래의 뜻을 극명히 드러냈다. 그러나 그와 동시에 조사서래의 뜻에 흠집이 나 버리고 말았다. 고기가 물속을 가면 물이 흐려지고 새가 날아가면 깃이 떨어지듯. 그래서 원오는 "그 본래 자리는 언어를 초월해 있으므로 향림은 개 짖는 소리를 더 이상 내지 마라"라고 향림에게 일격을 가하고 있다.

△ 작가의 ~ 자른다.　　그러나 향림은 이 '좌구성로'를 통해서 언어를 초월한 그 본래 자리를 극명하게 드러냈다. 이것은 대단한 선지식의 안목이다. 그렇지만 '좌구성로'란 이 말이 어째서 '조사서래의 뜻'인가? ……이를 간파한다는 것은 정말 힘든 일이다. 톱으로 무쇠 저울추를 자르는 그것만큼이나 어려운 일이다.

【評　　唱】

〔評唱〕香林道호대「坐久成勞라하니」還會麽아 若會得하면 百草頭上에 罷卻干戈어니와 若也不會댄 伏聽處分하라 古人行脚에 結交擇友하야 爲同行道伴하야 撥草瞻風이라 是時雲門이 旺化廣南할새 香林得得出蜀하니 與鵝湖, 鏡淸으로 同時라 先參湖南報慈하고 後方至雲門會下하야 作侍者十八年하니 在雲門處親得親聞이라 他悟時雖晚이나 不妨是大根器라 居雲門左右十八年에 雲門이 常只喚遠侍者라 纔應喏하면 門云「是什麽오하니」香林當時에 也下語呈見解, 弄精魂이나 終不相契라 一日, 忽云「我會也라하거늘」門云「何不向上道將來오하니」又住三年

이라 雲門室中垂大機辯은 多牟。 爲他遠侍者를 隨處入作이라 雲門凡有一言一句는 都收在遠侍者處라

【평창번역】

향림이 말하길 "좌구성로(坐久成勞, 오래 앉아 있으니 피곤하구나)"라 했으니 알겠는가. 만일 알았다면 어느 곳에서든 (이제 더 이상) 조사서래의(祖師西來意)에 대한 논의는 하지 않을 것이다. (그러나) 만일 알지 못했다면 엎드려 판결처분하는 (소리를) 들어야 한다. 옛사람은 행각(길)에 오를 때 (마땅한) 벗을 택하여 도반(道伴, 친구)으로 삼아서 깨닫기 위한 온갖 노력과 어려움을 감수했다. 이대 운문의 교화가 광남(廣南)에서 성했으므로 향림은 촉(蜀)을 나왔으니 아호(鵝湖)·경청(鏡淸)과 동시대인이었다. (향림은) 먼저 호남의 보자(報慈) 화상을 참배하고 뒤에 운문 회하에 이르러 18년을 시자(비서)로 지냈으니 운문 밑에서 (심오한 뜻을) 깨닫고 친히 들었던 것이다. 저(향림)의 깨달은 시기가 비록 늦었으나 (저는) 대근기(大根機)였다. 운문의 좌우에서 머무는 18년 동안 운문은 언제나 "원시자(遠侍者)"하고 불렀다. (향림이) 대답하자마자 운문은 "시십마(是什麽, 이 뭣꼬)"라고 반문했다. 향림은 (이에 대하여) 설명을 하고 자신의 견해를 드러내고 기괴한 행동을 해 보였으나 (운문의 뜻에) 계합할 수가 없었다. (그런데) 어느 날 (향림은) 문득 "나는 알았다"고 말했다.

(그러자) 운문은 말했다. "어찌 그 이상(向上)을 말하지 않는가?" (이 말을 들은 향림은) 다시 3년을 (더) 머물렀다. 운문이 실내에서 (제자들에게 내린) 깨달음으로 이끄는 교묘한 말들은 그 대부분이 저 원시자(향림)를 그때그때 깨우치도록 (유도)한 것이다. (그러므로) 운문이 (말한) 한 마디 말과 한 개의 글귀(一言一句)는 모두 원시자가 기록한 것들이다.

【평창해설】

　향림의 이 활구 '좌구성로'를 간파한다면 이제 더 이상 공안의 암호를 푸는 데 어려움은 없을 것이다. 향림은 운문 밑에서 18년 동안이나 시자(侍者, 비서) 노릇을 했다. 그러고 나서 마침내 크게 깨달음을 얻었던 것이다. 평소 운문은 자신의 말을 언어로 기록하지 못하게 했다. 그래서 향림은 종이로 만든 옷을 입고 들어가 몰래 운문의 말들을 기록하곤 했는데 이것이 우리가 지금 접할 수 있는 《운문광록(雲門廣錄)》으로 집대성됐다. 평창문의 "운문이 (말한) 한 마디 한 글귀는 모두 원시자(遠侍者, 香林澄遠)가 기록한 것들이다"는 구절은 바로 이를 말하는 것이다.

【評　　唱】

　香林後歸蜀하야 初住導江水晶宮하고 後住青城香林하니라 智門祚和尚은 本浙人이라 盛聞香林道化하고 特來入蜀參禮하니 祚乃雪竇師也라 雲門雖接人無數나 當代道行者중에 只香林一派最盛이라 歸川住院四十年하고 八十歲方遷化라 嘗云「我四十年方打成一片이라하니라」

【평창번역】

　향림은 후에 촉(蜀)으로 돌아가서 도강의 수정궁(導江 水晶宮 → 迎祥寺 天王院)에 머물렀다. 그 뒤에는 줄곧 청성의 향림원(青城 香林院)에 주석했다. 지문광조(智門光祚) 화상은 본시 절강 사람이었는데 향림의 도화(道化)가 성하다는 말을 듣고 (절강으로부터 8천 리 길을 걸어) 촉으로 와서 (향림을) 뵈었다. 이 지문광조 화상이 바로 설두의 스승이다. 운문이 제접한 사람은 무수히 많으나 당대의 도행자(道行者)들 가운데 오직 향림 일파가 가장 성황을 이루고 있었다. (향림)은 사천성으로 돌아가 40년 동안 향림원에 머문 후 80세로 입적했는데 그는 늘 이렇게 말했다. "나는 40년이 돼서야 비로소 (만물과) 하나가 될 수 있었다."

【평창해설】

이 대목에선 간략한 향림의 일대기를 기술하고 있다. 이 향림 밑에서 지문광조(智門光祚)가 나왔고 지문광조 밑에서 벽암록 백칙의 송고(頌古)를 지은 설두가 나왔다.

【評　　唱】

凡示衆云호대「大凡行脚하야 參尋知識인댄 要帶眼行이니 須分緇素, 看淺深始得이니라 先須立志니 而釋迦老子도 在因地時發一言一念이 皆是立志라」 後來僧問호대「如何是室內一盞燈이닛고」 林云「三人이 證龜成鼈이니라」 又問「如何是衲衣下事닛고」 林云「臘月火燒山이니라」

【평창번역】

(향림은) 늘상 대중들에게 이렇게 말했다. "행각길에 올라 선지식을 찾아가고자 할진댄 (우선 먼저 자신의) 안목을 확실히 해야만 한다. (진짜 선지식인지 사이비 선지식인지 그) 흑백을 구분할 줄 알고 깊고 옅음을 간과하지 않으면 안 된다. (그러자면 우선) 먼저 뜻을 (굳게) 세우지 않으면 안 되나니 부처도 수행 시절이 말한 그 한 마디 말과 한 생각이 모두 뜻을 (굳게) 세우기 위한 것이었다."

뒤에 (어떤) 승이 물었다. "어떤 것이 실내의 한 등불입니까?"

향림이 말했다. "삼인증구성별(三人證龜成鼈, 세 사람이 증명하니 거북이가 되려 자라가 되는구나)."

(승은) 또 물었다. "어떤 것이 납의(衲衣) 아래 일[一大事]입니까?"
향림이 말했다. "납월화소산(臘月火燒山, 섣달에 불길이 산을 태운다)."

【평창해설】

여기선 또 다른 향림의 공안 두 개를 소개하고 있다. 그런데 이 두 개의 공안은 본칙공안과 그 구조가 일맥상통하고 있다.

첫째 공안

승이 말했다. "어떤 것이 실내의 한 등불(본래 마음)입니까?"
향림이 말했다. "삼인증구성별(三人證龜成鼈, 세 사람이 거북이를 앞에 놓고 입씨름을 하니 거북이가 마침내는 자라가 된다)."

이 '삼인증구성별'은 활구다. 그러므로 글자풀이만으론 그 속뜻을 알 수가 없다. 벗이여, 그대 스스로가 참구해서 뚫는 수밖에 또 다른 방법은 없다. 여기 투자의청(投子義靑)은 이 공안에 대하여 이렇게 송을 읊고 있다.

> 세 사람이 공모하니 일은 성사가 됐네
> 직언을 하는 것은 정직한 사람의 표시
> 실내의 등불을 누가 밝히겠는가
> 백발 소년의 두 볼에 수염이 났네.
> (六耳同謀事可成　直言方表赤心人
> 　室中燈焰誰來撥　白髮童子兩鬢新)

둘째 공안

승이 말했다. "어떤 것이 일대사(一大事, 깨닫는 일)입니까?"
향림이 말했다. "납월화소산(臘月火燒山, 섣달에 불길이 산을 태운다)."

이 구절('납월화소산')도 역시 활구다. 이 공안에 대하여 설두는 이렇게 읊고 있다.

　　섣달에 불길이 산을 태움이여
　　그 종류도 여러 가지네
　　굽은 소나무에 학은 차갑고
　　눈 위에 서 있는 사람은 춥네
　　달마조차도 이 소식을 아지 못했거니
　　정말 어렵군. 정말 어렵군.
　　(臘月燒山　多種千般　翹松鶴令
　　　立雪人寒　達磨不會　大難大難)

【評　　唱】

　古來答祖師意甚多나 唯香林此一則이 坐斷天下人舌頭니 無你計較作道理處니라 僧問 「如何是祖師西來意닛고」 林云 「坐久成勞라하니」 可謂言無味, 句無味, 無味之談이라 塞斷人口하니 無你出氣處라 要見便見이요 若不見인댄 切忌作解會니라 香林曾遇作家來라 所以有雲門手段하야 有三句體調라 人多錯會道호대 「祖師西來하야 九年面壁하니 豈不是坐久成勞아하니」 有什麽巴鼻리요 不見他古人得大自在處니 他是脚踏實地하야 無許多佛法知見道理하고 臨時應用이라 所謂法隨法行하니 法幢隨處建立이라 雪竇因風吹火하야 傍指出一箇半箇[1]라

---

[1] 傍指出一箇半箇(7字) = 傍瞥指出(福本). (← '一箇半箇' 此四字頌第一句重出 當從福本除之(不二鈔).

【평창번역】

　예로부터 조사서래의(祖師西來意)에 대한 대답이 무척 많았으나 오직 향림의 이 일칙공안(一則公案)이 뭇 사람들의 언어를 제압했나니 그대들이 분별심을 일으켜 왈가왈부할 곳이 없다. 승이 물었다. "어떤 것이 조사서래의 뜻입니까?" 향림은 "좌구성로(坐久成勞, 오래 앉아 있으니 피곤하구나)"라고 했으니 그 말이나 언구가 아무 맛도 없는 (그야말로) 무미건조한 말일 뿐이다. (그러나 이 무미건조한 말이) 사람의 입을 꽉 틀어막아 버렸으니 그대가 숨을 내쉴 곳이 없다. 보고자(알고자) 하면 즉시 볼(알) 것이요, 만일 보(알)지 못했다면 분별심을 일으켜 알려고 하는 것은 절대 금물이다. 향림은 일찍이 거장(운문)을 만났기 때문에 운문의 전술전략을 익힐 수 있었고 (운문) 삼구(三句)의 표현 방법을 자신의 것으로 사용할 수 있었던 것이다. (그런데 이를 모르고) 사람들은 이런 식으로 잘못 말하고 있다. "달마(조사)가 서래(西來)하여 9년 면벽했으니 이것이 어찌 '좌구성로'가 아니겠는가?" (그러나 이런 식의 말이) 무슨 근거가 있단 말인가. 저 고인(향림)이 대자재함을 얻은 곳을 간파하지 못했기 때문에 (이런 식의 말을 하는 것이다.) 저(향림)는 참된 경지(깨달음)를 몸소 체험했기 때문에 불법에 관한 관념적인 분별 의식이 전혀 없이 그때그때 (상대에 알맞게) 썼을 뿐이다. 그러므로 말하길 "법은 법을 따라가나니 법의 기둥〔法幢〕이 가는 곳마다 세워진다"고 했던 것이다. 설두는 전혀 힘을 들이지 않고 곁에서 약간〔一箇半箇〕을 읊고 있다.

【평창해설】

　'조사서래의 뜻'에 대한 대답은 많지만 본칙에서의 이 향림의 대답('좌구성로')은 단연 돋보이는 데가 있다. 그러나 정말 무미건조하기 이를 데 없고 싱겁기 짝이 없다. 그런데 향림의 이 활구가 우리의 분별심을 여지없이 차단해 버리고 말았다. '좌구성로', 이 소리가 떨어지는 바로 그 찰나에 아! 하고 간파해야만 한다. 조금이라도 머뭇거린다든가 머리를 굴린다면 그냥 꽉 막혀 버려서 앞으로 나갈 수도 뒤로 물러설 수도 없게 될 것이다. 그런데 사람들은 잘못 알고는 다음과 같은 식으로 말하고 있다. "달마대사가 소림사에서 9년 동안이나 면벽하고 앉아 있었으니 이것이 어찌 좌구성로(坐久成勞, 오래 앉아 있으니 피곤하군)'가 아니겠는가." —그러나 이런 식의 글자풀이는 '좌구성로'의 참뜻과는 전혀 다르다는 것을 알아야 한다. 평창문의 "곁에서 약간을 읊고 있다〔傍指出一箇半箇〕"가 《복본(福本)》에는 "살짝 곁눈질해서 읊고 있다〔傍瞥指出〕"로 되어 있다. 이 《복본》을 따라야 문장의 뜻이 분명해진다. 그래서 《종전초》와 《불이초(不二鈔)》에선 모두 이 《복본》을 따르고 있다.

(福本作 傍瞥指出 無一箇半箇~《種電鈔》
一箇半箇此四字 當從福本除之~《不二鈔》)

【頌】

〔頌〕一箇兩箇千萬箇여(何不依而行之오 如麻似粟이라 成群作隊作什麼오) 脫卻籠頭卸角馱라(從今日去니 應須灑灑落落이니라 還休得也未아) 左轉右轉隨後來하면(猶自放不下니 影影響響이로다 便打하다) 紫胡要打劉鐵磨니라(山僧拗折拄杖子니 更不行此令이라 賊過後張弓이로다 便打하다 嶮!)

【송번역】

한 사람 두 사람 천만 사람이여
    어찌 (자신에게) 의지하지 않고 가는가. (눈먼 자가) 좁쌀처럼 많군. 무리를 지어 뭘 하려는가.
굴레를 벗고 등짐을 부렸네

오늘부턴 쇄쇄낙락하지 않으면 안 된다. (말은) 이것으로써 충분하지 않은가?

좌로 돌고 우로 돌며 (남의) 뒤만 따라다니니

스스로가 (말을) 놓지 못하는군. 그림자에 그림자가 겹치고 발소리에 발소리가 울린다. 갑자기 후려치다.

자호가 유철마를 때릴 수밖에 없었네

산승(원호)의 주장자는 부러졌으니 다시는 이 법령을 행하지 않겠다. 도적이 지나간 뒤에 활을 쏘는군. 갑자기 후려치다. 위험천만!

【송과 착어해설】

◎ **한 사람 ~ 등짐을 부렸네**　중생들의 본성은 원래부터 티끌 한 점 없는 거울과도 같다. 그러므로 여기엔 무지번뇌〔無明業識〕의 굴레와 분별망상〔知見解會〕의 등짐이 없다. 그러나 이것은 어디까지나 본질적인 입장에서 그렇다는 것이지 지금의 현 상태가 그렇다는 것은 아니다.

△ **어찌 ~ 뭘 하려는가.**　나 자신의 스승은 나 자신이다. 그러므로 남의 말끝만을 따라 우왕좌왕 일생을 탕진하지 마라. 해가 뉘엿뉘엿 서산에 질 때 후회해 봤자 이미 늦어 버렸다. 그러나 보라. 주변에는 온통 남의 뒤만 따라 우왕좌왕하는 이들로 가득하다. 무리를 짓지 마라. 외롭더라도 홀로 가거라.

> 마음에 맞는 벗이 있다면
> 구도의 길에서 더없는 축복이다.
> 그러나 그런 벗을 만나지 못했다면
> 왕이 정복했던 나라를 버리고 돌아가듯
> 외롭지만 차라리 홀로 가거라.
>
> 《법구경》

△ **오늘부턴 ~ 안 된다.**　우리의 본성은 본래 거울과 같으므로 다시 그 자리로 되돌아가야 한다. 떠도는 생활은 이제 그만 청산하자.

△ **(말은) ~ 않은가?**　이 이상 더 할 말은 없다. 말은 이것으로 충분하다.

◎ **좌로 돌고 ~ 따라다니니**　지금 이 자리에서 향림의 활구를 간파하지 못하면 결국 언어에 끌려다니게 된다.

△ **스스로가 ~ 울린다.**　그러나 우린 누가 시켜서 말의 굴레에서 벗어나지 못하는 게 아니다. 나 자신이 나 자신을 그렇게 만든 것이다. 말의 굴레에서 벗어나면 큰일나는 줄 알고 그걸 죽어라고 붙들고 있다. 아니 이 세상 전체가 말의 노예 집단이다. 이 수많은 노예들이 지금 도처에서 그림자에 그림자 겹치고 발소리에 발소리를 울리며 가고 있다. 어딘지도, 왜 가는 줄도 모르는 그 암흑 속으로…….

△ **갑자기 후려치다.**　원오는 갑자기 선상을 후려치고 있다. 이는 '정신 바짝 차리라'는 경책의 신호다.

◎ **자호가 ~ 없었네**　말의 뜻을 따라 움직인 우철마가 자호한테 얻어맞은 고사를 들어 '말끝을 따라가다간 낭패를 본다'는 것을 말하고 있다. 자세한 건 평창을 보라.

△ **산승의 ~ 않겠다.**　그러나 원오는 본래 청정의 입장에서 이렇게 촌평을 내리고 있다. "우리의 본성은 거울과도 같거니 여기 어찌 말의 흔적이 남아 있겠는가. 설두여, 난 더 이상 자네와 같은 방법은 쓰지 않겠다. 여기 맞을 나도 없는데 때릴 그대가 어찌 있을 수 있겠는가?"

△ **도적이 ~ 활을 쏘는군.**　원오의 입장에서 본다면 설두의 이 예리한 지혜의 검도 한 수가 늦었다고 할 수 있다. 왜냐하면 지혜의 검을 휘두른 그 칼자국이 남아 있기 때문이다. 마당의 티끌은 쓸었지만 그러나 빗자루로 쓴 그 흔적이 남아 있기 때문이다.

△ **갑자기 후려치다.**　그래서 원오는 느닷없이 주장자로 선상을 내리치고 있다. 비질한 그 흔적마저 없어 버리기 위해서…….

△ 위험천만!　　그렇다면 원오의 주장자 흔적은 또 어찌할 것인가. 위험하다. 위험하다. 한발 뒤로 물러나거라.

【評　　唱】

〔評唱〕雪竇直下에 如擊石火, 似閃電光이라 拶出放教你見하니 聊聞擧著하야 便會始得이니라 也不妨是他屋裏兒孫일새 方能恁麼道라 若能直下에 便恁麼會去하면 不妨奇特이로다「一箇兩箇千萬箇여 脫卻籠頭卸角䭾라하니」灑灑落落하야 不被生死所染하며 不被聖凡情解所縛하고 上無攀仰하며 下絶己躬하야 一如他香林, 雪竇相似라 何止只是千萬箇리요 直得盡大地人이 悉皆如此며 前佛後佛이 也悉皆如此라

【평창번역】

설두는 그야말로 전광석화와도 같다. 충격을 줘서 그대로 하여금 (본칙공안의 속뜻을) 간파하도록 내맡겼나니 거론하는 것을 듣기가 무섭게 (본칙공안을) 간파해야만 한다. (설두는) 또한 저(향림) 집안의 자손이었기 때문에 이런 식(한 사람 두 사람 천만 사람이여)으로 말할 수 있었던 것이다. 만일 즉시 이렇게 안다면 아주 대단하다고 할 수 있다. "한 사람 두 사람 천만 사람이여/ 굴레를 벗고 짐을 부렸다"고 했으니 쇄쇄낙락하여 생사에 오염되지 않았으며 범부와 성인이라는 이 분별심에 얽매이지 않았다. (그러므로) 위로는 우러러볼 부처가 없고 아래로는 소중히 여겨야 할 자기 자신마저 없나니 저 향림과 설두는 같은 경지에 있다. (생사에 오염되지 않은 이가) 어찌 천만 사람에 그치겠는가. 이 세상의 모든 사람들이 다 이와 같으며 이전의 부처와 이후의 부처 또한 이와 같다.

【평창해설】

설두는 향림의 활구를 보는 즉시 그 속뜻을 간파해 버렸다. 그리하여 우리로 하여금 분발하도록 다음과 같은 식으로 읊고 있다. "모든 중생의 본성은 청정하다." 그러므로 우린 이 본래 청정의 자리로 되돌아가야 한다. 이것이 우리가 이 세상에서 해야 할 첫 번째의 일이다. 벗이여, 이를 명심하라.

【評 唱】

苟或於言句中에 作解會하면 便似「紫胡要打劉鐵磨」相似니 其實纔擧하면 和聲便打하리라 紫胡參南泉하니 與趙州, 岑大蟲으로 同參이라 時劉鐵磨在潙山下卓庵하니 諸方皆柰何他라 一日, 紫胡得得去訪云「莫便是劉鐵磨否아」磨云「不敢이니라」胡云「左轉가 右轉가」磨云「和尙莫顚倒하라하니」 胡和聲便打라 香林答這僧問如何是祖師西來意하야 卻云「坐久成勞라하니」若恁麼會得인댄「左轉右轉隨後來」也라 且道雪竇如此頌出하니 意作麼生고 無事好하면 試請擧看2)하라

【평창번역】

그러나 만일 언구(言句) 가운데 분별심을 낸다면 '자호가 유철마를 때릴 수밖에 없었던 것'과 같나니 사실은 거론하기가 무섭게 입 벌리는 대로 후려쳐야 한다. 자호는 남전을 참배했으니 조주·잠대충과 같은 도반이었다. 당시 유철마(여승)가 위산 기슭에 암자를 짓고 있었는데 제방(의 모든 선객들)이 그녀를 어찌 해볼 수가 없었다. 어느 날 자호가 (그녀를) 찾아가 말했다. "유철마가 아닌가?"

---

2) 無事 ~ 看(7字)을《種電鈔》에서는 잘못 끼어든 문장으로 보고 삭제했다.

유철마가 말했다. "그렇습니다만……."

자호가 말했다. "좌로 돌리는가, 우로 돌리는가?"

유철마가 말했다. "스님은 잘못된 생각을 하지 마십시오."

자호는 (즉시 유철마가) 입 벌리는 대로 후려쳤다. 이 승이 "어떤 것이 조사서래의 뜻입니까?" 하고 묻자 향림은 "좌구성로(坐久成勞, 오래 앉아 있으니 피곤하구나)"라 했다. ―만일 이런 식으로 (문자를 따라 분별심을 내어) 안다면 '좌로 돌고 우로 돌며 남의 뒤만 따라다니는 격' 이다. 자, 일러 보라. 설두가 이렇게 송을 읊었으니 그 뜻이 어떠한가(어디에 있는가). 일이 없으면 시험삼아 (한번) 거론해 보기 바란다.

【평창해설】

위산의 문하에 유철마(劉鐵磨)라는 여승이 있었는데 정말 대단했던 선승으로 그 기봉(機鋒)을 당해 낼 자가 없었다. 선승 자호(紫胡)는 어느 날 그런 유철마를 찾아갔다. 찾아가서 다짜고짜로 이렇게 물었다. "유철마가 아닌가?" 유철마는 자호의 기습에 약간 당황한 듯 이렇게 말했다. "그렇습니다만……." 그러자 자호는 육두문자를 마구 휘둘러 댔다. "좌로 돌리는가, 우로 돌리는가?" 유철마의 '철마(鐵磨)'는 '무쇠 맷돌' 이란 뜻이므로 자호는 이 '무쇠 맷돌'에 걸맞게 이런 식으로 육두문자를 쓴 것이다. 그런데…… 여기서 유철마는 그만 자호의 함정에 빠지고 말았다. "스님은 엉뚱한 생각(음탕한 생각)을 하지 마십시오." 그러자 자호는 자신의 계략에 걸려든 유철마를 사정없이 후려쳤다. ―이렇게 하여 그 대단한 여걸 선객이 그만 자호에게 참패를 당하고 말았던 것이다. 본칙공안에서의 향림의 활구 '좌구성로(坐久成勞, 오래 앉아 있으니 피곤하구나)'를 단지 글자풀이로만 이해한다면 이 유철마의 경우처럼 말끝을 따라 좌로 돌고 우로 돌게 된다는 것이다. 이렇게 되면 결국은 국 쏟고 ○○ 데는 꼴이 될 수밖에 없다.

第 18 則
肅宗請塔樣
숙종이 탑 모양을 묻다

【 本　　則 】

〔本則〕擧, 肅宗皇帝가(本是代宗이니 此誤라) 問忠國師호대 「百年後所須何物이닛고」(預搔待痒이로다 果然起模畫樣이라 老老大大作這去就로다 不可指東作西니라) 國師云 「與老僧作箇無縫塔하소서」(把不住라) 帝曰 「請師塔樣하소서」(好與一箭이로다) 國師良久云 「會麼아」(停囚長智라 直得指東劃西요 將南作北이니라 直得口似匾檐이로다) 帝云 「不會니다」(賴値不會라 當時更與一拶하야 敎伊滿口含霜하면 卻較些子니라) 國師云 「吾有付法弟子耽源이 卻諳此事라 請詔問之하소서」(賴値不掀倒禪床이라 何不與佗本分草料오 莫搽胡人好하라 放過一著이로다) 國師遷化後에(可惜토다 果然錯認定盤星이라) 帝詔耽源問此意如何오하니(子承父業去也라 落在第二頭第三頭로다) 源云 「湘之南, 潭之北에」(也是把不住라 兩兩三三作什麼오 半開半合이로다) 雪竇著語云 「獨掌不浪鳴이라」(一盲引衆盲이로다 果然隨語生解라 隨邪逐惡作什麼오) 「中有黃金充一國이라」(上是天, 下是地라 無這箇消息이니 是誰分上事오) 雪竇著語云 「山形拄杖子니라」(拗折了也로다 也是起模畫樣이라) 「無影樹下合同船이나」(祖師喪了也라 闍黎道什麼오) 雪竇著語云 「海晏河淸이라」(洪波浩渺라 白浪滔天이면 猶較些子니라) 「瑠璃殿上無知識이라」(咄!) 雪竇著語云 「拈了也라」(賊過後張弓이로다 言猶

在耳라)

【본칙번역】

숙종 황제가
  본래는 대종(代宗)인데 여기선 잘못 쓰고 있다.
충국사에게 물었다. "백 년 후 무슨 물건이 필요하십니까?"
  미리 긁은 다음 가렵기를 기다리는군(쓸데없는 짓을 하고 있군). 채면치레 일 뿐이다. 대단하신 분이 이런 식인가. 동쪽을 가리켜 서쪽이라 하는 것은 옳지 않다.
충국사가 말했다. "노승을 위해서 무봉탑(無縫塔)을 만들어 주십시오."
  불가능한 일이다.
황제가 말했다. "스님께서 직접 탑 모양을 말해 보십시오."
  한 방 멋지게 먹였다.
충국사는 잠자코 있다가〔良久〕 말했다. "알겠습니까?"
  감옥에 오래 갇혀 있는 동안 사악한 꾀만 늘어났군. 동쪽을 가리켜 서쪽이라 하며 남쪽을 일러 북쪽이라 하고 있다. 말문이 꽉! 막혀 버렸군.
황제가 말했다. "모르겠습니다."
  다행히 모르겠다는 말이 있었군. 당시에 다시 한 방을 더 먹여서 저(충국사)로 하여금 끽소리 못 하게 했더라면 그런대로 봐줄 만했는데……
충국사가 말했다. "나에게는 법을 전한 제자 탐원(耽源)이 있는데 이 일(무봉탑)을 알 것입니다. (뒷날 그를) 불러서 물어보십시오."
  다행히도 선상을 들어 엎지는 않았군. 어찌 저(황제)에게 본분의 양식을 주지 않는가. 사람(황제)을 속이지 마라. (이미) 한 수 늦었다.
충국사가 입멸한 뒤에
  애석하군. 과연 저울 눈금을 잘못 읽었군.
황제는 탐원을 불러 이 뜻이 어떤가를 물었다.

자식이 부업(父業)을 잇는군. 제2류, 제3류에 떨어졌다.

탐원은 말했다. "상지남 담지북(湘之南 潭之北, 湘州의 남쪽과 潭州의 북쪽에)."

또한 불가능한 일이다. 둘둘 셋셋이 (지금) 무엇을 하고 있는가? 반쯤은 열렸고 반쯤은 닫혔다(넌지시 암시 해 줬다).

설두는 (이렇게) 촌평을 했다. "한 손바닥으론 소리가 나지 않는다."

한 장님이 장님의 무리를 이끌고 간다. 과연 말을 따라 분별식을 내고 있군. 지나친 농담을 해서 뭘 하려는가?

'중유황금충일국(中有黃金充一國, 그 가운데 황금으로 가득 찬 한 나라가 있네)."

위로는 하늘로부터 아래론 땅까지 (가득 찼다.) 이런 소식은 없다. 이게 (과연) 누구에게 해당되는 일인가.

설두는 (이렇게) 촌평을 했다. "거친 주장자로군."

(이미) 부러져 버렸다. 이 또한 치면치레일 뿐이다.

'무영수하합동선(無影樹下合同船, 그림자 없는 나무 아래 같은 배에 타나니)."

조사가 죽어 버렸구나. 그댄(탐원) (지금) 뭐라 하는가?

설두는 (이렇게) 촌평을 했다. "바다는 잠잠하고 황하는 맑다."

큰 파도가 광활하며 흰 물결이 하늘을 뒤덮는다면 그런대로 봐줄 만하다.

"유리전상무지식(琉璃殿上無知識, 유리의 궁전에는 아무도 없네)."

쯧쯧.

설두는 (이렇게) 촌평을 했다. "모두 말해 버렸다."

도적이 지나간 다음 활을 쏘는군. 아직도 귀에 쟁쟁하다.

【본칙과 착어해설】

△ 본래는 ~ 쓰고 있다.　본칙공안의 물음은 숙종이 아니라 대종(代

宗)이 충국사에게 물은 것이다. 그런데 여기선 잘못 기재돼 있다. 그러나 중요한 것은 누가 물었느냐가 아니라 무엇을 물었느냐이기 때문에 이 문제는 그다지 중요치 않다.

◎ "백 년 후 무슨 물건이 필요하십니까?" 숙종(대종)이 충국사에게 물은 말이다. 백 년 후란 사후(死後)를 말한다. 이는 그저 일상적인 차원에서 물은 말이다.

△ 미리 ~ 기다리는군. 충국사가 입적하기도 전에 입적 후의 일을 묻는 것은 가렵지도 않은데 미리 긁고는 그곳이 가렵기를 기다리는 것과도 같다. 부질없는 짓이란 말이다.

△ 체면치레일 뿐이다. 이렇게 물은 것은 그저 형식적인 체면치레일 뿐 더 이상의 깊은 뜻은 없다.

△ 대단하신 분이 이런 식인가. 대단하신 중국의 천자께서 고작 이 정도의 질문을 던지다니……. 적이 실망스럽군.

△ 동쪽을 ~ 옳지 않다. 충국사가 숙종(대종)의 물음에 걸맞지 않은 대답을 할까 그게 걱정스러워 원오는 이런 식으로 미리 일침을 가하고 있다.

◎ "노승을 위해서 무봉탑(無縫塔)을 만들어 주십시오." 모든 수행자들은 충국사의 이 말 앞에서 속수무책일 수밖에 없다. 충국사가 만일 이런 식으로 대답하지 않았더라면 두 사람의 문답은 결코 공안이 될 수 없었을 것이다. 그저 평범한 일상의 대화 수준을 넘지 못했을 것이다. 무봉탑(無縫塔)이란 '깎고 다듬은 흔적이 전혀 없는 탑'을 말한다.

△ 불가능한 일이다. 삼세제불과 역대 조사들조차도 이 무봉탑을 만들 수는 없다. 왜냐하면 이것은 우리 각자의 본래 자리를 상징하는 것이기 때문이다.

◎ "스님께서 직접 탑 모양을 말해 보십시오." 정말 대단한 한 수다. 무봉탑의 물음에 어울리는 대답이며 동시에 역습이다.

△ 한 방 멋지게 먹였다. 아, 황제의 이 한 방이 얼마나 멋진가.

◎ 충국사는 잠자코 있다가〔良久〕말했다. "알겠습니까?"　　과연 충국사는 황제의 부탁대로 무봉탑 전치를 드러내 보여 줬다. 그러나 사람들은 충국사가 보여 준 이 무봉탑의 모습을 그 흔적도 찾아볼 수 없을 것이다. 충국사의 참뜻을 알고 싶은가. —달은 강물에 비친 달그림자 속에 없다.

△ 감옥에 ~ 늘어났군.　　도둑을 감옥에 가두게 되면 도둑질에 대한 잔꾀만 늘어난다. 왜냐하면 주먹밥 먹고 가만히 앉아서 도둑질을 좀더 잘할 수 있는 궁리만을 하고 있기 때문이다. 황제의 물음에 잔자코 있다가 느닷없이 '알겠느냐' 고 호통을 친 충국사를 원오는 지금 감옥에 갇힌 도둑에 빗대고 있다. 그러나 이 구절은 반어적인 칭찬으로 봐야 한다.

△ 동쪽을 ~ 하고 있다.　　이 무봉탑은 말로 설명할 수 없거늘 충국사는 갑자기 '알겠느냐' 고 반문하고 있다. 이것은 분명 뭐가 잘못돼도 한참 잘못됐다고 할 수 있다.

△ 말문이 꽉! 막혀 버렸군.　　왜냐하면 충국사는 그저 말없이 잠자코 있었기〔良久〕때문이다. 그러나 이 대목도 반어적인 표현으로 봐야 한다.

◎ "모르겠습니다."　　역시 충국사의 물음에 어울리는 대답이다. 활구성이 강한 대답이므로 그냥 넘어가선 안 되는 곳이다.

△ 다행히 ~ 있었군.　　만일 황제가 '알겠다' 고 말했더라면 어찌됐겠는가. 충국사는 아주 당황했을 것이다. 주객의 손발이 잘 맞지 않아 공연은 엉망이 돼 버리고 말았을 것이다.

△ 당시에 ~ 봐줄 만했는데…….　　그러나 황제에겐 판을 뒤엎을 수 있는 전략이 부족했다. '알겠느냐' 는 충국사의 물음이 떨어지기가 무섭게 역습을 했더라면 충국사는 그만 궁지에 몰렸을 텐데……. 참 아까운 한판이다.

◎ "나에게는 법을 전한 제자 탐원(眈源)이 있는데 이 일(무봉탑)을 알 것입니다. (뒷날 그를) 불러서 물어보십시오."　　충국사는 자신의 짐을 제자인 탐원에게 슬쩍 넘겨주고는 빠져나가 버리고 있다. 그러나 이 대목은 활

구성이 강한 곳이므로 글자풀이만으론 그 속뜻을 알 수가 없다. 직접 참구해서 뚫도록.

△ **다행히도 ~ 않았군.** 황제는 충국사보다 한 수 아래였으므로 충국사의 선상을 들어 엎을 수가 없었다. 그것은 천만다행한 일이었다.

△ **어찌 ~ 주지 않는가.** 충국사는 왜 황제에게 좀더 본질적인 충격을 주지 않았는가. 이를테면 할(喝)을 하든가 몽둥이 찜질 같은 것을 말이다.

△ **사람(황제)을 ~ 늦었다.** 무봉탑은 그것을 거론하는 순간 그만 흠집이 나 버리고 만다. 그런데 그것을 제자인 탐원에게 물어보라고 말하다니……. 충국사는 황제를 기만하고 있다. '무봉탑'의 '무' 자를 말하는 순간 무봉탑은 그만 흠집이 나 버리고 만다. 그러므로 충국사의 '탐원 운운'이란 말은 이미 한 수가 늦은 말이다.

△ **애석하군.** 충국사 생존 시에 황제는 무봉탑을 분명히 간파했어야만 한다. 그러나 그렇질 못했으니 참으로 애석하다.

△ **과연 ~ 잃었군.** 충국사가 '이 일을 자신의 제자 탐원에게 물어보라'고 한 것은 황제에게 준 마무리 활구였다. 그런데 황제는 이것을 간파하지 못하고 뒷날 제자인 탐원에게 정말 이 일(무봉탑의 일)을 물어봤던 것이다. 이는 황제가 저울 눈금을 잘못 읽은 게 확실하다.

△ **자식이 ~ 떨어졌다.** 제자 탐원은 황제의 부름을 받고 이 일을 논하기 위하여 궁중으로 들어갔으니 스승(아버지)이 하던 일을 자식(제자)이 물려받은 것이다. 그러나 황제는 충국사의 마무리 활구를 간파하지 못하고 그것을 다시 탐원에게 묻고 있으니 제2류, 제3류의 수준으로 전락했다고 할 수 있다.

◎ "**상지남 담지북(湘之南 潭之北, 상주의 남쪽과 담주의 북쪽에).**" 이 구절 이하 마지막 구절('유리전상무지식')까지는 무봉탑을 묻는 황제의 물음에 탐원이 대답한 대목이다. 그러나 탐원의 이 시구 전체는 활구다. 그러므로 단지 글자풀이만으론 도무지 그 깊은 뜻을 잡아낼 수가 없다. 이

점을 명심하고 길을 잃지 마라. 시구가 워낙 환상적이라서 까딱 잘못하다가는 그만 시구 해설의 가짓길로 빠져 버리게 된다.

△ 또한 불가능한 일이다.   '상지남 담지북'으로 시작하는 탐원의 이 무봉탑(활구)을 해석한다는 것은 도저히 불가능한 일이다.

△ 둘둘 ~ 하고 있는가?   황제, 충국사, 탐원은 지금 도대체 무슨 짓들을 하고 있는가. 입만 벌려도 그만 흠집이 나 버리는 무봉탑을 놓고 이 세 양반들이 지금 무슨 수작을 벌이고 있는가.

△ 반쯤은 열렸고 반쯤은 닫혔다.   그러나 탐원의 이 시구를 통해서 무봉탑은 절반쯤 그 자태를 드러내고 있다.

　　이곳의 산 안개비 속에 있나니
　　낙화는 물 따라 흘러가고 있네.
　　(是處山藏煙靄中　落花亦見隨流水)

―《종전초》

◎ "한 손바닥으론 소리가 나지 않는다."   이는 설두가 '상지남 담지북'에 촌평을 내린 말이다. 황제가 불렀기 때문에 탐원이 궁중에 들어와서 지금 무봉탑을 열어 보이고 있는 것이다. 즉 황제라는 오른손바닥과 탐원이라는 왼손바닥이 서로 부딪쳐 비로소 소리(무봉탑)가 나는 것이다.

△ 한 장님이 ~ 이끌고 간다.   글뜻으로 봐선 설두를 깎아내린 말이지만 그러나 반어적인 칭찬으로 봐야 한다.

△ 과연 ~ 내고 있군.   역시 반어적인 표현이다.

△ 지나친 ~ 하려는가?   국사가 황제를 놀리자 탐원이 그 뒤를 이었고 이번에는 설두가 또 뒤를 따르고 있다. 그러나 이 대목 역시 반어적인 칭찬이다.

◎ "중유황금충일국(中有黃金充一國, 그 가운데 황금으로 가득 찬 한 나라가

있네).” 탐원의 시 두 번째 구절로서 활구다.

꽃 속으로 들어가선 붉고 버들잎으로 들어가선 푸르니 한 나라에 충만하여 두루 했다. ―이런 식으로 주석을 붙인대도 사족이다. '청정하고 불가사의 한 본질〔淨體妙常〕'이라고 말한대도 허공에 채색하는 식이거니…… 그렇다면 어떻게 주석을 붙여야 한단 말인가.
'중유황금충일국'…… (이렇게 주석을 붙여야 한다.)

《종전초》

△ 위로는 ~ 땅까지 (가득 찼다.)   이 무봉탑(활구)의 소식은 온 우주에 가득 찼다. 아니 이 우주 전체가 그대로 무봉탑이다.
△ 이런 소식은 없다.   아니 '온 우주에 가득 찼다'고 말하는 순간 그것은 이미 무봉탑이 아니므로 이런 말조차 필요치 않다.
△ 이게 ~ 일인가.   바로 '지금 여기'를 보라. 벗이여, 너 자신을 보라.
◎ "거친 주장자로군."   탐원의 두 번째 시구에 내린 설두의 평이다. 삼세제불도 이 거친 주장자에 의지하여 법을 폈고 역대 조사들 역시 이 거친 주장자에 의지해서 법을 폈다. 벗이여, 이 소식을 알겠는가.
△ (이미) **부러져 버렸다.**   잘된 일이다. 주장자라는 이 흔적마저 없애 버렸기 때문이다.
△ 이 또한 체면치레일 뿐이다.   탐원이 귀신 씨나락 까먹는 소릴 지껄이더니 여기에 또 설두가 말의 치장을 하고 있다.
◎ "무영수하합동선(**無影樹下合同船**, 그림자 없는 나무 아래 같은 배에 타나니)."   탐원의 세 번째 시구로서 역시 활구다.

추위와 더위도 이르지 못하는 이곳
삼세제불도 이곳(그림자 없는 나무 아래)에 오면

흔적도 없이 지워져 버린다
누가 이곳을 '일로열반문(一路涅槃門)'이라 했는가
쯧쯧, 그대 자신이 돌아가지 못하고 있나니
돌아가선 호수에 어린 봄안개 속에
세월 낚으리! 세월이나 낚고 있으리.

△ 조사가 죽어 버렸구나.　'조사'라는 이 구린내마저 없어졌구나.
△ 그댄(탐원) (지금) 뭐라 하는가?　그만, 제발 그만 지껄이게. 생쥐 녀석이 엿듣겠네.
◎ "바다는 잠잠하고 황하는 맑다." 탐원의 세 번째 시구에 붙인 설두의 평이다. 언어와 형상과 냄새와 소리 등, 이 모든 것을 초월해 있는 바로 그 자리를 일러 '바다는 잠잠하고 황하는 맑아졌다'고 일컫는 것이다.
△ 큰 파도가 ~ 봐줄 만하다.　설두의 이 평만으론 아직 부족하다. 그러므로 여기 굽이치는 역동성이 있어야만 한다. 그래야 살맛이 나지 않겠는가.
◎ "유리전상무지식(琉璃殿上無知識, 유리의 궁전에는 아무도 없네)." 탐원의 네 번째 시구, 활구다. 범부와 성인의 차별을 훌쩍 넘어 버린 경지다. 굳이 글자풀이를 해보면 이렇다. "본래 자리에는 나도 없고 남도 없다."
△ 쯧쯧.　"탐원이여, 너무 말이 많구나"라고 원오는 지금 탐원을 꾸짖고 있다. 그러나 이는 반어적인 표현이다.
◎ "모두 말해 버렸다."　탐원의 마지막 시구에 붙이는 설두의 평이다. 더 이상의 할 말이 없다. 이것으로 무봉탑은 모두 다 드러났다.
△ 도적이 ~ 쏘는군.　그러나 설두의 이런 식 촌평도 아직 흡족치 않다. 왜냐하면 여기 '모두 말해 버렸다'는 말의 흔적이 남아 있기 때문이다. 도적이 간 다음 활을 쏴 봤자 뭘 하겠는가. 말이 더 이상 필요치 않은

곳에서 '말이 필요치 않다'고 지껄여 봤자 뭘 하겠는가.

 △ 아직도 귀에 쟁쟁하다. 그러나 그럼에도 불구하고 설두의 이 촌평은 들으면 들을수록 참신한 맛이 있다. 왜냐하면 활구성이 워낙 강하기 때문이다. 영원히 녹슬지 않는 그런 말이기 때문이다.

【評　唱】

 〔評唱〕肅宗, 代宗은 皆玄宗之子孫이니 爲太子時에 常愛參禪하니라 爲國有巨盜하야 玄宗遂幸蜀이라 唐本都長安이나 爲安祿山僭據[1]하야 後都洛陽하고 肅宗攝政하니라

【평창번역】

 숙종(肅宗)·대종(代宗)은 모두 현종(玄宗)의 자손이다. (숙종은) 태자 때에 언제나 참선을 즐겨했다. 나라〔唐〕에는 큰 도적〔安祿山〕이 있어서 현종은 촉(蜀) 집방으로 행차했다. 당은 원래 장안을 수도로 했으나 안록산에게 뺏겨서 후에 낙양에 도읍을 정하고 숙종이 섭정하게 되었다.

【평창해설】

 현종(玄宗)은 당의 제6대 황제요, 숙종은 그의 셋째 아들로서 당의 제7대 황제요, 대종(代宗)은 숙종의 아들로서 당의 제8대 황제다.

 현종 43년(A.D. 755), 절도사 안록산이 15만 병력을 이끌고 반란을 일으켰다. 반란군은 단숨에 낙양을 점령하고 다음해(A.D. 756)에는 당의 수도 장안을 함락시켰다. 이에 현종은 급히 촉(蜀) 지방의 성도(成都)로 피

---

1) 僭據(2字) = 所逐(蜀本).

신해 갔다. 이 와중에서 현종의 셋째 아들 숙종은 영무(靈武)에서 급히 당의 제7대 황제에 올라 반란군의 진압 작전을 펴게 되었다. 평창문의 "낙양에 도읍을 정하고 숙종이 섭정하게 됐다"는 것은 이 사실을 말하는 것이다.

【評　　唱】

是時忠國師가 在鄧州白崖山住庵이니 今香嚴道場是也라 四十餘年不下山하니 道行聞于帝里라 上元二年에 勅中使詔入內하고 待以師禮하야 甚敬重之니 嘗與帝演無上道라 師退朝에 帝自攀車而送之하니 朝臣이 皆有慍色하야 欲奏其不便이라 國師具他心通하야 而先見聖奏曰「我在天帝釋前에 見粟散天子如閃電光相似라하니」帝愈加敬重이라

【평창번역】

이때 충국사가 등주 백애산에 있는 암자에 머무니 지금(원오 당시)의 향엄(香嚴智閑 : ?~898) 도량이 이것이다. (충국사는) 40여 년 동안 산을 내려오지 않았으니 (그) 수행(의 소문)이 황제가 거하는 곳까지 들렸다. (그래서 황제는 마침내) 상원 2년(上元二年, 761) 중사(中使)에게 칙명을 내려 내전에 들게 하고 스승의 예로써 대우하며 매우 존경했다. (충국사는) 일찍이 황제를 위해서 무상도(無上道, 최상승 도리, 禪)를 말했다. 충국사가 조정에서 물러날 때 황제가 스스로 수레에 올라가 전송하니 조정의 신하들이 모두 노여운 기색을 띠면서 그 불편함을 (황제에게) 아뢰고자 했다. (그러나) 충국사는 타심통(他心通, 독심술)이 있었으므로 먼저 황제에게 (이렇게) 아뢰었다. "내가 저석천(의 제석천자 앞)에 있을 때 (이 인간 세상을 내려다)보니 천자들이 좁쌀을 뿌린 것같이 많은데 (그 흥망성쇠가 마치) 번갯불 번뜩이는 것 같았습니다." (이 말을 들은) 황제는 더욱 (충국사에 대

한) 존경심을 갖게 됐다.

【평창해설】

　이처럼 뒤숭숭하던 때 육조의 제자였던 남양혜충(南陽慧忠)은 마침 등주의 백애산(白崖山)에서 40년 동안 산을 내려오지 않고 선 수행에 몰두하고 있었다. 이에 숙종은 남양혜충을 궁중으로 초빙, 국사로 추대했다. 숙종은 혜충 국사(충국사)를 대단히 존경했는데 그 실례로 충국사가 떠날 때는 그 수레에 황제 자신이 직접 올라가 전송하곤 했다. 대신들이 불편한 기색을 보이자 충국사는 황제에게 이렇게 말했다. "제가 제석천이란 천상(天上)에 있을 때 이 인간 세상을 보니 수많은 나라들이 있고 그 나라마다 황제들이 있는데 그 숫자가 좁쌀 알처럼 많았습니다. 그리고 이 많은 인간 황제들은 번갯불 번뜩이듯 잠시 나타났다가는 이내 사라져 버리곤 했습니다. 이렇듯 인간 세상의 황제 자리란 것은 더 높은 천상에서 본다면 보잘 것없고 덧없기 짝이 없습니다." 그러나 '충국사가 조정에서 물러날 때〔師退朝〕'에서부터 '황제는 더욱 존경심을 갖게 됐다〔帝愈加敬重〕'까지와 이 뒤에 나오는 구절 '대종이 즉위하자〔及代宗臨御〕'에서부터 '언제나 국사에게 명예를 탐하고 이익을 좋아하며 인간에 연연한다고 꾸짖었다〔國師耽名愛利 戀著人間〕'까지는 평창에 전혀 불필요한 사족이다. 후대의 편찬 과정에서 누군가가 삽입한 대목 같다. 그러므로 이 부분이 없으면 문맥이 더욱 탄력을 받게 된다.

【評　　唱】

　及代宗臨御에　復延止光宅寺하니　十有六載를　隨機說法하더니　至大曆十年遷化하니라　山南府青銼山和尙이　昔與國師同行이라　國師甞奏帝令詔他나　三詔不起하고　常罵國師耽名愛利하고　戀著人間이라하니라

【평창번역】

　대종(代宗)이 즉위하자 다시 (충국사를) 청하여 맞아들여 광택사에 머물게 하니 16년간 (사람들의) 근기(根機, 기질)에 맞게 설법하다가 대력 10년(大曆十年, 775)에 입적했다. 산남부(山南府)의 청좌산(青銼山) 화상은 옛적에 (충)국사와 도반이었다. (그래서 충)국사는 황제에게 아뢰어 그를 부르도록 했다. (그러나 그는) 세 번이나 불러도 오지 않고 언제나 국사에게 "명예를 탐하고 이익을 좋아하며 인간(속세)에 연연한다"고 꾸짖었다.

【평창해설】

　산남부(山南府)는 지금의 호북성 양양현(湖北省 襄陽縣)을 말한다. 청좌산(青銼山) 화상에 관해서는 그 기록이 전혀 전하지 않아 그에 관한 것은 아무것도 알 수가 없다. 충국사를 치켜올리는 대목에서 느닷없이 청좌산 화상 얘기를 들고 나와 충국사를 깎아내리는 것은 무슨 의도인지 알 수가 없다. 전혀 불필요한 문장이 끼어든 것이다.

【評　　唱】

　國師於他父子三朝[2]中에 爲國師하니 他家父子가 一時參禪이라 據《傳燈錄》所考컨대 此乃是代宗設問이라 若是問國師호대 如何是十身調御닛고함은 此卻是肅宗問也라

【평창번역】

　충국사는 저 부자의 삼대에 걸쳐 국사가 되니 그들 부자가 모두 참선을

---

2) 三朝 = 當作二朝 謂肅宗代宗 不二鈔).

하게 되었다.《전등록》에 근거하여 고증해 보면 이는(본칙공안은) 대종(代宗)이 질문한 것이다. 만일 (충)국사에게 "어떤 것이 십신조어(十身調御, 부처)입니까?"라고 물었다면 이것은 숙종의 질문이다.

【평창해설】

평창문의 '三代'는 '二代'의 잘못된 기록이다.《종전초》·《불이초》·《암파문고신본(岩波文庫新本)》 등이 모두 이를 인정하고 있다.

【評　　唱】

國師緣終하야 將入涅槃할새 乃辭代宗하니 代宗問曰「國師百年後所須何物이닛고하니」 也只是平常一箇問端이라 這老漢無風起浪하야 卻道호대「與老僧造箇無縫塔하라하니」 且道白日靑天如此作什麽오 做箇塔便了어늘 爲什麽卻道做箇無縫塔고 代宗也不妨作家라 與你一拶道호대「請師塔樣하소서하니라」 國師良久云「會麽아하니」 奇怪這些子가 最是難參이라 大小大國師被佗一拶하야 直得口似匾檐이라 然雖如此나 若不是這老漢이면 幾乎弄倒了로다 多少人道호대 國師不言處便是塔樣이라하니 若恁麽會댄 達磨一宗이 掃地而盡하리라 若謂良久便是댄 啞子도 也合會禪하리라

【평창번역】

(충)국사가 (이 세상과의) 인연이 다함에 장차 열반에 들려고 대종을 하직했다. (그래서) 대종은 "국사께서 백 년 후〔死後〕 무슨 물건이 필요하십니까?"라고 물었다. 이 (물음은) 그저 일상적인 물음이었는데 이 어르신네(국사)가 바람도 없는데 파도를 일으키며 (이렇게) 말했다. "노승을 위해

서 무봉탑을 만들어 주십시오." 자, 일러 보라. 백일청천에 이같이 해서 (이런 식으로 말해서) 뭣 하려는가? (그저 보통의) 탑을 만들면 되거늘 두엇 때문에 무봉탑을 만들어 달라고 하는가? 대종 또한 대단한 수행자라 그 (충국사)에게 일격을 가하며 말하길 "스님께서 직접 탑 모양을 말해 보십시오"라고 했다. (충)국사는 잠자코 있다가〔良久〕말하길 "알겠습니까?"라고 했으니 기괴한 이것〔良久〕이 참구하(여 뚫어내)기가 가장 어렵다. 소위 (일국의) 국사라는 양반이 저(대종)에게 한 방 얻어맞고는 말문이 꽉 막혀 버렸던 것이다. (비록) 그렇긴 하지만 만일 이 어르신네가 아니었더라면 하마터면 (저에게) 톡톡히 망신을 당할 뻔했다. 사람들은 말하길 "국사의 잠자코 있는 곳〔不言處, 良久〕이 무봉탑 모양이라" 한다. 그러나 만일 이렇게 안다면 달마의 일종(一宗, 禪宗)은 (벌써) 흔적도 없이 사라져 버리고 말았을 것이다. 만일 "잠자코 있은 곳〔良久處〕이 이것(무봉탑 모양)이라"고 말한다면 벙어리도 또한 선(禪)을 안다고 해야 옳을 것이다.

【평창해설】

이 대목에서부터 본격적인 본칙공안의 평창이다. 무봉탑 모양을 묻는 대종의 물음에 충국사는 잠자코 있다가〔良久〕느닷없이 "알겠습니까"라고 했다. 그런데 바로 이 두분의 뜻을 간파하기가 여간 어려운 게 아니다. 이에 대하여 사람들은 다음과 같은 식으로 말하고 있는데 전혀 맞지 않는 말들이다.

첫째, 충국사가 말없이 앉아 있던 바로 그곳〔不言處〕이 무봉탑이다.

둘째, 충국사가 잠자코 있던 그곳〔良久處〕이 바로 무봉탑이다.

그렇다면 무봉탑 공안(본칙공안)의 이 암호를 어떻게 풀어야 한단 말인가? ……참으로 난감하기 이를 데 없다. 그러나 잠깐! '참으로 난감하기 이를 데 없다'고 말한 바로 그 자리에서 출발하라. 그러나 출발하는 그 순간 뻐꾸기는 이미 둥지 위를 날아가 버리고 만다. 아뿔사! 내가 지금 무슨 함정에 빠져 이런 횡설수설을 하고 있는가. 망언다사(妄言多謝).

【評　唱】

豈不見外道問佛호대「不問有言, 不問無言이라하니」世尊良久라 外道禮拜贊嘆曰「世尊이 大慈大悲로 開我迷雲하야 令我得入이니다」及外道去後에 阿難問佛호대「外道有何所證컨대 而言得入이닛고」世尊云「如世良馬가 見鞭影而行이니라」人多向良久處會니 有什麽巴鼻리요

【평창번역】

　외도가 부처에게 물은 다음과 같은 이야기〔外道問佛〕를 (그대는) 이미 알고 있지 않은가.
　─외도(外道, 이교도)가 부처에게 물었다. "말〔有言〕로도 묻지 않고 말없음〔無言, 침묵〕으로도 묻지 않습니다." (외도의 이 말을 들은) 부처는 잠자코 있었다〔良久〕. (그러자) 외도는 (부처에게) 절하며 이렇게 찬탄했다. "세존(부처)이 대자대비로 저의 미운(迷雲, 번뇌망상)을 열어서 저로 하여금 (깨달음으로) 들어가게 했습니다." 외도가 간 후 아난은 부처에게 물었다. "저 외도가 (도대체) 무엇을 증득했기에 깨달음으로 들어갔다고 말하는 것입니까?" 부처는 말했다. "세상의 좋은 말〔良馬〕은 채찍 그림자만 봐도 (앞으로) 내딛는 것과 같느니라." (그런데) 사람들은 대부분 잠자코 있은 곳〔良久處〕을 향하여 분별심을 내나니 무슨 근거가 있단 말인가.

【평창해설】

　본칙공안과 그 구조가 비슷한 '외도문불유무(外道問佛有無, 벽암록 제65칙 공안)' 공안을 소개하고 있다. 이 공안에서 부처가 잠자코 있은 곳〔良

久處)을《종전초》에선 이렇게 말하고 있다. "검의 빛이 북두성을 꿰뚫는다(劒光射斗牛)."

이를 간파한 외도에 대하여《종전초》에선 또 이렇게 평하고 있다. "쟁반의 옥구슬이여. 굴리지 않아도 스스로 구르네〔盤裏明珠 不撥自轉〕."

옆에서 시종일관 이를 지켜본 아난 존자가 부처에게 물었다. "그 외도가 도대체 뭘 증득했기에 깨달았다고 말하는 것입니까?"

부처가 말했다. "저 우둔한 말은 채찍으로 사정없이 내리쳐야만 달린다. 그러나 지혜로운 말은 채찍의 그림자만 봐도 그냥 천리를 단숨에 나달는다."

여기에서 '지혜로운 말'은 외도를 일컫는다. 살쩍 암시만 해줬는데 즉시 본뜻을 간파해 버렸다는 뜻이다. '채찍 그림자'란 바로 이 살쩍 암시를 말하는 것이다.

　　채찍 그림자를 보고자 하는가
　　신라의 야밤에 붉은 해가 뜬다.
　　(要見鞭影麼　新羅夜半日頭紅)

《종전츠》

【評　　唱】

五祖先師拈云호대「前面是珍珠瑪瑙요 後面是瑪瑙珍珠며 東邊是觀音勢至요 西邊是文殊普賢이라 中間有箇旛子被風吹著하야 道胡盧胡盧라하니라」國師云「會麼아」帝曰「不會라하니」却較些子라 且道這箇不會가 與武帝不識으로 是同가 是別가 雖然似則似나 是則未是로다

제18칙 肅宗請塔樣 | 453

【평창번역】

　　오조 선사는 (본칙공안을) 평하여 이렇게 말했다. "앞은 진주와 마노요, 뒤는 마노와 진주며, 동쪽은 관음과 대세지요, 서쪽은 문수와 보현이다. 중간(중앙)에는 (한) 깃발이 있어 바람에 날리며 펄럭펄럭 소리를 내고 있다." (충)국사가 "알겠습니까?"라고 하자 황제는 "모르겠습니다"라고 했으니 그런대로 봐줄 만하다. 자, 일러 보라. (대종의) 이 '모르겠다〔不會〕'는 말이 (제1칙 공안에서) 무제의 '모르겠다〔不識〕'는 말과 같은가, 다른가. (말은) 비록 비슷하지만 그러나 (그 '모르겠다'는 말의 속뜻은) 전혀 다르다.

【평창해설】

　　'중간에는 한 깃발이 있어 바람에 날리며 펄럭펄럭 소리를 내고 있다'는 말은 무슨 뜻인가?
　　'중간의 한 깃발'은 관음, 세지, 문수, 보현 같은 성인의 경지에조차 떨어지지 않은 본래 자리(본래면목)를 말한다. '바람에 날리며 펄럭펄럭 소리를 내고 있다'는 말은 그 본래면목이 지금 무생(無生)의 곡조를 읊고 있다는 뜻이다. 충국사가 "알겠습니까?"라고 하자 황제는 "모르겠습니다"라고 했다. 그런데 이 대목을 "그런대로 봐줄 만하다"고 원오는 말하고 있다. 무슨 뜻일까? '황제가 만일 충국사의 말뜻을 정확히 간파하고 이런 식으로 대답했더라면 정말 대단한 일이라'는 뜻이다. 자, 그러면 이제 다음으로 넘어가자. (대종의) 이 '모르겠다〔不會〕'는 말이 (제1칙 공안에서의) 양무제의 '모르겠다〔不識〕'는 말과 같은가, 다른가?
　　이 둘은 모두 활구적인 말이라고 볼 수는 없다.
　　양무제는 달마가 누군지를 몰랐기 때문에 '不識'이라 했고 대종은 충국사의 잠자코 있음〔良久〕을 몰랐기 때문에 '不會'라 했던 것이다. 이처럼 '不識'과 '不會'가 말풀이는 같지만 그러나 그것을 사용하는 사람에 따라서 현격한 차이가 있다. 그렇기에 평창문에서 원오는 이렇게 말했던 것이다. "(두 사람 모두) 비록 (말은) 비슷했지만 그러나 (그 말의 진짜 속뜻은) 전혀 다르다."

【評　唱】

國師云「吾有付法弟子耽源하야 卻諳此事하니 請詔問之하라」雪竇拈云「獨掌不浪鳴[3)]이로다」代宗不會則且置하고 耽源還會麼아 只消道箇請師塔樣하소서하니 盡大地人不柰何라 五祖先師拈云「你是一國之師어늘 爲箇什麽不道하고 卻推與弟子오」國師遷化後에 帝詔耽源하야 問此意如何오하니 源便來爲國師하야 胡言漢語로 說道理하니 自然會他國師說話라 只消一頌하니라(祖庭事苑出齊時)「湘之南, 潭之北에 中有黃金充一國이라 無影樹下合同舡이나 瑠璃殿上無知識이라」

【평창번역】

국사가 말했다. "나에게는 법을 전한 제자 탐원이 있는데 그 일(무봉탑)을 알 것입니다. (뒷날 그를) 불러서 물어보십시오." 설두는 (이를 평하여) "한 손바닥으론 소리가 나지 않는다"고 했다. 대종이 모른 건 그렇다치고 탐원은 알았는가? 다만 "스님에게 청하노니 탑 모양을 말해 보십시오"라고 했으니 온 천하 사람들이 어떻게 해볼 도리가 없다. (이 부분에 대하여) 으조 선사는 (이렇게) 평했다. "그대는 일국의 국사거늘 무엇 때문에 (탑 모양을) 말하지 않고 제자에게 떠넘기는가?" 국사가 입적한 뒤 황제는 탐원을 불러 이 뜻이 어떤가를 물었다. 탐원은 국사를 위하여 잘 알아들을 수 없는 말로 그 이치를 설명했다. (그러나) 저(탐원)는 국사의 말(뜻)을

---

3) 雪竇拈云 獨掌不浪鳴(9字) = 雪竇等九字 從福本削(種電鈔).

(이미) 알고 있었기 때문에 다만 (다음과 같은) 한 개의 송(頌)을 읊었던 것이다.

　'祖庭事苑出齊時'
　상지남 담지북(湘之南 潭之北, 湘州의 남쪽과 潭州의 북쪽에)
　중유황금충일국(中有黃金充一國, 그 가운데 황금으로 가득 찬 한 나라가 있네)
　무영수하합동선(無影樹下合同船, 그림자 없는 나무 아래 같은 배에 타나니)
　유리전상무지식(瑠璃殿上無知識, 유리의 궁전에는 아무도 없네).

【평창해설】

　이 부분은 문맥이 정리가 되지 않아서 좀 복잡하다. 특히 문제가 있는 곳은 다음의 두 대목이다.
　첫째, 충국사가 대종에게 "뒷날 제자인 탐원에게 무봉탑을 물어보라"고 말한 바로 뒤에 "한 손바닥으론 소리가 나지 않는다"는 설두의 평을 붙이고 있다. 그러나 설두의 이 평은 탐원의 시 첫 구절에 대한 평이다. 이 촌평이 이쪽으로 잘못 삽입된 것이다. 그래서《종전초》에선《복본(福本)》에 근거하여 이 부분을 삭제시켜 버렸다.
　둘째, "다만 (다음과 같은) 한 개의 송을 읊었던 것이다"란 구절 바로 뒤에 '祖庭事苑出齊時'란 일곱 글자가 끼어들었다. 이 일곱 글자는 뒷날 누군가가 벽암록 편찬 과정에서 주석을 달기 위해 덧붙인 문장이다.《조정사원(祖庭事苑)》은 목암(睦菴)이 지은 선어사전(禪語辭典, 1154년 刊)이다. 그 제2권에 이렇게 씌어 있다. "(湘之南의 湘은) 거성(去聲)이라 부르며〔去聲呼〕'相'으로 읽는데 색상(色相)이란 뜻이다." 그런데 이 '去聲呼'란 말이 '出齊時'로 잘못 기록된 것이다〔出齊時三及去聲呼三字也 字

體相似 及訛謬耳.《不二鈔》. 탐원의 시 첫 구절 '湘之南 潭之北'을《조정사원》에선 이렇게 설명하고 있다. "相(湘)은 去聲으로서 色相을 말한다. 譚(潭)은 談을 말한다. 그러므로 湘之南 潭之北이란 相南談北을 일컫는 것으로서 '色相과 말(談)을 떠난 곳'이란 뜻이다."

그러나《조정사원》의 이 설명은 '湘之南 潭之北'의 본뜻과는 너무 거리가 멀다. 전혀 안목이 없는 사람이 지은 책이다.
(事苑解釋太錯矣 總是無眼子編集也)

《종전초》

【評　唱】

耽源名應眞이니 在國師處作侍者하고 後住吉州耽源寺라 時仰山來參耽源이더니 源言重性惡하야 不可犯, 住不得이니라 仰山이 先去參性空禪師러니 有僧問性空호대「如何是祖師西來意잇고」空云「如人이 在千尺井中에 不假寸繩하고 出得此人하면 卽答汝西來意하리라」僧云「近日湖南暢和尙도 亦爲人東語西話니다」空乃喚沙彌하야「拽出這死屍著하라하니라」(沙彌仰山) 山後擧問耽源호대「如何出得井中人이닛고」耽源曰「咄! 癡漢아 誰在井中고하니」 仰山不契라 後問潙山하니 山乃呼「慧寂아하니」山應諾라 潙云「出了也라하니」仰山因此大悟云호대「我在耽源處得體하고 潙山處得用也라」

【평창번역】

탐원의 이름은 응진(應眞)이니 (충)국사 밑에서 시자로 있다가 뒤에 길주 탐원사에 머물렀다. 그때 앙산(仰山)이 탐원을 참배하러 왔다. 탐원은 입이 무겁고 성격이 까다로워 가까이 접근하기가 무척 어려웠다. 앙산은

(탐원을 참배하기 전에) 먼저 성공(性空) 선사를 참배한 일이 있었다.

어떤 승이 성공에게 물었다. "어떤 것이 조사서래의(祖師西來意)입니까?"

성공은 말했다. "여인재천척정중 불가촌승 출득차인 즉답여서래의(如人在千尺井中 不假寸繩 出得此人 卽答汝西來意, 어떤 사람이 천길 되는 우물 속에 (빠져) 있는데 한치의 새끼줄도 전혀 사용하지 않고 이 사람을 건져낼 수 있다면 그대에게 '조사서래의'를 답해 주리라)."

승은 말했다. "요즈음 호남의 창화상(暢和尙)도 (스님처럼) 사람들에게 횡설수설을 지껄이고 있더군요."

성공은 이에 사미승을 불러서 (이렇게 말했다.) "이 죽은 시체를 끌어내거라." (당시의 사미승은 앙산이었다.)

앙산은 그후 (이 이야기를) 거론하여 탐원에게 물었다. "어찌하면 (천길) 우물 속에 빠져 있는 사람을 건져낼 수 있겠습니까?"

탐원은 말했다. "쯧쯧, 이 어리석은 놈아. 누가 우물 속에 빠져 있단 말이냐?" (그러나) 앙산은 (탐원의 이 말뜻을) 미처 간파하지 못했다. (그래서 앙산은) 뒤에 (이를 다시) 위산에게 물었다. 위산은 이에 "혜적(慧寂)"하고 (앙산혜적의 이름을) 불렀다. (그러자) 앙산은 "예"하고 대답했다. 위산은 말했다. "이미 우물 속에서 나왔구나." 앙산은 이로 인하여 크게 깨달았다. (그러고는) 이렇게 말했다. "나는 탐원에게서 본체[體]를 얻고 위산에게서 그 활용법[用]을 얻었다."

【평창해설】

이 대목은 탐원의 이야기로 시작하여 앙산이 위산에게서 깨달음을 얻게 되는 내용으로 끝나고 있다. 평창문에 나오는 공안 속의 성공(性空) 선사는 왜 질문을 던진 승을 앙산에게 "죽은 시체니 어서 끌어내라"고 했는가? 이 승이 성공 선사의 위장된 활구를 미처 간파하지 못하고 말에 끌려

다녔기 때문이다. '여인자천척정중 ~ 즉답여서래의'는 바로 성공의 위장된 활구다. 그후 앙산은 이 공안을 탐원에게 물었다. "어떻게 해야만 천 길 우물 속에 빠져 있는 사람을 밧줄 없이 끌어올릴 수 있습니까?" 그러자 탐원은 말했다. "쯧쯧, 이 어리석은 놈아. 도대체 누가 우물 속에 빠져 있단 말이냐?" 탐원의 이 말은 그야말로 이 '우물공안'의 핵심을 정확하게 집어낸 것이다. 그래서 《종전초》에선 이렇게 말했다. "이 말은 (탐원이 그의) 전부를 기울여 앙산을 위해 준 곳이다."

그러나 앙산은 이런 탐원의 간절한 말을 미처 간파하지 못했다. 그래서 뒤에 위산을 찾아가 다시 물었다. 그러자 위산은 "혜적(仰山慧寂)"하고 앙산을 불렀다. 앙산은 무심결에 "예"하고 대답했다. 위산은 말했다. "자넨 이미 우물 속에서 나왔다네." 이 말을 듣는 순간 앙산은 깨달음을 얻었다. 자, 그렇다면 앙산은 그저 "예"하고 대답만을 했을 뿐인데 도대체 어떻게 천 길 우물 속에서 밧줄도 안 붙잡고 나왔단 말인가? 이게 도대체 무슨 이치일까? 벗이여, 그대 전체가 의문부호가 되어 이를 참구해 보라. "아하, 바로 이것이었구나!"하고 무릎을 탁 치는 그 순간이 올 때까지……. 그렇게 되면 이제 공안에 대한 모든 의문이 풀리게 된다. 이런 기쁨의 날은 반드시 오고야 만다. 벗이여, 그대가 쉬지 않고 이 길을 가기만 한다면……. 여기 비바람도 불고 무더위도 있고 짜증도 있고 회의감도 있을 것이다. 그러나 이 모든 시련과 장애물을 뚫고 나아가지 않으면 안 된다. 이 세상에는 저 흐르는 물도 공짜란 없는 법이다. 특히 수행과 구도의 길에선 일확천금 따위의 요행수는 꿈도 꾸지 마라. 이 길에선 진심(眞心), 이것 하나밖에 통하는 것이 없다. 서툰 말장난이나 재주 자랑은 아예 처음부터 부릴 생각도 마라.

【評　　唱】

只是這一箇頌子가 引人邪解不少로다 人多錯會道호대 「相是相見이

요 譚是譚論이며 中間有箇無縫塔이라 所以道호대 中有黃金充一國이라 하며 帝與國師對答이 便是無影樹下合同船이요 帝不會를 遂道호대 瑠璃殿上無知識이라하며 又有底道호대 「相是相州之南이요 潭是潭州之北이며 中有黃金充一國은 頌官家[4]라하고」 眨眼顧視云「這箇是無縫塔이라하니」 若恁麽會댄 不出情見이니라

【평창번역】

이 한 개의 송('湘之南 潭之北'의 송)을 사람들은 잘못 이해하고 있다. 사람들은 대부분 잘못 이해하고는 이렇게 말한다. "相(湘)은 (이 두 사람의) 譚論이며 그 중간에 무봉탑이 있다." 그러므로 "그 가운데 황금으로 가득 찬 한 나라가 있다"고 말한 것이다. 황제와 (충)국사가 (묻고) 대답한 것이 바로 '그림자 없는 나무 아래 같은 배에 탄 것'이다. (그리고) 황제가 '모르겠다'고 말한 것을 일러 '유리전상에는 아무도 없다'고 한 것이다. 또 어떤 이는 (이렇게도) 말하고 있다. "相(湘)은 相(湘)州의 남쪽이요, 潭은 潭州의 북쪽이며 '그 가운데 황금으로 가득 찬 한 나라'는 조정을 읊은 것〔頌官家〕이다." (이렇게 말한 다음 두 눈을) 부릅뜨고 돌아보면서 말하길 "이것이 (바로) 무봉탑(無縫塔)이다"라고 하나니 만일 이런 식으로 안다면 정견(情見, 識情見解)을 벗어날 수가 없다.

【평창해설】

이 대목에선 다음의 두 구절이 문제가 되고 있다.

첫째, '조정을 읊은 것이다(頌官家)': 《촉본(蜀本)》에는 "오로지 이것이다〔只管 = 無縫塔〕'로 되어 있다. 이 《촉본》을 따르면 뜻이 더욱 선명

---

4) 頌官家(3字) = 只管(蜀本).

해진다. 그래서 《종전초》에선 '頌官家'를 아예 '只管'으로 고쳐 버렸다. 그리고 《불이초》에서도 《촉본》을 따라야 옳다고 주장하고 있다〔頌官家三字 但當從蜀本作只管二字〕.

둘째, 이것이 (바로) 무봉탑이다 : '두 눈을 부릅뜬 이것이 바로 무봉탑이다' 라는 뜻이다.

【評　　唱】

只如雪竇下四轉語는 又作麼生會오 今人殊不知古人意로다 且道湘之南, 潭之北을 你作麼生會오 中有黃金充一國을 你作麼生會오 無影樹下合同船을 你作麼生會오 瑠璃殿上無知識을 你作麼生會오 若恁麼見得하면 不妨慶快平生이니라

【평창번역】

그건 그렇다 치고 설두가 붙인 네 개의 촌평〔四轉語〕은 또 어떻게 알 수 있겠는가? 지금 사람들은 옛사람(탐원)의 뜻을 전혀 모르고 있다. 자, 일러 보라. '상지남 담지북(湘之南 潭之北)'을 그대는 어떻게 알고 있는가? '중유황금충일국(中有黃金充一國)'을 그대는 어떻게 알고 있는가? '무영수하합동선(無影樹下合同船)'을 그대는 어떻게 알고 있는가? '유리전상무지식(瑠璃殿上無知識)'을 그대는 어떻게 알고 있는가?

만일 이렇게 (분별심을 일으키지 않고 송의 심오한 뜻을) 간파한다면 아주 경쾌하기 이를 데 없는 일평생이 될 것이다.

【평창해설】

탐원의 이 네 구절의 시구를 단순한 글자풀이로 이해해서는 그 참뜻을

간파할 수가 없다. 그렇다면 그 참뜻을 간파해 내기 위해서는 어찌해야 하겠는가? 여기 설두는 그 구체적인 활구 참구법을 제시하고 있다. 이 부분은 아주 중요하므로 건성으로 넘어가지 마라. 그 활구 참구법이란 어떤 것인가? 시구 한 구절 한 구절마다 의문부호를 붙여서 의문을 제기해야 한다. 즉 '상지남 담지북'이란 무엇을 뜻하는가? '중유황금충일국'이란 무엇을 뜻하는가? '무영수하합동선'이란 무엇을 뜻하는가? '유리전상무지식'이란 무엇을 뜻하는가?…… 이런 식으로 그 의문이 풀릴 때까지 죽어라고 물고늘어져야 한다. 부동의 자세(결가부좌나 반가부좌)로 앉아서 말이다. 아니면 밥 먹을 때도 걸을 때도 심지어는 잠잘 때조차 이 '무엇일까'를 놓지 말아야 한다. 이것이 바로 공안 참구법이며 동시에 활구를 푸는 지름길이다. 단 여기에서의 절대금물은 글자풀이나 이치를 통해서 알려 해서는 안 된다는 것이다. 머리가 아니라 온몸 박치기로 가슴으로 파고 들어가야 한다. 그래야만이 공안의 암호가 풀린다. 벗이여, 너무나도 단순한, 그리고 참 어처구니없는 이 방법이야말로 이 세상의 어떤 명상법이나 수행법으로도 갈 수 없는 그 핵심에 이른다는 걸 명심하라.

【評　唱】

「湘之南, 潭之北을」雪竇道호대「獨掌不浪鳴이라하니」不得已與你說이라「中有黃金充一國을」雪竇道호대「山形拄杖子라하니」古人道호대「識得拄杖子하면 一生參學事畢이니라」「無影樹下合同船을」雪竇道호대「海晏河淸이라하니」一時豁開戶牖하야 八面玲瓏이라「瑠璃殿上無知識을」雪竇道호대「拈了也라하니」一時與你說了也라 不妨難見이니 見得也好라 只是有些子錯認處하면 隨語生解니라 至末後道호대 拈了也라하니 卻較些子라 雪竇分明一時에 下語了하고 後面에는 單頌箇無縫塔子라

【평창번역】

'상지남 담지북(湘之南, 潭之北)'을 설두는 "한 손바닥으론 소리가 나지 않는다"고 촌평했다. (이는) 부득이 그대를 위하여 말할 수밖에 없었던 것이다. '중유황금충일국(中有黃金充一國)'을 설두는 "거친 주장자"라고 촌평했다. 옛사람[長慶慧陵]은 말하길 "주장자를 알면 일생 동안의 수행 공부[參學事]가 끝난다"고 했다. '무영수하합동선(無影樹下合同船)'을 설두는 "바다는 잠잠하고 황하는 맑다"고 촌평했다. (이는) 일시에 문을 활짝 열어제쳐서 한 점의 티끌도 없이 밝고 분명하게 보여 준 것이다. '유리전상무지식(瑠璃殿上無知識)'을 설두는 "이미 모두 말해 버렸다"고 촌평을 했다. (이는) 그대를 위하여 모두 다 말해 버린 것이다. (이미 모두 말해 버렸다는 이것은) 간파하기가 무척 어렵나니 간파할 수만 있다면 이 또한 멋진 일이다. (그러나) 조금이라도 잘못 안다면 말을 따라 분별심을 내게 된다. (설두는 송의) 끝에 가서 "이미 모두 말해 버렸다"고 했으니 그런대로 봐줄 만하다. 설두는 분경하게 모두 다 말해 버리고 난 다음 이 뒤부터는 단지 무봉탑(無縫塔)만을 송하고 있다.

【평창해설】

여기선 탐원의 시구 한 구절 한 구절마다 붙인 설두의 촌평을 해설하고 있다. 첫 구절 '상지남 담지북'에 설두는 촌평을 하길 "한 손바닥으론 소리가 나지 않는다"고 했다. 왜냐하면 황제가 물었기 때문에 탐원은 부득불 이런 식으로 송을 읊을 수밖에 없었던 것이다.

둘째 구절 '중유황금충일국'에 설두는 촌평하길 "거친 주장자"라고 했다. 왜냐하면 여기서의 주장자란 무봉탑(본래면목) 그 자체이기 때문이다.

셋째 구절 '무영수하합동선'에 설두는 촌평하길 "바다는 잠잠하고 황하의 물은 맑다"고 했다. 이는 무봉탑 전체를 모두 드러내 보여 준 대목이기 때문이다.

넷째 구절 '유리전상무지식'에 설두는 촌평하길 "이미 모두 말해 버렸다"고 했다. 이유는 이제 더 이상 무봉탑에 관해서 할 말이 없기 때문이다. 그러나 바로 이 대목이 그 참뜻을 간파하기가 어려운 곳이다. 털끝만큼이라도 이에서 분별심을 내거나 이치로 따지려 든다면 그만 빗나가 버리고 만다. 그렇기에 옛 어르신네들은 이렇게 말하지 않았는가. "참선의 길은 얼음 능선 위로 가는 길이다. 조금이라도 한눈을 팔았다간 그만 망상 분별의 골짜기로 미끄러져 버리고 만다."

【頌】

〔頌〕無縫塔이여(這一縫大小大[5]아 道什麼오) 見還難이니(非眼可見이로다 瞎!) 澄潭不許蒼龍蟠이로다(見麼[6]아 洪波浩渺하니 蒼龍向什處蟠고 這裏直得摸索不著이니라) 層落落(莫眼花[7]하라 眼花作什麼오) 影團團이여(通身是眼이니 落七落八이로다 兩兩三三舊路行하니 左轉右轉隨後來라) 千古萬古與人看이라(見麼아 瞎漢作麼生看고 闍黎覷得見麼아)

【송번역】

무봉탑(無縫塔)이여
    이 한 개의 무봉탑은 얼마나 큰가. (지금) 뭐라 하는가.
보기가 어렵나니
    눈으론 볼 수가 없다. 눈이 멀었다.
청룡(靑龍)은 맑은 물에 서리지 않네

---

5) 大小大 = 多少大(福本).
6) 見麼(2字) 없음(福本).
7) 莫眼花(3字) 없음(福本).

(청룡을) 봤는가. 큰 물결 드넓거니 청룡은 어느 곳에 서리겠는가. 이 속에선 (도무지) 찾아볼 수가 없다.

층층이 우뚝 솟고

헛것을 보지 마라. 헛것을 봐서 뭘 하겠는가.

둥글게 빛나는 광채여

전신이 눈이니 광채가 번쩍거린다. 둘둘 셋셋이 옛길을 간다. 좌로 돌고 우로 돌며 남의 뒤만 따라간다.

영원히 사람들에게 보여 주네

보는가. 눈먼 놈이 어떻게 본단 말인가. 설두, 자넨 볼 수 있겠는가.

【송과 착어 해설】

◎ **무봉탑(無縫塔)이여**   이 탑은 천지창조 그 이전에 서 있나니 이 세상의 종말에도 이 탑은 무너지지 않는다. 이 탑은 전혀 형태가 없지만 그러나 이 누리에 없는 곳 없이 충만해 있다. 벗이여, 이 탑은 바로 그대 자신이다. 그대 자신의 본래면목이다. (아차, 내가 또 실언을 했구나.)

△ **이 한 개의 ~ 큰가.**   무봉탑의 '무'를 말하는 그 순간 무봉탑은 이미 산산조각이 나 버리고 달았다.

△ **(지금) 뭐라 하는가.**   설두여 자넨 지금 말로 설명할 수 없는 것을 설명하고 있다. 조심하라.

◎ **보기가 어렵나니**   이 무봉탑은 옛날과 지금을 통해서 뚜렷하지간 그러나 보려는 마음을 내면 볼 수가 없다.

△ **눈으론 볼 수가 없다.**   모양(형상)이 없기 때문이다.

△ **눈이 멀었다.**   보려는 마음이 없을 때 이 탑은 보이나니 보려는 마음이 일어나는 순간 흔적도 없이 사라져 버린다.

◎ **청룡(青龍)은 맑은 물에 서리지 않네**   '맑은 물'은 충국사가 잠자코 있은 곳[良久]이요, '청룡(青龍)'은 이 잠자코 있음[良久]의 참뜻을 말

한다. 사람들은 대부분 충국사가 잠자코 있는 곳〔良久〕을 무봉탑이라고 말한다. 그러나 살아 있는 용〔靑龍〕은 결코 맑은 물에 서리지 않는다는 것을 전혀 모르고 있다.

△ (청룡을) ~ 찾아볼 수가 없다.　벗이여, 충국사의 이 잠자코 있음〔良久〕의 참뜻을 간파할 수 있겠는가. 용은 이미 맑은 물엔 없다. 그곳을 박차고 날아가 버렸다. 자, 그대가 용이 간 곳을 직접 찾아보라. 그러나 내 눈앞에 있는가 싶더니 등 뒤에 있고, 등 뒤에 있는가 싶더니 간 곳이 없다. 이 바보야, 그대 팔을 한번 꼬집어 봐라.

◎ 층층이 우뚝 솟고　이 부분부터는 무봉탑에 관한 묘사다. 한없이 높지만 오히려 낮고 온누리를 포함했으나 넓지가 않다. 영원불멸이여, 무봉탑이여.

△ 헛것을 ~ 뭘 하겠는가.　티끌 한 오라기 보이지 않는 그것이 바로 무봉탑이다.

◎ 둥글게 빛나는 광채여　무봉탑이여, 그 그림자 온누리에 비치고/ 그 모습 둥근 고리 같아 끝난 데 없네/ 시간의 처음과 끝을 꿰뚫었으며/ 소리도 없고 냄새도 전혀 없네.

△ 전신이 ~ 번쩍거린다.　벗이여, 그대 전체가 무봉탑이거니 순금이듯 빛을 뿌리는 무봉탑이거니…….

△ 둘둘 ~ 간다.　충국사, 탐원, 설두, 이 세 어르신네들이 마침내 무봉탑의 발원지를 찾았구나.

△ 좌로 돌고 ~ 따라간다.　이 세 어르신네들이 제각각 무봉탑에 관해서 말들을 하셨지만 그러나 무봉탑의 그 자취만을 말했을 뿐이다. 왜냐하면 무봉탑 그 자리는 언어가 가 닿을 수 없는 곳이기 때문이다. 입조심!

◎ 영원히 사람들에게 보여 주네　층층이 우뚝 솟고 둥글게 빛나는 광채여. 영원히 '지금 여기'에 있네. 온 우주가 이 탑의 빛 속에 있나니 벗이여, 그대 만일 이 탑을 봤다고 한다면 거기 보는 그대와 보이는 탑이 있

어 이 무봉탑은 그만 이지러지고 말 것이다. 그러나 볼 수 없다면 설두는 송에서 왜 볼 수 있다고 읊고 있는가. 이게 도대체 어찌된 일인가.

시간과 공간 이전의 다보 부처요
영취산에 앉아 계신 석가 여래여.
(久遠已前多寶佛　靈鷲山頭老釋迦)

《종전초》

△ 보는가 ~ 본단 말인가.　　이 눈으론 이 탑을 볼 방법이 없다.
△ 설두, 자넨 볼 수 있겠는가.　　원오는 창끝을 설두에게 획 돌려 역습을 시도하고 있다. 아마도 설두의 앞골은 얼음처럼 싸늘해졌을 것이다. 참으로 멋진 일격이다.

【評　　唱】

〔評唱〕雪竇當頭道호대「無縫塔, 見還難이라하니」 雖然獨露無私나 則是要見時還難이로다 雪竇忒煞慈悲라 更向你道호대「澄潭不許蒼龍蟠이라하니」 五祖先師道호대 雪竇頌古一冊에 我只愛他「澄潭不許蒼龍蟠」一句라하니 猶較些子로다 多少人이 去他國師良久處作活計라 若恁麽會댄 一時錯了也라 不見道, 「臥龍不鑒止水니 無處有月波澄하며 有處無風浪起라」 又道호대「臥龍長怖碧潭淸이라하니」 若是這箇漢인댄 直饒洪波浩渺하고 白浪滔天이라도 亦不在裏許蟠이라 雪竇到此頌了라 後頭著些子眼目하야 琢出一箇無縫塔하니라 隨後說道호대「層落落, 影團團이여 千古萬古與人看이라하니」 你作麽生看고 即今在什麽處오 直饒你見得分明이라도 也莫錯認定盤星이어다

【평창번역】

설두는 (송의) 처음에서 말하길 "무봉탑이여/ 보기가 어렵다"고 했다. (사실 이 무봉탑은) 그 어떤 인위적인 흔적도 없이 홀로 드러났으나(우뚝 솟았으나) 보려고 하면 보기가 어렵다. 설두는 자비심이 많아서 다시 그대들을 향해 이렇게 말했다. "청룡(青龍)은 맑은 물에 서리지 않는다." 오조선사는 말하길 "《설두송고집》(벽암록 백칙송고) 가운데 난 다만 저(설두)의 '청룡은 맑은 물에 서리지 않는다' 는 이 한 구절을 좋아한다"고 했으니 정말 멋진 말이다. (그런데) 대부분 사람들은 저 (충)국사의 잠자코 있은 곳[良久處]에서 분별심을 내고 있다. 만일 이렇게 안다면(良久處가 무봉탑이라고 안다면) 이미 모두 빗나가 버리고 말았다. 다음의 말을 그대들은 이미 알고 있을 것이다. "살아 있는 용[青龍]은 고여 있는 물에는 나타나지 않나니 (용이) 없는 곳에는 바람 없어도 파도가 인다." 또 (용아가) 말하길 "살아 있는 용은 푸른 연못의 그 푸름을 싫어한다"고 했다. 만일 이런 (경지에 이른) 사람이라면 큰물이 광활하고 흰 물결이 하늘을 뒤덮더라도 또한 이 속에 서리지 않을 것이다. 설두는 여기 이르러 (본칙공안에 대한) 송을 모두 끝냈다. 이 뒤('청룡은 맑은 물에 서리지 않는다' 이후의 구절)에서는 대단한 안목으로 한 개의 무봉탑을 만들어 냈다. (그래서) 바로 뒤를 이어 이렇게 말했던 것이다. "층층이 우뚝 솟고/ 둥글게 빛나는 광채여/ 영원히 사람들에게 보여 주네." 그대는 (이 무봉탑을) 어떻게 볼 것인가. (무봉탑은) 지금 어느 곳에 있는가. 그대들이 (이 무봉탑을) 분명히 봤다고 하더라도 또한 저울 눈금을 잘못 알지 말아야 한다.

【평창해설】

"맑은 물(고인 물)에는 용이 서리지 않는다." ……이 얼마나 멋진 말인가. 박차고 나아가라. 부처가 오더라도 조사가 오더라도 깨달음이 오더라도 벗이여, 거기 주저앉지 마라. 주저앉는 순간 그대로 죽는다. 살고 싶으면, 펄펄 살아서 불타고 싶거든 나아가라. 박차고 나아가라. 자, 그렇다면 이 무봉탑을 어떻게 볼 것인가. 이 무봉탑은 지금 어디에 있는가. 봤다고 말하는 순간, 있는 곳을 알았다고 외치는 순간 벗이여, 그대는 무봉탑이 아니라 무봉탑의 환영을 보고 있는 것이다. 웬만한 독종이 아니면 이 길을 갈 수가 없다. 왜냐하면 이 길에는 인정이고 사정이고 그런 건 전혀 통하지 않기 때문이다.

第 19 則

俱胝指頭禪

구지 화상의 한 손가락

【垂　　示】

垂示云[1]「一塵擧에 大地收하고 一花開에 世界起라 只如塵未擧하고 花未開時에는 如何著眼고 所以道호대 如斬一綟絲하야 一斬一切斬이며 如染一綟絲하야 一染一切染이라 只如今便將葛藤截斷하고 運出自己家珍하면 高低普應하고 前後無差하야 各各現成하리라 儻或未然인댄 看取下文하라」

【수시번역】

㉠ 한 티끌이 일자 대지가 (그 속에) 포함되고 꽃 한 송이 피자 (온) 세계가 그 속에서 전개된다.

㉡ 그건 그렇다 치고 (한) 티끌 일지 않고 꽃이 피기 전을 어떻게 알 수 있겠는가?

㉢ 그러므로 이렇게 말했던 것이다. '한 타래의 실을 자르는 것과 같아서 한번 자르면 (실 한 타래) 전체가 잘리며, (또한) 한 타래의 실을 물들이

---

1) 垂示文 전체(86字)가 없음(福本).

는 것과 같아서 한번 물들이면 (실 한 타래) 전체가 물든다.

㉣ 다만 지금 언어를 모두 절단해 버리고(부정해 버리고) 자신 속에 있는 보배〔本來面目〕를 드러낸다면 높은 곳과 낮은 곳에 널리 응하고 앞과 뒤에 어긋남이 없어서 (자신의 역량이) 남김없이 드러나리라.

㉤ 만일 이렇지 못하다면 아래 문장(본칙공안)을 보기 바란다.

【수시해설】

다섯 마디로 되어 있다.

첫째 마디(㉠) : 구지 화상이 깨달은 바로 그 근원(본래면목)에 대하여 기술하고 있다. 여기 한 티끌과 꽃 한 송이는 방행(放行, 긍정)의 입장에서 본 근원을 말한다.

둘째 마디(㉡) : 이 근원을 깨닫기 위해서는 한 티끌이 일기 전, 꽃 한 송이가 피기 전(언어와 형상이 있기 전)의 상태를 직접 체험하지 않으면 안 된다는 사실을 강조하고 있다.

셋째 마디(㉢) : 구지 화상이 깨달은 돈오돈수(頓悟頓修)의 경지를 말하고 있다. 돈오돈수란 '깨닫는 바로 그 순간 수행도 함께 완성된다'는 주장이다. 그것은 마치 한 타래의 실을 자르는 것과 같아서 단 한 번의 가위질에 실타래 전체가 잘리는 것과도 같다. 이처럼 구지 화상은 깨달음과 동시에 수행도 함께 완성됐던 것이다.

넷째 마디(㉣) : 이처럼 마음의 근원(본래면목)만 깨닫게 되면 이 모든 상황과 사물 하나하나에 알맞게 자유자재로 거기 대응할 수 있다는 것을 말하고 있다.

다섯째 마디(㉤) : 그러나 구지 화상처럼 순간적으로 마음의 근원을 깨닫지 못했다면 부득불 본칙공안을 참구해야 한다는 것을 강조하고 있다

【本　　則】

〔本則〕擧, 俱胝和尙이 凡有所問하면(有什麽消息고 鈍根[2]阿師로다) 只豎一指라(這老漢이 也要坐斷天下人舌頭라 熱則普天普地熱이요 寒則普天普地寒이로다 換卻天下人舌頭[3]라)

【본칙번역】

구지 화상은 어떤 물음에 대해서도
　　무슨 소식이 있는가? 융통성이 전혀 없는 대사로군.
다만 한 손가락을 세웠다.
　　이 어르신네가 천하인들의 혀(말)를 제압해 버렸다. 더울 때는 온 천지가 더위 그 자체요, 추울 때는 온 천지가 추위 그 자체다. 천하인들의 혀(말)를 바꿔치기해 버렸다.

【본칙과 착어해설】

△ 무슨 소식이 있는가?　　말투로 봐선 구지 화상의 행동거지를 깎아 내리려는 것이지만 실은 반어적으로 구지 화상을 치켜올리는 문구다. '아, 멋진 소식이군'이라는 뜻의 반어적인 표현이다.

△ 융통성이 ~ 대사로군.　　구지 화상은 어떤 물음에 대해서도 오직 한 손가락만을 세워 보일 뿐이었다. 그래서 원오는 "융통성이 전혀 없다"고 말하고 있다. 그러나 이 역시 반어적인 표현이다.

◎ 다만 한 손가락을 세웠다.　　이 대목은 구지 화상의 전매특허인 '구지활구 사용법'이다. 너무 단순하고 싱겁기 짝이 없지만 그러나 온 우주

---

2) 根 = 置(福本).
3) 舌頭(2字) 없음(福本).

가 달려들어도 구지 화상의 이 한 손가락을 제압할 수가 없다. 그 이유는 무엇일까? 과거와 현재와 미래가, 그리고 온누리가 구지 화상의 이 한 손가락을 떠나지 않았기 때문이다. 그만, 그만. 더 이상 가면 말의 수렁에 빠진다.

△ 이 어르신네가 ~ 버렸다.　　구지 화상은 지금 날 없는 칼로 뭇 선지식들의 혀(언어)를 잘라 버렸다.

△ 더울 때는 ~ 추위 그 자체다.　　구지 화상의 한 손가락을 세워 보인 바로 그 자리를 묘사하고 있다. 그 자리란 어떤 것인가? ―추우면 추위 그 자체요, 더울 땐 더위 그 자체다.

△ 천하인들의 ~ 버렸다.　　구지 화상은 이 한 손가락을 세워 보임으로써 뭇 사람들의 말문을 꽉 틀어막아 버렸다. ……그렇다. 누가 감히 입을 벌리겠는가? 입 벌리는 바로 그 찰나, 벗이여 그대 모가지는 간 데 없다. 조심하라.

【評　　唱】

〔評唱〕若向指頭上會하면 則辜負俱胝요 若不向指頭上會하면 則生鐵鑄就相似라 會也恁麼云하며 不會也恁麼去하며 高也恁麼去하며 低也恁麼去하며 是也恁麼去하며 非也恁麼去라 所以道호대 一塵纔起에 大地全收하고 一花欲開에 世界便起라 一毛頭獅子가 百億毛頭現이라하니라 圓明道호대「寒則普天普地寒하고 熱則普天普地熱이라 山河大地는 下徹黃泉이요 萬象森羅는 上通霄漢이라하니」且道是什麼物이 得恁麼奇怪오 若也識得하면 不消一捏이어니와 若識不得하면 礙塞殺人하리라

【평창번역】

만일 손가락 위를 향해서 분별심을 낸다면 구지 화상을 배반하는 것이

요, 만약 손가락 위를 향해서 분별심을 내지 않는다면 본래 천연(本來天然)이라 누구도 그를 어쩌지 못할 것이다. 알아도 또한 이러하며(다만 한 손가락을 세울 뿐이며), 몰라도 또한 이러하며 높아도 또한 이러하며 낮아도 또한 이러하며 옳아도 또한 이러하며 옳지 않아도 또한 이러하다. 그러므로 (낙포원안(834~896)은) 이렇게 말했던 것이다. "한 티끌이 일자마자 온 대지가 (그 속에) 포함되고 꽃 한 송이 피려고 하면 온 세계가 (그와 동시에 그 속에서) 전개된다. 한 티끌 위에 나타난 사자가 백억의 티끌 위에서도 나타난다." (또) 원명(圓明 → 德山緣密)은 이렇게 말했다. "추우면 온 천지가 추위 그 자체요, 더우면 온 천지가 더위 그 자체다. 산하대지는 아래로는 황천에까지 사무치며 삼라만상은 위로는 하늘에까지 통한다." 자, 일러 보라. 이 무슨 물건이 이렇게도 기괴하단 말인가. 만일 알았다면 손가락 하나도 까딱할 필요가 없거니와 만일 모른다면 숨이 꽉 막혀 버릴 것이다(아주 답답할 것이다).

【평창해설】

구지 화상은 손가락 하나를 빌려 본래면목을 나타냈다. 그러나 손가락 그 자체에 무슨 특별한 뜻이 있는 것은 아니다. 그러므로 손가락 그 자체를 왈가왈부한다면 본칙공안의 참뜻을 간파할 수가 없다. 손가락을 단지 하나의 표현 수단이라고 볼 수만 있다면 그대는 본칙공안의 암호를 거의 해독할 수 있는 단계까지 이르렀다고 할 수 있다. 그러나 '거의 해독할 수 있는 단계'와 '해독 그 자체'와는 실로 엄청난 차이가 있으므로 이를 잘못 알지 마라. 구지 화상은 늘상 이런 식으로 어떤 상대가 물음을 던지더라도 무조건 손가락 하나만을 세워 보일 뿐이었다. 그러나 중요한 것은 온 우주의 생성과 파괴가 구지 화상의 이 손가락 위에서 전개되고 있다는 이 엄청난 사실이다. 보라. 구지 화상의 이 한 손가락은 온 우주에 가득 차 있다. 이를 평창문에선 "산하대지와 삼라만상, 그리고 하늘 꼭대기에서 땅 밑까지 가득 차 있다"고 말하고 있다. 벗이여, 그대가 만일 구지 화상의 이 한 손가락 세워 보임을 간파한다면 이제 공안의 암호 해독은 식은 죽 먹기다. 그러나 이를 간파하지 못한다면 그냥 숨이 꽉 막혀 버릴 것이다. 답답하기 이를 데 없을 것이다.

【評　唱】

俱胝和尙은 乃婺州金華人이라 初住庵時에 有一尼名實際라 到庵直入하야 更不下笠하고 持錫遶禪床三匝云「道得卽下笠하리라」如是三問에 俱胝無對하니 尼便云라 俱胝曰「天勢稍晚하니 且留一宿하라」尼曰「道得卽宿하리라」胝又無對하니 尼便行이라 胝嘆曰「我雖處丈夫之形이나 而無丈夫之氣라하고」遂發憤要明此事하야 擬棄庵往諸方參請하야 打疊行脚이라 其夜에 山神이 告曰「不須離此하라 來日有肉身菩薩이 來爲和尙說法하리니 不須去하라」果是次日에 天龍和尙到庵이라 胝乃迎禮하고 具陳前事하니 天龍只豎一指而示之어늘 俱胝忽然大悟라 是他當時에 鄭重專注라 所以桶底戛脫이라 後來에 凡有所問하면 只豎一指라

【평창번역】

구지 화상은 무주 금화 사람이다. 처음 암자에 머물 때였다. (어느 날) 실제(實際)라는 비구니가 암자에 이르러 곧바로 (구지 화상의 처소로) 들어와서는 삿갓도 벗지 않고 주장자를 흔들며 선상을 세 번 돌고는 말했다. "한 마디 일러 보시오. 그러면 삿갓을 벗겠습니다." 이렇게 세 번을 물었으나 구지는 대답을 할 수가 없었다. (그러자) 비구니는 그대로 가 버렸다.

구지가 말했다. "날이 어두워지니 하룻밤 묵어 가시오."

비구니가 말했다. "한 마디 일러 보시오. 그러면 묶어 가겠소."
구지는 또 대답을 할 수가 없었다. (그래서) 비구니는 (그대로) 가 버렸다. 구지는 한탄하며 말했다. "내 비록 대장부의 모습을 하고 있으나 대장부의 기백이 전혀 없도다." (구지 화상은) 이 일(본래자기를 찾는 일)을 밝히고자 발분했다. (그래서) 암자를 버리고 제방의 (선지식들을) 찾아다니며 행각길에 올라 (이 일을) 해결하고자 했다. (그런데) 그날 밤 산신이 (그의 꿈속에 나타나 이렇게) 말했다. "절대 이곳을 떠나지 마라. 내일 육신보살(肉身菩薩, 인간의 모습을 한 선지식)이 와서 화상을 위하여 설법할 것이니 절대로 가지 마라." 정말로 (그) 다음날 천룡(天龍) 화상이 암자에 이르렀다. 구지는 그를 맞아들여 예배를 올리고 앞전의 일(실제 비구니에게 혼난 일)을 자세히 말했다. (자초지종을 다 듣고 난) 천룡은 느닷없이 손가락 하나를 세워 구지에게 보였다. 그러자 구지는 문득 깨달음을 얻었다. 저(구지)는 그 당시 아주 진지했으며 마음이 한군데로 모아졌었다. 그래서 (이렇듯) 통〔無明業識〕 밑이 쉽게 빠져 버렸던 것이다. 그후 (그는) 어떤 물음에 대해서도 다만 한 손가락을 세웠다.

【평창해설】

구지 화상이 깨달음을 얻은 그 자초지종을 기술하고 있다. 이 대목에서 우리가 명심해야 할 것은 다음이다. "절실하면 할수록 간절하면 할수록 깨달음에 가까워진다. 여기 지식의 많고 적음은, 나이의 많고 적음은, 성별은, 그리고 출가와 세속은 전혀 문제가 되지 않는다."
벗이여, 여기 이 길(수행의 길)에 투자하지 않겠는가. 그대의 삶을 이 길에 투자하면 절대로 손해는 보지 않는다. 이 말은 전적으로 믿어도 좋다.

【評　　唱】

長慶道호대「美食不中飽人喫이라」玄沙道호대「我當時若見이런들 拗折指頭하리라」 玄覺云 「玄沙恁麽道가 意作麽生고」 雲居錫云 「只如玄沙恁麽道가 是肯伊아 是不肯伊아 若肯伊댄 何言拗折指頭아 若不肯伊댄 俱胝過在什麽處오」 先曹山云 「俱胝承當處莽鹵하야 只認得一機一境이니 一等是拍手撫掌이나 見他西園奇怪로다」 玄覺又云 「且道俱胝還悟也未아 爲什麽承當處莽鹵오 若是不悟[4]댄 又道平生只用一指頭禪不盡가 且道曹山意在什麽處오」

【평창번역】

장경은 말했다. "(제아무리) 맛있는 음식이라도 배부른 사람이 먹기에는 적당치 않다." 현사는 말했다. "내가 만일 당시에 봤더라면 (구지의) 손가락을 부러뜨렸을 것이다." 현각은 말했다. "현사가 이렇게 말한 그 뜻이 어떤 것인가?" 운거석이 말했다. '그건 그렇고 현사가 이렇게 말했으니 그(구지)를 인정한 것인가, 그를 인정치 않은 것인가? 만일 그를 인정했다면 왜 손가락을 부러뜨린다고 말했는가? 만일 그를 인정치 않았다면 구지의 잘못이 어느 곳에 있는가?" 선조산(先曹山, 曹山本寂)은 말했다. "(당시의 선지식들이) 모두들 손뼉을 치는 식이었으나 (그 중에서도) 저 서원(西園)이 (가장) 돋보인다." 현각은 또 (이렇게) 말했다. "자, 일러 보라. 구지가 깨달았는가, 깨닫지 못했는가? 무엇 때문에 깨달은 듯이 불투명한가? 만일 깨닫지 못했다면 평생 동안 한 손가락의 선을 썼으나 다 못 썼다

---

[4] 長慶道 ~ 若是不悟(127字) = 본칙 평창 면 앞에 있다. 이어서 '俱胝和尙 凡有所問 只竪一指'(12字)라는 문장이 있고 그 다음 본칙 평창 건 앞 문장 '若向指頭上會則……' 이 이어진다. 그리고 '長慶道 ~ 若是不悟'의 자리에는 '長慶云 美人不中飽人喫 曹山云 他承當處莽鹵 只認得一機一境 玄沙云 我當時若見 與伊拗折指 看他作什麽伎倆 且道 玄沙是肯伊不肯伊'(56字)가 있다. 그런 다음 비로소 '又道平生 ~ 什麽處'(21字)가 이어진다(福本).

고 말한 것을 어찌할 것인가? 자, 일러 보라. 조산(선조산)의 뜻이 어느 곳에 있는가?"

【평창해설】

이 대목은 구지 화상의 활구〔一指頭禪〕에 대한 제방의 평이다.

○첫째, 장경의 평 : 구지 화상의 이 절실한 한 손가락 활구라 해도 선의 안목이 밝은 수행자들에게는 별 설득력이 없다는 뜻이다.

○둘째, 현사의 평 : 반어적으로 구지 화상의 활구를 부각시키고 있다. 구지의 그 한 손가락마저 꺾어 버릴 수만 있다면 그때야말로 진짜 구지의 활구가 되살아난다.

○셋째, 현각의 평 : 현사의 말뜻을 정확히 간파해야 한다고 경책하고 있다.

○넷째, 운거석의 평 : 역시 현사의 말뜻을 분명히 간파할 것을 권하고 있다. 현각의 평보다 좀더 구체적으로 파고 들어가 문제점들을 제시하고 있다. 현사가 구지 화상을 인정했다면 왜 손가락을 부러뜨린다고 했는가? 만일 현사가 구지 화상을 인정하지 않았다면 구지의 잘못이 어디에 있는가? 벗이여, 그대가 직접 간파해 보라.

○다섯째, 선조산의 평 : 말투로 봐선 구지 화상을 여지없이 깎아내리고 있으나 사실은 엄청난 칭찬으로 봐야 한다. 반어법적인 극한의 표현을 우리는 이 선조산의 평을 통해서 볼 수 있다.

○여섯째, 현각의 두 번째 평 : 선조산의 평을 좀더 구체적으로 세분하여 되묻고 있다.

구지 화상은 바늘 위에 쇠붙이를 더했고(군더더기를 붙였고) 멀쩡한 눈을 비벼 눈병을 냈다. 그렇기에 이처럼 여러 사람들의 말밥에 올라 난도질을 당한 것이다. 그러나 구지 화상에 대한 여러 어르신네들의 이 왈가왈부는 사실은 구지 화상의 활구를 뒷사람들에게 널리 알리려는 선전문이다. 벗이여, 그대가 만일 너와 내가 나뉘기 이전에 서 있다면 그때 비로소 구지 화상의 낭패 본 곳을 간파할 수 있을 것이다. 장경, 현사, 현각, 운거석, 선조산, 이 다섯 어르신네들은 제각기 다른 입장에 서서 구지 화상의 활구를 바라본 것이다.

―《종전초》

【評　　唱】

當時俱胝가 實然不會댄 及乎到他悟後하야 凡有所問하면 只豎一指하니 因什麼千人萬人이 羅籠不住며 撲他不破오 你若用作指頭會하면 決定不見古人意하리라 這般禪은 易參이나 只是難會라 如今人은 纔問著하면 也豎指豎拳이나 只是弄精魂이니 也須是徹骨徹髓見透始得이니라

【평창번역】

당시 구지가 정말로 알지 못했다면(깨닫지 못했다면) 저가 깨닫고 난 후에 어떤 물음에 대해서도 다만 한 손가락을 세웠을 뿐이거니 무엇 때문에 그 누구도 (그를) 꼼짝 못하게 만들지 못했으며 쳐부수지 못했는가? 그대가 만일 손가락에 대하여 분별심을 낸다면 결정코 저 옛사람(구지)의 뜻을 간파하지 못할 것이다. 이런 종류의 선은 참구하긴 쉬우나 (그 참뜻을) 깨닫기가 어렵다. 지금 사람들은 (느군가가) 질문을 하자마자 (대뜸) 손가락을 세우거나 주먹을 세운다. (그러나) 다만 이것은 기괴한 짓일 뿐이니 뼛속까지 사무치게 뚫어내지 않으면 안 된다.

【평창해설】

그런데 문제는 어떤 물음에도 한 손가락을 세워 보인 구지를 그 누구도 제압할 수 없었다는 사실이다. 이로 봐서 구지가 손가락을 세워 보인 것은 손가락 그 자체에 무슨 뜻이 있지 않은 게 확실하다. 그러므로 손가락에 국한되어 해답을 찾아서는 안 된다. 이런 식의 공안은 너무도 간단하고 분명하여 참구하긴 그지없이 쉬우나 그 속뜻을 간파해 내기는 무척 힘들다. 말하자면 간단한 만큼 어려움은 거기 반비례하는 것이다. 그런데 뒷사람들은 구지의 한 손가락을 흉내내어 어떤 물음에 대해서도 그저 한 손가락을 들어 보이곤 한다. 그러나 이는 모두 사이비다. 단지 구지의 행위만을 흉내내는 것일 뿐 그 참뜻은 전혀 모르기 때문에 이런 식으로 흉내를 내고 있는 것이다. 구지의 한 손가락 선〔一指頭禪〕은 구지 이외에는 그 누구도 써서는 안 되고 또 쓸 수도 없다. 이 점을 우리는 분명히 알지 않으면 안 된다.

【評　　唱】

俱胝庵中有一童子러니 於外被人詰曰「和尙尋常以何法示人고하니」童子豎起指頭라 歸而擧似師한대 俱胝以刀斷其指하니 童子叫喚走出이라 俱胝召一聲하니 童子回首어늘 俱胝卻豎起指頭하니 童子豁然領解라 且道見箇什麽道理오

【평창번역】

구지의 암자에 한 동자가 있었다. 밖에서 사람들에게 "화상은 보통 때 무슨 법을 가르치고 있는가"라는 질문을 받자 동자는 손가락을 세웠다. (동자가 암자로) 돌아와서 구지 화상에게 이 이야기를 하자 구지는 칼로 동자의 손가락을 잘라 버렸다. (그러자) 동자는 비명을 지르며 달아났다.

구지가 부르자 동자는 머리를 돌렸다. 구지는 즉시 손가락을 세워 보였다. (그 순간) 동자는 확연히 깨달았다. 자, 일러 보라. (동자가 도대체) 무슨 도리를 간파했는가?

【평창해설】

구지의 한 손가락 공안은 어린 소년(동자)을 깨닫게 했는데 그 자초지종이 여기 실려 있다. 어린 소년은 구지의 시자였는데 어느 날 시장에 나갔다가 사람들이 구지의 가르침을 묻자 대뜸 한 손가락을 세워 보였다. 그러곤 암자로 돌아와서 구지에게 이 사실을 자랑스럽게 말했다.

구지가 말했다. "자, 내가 물을 테니 사람들에게 했던 대로 다시 한 번 해봐라. 어떤 것이 부처인가?"

동자는 즉시 한 손가락을 구지 앞에 세워 보였다. 그 순간 구지는 미리 준비해 둔 칼로 그 한 손가락을 잘라 버렸다. 동자는 비명을 지르며 달아났다. 구지는 그런 동자를 급히 불렀다. 동자가 뒤를 돌아보는 순간 구지는 한 손가락을 세워 보였다. 그 찰나에 동자는 정말 깨달음을 얻었다. 아아, 이 얼마나 극적인 한 장면이며 절실한 한 장면인가. 벗이여, 그대의 삶에서도 이런 드라마가 있어야 되지 않겠는가?

매일매일 그저 그렇고 그런 나날이 계속돼서야 어디 살맛이 나겠는가. 본칙공안에서 구지가 동자의 손가락을 자른 그것을 일러 "살인도(殺人刀)를 휘둘렀다"고 《종전초》에서는 말하고 있다. 그리고 동자를 부른 다음 다시 한 손가락을 세워 말 밖의 소식을 보여 준 구지의 행동거지를 일러 "활인검(活人劍)을 썼다"고 《종전초》는 말하고 있다. 너무나 적절한 표현이라서 더 이상의 보충 설명이 필요치 않다.

【評　　唱】

及至遷化에 謂衆曰「吾得天龍一指頭禪하야 平生用不盡이라 要會麽아하고」 豎起指頭便脫去하니라 後來明招獨眼龍이 問國泰深師叔云 「古人道호대 『俱胝只念三行咒하고 便得名超一切人이라하니』 作麽生與他拈卻三行咒오하니」 深亦豎起一指頭라 招云「不因今日이면 爭識得這瓜州客이리요하니」 且道意作麽生고

【평창번역】

입적할 때에 이르러 (구지 화상은) 대중에게 말했다. "나는 천룡의 한 손가락 선[一指頭禪]을 얻어서 평생 동안 사용했으나 다 쓰지 못했다. 알겠는가!" (이렇게 말한 다음 구지는) 손가락을 세운 채 입적에 들어갔다. 그 뒤 명초 독안룡(明招 獨眼龍)이 국태심사숙(國泰深師叔)에게 말했다. "옛 사람이 이르길 '구지는 단지 세 줄의 주문밖에 외우지 못했으나 그 이름이 모든 사람들보다 뛰어났다'고 했으니 어떤 것이 그가 외운 세 줄의 주문입니까?" 국태심사숙 또한 한 손가락을 세웠다. (이를 본) 명초는 말했다. "오늘이 아니었더라면 (내) 어찌 과주객(瓜州客, 지음인)을 알아봤겠는가?" 자, 일러 보라. (명초의) 뜻이 어떤 것인가?

【평창해설】

이 대목에서는 구지의 공안에 대한 명초 독안룡과 국태심사숙, 이 두 사람의 대화를 싣고 있다.

명초 독안룡의 질문 가운데 '세 줄의 주문[三行呪]'이란 구지의 한 손가락 선[一指頭禪]을 말한다. 간단명료하다는 표현을 명초 독안룡은 이런 식으로 설명한 것이다. 더 이상의 뜻은 없으니 신경쓰지 말도록. 명초 독안룡의 질문을 뜻으로 풀면 다음과 같다. '구지는 단지 한 손가락만을 세

워 보였는데 그 이름이 모든 사람들을 제압했다. 그렇다면 그가 한 손가락을 세워 보인 그 참뜻은 무엇인가?

이에 국태심사숙은 말없이 한 손가락을 세워 보였다. 그러자 명초 독안룡은 이렇게 말했다. "오늘에야 비로소 지음인(知音人)을 만났군요." 그렇다면 국태심사숙의 이 행동거지는 구지의 흉내가 아니고 무엇인가? 그러나 국태심사숙은 이미 공안의 은호를 푼(깨달은) 사람이기 때문에 이것은 결코 구지의 흉내라고단은 볼 수가 없다. 행동거지로 봐선 분간이 어렵지만 그러나 명초 독안룡의 말을 들어 보면 그건 결코 구지의 흉내는 아니다. 왜냐하면 명초 독안룡 역시 한쪽 눈을 실명하면서까지 갖은 고난 끝에 공안의 문을 연 사람이기 때문이다. 명초에게 독안룡(獨眼龍, 외눈박이 용)이란 별명이 붙은 것은 그가 수행 도중 한쪽 눈을 실명했기 때문이다. 그러나 벗이여, 국태심사숙이 아닌 이상 그대는 결코 구지의 흉내는 내지 마라. 그대 자신이 그냥 송두리째 구지에게 먹혀 버린다.

【評　　唱】

秘魔平生에 只用一杈하고 打地和尙은 凡有所問하면 只打地一下라 後被人藏卻佗棒하고 卻問「如何是佛이닛고」他只張口하니 亦是一生用不盡이라 無業云「祖師觀此土有大乘根器하고 唯單傳心印하야 指示迷塗라 得之者는 不揀愚之與智와 凡之與聖하니 且多虛不如少實이니라 大丈夫漢이 卽今直下休歇去하고 頓息萬緣去하면 超生死流하야 迥出常格하리라 縱有眷屬莊嚴이라도 不求自得5)이니라」 無業一生凡有所問하면 只道「莫妄想하라하니」 所以道호대 一處透하면 千處萬處一時透하며 一機明하면 千機萬機一時明이라하느라

---

5) 縱有 ~ 自得(10字) 없음(一夜本).

【평창번역】

비마(秘魔)는 평생 동안 다만 나뭇가지 한 개만을 사용했고 타지(打地) 화상은 어떤 물음에도 (막대기로) 다만 땅을 한 번 칠 뿐이었다. 그 뒤 (어떤) 사람이 저(타지 화상)의 막대기를 감춰 버린 다음 물었다. "어떤 것이 부처입니까?" (그러자) 그는 다만 입을 벌릴 뿐이었다. (그러나) 이 역시 일생 동안 사용했어도 미처 다 쓰지 못했던 것이다. 무업(無業)이 말했다. "조사(달마 대사)는 이 땅(중국)에 대승근기(大乘根器, 굳센 기질)가 있음을 관하고 오직 심인(心印, 불법의 가르침)을 전해서 미한 중생을 제도했다. (그러므로) 그것(心印)을 얻은 자는 어리석은 자와 지혜로운 자, 범부와 성인을 가릴 필요가 없나니 많고 속빈 것(多虛)은 작고 알찬 것(少實)만 같지 못하다. 사내대장부가 지금 즉시 (모든 걸) 놔 버리고 만 가지(갖가지) 인연을 쉬어 버린다면 생사의 흐름(윤회)을 초월해서 일상적인 틀을 멀리 벗어나리라. 비록 많은 권속들이 있다 하더라도 구하지 않아도 저절로 얻는다(縱有眷屬莊嚴不求自得 → 저절로 얻는 것만 같지 못하다)."

무업(無業)은 일생 동안 어떤 물음에 대해서도 다만 "막망상(莫妄想, 망상 피우지 마라)"이라 했다. 그러므로 (옛사람은 이렇게) 말했던 것이다. "한 곳이 뚫어지면 천 곳 만 곳(모든 곳)이 일시에 뚫어지며 한 표정이나 동작을 간파하게 되면 천 가지 만 가지(갖가지)의 표정과 동작을 모두 간파할 수가 있다."

【평창해설】

본칙공안과 같이 간단명료한 공안으로 다음의 세 가지 예를 들고 있다.
  첫째, 비마의 '나뭇가지(一枝) 공안'.
  둘째, 타지의 '땅을 친(打地一下) 공안'.
  셋째, 무업의 '막망상(莫妄想) 공안'.

평창문의 '대승근기(大乘根器)'란 제2조 혜가 대사를 지칭하는 말이다. '많고 속빈 것〔多虛〕'이란 불경이나 기타의 서적들에 대한 해박한 지식〔多知多學〕을 말한다. '작고 알찬 것〔少實〕'이란 자신의 본성을 체험적으로 깨달은 것을 말한다. 그리고 '비록 많은 권속들이 있다 하더라도〔縱有眷屬莊嚴〕'란 말은 '비록 많은 경전을 이해하고 안다 하더라도'의 뜻이다. '구하지 않아도 저절로 얻는다〔不求自得〕'는 뜻은 뭘 말하는가? 그것은 '굳이 구하지 않더라도 저절로 얻는 것(직접 체험)만 같지 못하다'는 뜻이다. 이 두 문장을 묶어 뜻풀이를 해본다면 다음과 같다. "수행에 있어서 많은 지식이나 학문은 단 한 번의 직접 체험이나 깨달음을 능가할 수는 없다."

【評　唱】

如今人總不恁麼하고 只管恣意專解하나니 不會他古人省要處라 他豈不是無[6]機關轉換處리요마는 爲什麼只用一指頭오 須知俱胝到這裏하야 有深密爲人處니라 要會得省力麼아 還他圓明道「寒則普天普地寒하고 熱則普天普地熱이니라」 山河大地는 通上孤危하고 萬象森羅는 徹下嶮峻이라 什麼處得一指頭禪來오

【평창번역】

지금 사람들은 모두 이렇지 않아서 오직 제멋대로 분별심만을 일으키나니 저 옛사람의 요긴한 곳(핵심)을 모르고 있다. 저(구지)는 (상대의 수준에 따라) 거기 알맞게 대응할 수 있는 전략〔機關轉換處〕이 있었지만 뭣 땜에 다만 한 손가락을 사용했는가? 구지는 여기(한 손가락만을 사용한 곳)

---

6) 無 없음(福本).

이르러서 아주 깊고 치밀하게 사람들을 위한 곳이 있었다는 이 사실을 반드시 알아야 한다. (구지가) 힘을 얻은 곳을 알고자 하는가? 저 원명이 말한 다음의 구절에서 문제의 핵심을 포착해야 한다. "추울 때는 온 천지가 추위 그 자체요, 더울 때는 온 천지가 더위 그 자체다." 산하대지는 위로 통하여 고고하게 높고 만상삼라는 아래로 사무쳐 험준하나니 어느 곳에서 '한 손가락의 선〔一指頭禪〕'을 얻겠는가(간파할 수 있겠는가)?

【평창해설】

그렇다면 구지는 왜 활구를 쓰는 데 있어서 다른 선지식들처럼 갖가지 방법을 사용하지 않고 오직 한 손가락만을 썼는가? 그것은 사람들로 하여금 단도직입적으로 깨닫도록 하기 위해서였다. 구지의 이 절실한 마음을 원명은 다음과 같이 말했다. "추울 때는 온 천지가 추위 그 자체요, 더울 때는 온 우주가 더위 그 자체다." 자, 그렇다면 벗이여, 그대는 어느 곳에서 구지의 이 한 손가락 선〔一指頭禪〕을 간파할 수 있겠는가? ……다만 앞골이 써늘해질 뿐이다. 여기 부끄러움이 파도처럼 밀려온다. 멀쩡한 사지를 가지고 깊은 잠에 취해 살아가고 있으니 이 어찌 한심하지 않겠는가. 벗이여, 일어나라. 일어나 빛을 발하라.

【頌】

〔頌〕對揚深愛老俱胝하노니(癩兒牽伴이니 同道方知라 不免是一機一境이라) 宇宙空來更有誰오(兩箇三箇에 更有一箇라도 也須打殺이니라) 曾向滄溟下浮木하니(全是這箇라 是則是나 太孤峻生이라 破草鞋有什麼用處오) 夜濤相共接盲龜라(撈天摸地有什麼了期오 接得堪作何用고 據令而行하니 趨向無佛世界라 接得闍黎一箇瞎漢[7]이로다)

【송번역】

구지 어르신네의 제접법을 너무 좋아하나니
  동병상련이로군. 길이 같아야만 서로를 이해하는 법. 한 표정 한 동작〔一機一境〕을 면치 못하는군.
천지개벽 이래로 또 누가 있었는가
  두 사람의 구지, 세 사람의 구지, 다시 (또) 한 사람의 구지가 (더) 있다 하더라도 (구지를 흉내내는 놈들이기 때문에 모조리) 없애 버려야 한다.
일찍이 저 바다에 구멍 뚫린 나무를 띄워
  전부 이것뿐(한 손가락을 세운 것뿐)이다. 옳긴 옳다만 너무 높고 험하구나. (이미) 다 헤진 신발이거니 어디에 쓰겠는가?
밤 물결 속에서 눈먼 거북이를 건져 올렸네
  하늘을 더듬고 땅을 뒤져 보는 이 짓거리 어느 세월에 끝나겠는가? (눈먼 거북이를) 건져 올려 어디에 쓰겠는가? 법령대로 행해 부처마저 없는 세계로 나아간다. 대사(설두) 같은 눈먼 한 놈을 건져 올렸다.

【송과 착어해설】

◎ 구지 어르신네의 ~ 좋아하나니   설두는 구지의 이 간단명료한 전략을 극찬하고 있다.

△ 동병상련이로군. ~ 이해하는 법.   설두는 구지의 활구를 속속들이 간파한 사람이기에 원오는 이런 식으로 말하고 있다.

△ 한 표정 한 동작〔一機一境〕을 면치 못하는군.   구지의 활구를 반어적으로 칭찬하고 있다.

◎ 천지개벽 이래로 또 누가 있었는가   ……그렇다. 구지 이전에 구지 없었고 구지 이후에 구지 없었다.

---

7) 瞎漢(2字) 없음(福本).

△ 두 사람의 구지, ~ 없애 버려야 한다. "구지마저 없애 버려야만 비로소 구지의 견처(見處)가 되살아난다"고 말한 원오의 안목은 정말 예리하다.

◎ 일찍이 저 바다에 구멍 뚫린 나무를 띄워 구지의 이 단도직입적인 활구(一指頭禪)는 마치 생사고해의 바다에 구멍 뚫린 나무토막을 띄운 것과도 같다. 누구든 이 구멍 속으로 들어오기만 하면 생사윤회의 그 기나긴 악몽에서 깨어난다. 그러나 이건 결코 말처럼 그렇게 쉬운 일이 아니다.

△ 전부 이것뿐이다. '구멍 뚫린 나무토막'은 바로 구지의 이 단도직입적인 활구다.

△ 옳긴 옳다만 너무 높고 험하구나. 구지의 활구를 간파한다는 것은 결코 쉽다고만은 말할 수 없다. 왜냐하면 우린 지금 너무 많은 지식, 너무 많은 생각에 오염돼 있기 때문이다.

△ 다 헤진 신발이거니 어디에 쓰겠는가? 구지의 이 한 손가락 선(一指頭禪)은 너무 많은 사람들이 너무 많이 우려먹어서 마치 밑창이 다 떨어진 신발짝과도 같다. 그러니 이런 헌 신발짝을 어디에 쓰겠는가. 그러나 벗이여, 이건 반어적인 칭찬이다. '우려먹어도 우려먹어도 전혀 새롭다'는 말을 원오는 이런 식으로 말한 것이다.

◎ 밤 물결 속에서 눈먼 거북이를 건져 올렸네 '밤 물결'은 번뇌망상을, '눈먼 거북이'는 중생들을 뜻한다. 구지의 이 한 손가락 선은 번뇌망상의 바다에서 허우적대고 있는 눈먼 중생들을 건져 올리는 뗏목과도 같다.

△ 하늘을 더듬고 ~ 끝나겠는가? 그러나 우리는 구지의 이 뗏목을 만나지 못하고 지금 이 순간에도 번뇌망상의 칠흑 바다에서 헤매고 있다.

△ (눈먼 거북이를) ~ 쓰겠는가? 무지한 이 중생을 건져 올려 봐야 쓸 곳이 없다. 그러나 이는 반어적인 칭찬으로 봐야 한다. '눈먼 거북이를

건져 올려 두 눈을 뜨게 한다'는 말의 반어적인 표현으로 봐야 한다.

△ **법령대로 ~ 나아간다.** 　진정한 의미에서의 구지의 활구는 부처마저 뛰어넘은 절대 경지다. 그런 경지에 이르렀을 때만이 생사고해에서 허덕이고 있는 중생들을 구제할 수 있는 것이다. 그러므로 벗이여, 어설픈 성자의 흉내는 내지 마라. 그것은 너 자신의 또 다른 환상일 뿐이다.

△ **대사(설두) 같은 ~ 건져 올렸다.** 　구지의 활구가 건져 올린 것은 고작 설두 같은 이 한 마리의 눈먼 거북이뿐이다. 그러나 이 역시 반어적인 칭찬이다. '구지의 참뜻을 간파한 이는 오직 설두뿐'이라는 말을 원오는 이런 식으로 표현하고 있다.

【評　唱】

〔評唱〕雪竇는 會四六文章하고 七通八達하야 凡是諸詁奇特公案을 偏愛去頌[8]이라 「對揚深愛老俱胝ㅎ노니 宇宙空來更有誰오하니」 今時學者에게 抑[9]揚古人이라 或賓或主, 一問一答에 當面提持하나니 有如此爲人處라 所以道호대 對揚深愛老俱胝라하나라 且道雪竇愛他作什麼오 自天地開闢以來로 更有誰人고 只是俱胝老一箇라 若是別人은 須參雜이나 唯是俱胝老가 只用一指頭하야 直至老死라 時人이 多邪解道호대 「山河大地也空이며 人也空, 法也空이며 直饒宇宙一時空來라도 只是俱胝老一箇라하니」 且得沒交涉이라

【평창 번역】

설두는 시문(詩文)에 통달하여 아주 난해하고 특이한 공안만을 골라서

---

8) 去頌(2字) = 頌出(一夜本).
9) 抑 = 擧(福本). (← 從福本改之(種電鈔).

송을 읊기를 좋아했다. "구지 어르신네의 제접법을 너무 좋아하나니/ 천지개벽 이래로 또 누가 있었는가?"라고 읊었으니 지금의 학자들에게 옛사람을 깎아내리며 치켜올리고 있는 것이다. 혹은 객(客)이 되고 혹은 주(主)가 되기도 하면서 일문일답을 통하여 정면으로 (문제의 핵심을) 제시하나니 (설두는) 이처럼 사람을 위하는 곳이 있었던 것이다. 그래서 (설두는) "구지 어르신네의 제접법을 너무 좋아한다"고 말했던 것이다. 자, 일러 보라. 설두는 저(구지)를 좋아해서 어떻게 (말)했는가? "천지개벽 이래로 또 누가 있었는가? 오직 구지 어르신네 한 분이 있었을 뿐이다." 만일 다른 사람이라면 한결같지 않아서 여러 가지 방법을 썼을 것이나 오직 구지 어르신네만은 생을 마칠 때까지 다만 한 손가락을 썼을 뿐이다. (그런데) 요즈음 사람들은 대부분 잘못 알고는 (이렇게) 말하고 있다. "산하대지 또한 덧없으며 사람 또한 덧없으며 법(法, 사물들) 또한 덧없으며 이 우주 전체가 덧없다 하더라도 (덧없지 않은 것은) 다만 구지 어르신네 한 분 뿐이다." 그러나 이건 전혀 맞지 않는 말이다.

【평창해설】

평창문 가운데 "깎아내리며 치켜올리고 있는 것이다〔抑揚〕"란 구절은 문맥이 통하지 않는다. 그래서 《종전초》에서는 《복본(福本)》에 근거하여 "치켜올리고 있는 것이다〔擧揚〕"라고 정정하고 있다〔從福本改之〕.

【評　唱】

「曾向滄溟下浮木이라하니」 如今謂之生死海라　衆生在業海之中하야 頭出頭沒하고　不明自己하니　無有出期라　俱胝老垂慈接物하야　於生死海中用一指頭接人하니　似下浮木接盲龜相似라　令諸衆生得到彼岸이라
「夜濤相共接盲龜는」《法華經》云「如一眼之龜가　值浮木孔하야　無沒

溺之患이라」 大善知識이 接得一箇如龍似虎底漢하야 敎他向有佛世界하야 互爲賓主하며 無佛世界에는 坐斷要津하나니 接得箇盲龜하야 堪作何用고

【평창번역】

"일찍이 저 바다에 구멍 뚫린 나무를 띄워"라고 읊었으니 저 바다란 바로 '생사고해의 바다'를 말하는 것이다. 중생들은 업(業)의 바다에서 부침하고 있으므로 본래자기를 밝히지 못하나니 (이 악업의 바다에서) 나올 기약이 없다. (그래서) 구지 어르신네께서는 자비로운 마음으로 중생을 제접하여 생사고해의 한가운데서 (오직) 한 손가락을 써서 사람들을 인도했다. (그런데 이것은 마치) 눈먼 거북이가 (구멍 뚫린) 나무를 만난 것과 같다. (구지 어르신네는 이런 식으로) 중생들로 하여금 저 피안에 이르도록 했던 것이다. "밤 물결 속에서 눈먼 거북이를 건져 올렸네"라는 말은 《법화경》에 나오는 구절이다. 《법화경》에서는 말했다. "애꾸눈이(눈먼) 거북이가 (마침내) 구멍 뚫린 나무를 만났으니 (다시는 바다에) 빠질 위험이 없다." 큰스승은 용과 같고 범 같은 한 수행자를 제접해서 저(수행자)로 하여금 유불세계(有佛世界 → 放行 → 긍정적인 입장)를 향해서 서로 주(主)와 객(客)이 되며, 무불세계(無佛世界 → 把住 → 부정적인 입장)에서는 일체를 장악해 버리나니 (이 따위) 눈먼 거북이를 얻어서 어디에 쓰겠는가?

【평창해설】

'눈먼 거북이가 구멍 뚫린 나무를 만났다〔盲龜偶木〕'는 이야기는 원래 《법화경(法華經)》(妙莊嚴品)에 있는 이야기로서 그 대강은 다음과 같다. "망망한 밤바다에 구멍 뚫린 나무토막 하나가 떠 있다. 그런데 이 바다 밑에는 눈먼 거북이가 살고 있어 백 년에 한 번씩 수면으로 떠올라 온다. 그

렇다면 이 눈먼 거북이가 나무토막의 구멍 속에 그 목이 걸려 이 밤바다에서 나올 기약은 언제쯤 되겠는가? 어느 날엔가는 그런 날이 오긴 올 것이지만 그건 너무나도 기나긴 시간이 지나야만 될 것이다. 여기 '망망한 밤바다'는 생사고해요, '눈먼 거북이'는 생사고해에 표류하고 있는 중생들이다. '구멍 뚫린 나무'는 부처의 가르침〔佛法〕을 뜻한다. 올바른 진리의 길〔正法 → 佛法〕을 만난다는 것은 이처럼 어렵고 어려운 것이다."

평창문에서 원오는 말하고 있다. "스승은 범과도 같이 용맹스러운 수행자를 건져 올려서 진리의 길을 힘차게 가도록 해야 한다. 그런데 고작 이 따위 눈먼 거북이 같은 놈을 건져 올린다면 그걸 어디에 쓰겠는가?" …… 그러나 범을 한주먹으로 때려잡을 수 있는 수행자는 바로 눈먼 거북이와 같은 수행자다. 왜냐하면 그는 철저하게 눈이 멀었으므로 부처마저 용납지 않는 절대 경지에 있기 때문이다.

원오의 평창문과 본칙공안의 촌평, 그리고 송에 붙은 촌평은 이처럼 반어적인 표현이 도처에 지뢰처럼 깔려 있다. 그러므로 여간 정신을 바짝 차리지 않으면 그만 문맥을 잃어버리고 만다. 이 부분 역시 원오의 반어적인 표현으로 봐야 한다.

第 20 則
龍牙西來意
용아의 조사서래의

【垂　　示】

　　垂示云「堆山積嶽하고 撞墻磕壁이나 佇思停機하면 一場苦屈이라 或有箇漢出來하야 掀翻大海하고 踢倒須彌하며 喝散白雲하고 打破虛空하며 直下向一機一境하야 坐斷天下人舌頭하면 無你近傍處라 且道 從上來是什麼人이 曾恁麼오 試擧看하라」

【수시번역】

　㉠ 산들이 겹겹이 겹쳐 있듯이 (온누리가) 조사서래의(祖師西來意)로 가득하고, 담에 부딪고 벽에 걸리듯이 조사서래의가 도처에 충만하다 하더라도 분별심을 일으킨다면 괴롭고 굴욕적인 한 장면일 뿐이다.
　㉡ (그러나) 눈밝은 선지식이 나와서 저 바다를 뒤집어엎고 수미산을 발로 차서 거꾸러뜨리며 일할(一喝)로 흰 구름을 흩어 버리고 저 허공을 부쉬 버리며 한 표정 한 동작(一機一境)으로 천하 사람들의 혀(말)를 제압해 버린다면 그대가 가까이 접근할 곳이 없다.
　㉢ 자, 일러 보라. 예로부터 어떤 사람이 이러했는가. 시험삼아 거론해 보자.

【수시해설】

세 마디로 되어 있다.

첫째 마디(㉠) : 이 우주 전체가 조사서래의로 가득 차 있다. 그러나 여기 '이것이 바로 조사서래의'라는 분별심이 일어나게 되면 이 분별심 때문에 우리는 조사서래의 그 자체를 감지할 수 없게 된다는 것을 강조하고 있다.

둘째 마디(㉡) : 그러나 눈밝은 선지식(본칙공안에서의 취미·임제 같은)이 나와서 격외의 기봉을 휘두른다면 누구도 감히 여기 접근할 사람이 없다는 것을 말하고 있다.

셋째 마디(㉢) : 결론적으로 본칙공안에 등장하는 취미와 임제가 바로 그런 눈밝은 선지식임을 강조하고 있다.

【本　則】

〔本則〕擧, 龍牙問翠微호대「如何是祖師西來意닛고」(諸方舊話나 也要勘過라) 微云「與我過禪板來하라」(用禪板作什麽오 泊合放過로다 噯!) 牙過[1]禪板與翠微어늘(也是把不住라 駕與靑龍不解騎로다 可惜許, 當面不承當이로다) 微接得便打라(著, 打得箇死漢濟甚事오 也落在第二頭了也로다) 牙云「打卽任打어니와 要且無祖師西來意로다」(這漢[2]話在第二頭[3]라 賊過後張弓이로다) 牙又問臨濟호대「如何是祖師西來意닛고」(諸方舊公案을 再問將來하니 不直半文錢이로다) 濟云「與我過蒲團來하라」(曹溪波浪如相似댄 無限平人被陸沈이로다 一狀領過라 一坑埋卻이로다) 牙取蒲團過與臨濟하니(依前把不住요 依前不伶俐라 依俙越國이요 髣髴揚州라) 濟接得便打라

---

1) 過 = 取(一夜本).
2) 漢 = 般(楅本).
3) 第二頭(3字) 없음(蜀本).

(著, 可惜打這般死漢이라 一模脫出이로다) 牙云「打卽任打어니와 要且無祖師西來意로다」(灼然, 在鬼窟裏作活計로다 將謂得便宜나 販過後張弓이로다)

【본칙번역】

용아가 취미에게 물었다. '어떤 것이 '조사서래의(祖師西來意)'입니까?'
　　여러 곳에서 써먹던 낡은 말이지만 또한 재점검해 봐야 한다.
취미가 말했다. "여아과선판래(與我過禪板來, 나에게 선판을 건네 달라)."
　　선판을 가지고 뭘 하려는가? 하마터면 놓칠 뻔했다. 위험천만!
용아가 취미에게 선판을 건네주자
　　(취미의 말뜻을) 파악하지 못했군. 명마(名馬)에 태워 줘도 (갈을) 다룰 줄 모르는군. 애석하다. 눈앞에 (있는데도) 모르는군.
취미는 (선판을) 받자마자 (용아를) 후려쳤다.
　　착(著), 이런 머저리를 때려서 뭘 하겠단 말인가. 이 또한 김빠진 맥주인걸.
용아가 말했다. "때리려거든 마음대로 때리시오. (그러나) 어쨌든 (여기에) 조사서래의는 없습니다."
　　이 친구가 (지금) 김빠진 말을 하고 있군. 도적이 간 후에 활을 쏘는군.
용아는 또 임제에게 물었다. "어떤 것이 '조사서래의(祖師西來意)'입니까?"
　　여러 곳에서 이미 써먹은 낡은 공안을 다시 묻고 있군. 반푼어치의 가치도 없다.
임제가 말했다. "여아과포단래(與我過蒲團來, 나에게 포단을 건네 달라)."
　　조계의 물결이 이와 같다면 무수한 수행자들이 파멸해 버리고 말았을 것이다. 두 놈(취미와 임제)이 같은 죄를 짓는군. 모두 다 한 구덩이에 묻어 버려야 한다.
용아가 포단을 임제에게 건네주자

여전히 (말의 핵심을) 파악하지 못하고 있군. 여전히 영리하지 못하군. 전혀 다른 두 사람(취미·임제)이 비슷한 방법을 쓰고 있다.

임제는 (포단을) 받자마자 (용아를) 후려갈겼다.

착(著). 애석하군. (그런 솜씨로) 이런 머저리 같은 놈이나 때리고 있다니…… 한 모형에서 찍혀 나온 주물 같군.

용아가 말했다. "때리려거든 마음대로 때리시오. (그러나) 어쨌든 (여기에) 조사서래의는 없습니다."

명백하다. 망상 피우지 마라. 이익을 얻었다고 으시대지만 도적이 간 후 활을 쏘고 있다.

【본칙과 착어해설】

◎ "여아과선판래(與我過禪板來, 나에게 선판을 건네 달라)." "어떤 것이 '조사서래의' 냐"는 용아의 물음에 대한 취미의 대답이다. 그러나 취미의 이 대답은 문자풀이만으로는 그 참뜻을 알 수 없는 활구다. 활구치고는 어마어마한 함정이 있다. 그러니 누가 취미의 이 함정에 걸려들지 않을 수 있겠는가.

△ 선판을 가지고 ~ 위험천만!　굳이 선판을 들먹일 필요가 있겠는가. 그냥 단도직입적인 방법을 썼어야 한다. 용아가 만일 취미의 이 전략을 간파했더라면 취미는 뼈도 못 추렸을 것이다. 그러니 위험하지 않을 수 있겠는가. 그러면 이제 용아가 어떻게 응수하는가를 보자.

◎ 용아가 취미에게 선판을 건네주자　과연 용아는 취미의 올가미에 걸려들고야 말았다.

△ (취미의 말뜻을) ~ 모르는군.　용아는 취미의 활구를 간파하지 못했다. 그것은 마치 명마에 태워 줬으나 말을 다룰 줄 모르는 것과 같다. 눈앞에 노다지가 있는데도 그것이 순금인 줄을 용아는 모르고 있다.

◎ 취미는 (선판을) 받자마자 (용아를) 후려쳤다.　용아는 취미의 손아

귀에 걸려들어 지금 혼쭐이 나고 있다.

△ 착(著), ~ 맥주인걸.　　여기서의 '착(著)'이란 취미가 용아를 후려치는 바로 그 소리를 묘사한 의성어다. 그런데 용아 같은 이런 멍청한 친구를 때려서 어디에 쓰겠단 말인가? 봉(棒)을 쓰려면 용아의 첫 번째 물음에서 썼어야 한다. 이제 와서 뒤늦게 봉을 휘두른 것은 김빠진 맥주와 같다.

◎ "때리려거든 ~ 없습니다."　　취미에게 얻어맞은 다음 내뱉은 용아의 말이다. "때리려거든 어디 맘대로 때려 보시오. 그러나 어쨌든 여기엔 '조사서래의'는 없습니다"라는 용아의 이 말로 보건대 용아는 결코 눈먼 멍청이가 아니다. 용아는 지금 일부러 취미의 함정에 빠지면서 취미를 속속들이 간파하고 있다. 그렇다면 취미는 용아의 이 전략을 처음부터 알고 있었는가, 아니면 꿈에도 몰랐단 말인가.

△ 어 친구가 ~ 활을 쏘는군.　　그러나 어쨌든 용아는 지금 제2류적인 입장으로 물러나 있는 것만은 분명하다. 첫 수를 빼앗겼으니 두 번째 수가 제아무리 멋지다 하더라도 이미 늦어 버린 걸 어찌하겠는가.

◎ "여아과포단래(與我過蒲團來. 나에게 포단을 건네 달라)."　　이 대목은 '어떤 것이 '조사서래의'냐'는 용아의 물음에 대한 임제의 대답이다. 역시 활구라서 문자풀이만으론 안 된다.

△ 조계의 ~ 말았을 것이다.　　조계의 물결, 즉 '육조혜능에서 굽이친 선의 법맥'이 취미와 임제의 대답이 비슷하듯 이런 식으로 모방적이라면 이 길을 가고 있는 뭇 수행자들이 이 말장난에 기만당하여 그 일생을 낭비해 버리고 말았을 것이다. 그러나 취미와 임제의 대답이 겉보기에는 비슷하지만 전혀 그렇지 않다는 데 문제의 핵심이 있다. 취미와 임제는 스승도 다르고 수행한 장소도 다르고 가르치는 방법도 전혀 다르다. 그런데 우연의 일치랄까, 두 사람의 전략이 본칙공안에서는 딱 맞아떨어지고 있다. 그러나 누가 누구를 모방한 그런 것이 전혀 아니므로 이 부분을 잘 이해하지 않으면 안 된다. '조계의 물결'은 결코 어설픈 모방이나 말장난을 통해서

는 알 수 없는 것이므로 그대여, 어설픈 도인 흉내는 아예 낼 생각도 마라. 모든 사람을 다 속일 수 있어도 눈밝은 이는 속일 수 없고 너 자신은 속일 수 없다.

△ **두 놈이 ~ 묻어 버려야 한다.** 두 놈, 즉 취미와 임제는 우연히도 지금 같은 전략을 쓰고 있다. 그러나 원오는 다르다. 원오는 말하고 있다. "만일 나라면 취미·임제·용아, 이 세 놈을 모조리 한 구덩이에 파묻어 버리겠다."—원오가 이런 식으로 험한 말을 하고 있는 것은 그가 지금 파주(把住, 부정)의 극한에 서 있기 때문이다.

◎ **용아가 포단을 임제에게 건네주자** 용아는 임제가 때릴 것을 뻔히 알면서도 태연하게 임제에게 포단을 건네주고 있다. 그것은 임제의 속셈을 속속들이 간파해 보기 위해서이다.

△ **여전히 ~ 쓰고 있다.** 용아는 여전히 멍청하다. 그러나 이 말은 반어적인 칭찬으로 봐야 한다.

◎ **임제는 (포단을) 받자마자 (용아를) 후려갈겼다.** 역시 취미와 동일한 수법을 쓰고 있다.

△ **착(著), ~ 때리고 있다니…….** '착(著)'은 역시 후려치는 소리의 의성어. 그 서릿발 같은 임제의 방망이로 고작 이런 멍청한 친구나 때리고 있다니……. 그러나 이 역시 반어적인 표현이다. '임제 역시 용아의 술책에 걸려들고 말았다'는 말의 암시다.

△ **한 모형에서 찍혀 나온 주물 같군.** 취미와 임제의 전략은 너무나 똑같아서 그것은 마치 한 모형에서 찍혀 나온 모양새가 똑같은 그릇과도 같다.

◎ **"때리려거든 ~ 없습니다."** 용아의 대답 역시 취미에게 했던 것과 똑같다. 이유는 용아 역시 동일한 방법으로 응수하고 있기 때문이다.

△ **명백하다.** 서래무의(西來無意)로 응수하고 있는 용아의 전략이 분명하다.

△ **망상 피우지 마라. ~ 쏘고 있다.** 그러나 용아여, 그대 자신이 지

금 '서래무의'라는 그대 자신의 학정에 빠졌다는 것을 알아야 한다. "난 지금 '서래무의'의 경지에 있다"고 용아여, 그대는 지금 자만하고 있지만 그것만 가지고는 안 된다. 도적이 가 버리고 난 뒤에 아무리 활을 쏴 봐야 그것은 아무 소용 없는 것이다.

【評　唱】

〔評唱〕翠巖芝和尙云「當時如是어니와 今時衲子皮下還有血麼아」潙山喆云「翠微, 臨濟는 可謂本分宗師요 龍牙는 一等是撥草瞻風이니 不妨與後人作龜鑑이라 生院後에 有僧問호대『和尙當時還肯二尊宿麼아』牙云『肯卽肯이나 只是無祖師西來意라하니』龍牙瞻前顧後하야 應病與藥이로다 大潙則不然이니 待伊問和尙當時還肯二尊宿麼아하야 明不明에 劈脊便打하리니 非惟扶豎翠微, 臨濟라 亦不辜負來問이로다」

【평창번역】

취암지 화상은 말했다. "당시는 이와 같았거니와 지금의 수행자들은 (이같은) 기백이 있는가?"

위산철이 말했다. "취미·임제는 본분종사(本分宗師)요, 용아 같은 이는 시종일관 굳센 의지로 정진하는 수행자니 뒷사람들의 본보기가 되기에 충분하다. (용아가) 묘제선원에 머물 때 어떤 승이 물었다. '화상은 당시 두 분(취미·임제)을 인정했습니까?' 용아는 말하길 '인정하긴 했으나 (거기) 조사서래의는 없었다'고 했으니 적절하게 지도하여 병에 알맞은 약을 준 셈이다. (그러나) 나(위산철)는 이렇게 (말)하지 않겠다. '화상은 당시 두 분을 인정했습니까?' 하고 묻자마자 (상대방이 이를) 알든 모르든 (관계 없이 다짜고짜로) 등줄기를 후려치리니 취미·임제의 (체면을) 세웠을 뿐만 아니라 또한 질문을 배반한 것도 아니다."

【평창해설】

　용아가 행각을 마치고 용아산 묘제선원(龍牙山 妙濟禪院)에 머물 때 어떤 승이 물었다. "스님은 그 당시 취미와 임제를 인정했습니까?"
　용아가 말했다. "인정하긴 했지만 '조사서래의'는 거기 없었다."
　용아의 이 말에 대하여 위산철(대위모철)은 이렇게 평했다. "내가 만일 용아였더라면 이런 식의 질문을 받자마자 상대방을 후려쳤을 것이다. 그러면 취미와 임제의 체면도 세워 준 셈이고 그 승의 물음에 적절한 대답을 해준 것도 될 것이다." 위산철은 지금 일방적인 파주(把住)의 입장에 서 있다. 그 입장에서 이런 식으로 말하고 있는 것이다. 그러나 용아는 다르다. 용아는 방행(放行, 취미와 임제를 인정한 점)과 파주(把住, '조사서래의'는 인정치 않은 점)의 두 입장을 동시에 취하고 있다.

【評　唱】

　石門聰云「龍牙無人拶著은 猶可어니와 被箇衲子挨著하야 失卻一隻眼이로다」雪竇云「臨濟, 翠微가 只解把住하고 不解放開로다 我當時如作龍牙댄 待伊索蒲團, 禪板하야 拈起劈面便擲하리라」五祖戒云「和尙得恁麼面長이로다」或云「祖師土宿가 臨頭로다」黃龍新云「龍牙驅耕夫之牛하고 奪飢人之食이라 旣明則明矣나 因什麼卻無祖師西來意오 會麼아 棒頭有眼明如日이니 要識眞金火裏看하라」大凡激揚要妙하며 提唱宗乘인댄 向第一機下明得하야 可以坐斷天下人舌頭니라 儻或躊躇하면 落在第二하리라 這二老漢이 雖然打風打雨하며 驚天動地나 要且不曾打著箇明眼漢이로다

【평창번역】

　석문총은 말했다. "용아에게 일격을 가할 사람이 없었다는 것은 지당한

말이다. (그러나 용아는) 이 납자(질문을 던진 승)에게 한 방 얻어맞고는 (그만) 한쪽 눈을 잃어버리고 말았다."

설두는 말했다. "임제·취미는 다만 파주(把住)를 알았을 뿐이요, 방개(放開, 放行)는 알지 못했다. 내가 만일 당시 용아였더라면 저들(취미·임제)이 포단과 선판을 찾자마자 (선판과 포단을) 들어 정면으로 얼굴을 후려쳤을 것이다."

오조계가 말했다. "화상(용아)은 이런 식으로 바보짓을 했군요." 또 (이렇게도) 말했다. "아주 위험한 상황에 처해 있다."

황룡신은 말했다. "용아는 밭 가는 농부의 소를 빼앗고 배고픈 사람의 밥을 가로챌 정도의 대단한 수완이 있었다. (그러므로 용아의 안목은) 분명했다. 그런데 무엇 때문에 '조사서래의가 없다'는 식의 말을 하고 있는가? 알겠는가? 봉(棒)에 눈이 있어 그 밝기가 해와 같나니 순금을 알고자 하거든 불 속에 넣어 보라."

묘한 이치를 선양하고 종승(宗乘, 禪)을 거론하고자 한다면 제일기(第一機, 活句)에서 깨달아 천하인들의 혀(말)를 제압해야만 한다. 그러나 만일 (조금이라도) 주저한다면 이미 제2류(死句)에 떨어진 것이다. 이 두 어르신네(취미·임제)가 비바람을 일으켜 천지를 놀라게 했으나 어쨌든 이 눈밝은 놈(용아)을 (완전히) 때려죽지는 못했다.

【평창해설】

본칙공안에 대한 네 사람의 평을 싣고 있다.

첫째, 석문총의 평 : 용아는 줄곧 '조사서래의'가 없다는 입장만을 고수했기 때문에 전체를 보지 못하고 말았다. 조사서래의로 가득 찬 경지를 간파하지 못하고 말았다.

둘째, 설두의 평 : 설두는 파주(把住, 부정)의 입장만을 고수하고 있는 취미와 임제를 비판하고 있다. 자신이 용아였더라면 이 두 어르신네와 똑

같은 전략을 썼을 것이라고 말하고 있다.

  셋째, 오조계의 평 : 역시 파주의 전략을 사용하지 않은 용아를 꾸짖고 있다.

  넷째, 황룡신의 평 : 일단 용아의 전략을 칭찬하고 있다. 그러나 '조사서래의가 없다'는 용아의 취미·임제에 대한 평이 본칙공안의 핵심이므로 이를 분명히 간파하라고 단단히 주의를 주고 있다.

【評　　唱】

  古人參禪多少辛苦라 立大丈夫志氣하야 經歷山川하며 參見尊宿이라 龍牙先參翠微, 臨濟하고 後參德山하야 遂問「學人仗鏌鎁劍擬取師頭時如何닛고」德山引頸云「囚라하니」牙云「師頭落也니다」山微笑便休去라 次到洞山하니 洞山問「近離甚處오」牙云「德山來니다」洞山云「德山有何言句오」牙遂擧前話하니 洞山云「他道什麽오」牙云「他無語니다」洞山云「莫道無語하라 且試將德山落底頭하야 呈似老僧看하라하니」牙於此有省하고 遂焚香遙望德山하야 禮拜懺悔라 德山이 聞, 云「洞山老漢이 不識好惡로다 這漢死來多少時라 救得有什麽用處리오 從他擔老僧頭遶天下走라하니라」

【평창번역】

  옛사람들은 참선 수행을 할 적에 많은 신고를 겪었나니 대장부의 뜻을 굳게 세우고 산천을 두루 다니며 눈밝은 스승을 찾아뵈었다. 용아는 먼저 취미와 임제를 찾아뵌 다음 뒤에 덕산을 찾아뵙고는 이렇게 물었다. "제가 명검으로 스님의 목을 치려 할 때는 어떻습니까?" 덕산은 목을 쭉 늘이며 말했다. "화(囚)!" 용아는 말했다. "스님의 목이 떨어졌습니다." 덕산은 씩 웃고는 그만둬 버렸다〔便休去〕.

그 다음 (용아는) 동산을 찾아갔는데 동산이 물었다. "어디서 오는 길인가?"

용아가 말했다. "덕산에게서 오는 길입니다."

동산이 말했다. "덕산이 무슨 말을 하던가?"

용아는 전번의 이야기를 거론했다. (용아의 이야기를 다 듣고 난) 동산은 말했다. "저(덕산)가 뭐라 하던가?"

용아가 말했다. "아무 말이 없었습니다."

동산이 말했다. "아무 말이 없었다고 이르지 마라. 자, 시험삼아 덕산의 잘린 목을 노승에게 보여 달라."

용아는 여기(동산의 이 말)에서 깨달은 바가 있어 멀리 덕산이 있는 곳을 향하여 향을 피우고 절하면서 참회했다. (뒤에) 덕산은 이 소문을 듣고 이렇게 말했다. "동산 어르신네가 좋고 나쁜 것을 모르는군. 이 친구(용아)가 이미 죽은 지 오래됐거늘 (이제 새삼스럽게) 구해 내서 어디에 쓰겠단 말인가? 저(용아)가 노승의 머리를 메고 천하를 설치고 다니도록 놔둘 것이지……."

【평창해설】

취미·임제를 만나 본 다음 용아는 덕산을 찾아갔다. 덕산의 목을 자르고 그 길로 동산을 찾아가서 한바탕 법싸움〔法戰〕을 벌일 참이었다. 그러나 동산은 용아에게서 덕산의 이야기를 듣자 그 즉시 덕산의 위장술을 간파해 버렸다. 그래서 의기양양해하고 있는 용아에게 물었다.

"그래, 자네의 검에 목이 잘린 덕산이 뭐라 하던가?"

용아가 말했다. "별말이 없었습니다."

동산이 말했다. "자네가 덕산의 위장술에 속았다. 자, 어디 덕산의 자른 목을 좀 보여 달라."

이 말을 듣는 순간 용아는 비로소 자신이 덕산의 계략에 속아 넘어갔다는 것을 깨달았다. 목이 날아간 것은 덕산이 아니라 바로 자기 자신이었다는 것을 알게 됐다. 그래서 덕산이 있는 곳을 향해 향을 피우고 그 잘못을 참회했다. ……이렇게 하여 용아는 마침내 동산의 법을 잇게 된 것이다. 자, 그렇다면 다시 한 번 덕산과 용아의 선문답을 점검해 볼 필요가 있다. 용아는 그 패기가 하늘을 찌를 듯이 덕산에게 일격을 가했다. "제가 명검으로 스님의 목을 치려 하는데 어찌하시렵니까?" 그러나 덕산은 그 순간 재빨리 기만술을 썼다. '화(団)!' 하고 질겁을 하는 시늉을 했다. 그러자 용아는 그대로 덕산의 진영으로 공격, 단숨에 덕산의 목을 베어 버리고 말았다.

"스님의 목이 날아갔습니다"라고 용아는 말했다. 그런데…… 정작 목이 날아간 덕산은 씩 웃고 있는 게 아닌가. 이게 도대체 어찌된 일인가?《종전초》에서는 "덕산의 이 웃음이야말로 수상쩍기 이를 데 없다〔此笑最毒〕"고 말하고 있다. 사실 덕산의 '화(団)!' 하고 놀라는 시늉은 그것이 바로 함정이다. 그런데 용아는 이를 미처 알지 못하고 그 함정에 뛰어들어 덕산의 목을 날렸으나 막상 날아간 것은 덕산의 목이 아니라 자신의 목이었던 것이다. 그것도 모르고 용아는 덕산을 보고 "스님의 목이 날아갔습니다"라고 말했으니 참 기절초풍할 노릇이다. 이쯤 되면 덕산은 당연히 그 특유의 몽둥이 찜질을 용아에게 퍼부었어야 한다. 그런데 그냥 한 번씩 웃고 말다니……. 연막작전치고도 정말 기차 연막작전이다. 이것도 모르고 용아는 덕산의 목(사실은 용아 자신의 목)을 들고 동산을 찾아갔던 것이다. 동산에게서 마침내 그 잘못의 전후 사정을 분명히 깨달았던 것이다. 그렇다면 용아의 목이 날아간 곳이 어디인가? 덕산은 왜 '화!' 하고 놀라는 시늉을 했는가? 그리고 '목이 떨어졌다'는데 왜 또 씩 웃고 말았는가? 벗이여, 이 세 곳을 분명히 간파해야만 한다. 이생이 끝나기 전에…….

【評　唱】

　龍牙根性聰敏하야 擔一肚皮禪行脚이라 直向長安翠微하야 便問「如何是祖師西來意닛고」 微云「與我過禪板來하라」 牙取禪板與微어늘 微接得便打라 牙云「打卽任打어니와 要且無祖師西來意로다」 又問臨濟호대「如何是祖師西來意닛고」 濟云「與我過蒲團來하라」 牙取蒲團與臨濟하니 濟接得便打라 牙云「打卽任打어니와 要且無祖師西來意[4]라하니」 他致箇問端은 不妨要見他自家木床上老漢이요 亦要明自己一段大事니 可謂言不虛設이요 機不亂發이라 出在做工夫處니라

【평창번역】

　용아는 근성(根性, 천성)이 총명하고 민첩했는데 (언제나) '나는 선 수행자'라는 자만심으로 가득 차 있었다. (그는) 곧바로 장안(에 있는) 취미에게 가서 이렇게 물었다. "어떤 것이 조사서래의(祖師西來意)입니까?"
　취미가 말했다. "여아과선판라(與我過禪板來, 나에게 선판을 건네 달라)."
　용아가 취미에게 선판을 건네주자 취미는 (선판을) 받자마자 (용아를) 후려쳤다.
　용아가 말했다. "때리려거든 마음대로 때리시오. (그러나) 어쨌든 조사서래의는 없습니다."
　(용아는) 또 임제에게 물었다. "어떤 것이 조사서래의입니까?"
　임제가 말했다. "여아과포단래(與我過蒲團來, 나에게 포단을 건네 달라)."
　용아가 임제에게 포단을 건네주자 임제는 (포단을) 받자마자 (용아를) 후려쳤다.

---

4) 又問臨濟 ~ 無祖師西來意(46字) 없음(福本·蜀本).

용아가 말했다. "때리려거든 마음대로 때리시오. (그러나) 어쨌든 (여기에) 조사서래의는 없습니다."

저(용아)가 이런 식으로 물은 것은 (다름 아니라) 선상 위에 앉아 있는 어르신네들(취미·임제)을 시험해 보고자 함이었다. (그리고) 또한 자기 자신의 본래면목(本來面目, 本性)을 밝히고자 함이었으니 말(질문)은 아무렇게나 내뱉은 것이 아니며 기(機)는 난발한 것이 아니었다(혈기로 다짜고짜 대든 것이 아니었다). 이 모두가 수행정진을 쌓은 곳으로부터 나온 것이다.

【평창해설】

본칙공안에서의 용아의 행동거지나 말은 그 하나하나가 모두 그 자신의 진지한 참선 수행으로부터 나온 것이다. 그러므로 단 한 글자 한 동작이라도 우리는 그냥 흘려 버려서는 안 된다. 왜 그랬는가를 분명히 알지 않으면 안 된다.

【評　　唱】

不見五洩參石頭에　先自約曰「若一言相契卽住어니와　不然卽去하리라」石頭據座하니　洩拂袖而出커늘　石頭知是法器하고　卽垂開示라　洩不領其旨하고　告辭而出하야　至門이어늘　石頭呼之云「闍黎아하니」洩回顧라　石頭云「從生至死히　只是這箇라　回頭轉腦하야　更莫別求하라하니」洩於言下大悟라

【평창번역】

다음과 같은 오예와 석두의 이야기를 (그대는) 익히 알고 있을 것이다.

― 오예가 석두를 친견하러 와서는 스스로에게 이렇게 다짐했다. '만일 한 마디에 서로 통하는 바가 있으면 머물겠거니와 그렇지 못하면 즉시 되돌아갈 것이다.'

석두가 (오예의 질문을 받고 가만히) 앉아 있자 오예는 옷깃을 날리며 나가 버렸다. 석두는 (오예가) 법기(法器, 깨달을 가능성이 있는 사람)인 것을 알고 즉시 가르침을 줬으나 오예는 (미처) 그 뜻을 깨닫지 못하고 작별인사를 한 다음 나가서 문 앞에 이르렀다. 석두가 "(오예) 화상"하고 그를 부르자 오예는 고개를 돌렸다. (그 순간) 석두는 이렇게 말했다. "탄생에서 죽음에 이르기까지 다만 이것이니 고개를 돌리고 머리를 굴려서 다시 다른 걸 구하지 마라." (이 말을 듣고) 오예는 크게 깨달았다.

【평창해설】

깨달음의 극적인 실례를 보이기 위해 오예와 석두 사이에 오고 간 선문답을 싣고 있다.

이 선문답 가운데 '석두가 오예에게 가르침을 줬다'는 것은 '가만히 앉아 있음〔據坐〕'을 말한다. 그리고 '다만 이것'이란 말은 무슨 뜻인가. 무엇을 가리키는가. 벗이여, 이 철벽을 꿰뚫어라.

【評 唱】

又麻谷持錫到章敬하야 遶禪床三匝하고 振錫一下, 卓然而立커늘 敬云「是, 是로다」又到南泉하야 依前遶床, 振錫而立커늘 南泉云「不是, 不是, 此是風力所轉이라 終成敗壞라하니」谷云「章敬道是어늘 和尙爲什麼道不是닛고」南泉云「章敬卽是어니와 是汝不是라하니」古人은 也不妨要提持透脫此一件事로다 如今人纔問著하면 全無些子用工夫處하고 今日也只是恁麼하며 明日也只是恁麼하니 你若只恁麼댄 盡未來

際라도 也未有了日하리라 須是抖擻精神始得이니 有少分相應이니라

【평창번역】

또 마곡이 주장자를 집고 장경에게 와서 선상을 세 번 돌고는 주장자를 흔들며 한 번 내리친 다음 딱 멈춰 섰다. 장경은 "시시(是是, 옳거니 옳거니)"라고 말했다. (마곡은) 또 남전을 찾아가서 전번처럼 선상을 (세 번) 돌고는 주장자를 흔들며 멈춰 섰다. 남전은 말했다. "불시 불시(不是, 不是, 틀렸다, 틀렸다). 이것은 바람의 힘[風力]이 움직이는 바니 마침내 부서지고야 만다."

마곡이 말했다. "장경은 '옳다[是, 是]'고 했거늘 화상은 무엇 때문에 '틀렸다[不是, 不是]'고 말하는 겁니까?"

남전이 말했다. "장경은 옳거니와 너야말로 틀렸다."

옛사람들은 오직 한 생각으로 굳은 신념을 갖고 이 일(본래자기를 찾는 일)을 해결하려고 무진 애를 썼다. (그러나) 요즈음 사람들은 (한번) 질문을 던져 보면 공부(수행정진)를 한 곳이라곤 조금도 없다. 오늘도 이런 식(허송세월)이고 내일도 또한 이런 식이니 다만 이런 식이라면 미래영겁토록 깨달을 날은 없을 것이다. (여기에서 박차고 일어나 한번) 분발하지 않으면 안 되나니 (그래야만 비로소) 약간의 상응(相應, 심오한 이치와 통함)이 있을 것이다.

【평창해설】

제31칙 공안(麻谷振錫遶床)을 다시 인용하고 있다. 그 이유는 옛사람들이 자신의 본성을 깨닫기 위해서 얼마나 진지했는가를 보여 주기 위함이다.

【評　唱】

你看龍牙發一問하라 道호대「如何是祖師西來意닛고」翠微云「與我過禪板來하라」牙過與微하니 微纔得便打라 牙當時取禪板時에 豈不知翠微要打他리오 也不得便道他不會어늘 爲什麽却過禪板與他오 且道當機承當得時에 合作麽生고 他不向活水處用하고 自去死水裏作活計하야 一向作主宰하야 便道호대「打卽任打어니와 要且無祖師西來意라하니라」又走去河北參臨濟하야 依前恁麽問하니 濟云「與我過蒲團來하라」牙過與濟하니 濟接得便打라 牙云「打卽任打어니와 要且無祖師西來意라하니」且道二尊宿又不同泒嗣어늘 爲什麽答處相似며 用處一般고 須知古人一言一句가 不亂施爲니라

【평창번역】

그대는 보라. 용아가 (다음과 같은) 물음을 던지는 것을. "어떤 것이 조사서래의입니까?"

취미가 말했다. "여아과선판래(與我過禪板來, 나에게 선판을 건네 달라)."

용아가 취미에게 선판을 건네주자 취미는 (선판을) 받자마자 (용아를) 후려쳤다.

용아가 당시 선판을 집었을 때 취미가 자기를 때리려 하는 줄을 어찌 몰랐겠는가. 또한 그(용아)가 (취미의 의중)을 알지 못했다고 말할 수 없거늘 왜 저(취미)에게 선판을 건네줬는가. 자, 일러 보라. (용아가 취미와) 문답할 그 당시 어떻게 했는가(어떤 방법을 썼는가). 그(용아)는 활수처(活水處, 第一句)를 향해서 (지혜의 검을) 쓰지 않고 스스로 사수(死水, 第二句) 속으로 들어가서 살림살이를 차려 놓고 한결같이 주도권을 잡고는 이렇게 말했다. "때리려거든 마음대로 때리시오. (그러나) 어쨌든 (여기에) 조사서래의는 없습니다."

(용아는) 또 하북으로 달려가서 임제를 뵙고 전번처럼 이렇게 물었다.

임제가 말했다. "여아과포단래(與我過蒲團來, 나에게 포단을 건네 달라)."

용아가 임제에게 (포단을) 건네주자 임제는 (포단을) 받자마자 (용아를) 후려갈겼다.

용아가 말했다. "때리려거든 마음대로 때리시오. (그러나) 어쨌든 (여기에) 조사서래의는 없습니다."

(―라고 했으니) 자, 일러 보라. 이 두 어르신네가 법(法)을 이은 곳이 같지 않거니 무엇 때문에 대답한 곳이 비슷하며 (지혜의 검을) 쓴 곳이 같은가. (우린 여기에서) 옛사람의 한 마디 말〔一言一句〕은 그냥 아무렇게나 책임 없이 내뱉은 말이 아니라는 것을 반드시 알아야만 한다.

【평창해설】

본칙공안을 다시 한 번 되짚고 있다.

용아는 취미와 임제가 자신을 때릴 것을 뻔히 알면서도 선판과 포단을 건네줬다. 그것은 그렇게 함으로써 이 두 어르신네들의 경지와 전술전략을 철저히 간파할 수 있기 때문이다.

【評　　唱】

他後來住院할새 有僧問云「和尙當時見二尊宿하니 是肯他아 不肯他아」 牙云「肯則肯이나 要且無祖師西來意라하니」 爛泥裏有刺라 放過與人하니 已落第二로다 這老漢把得定하야 只做得洞下尊宿이라 若是德山, 臨濟門下댄 須知別有生涯하리라 若是山僧則不然이니 只向他道호대「肯卽未肯이니 要且無祖師西來意라하리라」

【평창번역】

저(용아)는 후에 용아산 묘제선원(龍牙山, 妙濟禪院)에 주석했는데 어떤 승이 물었다. "화상께서 당시 두 분(취미·임제)을 뵈었을 때 그분들을 인정하셨습니까, 인정하지 않았습니까?" 용아는 말하길 "인정하긴 했으나 어쨌든 (여기에) 조사서래의는 없다"고 했으니 진흙 속에 가시가 있는 말이다. 그러나 이 두 어르신네를 놓쳐 버렸기 때문에 이미 제2류에 떨어져 버리고 말았다. 이 노인(용아)은 (조사서래의가 없다는 자신의 입장을) 굳게 지켜서 (마침내) 동산 문하의 존숙(선지식)이 됐다. 그러나 만일 덕산·임제의 문하였더라면 특별한 생애(천지를 뒤엎는 수단)가 있었을 것임을 알아야 한다.

만일 산승(원오)이라면 이런 식으로 대답하지 않았을 것이다. 저(물음을 던진 승)를 향해서 (이렇게) 말했을 것이다. "인정한 것은 즉 인정하지 않은 것이니 (그러나) 어쨌든 (여기에) 조사서래의는 없다."

【평창해설】

후에 용아는 이렇게 말했다. "취미와 임제의 경지를 인정하긴 하나 거기에 '조사서래의'는 없었다." 용아의 이 말에 대하여 원오는 다음과 같이 자신의 견해를 덧붙이고 있다.

"용아는 지금 우회적인 제2류의 입장에 서 있다. 그러나 만일 나 원오라면 단도직입적인 (임제풍의) 입장을 취했을 것이다."

【評　　唱】

不見僧問大梅호대 「如何是祖師西來意닛고」 梅云 「西來無意니라」 鹽官聞云 「一箇棺材에　兩箇死漢이로다」 玄沙聞云 「鹽官是作家라」 雪竇道 「三箇也有라하니」 只如這僧問祖師西來意에　卻向他道西來

無意라 你若恁麽會땐 墮在無事界裏하리라 所以道호대 須參活句하고 莫參死句하라 活句下薦得하면 永劫不忘이요 死句下薦得하면 自救不了라 하니라

【평창번역】

다음과 같은 대매와 어떤 승의 문답을 (그대는) 익히 알고 있을 것이다.
ㅡ(어떤) 승이 대매에게 물었다. "어떤 것이 조사서래의입니까?"
대매가 말했다. "서래무의(西來無意, 조사서래의에는 아무 뜻이 없다)."
염관이 말했다. "한 개의 널 속에 두 개의 죽은 놈이군."
현사가 말했다. "염관은 대단한 선사다."
설두가 말했다. "죽은 놈이 셋이군."
그건 그렇다 치고 이 승이 조사서래의를 물었는데 (대매는) 이 승을 향해서 "조사서래의에는 아무 뜻이 없다"라고 말했다. ㅡ그대들이 만일 이런 식(문자풀이식)으로 이해한다면 무사안일의 상태에 빠져 있는 것이다. 그러므로 (옛사람은) 이렇게 말했던 것이다. "반드시 활구(活句)를 참구하고 사구(死句)를 참구하지 마라. 활구에서 힘을 얻게 되면 (그 지혜의 힘은) 영원히 사라지지 않는다. (그러나) 사구에서 힘을 얻는다면 (그 힘으론) 자기 자신조차도 구제할 수 없다."

【평창해설】

'조사서래의'에 대한 대매의 공안을 싣고 있다.
'어떤 것이 '조사서래의'냐'는 물음에 대매는 "'서래무의(西來無意)'"라고 대답했다.
이에 대하여 염관, 현사, 설두 세 사람은 각각 이렇게 평을 했다.
첫째, 염관의 평 : '조사서래의'를 물은 승이나 그것을 '서래무의'라고

대답한 대매는 둘이 모두 죽은 놈들이다. 왜냐하면 말로 표현할 수 없는 것을 말하고 있기 때문이다.

둘째, 현사의 평 : 염관은 대단한 선사다. 왜냐하면 물음을 던진 승과 대매를 동시에 간파해 버렸기 때문이다.

셋째, 설두의 평 : 물음을 던진 승, 염관, 현사, 이 세 사람은 모두 죽은 놈들이다. 왜냐하면 물음을 던진 승은 물을 수 없는 것을 굴어 문제를 야기시켰기 때문이다. 그리고 염관은 여기에 또 한 번 흠집을 냈기 때문이요, 현사는 방행(放行, 긍정)의 입장만을 취했고 파주(把住, 부정)의 입장을 취하지 않았기 때문이다.

그리고 참! 대매가 말한 '서래무의(西來無意)'를 글자 그대로 '서래(조사서래의)에는 아무런 뜻이 없다'고 이해하면 절대 안 된다.

그렇게 되면 무사안일주의에 빠져 참선 수행이고 공안 참구고 모두 내팽개쳐 버리게 된다. 이건 글자풀이만으론 그 참뜻을 알 수 없는 활구이므로 절대적인 의문 참구가 필요하다. 머리가 아니라 가슴으로, 온몸 박치기로 부딪쳐 열어야만 하는 철문이다. 이 점을 명심하지 않으면 안 된다. 공안 속의 활구(화두)는 문자풀이를 통한 이해〔死句〕는 금물이다. 문자풀이만으론 알 수 없는 그 참뜻〔活句〕을 가슴과 온몸으로 부딪쳐 간파해 내지 않으면 안 된다. 그래야만 비로소 자신의 것이 된다. 능동적이며 역동적이 된다.

【評　　唱】

龍牙恁麼道가 不妨盡善이라 古人道호대「相續也大難이라하니」他古人一言一句가 不亂施爲라 前後相照하야 有權有實하고 有照有用하며 賓主歷然하야 互換縱橫이라 若要辨其親切인댄 龍牙雖不昧宗乘이나 爭奈落在第二頭리요 當時二尊宿索禪板, 蒲團하니 牙不可不知他意언마는 是他要用他胸襟裏事라 雖然如是나 不妨用得太峻이로다 龍牙恁麼

問에 二老恁麼答이 爲什麼卻無祖師西來意오 到這裏하야는 須知別有箇奇特處니 雪竇拈出令人看하니라

【평창번역】

용아가 이렇게 말한 것(조사서래의는 없다)은 정말 멋지다고 하지 않을 수 없다. 옛사람(洞山)이 말하길 "서로 문답을 끊기지 않고 이어가기가 아주 어렵다"라 했으니 저 옛사람(취미·임제)의 말 한 마디〔一言一句〕가 그냥 마구잡이로 내던진 것이 아니다. 앞과 뒤가 서로 비쳐서 방편〔權〕과 본질〔實〕이 있고 검색〔照〕과 작용〔用〕이 있으며 주객의 구분이 분명하여 서로의 위치 바꿈이 종횡무진하다. 만일 그 친절을 논한다면(좀더 세밀하게 본칙공안을 살펴본다면) 용아가 비록 선의 핵심을 분명히 깨닫긴 했으나 제2류에 떨어져 버린 것을 어찌하겠는가. 당시 두 어르신네가 선판과 포단을 찾았을 때 용아가 그분들의 의중을 몰랐다는 것은 말이 안 된다. (단지) 용아는 그분들의 역량을 (한번) 시험해 보고자 한 것이다. 그러나 (그분들이 사용하는 전략은) 참으로 험준하기 이를 데 없었다. 용아가 이렇게 묻고 두 어르신네가 이렇게 대답했는데 무엇 때문에 (여기에) 조사서래의가 없단 말인가. 여기 이르러서는 정말 대단한 곳이 있다는 것을 반드시 알아야만 한다. 설두는 (이를) 거론하여 (송을 읊어) 사람들로 하여금 (본칙공안을) 살펴보도록 했다.

【평창해설】

'조사서래의'를 묻는 용아의 말에 응수한 취미와 임제의 언행은 그 한 마디 한 동작이 모두 치밀하게 짜여진 각본대로였다. 그러므로 평창문의 "앞과 뒤가 서로 비쳤다〔前後相照〕"는 말은 다음과 같은 뜻을 담고 있다.
• 앞 : 취미와 임제의 첫 번째 말, 즉 '여아과선판(포단)래(與我過禪板

(浦團)來'.

- 뒤 : 취미와 임제의 두 번째 응수, 즉 선판(포단)을 받자마자 용아를 후려친 대목.
- 서로 비쳤다〔相照〕: 앞의 말과 뒤의 행동이 서로 박자가 잘 맞았다.

'방편〔權〕과 본질〔實〕이 있고 검색〔照〕과 작용〔用〕이 있으며 주객(主客)의 구별이 명맥하여 서로의 위치 바꿈이 종횡무진하다' 는 말은 다음의 뜻을 담고 있다.

- 방편〔權〕: 우회적인 방법을 쓴 곳, 즉 '여아과선판(포단)래' 라고 말한 대목.
- 본질〔實〕: 단도직입적인 가르침을 내린 곳, 즉 선판(포단)을 받자마자 용아를 후려친 곳.
- 검색〔照〕: 취미와 임제가 용아의 기질을 간파한 곳.
- 작용〔用〕: 취미와 임제가 말과 행동으로 나타내 보인 곳.
- 주객(主客, 主賓)의 구별이 뚜렷하여 : 객(客, 賓)의 입장에 선 용아는 용아대로의 전략이 있었으며 주(主)의 입장에 선 취미와 임제는 또 그네들대로의 전략이 있었으므로 객(客, 賓)과 주(主)의 구별이 분명했던 곳.
- 서로의 위치 바꿈이 종횡무진하다 : '객' 의 입장에 선 용아는 '주' 의 전략에 전혀 동요하지 않고 자신의 입장을 시종일관 고수했다. 이에 대하여 '주' 의 입장에 선 취미와 임제 역시 '객' 의 대응에 전혀 동요하지 않고 시종일관 자신들의 입장을 고수했다. 이렇게 하여 '주' 는 당당한 주가 되고 '객' 역시 당당한 객이 된 것이다. 당당한 주와 당당한 객은 서로의 역할을 바꾸는 데도 전혀 걸림이 없다. 즉 당당한 '주' 는 당당한 '객' 이 될 수 있으며, 당당한 '객' 은 또 떳떳한 '주' 가 될 수 있는 것이다. 이렇게 되면 주는 객이 되고 객은 주가 되면서 갖가지 배역을 모두 소화해 낼 수 있다. 이를 평창문에서는 "서로의 위치 바꿈이 종횡무진하다〔互換縱橫〕"라고 말하고 있다.

그리고 마지막으로 용아가 묻고 두 어르신네가 이렇게 응수를 했는데 용아는 왜 "조사서래의는 여기 없다"고 했는가.

용아는 절대 진리의 입장〔正位〕을 고수했기 때문에 이런 식으로 말한 것이다. 그리고 취미, 임제, 이 두 어르신네는 절대 부정의 입장〔把住〕에서 있었기 때문에 용아를 후려친 것이다.

【頌】

〔頌〕龍牙山裏龍無眼이라(瞎, 謾別人卽得이라 泥裏洗土塊니 天下人總知로다) 死水何曾振古風고(忽然活時無奈何라 累及天下人하야 出頭不得이로다) 禪板蒲團不能用하니(敎阿誰說고 你要禪板, 蒲團作什麽오 莫是分付闍黎麽아) 只應分付與盧公하라(也則分付不著이로다 漆桶아 莫作這般見解하라)

【송번역】

용아산 속의 용은 눈이 없으니

　눈멀었군. 다른 사람을 속일 순 있지만 (이 원오만은 속일 수 없다). 형편없군. 천하 사람들이 다 아는 사실이다.

죽은 물〔死水〕에서 어찌 옛 가풍을 드날릴 수 있겠는가

　문득 되살아날 땐 어찌할 수 없을 것이다. 재난이 모든 사람들에게 미쳐도 (그 누구도 여기서) 벗어날 수 없을 것이다.

선판과 포단을 쓸 줄 모르니

　누구에게 하는 말인가. 자네(설두)는 선판, 포단을 가지고 뭘 하려는가. 화상(설두)에게 분부하지 않았는가.

노공(盧公, 설두)에게나 넘겨주는 것이 좋지 않겠는가

　(이것은) 분부할 수(전해줄 수) 없는 것이다. 이 먹통아. 이 따위 바보 같은

생각일랑 그만둬라.

【송과 착어 해설】

◎ **용아산 속의 용은 눈이 없으니**　취미와 임제를 상대한 용아에게는 역동적인 전환처가 없었다. 그래서 '용은 눈이 없다'고 원오는 꾸짖고 있다.

△ **다른 사람을 ~ 형편없군.**　설두여, 자넨 용아를 속일 수 있을지 모르지만 이 원오만은 속일 수 없다. 왜냐하면 나 원오는 자네의 의중을 이미 간파했기 때문이다. '용은 눈이 없다'고 용아를 깎아내리고 있으나 사실은 '용은 눈이 없는 것처럼 감고 있다'는 말의 반어적인 표현을 하고 있기 때문이다.

◎ **죽은 물〔死水〕에서 ~ 드날릴 수 있겠는가**　'옛 가풍〔古風〕'은 달마가 전한 선의 참모습을 말한다. 용아식의 미적지근한 대응으로는 펄펄 살아 있는 선의 참모습을 전할 수 없다.

△ **문득 ~ 없을 것이다.**　그러나 만일 잠든 용이 잠을 깨어 비바람을 일으키며 등천하는 날에는 그 누구도 살아남지 못할 것이다

◎ **선판과 포단을 쓸 줄 모르니**　용아는 선판과 포단을 취미와 임제에게 고스란히 돌려주고 갈았다. 말하자면 적에게 검을 돌려준 셈이다.

△ **누구에게 하는 말인가.**　용아가 선판과 포단을 건네준 것은 다 그 나름대로의 계획한 바가 있었기 때문이다. 그러니 누가 용아의 이 심중을 알 수 있겠는가.

△ **자네(설두)는 ~ 분부하지 않았는가.**　설두여, 여기 티끌 한 오라기조차 얼씬할 수 없는데 선판과 포단을 가지고 뭘 하려는가. 용아는 그것들을 사용할 줄 모른다. 그러므로 사용할 줄 아는 그대 몫이 아닌가. 쓰고 싶으면 어디 마음껏 써 봐라. 그 누구도 그걸 말할 사람은 없다.

△ **(이것은) ~ 그만둬라.**　옛 부처 나기 전에 뚜렷한 이것이여, 석가

도 몰랐거니 어찌 가섭에게 전했겠는가. 달마도 이것(언어 이전의 소식)을 이조혜가에게 전해 줄 수 없었다. 그러므로 선판과 포단 따위를 이것의 상징으로 전해 주고 전해 받는다는 이런 철부지 생각은 거둬 버려라.

【評　　唱】

〔評唱〕雪竇據款結案이라 他雖恁麼頌이나 且道意在什麼處오 甚處是無眼이며 甚處是死水裏오 到這裏하야는 須是有變通始得이니라 所以道호대 澄潭不許蒼龍蟠이라 死水何曾有獰龍고하니라 不見道 死水不藏龍이라 若是活底龍인댄 須向洪波浩渺하고 白浪滔天處去라 此言龍牙走入死水中去被人打라 他卻道호대「打卽任打어니와 要且無祖師西來意라하니」招得雪竇道「死水何曾振古風이라」雖然如此나 且道雪竇是扶持伊아 是減他威光가

【평창번역】

　설두는 (용아의) 자백서에 의해서 판결문을 작성하고 있다(결론을 내리고 있다). 저(설두)가 비록 이런 식으로 송을 읊었으나 자, 일러 보라. 그 뜻이 어디에 있는가. 어느 곳이 눈 없는 곳이며, 어느 곳이 죽은 물속인가? 여기(설두가 이런 식으로 송을 읊은 곳) 이르러서는 반드시 자유자재하고 통달무애함이 있어야만 한다. 그러므로 (옛사람은) 다음과 같이 말했던 것이다. "고여 있는 못에는 청룡(靑龍)이 깃들 수 없나니/ 죽은 물에 어찌 영악한 용이 머물겠는가?"

　(또) 다음과 같은 말을 (그대는) 이미 알고 있을 것이다. "죽은 물에는 용이 살지 않는다." 만일 살아 있는 용이라면 큰 파도가 아득하고 흰 물결이 하늘에까지 넘치는 곳을 향하지 않으면 안 된다. 이(송의 제1구와 제2구)는 용아가 죽은 물속으로 뛰어 들어갔다가 사람들(취미·임제)에게 얻

어맞은 것을 말하는 것이다. "때리려거든 마음대로 때리시오. (그러나) 어 쨌든 (여기에) 조사서래의는 없습니다"라고 저(용아)가 말한 것이 (결과적 으로 다음과 같은) 설두의 비평을 불러들이게 됐다. "죽은 물에서 어찌 옛 가풍을 드날릴 수 있겠는가?" 그렇긴 하나 자, 일러 보라. 설두가 저(용 아)를 치켜올린 것인가, (아니면) 저(용아)를 깎아내린 것인가?

【평창해설】

설두는 송의 제1구, 제2구에서 이렇게 말했다. "용(용아)은 눈이 멀었 다. 죽은 물속에 있는 이런 용이 어떻게 선의 진면목을 드러낼 수 있겠는 가?"

자, 그렇다면 용아가 눈먼 곳이 어디며 어느 곳이 죽은 둘인가. 벗이여, 그대가 직접 이 문제를 해결해 봐라. 사실 설두는 지금 우회적이며 반어적 으로 용아를 치켜올리고 있다. 그러므로 송의 제1구와 제2구에는 다음과 같은 속뜻이 있다는 것을 알아야 한다.

'용(용아)은 거짓 눈먼 흉내를 내고 있다. 용은 지금 죽은 물(썩은 물)에 서 죽은 시늉을 하고 있다. 비바람을 휘몰고 등천할 바로 그때를 위 해······.'

【評　唱】

人多錯會道호대「爲什麼只應分付與盧公고하니」殊不知卻是龍牙分 付與人이로다 大凡參請은 須是向機上辨別하야사 方見他古人相見處라 「禪板蒲團不能用은」翠微云「與我過禪板來하라」牙過與他하니 豈不 是死水裏作活計리요 分明是駕與靑龍이나 只是他不解騎니 是不能用 也니라「只應分付與盧公을」往往喚作六祖나 非也라 不曾分付與人이 니 若道分付與人하야 要用⁵⁾打人긴댄 卻成箇什麼去⁶⁾오 旨雪竇가 自呼

爲盧公이라 他題晦迹自貽云「圖畫當年愛洞庭하니 波心七十二峰靑이라 而今高臥思前事하니 添得盧公倚石屛이로다」雪竇要去龍牙頭上行하고 又恐人錯會라 所以別頌하야 要嶔人疑解라 雪竇復拈云

【평창번역】

사람들은 대부분 잘못 알고는 (이렇게) 말한다. "뭣 때문에 노공(盧公, 설두)에게만 분부했는가(전해 줬는가)?" (그러나 이는) 도리어 용아가 사람들에게 분부했다는 사실을 전혀 모르고 하는 말이다. 대개 (스승을) 찾아뵙고 (가르침을) 청할 때는 표정 하나 동작 하나에서 알아차리지 않으면 안 되나니 (그래야만) 비로소 저 옛사람들의 상견처(相見處)를 알 수 있을 것이다. '선판과 포단을 쓸 줄 모른다'는 말은 (무슨 뜻인가)? 취미는 말했다. "여아과선판래(與我過禪板來, 나에게 선판을 건네 달라)." 용아가 취미에게 선판을 건네줬으니 어찌 이것이 죽은 물속에서 살림살이를 차린 게 아니겠는가. 분명히 명마를 타긴 했으나 저(용아)가 그 명마를 몰고 달릴 줄은 몰랐나니 이것이 바로 (선판과 포단을) 쓸 줄 모른 것이다. "노공에게 나 넘겨주는 것이 좋지 않겠는가"라는 구절 가운데 (노공을) 사람들은 육조(六祖)라 하나 그렇지 않다. 일찍이 (다른) 사람에게는 분부하지 않았나니 만일 다른 사람에게 분부해서 사람들을 (마구잡이로) 때리고자 한다면 무슨 꼴이 됐겠는가?

옛적에 설두는 스스로를 노공(盧公)이라 불렀다. (여기) '회적자이(晦迹自貽)'라는 제목을 붙인 저(설두)의 시가 있다.

그림으로 볼 때부터 동정취봉(洞庭翠峰)을 좋아했나니

---

5) 要用(2字) = 便(福本).
6) 不曾 ~ 什麼去(22字) = 문맥이 통하지 않는다. 錯簡 같다(岩波文庫新本).

물결 속에는 72봉우리 짙푸르렀네
지금은 취봉에 누워 지난 일을 회상하노니
돌병풍에 기댄 노공(盧公)을 그 그림 속에 하나 더 덧붙이네.

설두는 용아를 능가하려고 했다. 그리고 또한 사람들이 잘못 알까 걱정이 됐다. 그래서 특별히 송 하나를 더 읊어 사람들의 의문과 (잘못된) 앎을 없애려고 했다.

【평창해설】

선가(禪家)에서는 깨달음의 징표로 의발(衣鉢)을 전수하는 풍습이 있었다. 그러나 엄밀한 의미에서 본다면 깨달음 그 자체는 전혀 주고 전해 받을 수 있는 그런 것이 아니다. 있다면 여기 공감대가 있을 뿐이다. 그래서 《금강경》에선 이렇게 말했다. "난(석가) 일찍이 스승이신 연등불에게서 얻은 것은 아무것도 없었다." 따라서 깨달음은, 깨닫는다는 것은 어느 누구의 전용물도 아니다. 그러므로 누구나 간절하면 깨달을 수 있고 깨닫게 되면 깨달음에 관한 모든 언어는, 모든 상징물들은 그의 것이 된다. 이 세상에 남겨진 성인들의 모든 의발이 원하지 않아도 저절로 그에게로 향하게 된다. 그러나 그는 이런 것에 더 이상 흥미가 없다.

평창문 속의 "일찍이 (다른) 사람에게는 ~ 무슨 꼴이 됐겠는가〔不曾分付與人 ~ 什麼去〕"라는 구절은 벽암록 편찬 과정에서 잘못 들어간 문장이라는 말(岩波新本)이 있다. 그러나 그냥 놔둬도 뜻은 통한다. 이 부분을 뜻으로 옮긴다면 다음과 같다. '이런 깨달음의 상징물들〔衣鉢, 선판, 포단〕이 깨달음의 체험이 전혀 없는 사람의 손에 들어간다면 어찌되겠는가? 그는 그런 상징물들을 자신의 조직 확대나 개인적인 야망에 이용할 것이다. 그렇게 되면 이런 상징물들은 사람들을 눈멀게 하는 혹세무민의 도구로 전락해 버릴 것이며 마침내는 그 자신도 역시 파멸해 버리고 말 것

이다.'

【頌】

〔頌〕這老漢이 也未得勦絶일새 復成一頌[7]하노라(灼然, 能有幾人知오 自知較一半이니 賴有末後句로다) 盧公付了亦何憑고(盡大地討恁麼人也難得이라 教誰領話오) 坐倚休將繼祖燈하라(草裏漢, 打入黑山下坐니 落在鬼窟裏去也로다) 堪對暮雲歸未合에(一箇半箇라 擧著卽錯하리라 果然出不得이로다) 遠山無限碧層層이라(塞卻你眼하고 塞卻你耳하야 沒溺深坑이로다 更參三十年하라)

【송번역】

이 어르신네(용아)는 아직도 목숨이 끊어지지 않았다. 그래서 (설두는) 다시 송 한 수를 더 읊노라.

 명백하다. 몇 사람이나 (이를) 알겠는가. 스스로도 절반밖에 모른다는 (사실을) 알고 있군. 다행히도 뒷구절 (감대모운 ~/~ 벽층층)이 있었군.

노공(盧公)에게 준다 한들 어찌 (그런 것에) 의지하겠는가

 온 대지인 가운데 이런 사람(설두)을 찾기란 쉽지 않다. (이런 말을 도대체) 누가 알아듣겠는가?

앉고 기댄 것만으로 조등(祖燈)을 잇는다고 생각지 마라

 멍청한 놈, 망상 속에 들어가 앉아 있군. 번뇌망상의 굴속에 떨어졌군.

감대모운귀미합(堪對暮雲歸未合, 마주 대한 저녁 구름이 돌아가 서산 마루에 합하기 직전)

 (이런 경지에 이른 사람은) 아주 드물다. 거론하는 즉시 어긋난다. 과연 (이

---

7) 這老 ~ 一頌(12字) = 頌의 本文이 아니라 頌의 앞에 붙은 일종의 설명문이다.

경지에서) 벗어나지 못하는군.

원산무한벽층층(遠山無限碧層層. 먼산 끝없어 그 푸른 빛 층층이네)
　　그대 두 눈을 가려 버렸고 두 귀를 막아 버렸다. (無心의) 깊은 구덩이에 빠져 있군. 다시 30년은 더 참구할 것.

【송과 착어해설】

◎ 이 어르신네(용아)는 ~ 읊노라.　　이 대목은 송의 본문이 아니라 송 앞에 붙은 일종의 설명문이다.

△ 명백하다. ~ 있었군.　　용아의 목숨은 아직도 끊어지지 않았다는 이 사실이 명백하다. 그리고 "말로 다 할 수 없는 경지를 설두 자신도 완전히 알지는 못할 것이다"라고 윽박지르는 착어를 내리고 있다. 송의 후반부(제3구, 제4구)는 활구다. 활구면서 동시에 멋진 선시다. 만일 이 두 구절이 없었더라면 본칙공안의 송은 졸작이 돼 버리고 말았을 것이다.

◎ 노공(盧公)에게 준다 한들 어찌 (그런 것에) 의지하겠는가　　앞의 송(제4구)에서 설두는 "선판과 포단을 나에게 넘겨 달라"는 식으로 읊었다. 그래서 지금 이 구절에서는 앞의 송을 부정해 버리고 있다. "선판과 포단 같은 것은 더 이상 필요치 않다"고 잘라 버리고 있다.

△ 온 대지인 가운데 ~ 알아듣겠는가?　　설두처럼 눈밝은 선지식은 만나기 어렵다. 도대체 누가 설두의 이 말을 알아들을 수 있겠는가. 벗이여, 그대만은 알아들어야 한다. 적어도 한국인으로 이 시대에 태어났다면······.

◎ 앉고 기댄 것만으로 조등(祖燈)을 잇는다고 생각지 마라　　포단에 앉고 선판에 기대고 의발을 전해 받은 그것만으로 깨달음을 얻었다고 자만해선 안 된다. 진정한 깨달음은 이런 상징물들로부터도 벗어나는 것이다. 그러나 그 가슴속엔 한 가닥 인간적인 슬픔을 간직한 채······.

△ 멍청한 놈, ~ 떨어졌군.　　설두는 자비심이 많아 너무 자세하게 말

하고 있다. 자신의 입이 더러워지는 것도 마다 않고 별의별 말을 다 하고 있다. 그렇기에 원오는 지금 이런 식의 반어적인 방법으로 설두를 치켜세우고 있다.

◎ 감대모운귀미합(堪對暮雲歸未合, 마주 대한 저녁 구름이 돌아가 서산마루에 합하기 직전) "저녁 구름이 서산 마루에 합하기 직전……" 이 얼마나 멋진 시구인가! 그러나 벗이여, 정신 바짝 차려라. 이건 시구이기 이전에 설두의 활구다.

△ (이런 경지에 이른 사람은) ~ 못하는군. 설두가 아니면 누가 이런 경지에 이르겠는가. 그러나 이 경지는 언어가 갈 수 없으므로 거론하는 즉시 어긋나 버리고 만다. 동시에 이 세상의 어느 누구도 이 경지에서 벗어날 수가 없다. 아니 이 세상 전체가 바로 이 경지인 것을…….

◎ 원산무한벽층층(遠山無限碧層層, 먼산 끝없어 그 푸른 빛 층층이네) "먼산 끝없어 그 푸른 빛 층층이네" 정말 기찬 시구다.

저녁 구름이 서산 마루에 합하기 직전
그 아스라한 틈새로 먼산 너울은 끝없이 출렁이고
그 푸른 빛은 층층이 쌓이네.

벗이여, 이제 더 이상의 시(詩)는 필요치 않다. 이 두 구절의 시만 있으면 내 삶은 이것으로 충분하다. 그러나 벗이여, 이 구절 역시 시구이기 이전에 설두의 활구라는 것을 알아야 한다. 시적인 감상의 늪에서 나와 온몸과 가슴으로 뚫고 지나가야만 하는 무쇠의 문이라는 것을 알아야 한다.

△ 그대 두 눈을 ~ 막아 버렸다. 설두의 이 활구 경지는 온누리에 충만하여 내 눈과 귀를 막아 버렸다. 아니 나 자신이 바로 설두의 이 활구다.

△ (無心의) 깊은 구덩이에 빠져 있군. '설두는 지금 분별심이 끊어진 무심(無心)의 경지에 흠뻑 도취돼 있다'고 원오는 반어적으로 설두를

치켜올리고 있다.

　△ **다시 30년은 더 참구할 것.**　"그러나 진정으로 분별심이 끊어진 설두의 이 활구 경지에 이르려면 30년은 더 참선 수행을 해야만 한다"라고 원오는 일침을 가하고 있다. 그렇다면 왜 또 30년인가. 설두는 이미 그런 경지에 이르지 않았는가. 벗이여, 이 '30년'이란 말의 참뜻을 정확히 간파해야 한다. 그래야 더 이상 속지 않는다.

【評　　唱】

〔評唱〕「盧公付了亦何憑고하니」有何憑據오 直須向這裏怎麼會去니 更莫守株待兎하라 髑髏前一時打破하야 無一點事在胸中하고 放敎灑灑落落地하면 又何必要憑이리요 或坐或倚하야 不消作佛法道理니라 所以道호대 坐倚休將繼祖燈이라하니라 雪竇一時拈了已라 他有箇轉身處하야 末後自露箇消息하니 有些子好處라 道호대 「堪對暮雲歸未合이라하니」 且道雪竇意在什麼處오　暮雲歸, 欲合未合之時에 你道作麼生고 「遠山無限碧層層이라하니」 依舊打入鬼窟裏去로다 到這裏하야는 得失是非를 一時坐斷하고 灑灑落落하야사 始較些子[8]니라 「遠山無限碧層層[9]은」 且道是文殊境界耶아 是普賢境界耶아 是觀音境界耶아 到此하야 且道是什麼人分上事오

　　　　　　　　　　　佛果圜悟禪師碧巖錄卷第二　終

---

8) 到這裏 ~ 始較些子(19字) = 본문의 끝 '是什麼人分上事' 아래에 있음(福本). 또한 '灑灑落落' 아래에 '無一星事'(4字)가 있다(福本).
9) 遠山無限碧層層(7字) 없음(福本).

【평창번역】

"노공에게 넘겨준다 한들 어찌 (그런 것에) 의지하겠는가"라고 (설두는 송을 읊었으니) 어찌 (그런 따위에) 의지하겠는가—(라고 말한 바로) 이 속을 향해서 이렇게 알지 않으면 안 되나니 더 이상 어리석은 짓을 하지 마라. 모든 지각 작용과 인식 작용이 사라져 버린 곳에서 모든 걸 일시에 부숴 버려야 한다. 그리하여 그 가슴속에 단 한 점의 티끌도 없게 해서 쇄쇄낙락케 하면 어찌 (그런 따위에) 의지할 필요가 있겠는가. (포단에) 앉고 (선판에) 기댄 것만으로 불법 도리를 다 안다고 생각지 마라. 그러므로 말하길 "앉고 기댄 것만으로 조등(祖燈)을 잇는다고 생각지 마라"고 했으니 설두는 (여기에서) 일시에 송을 다 마쳐 버린 것이다. 저(설두)에게는 전신처(轉身處)가 있어서 (송의) 후반부에서 스스로 (본분) 소식을 드러냈으니 약간의 좋은 곳이 있다고(아주 멋지다고) 할 수 있다.

"감대모운귀미합(堪對暮雲歸未合, 마주 대한 저녁 구름이 돌아가 서산 마루에 합하기 직전)"이라 했으니 자, 일러 보라. 설두의 뜻은 어느 곳에 있는가? 저녁 구름이 돌아가 서산 마루에 합하려 하나 아직 합하기 직전에 그대는 말해 보라. 이 무엇(이 무슨 경지)인가?

"원산무한벽층층(遠山無限碧層層, 먼산 끝없어 그 푸른 빛 층층이네)"이라 했으니 여전히 번뇌망상 속에 빠져 있다. 여기(이런 경지) 이르러서는 득실시비를 일시에 놔 버리고 쇄쇄낙락케 해야만 그런대로 봐줄 만하다. '원산무한벽층층'은 자, 일러 보라. 이게 문수의 경지인가, 보현의 경지인가, 관음의 경지인가? 여기 이르러서는 자, 일러 보라. 이것이 어떤 사람의 경지에 해당하는 일인가?

【평창해설】

의발과 선판, 그리고 포단 같은 상징물은 깨달은 이가 그의 법을 전하는 제자에게 같이 전해 주는 물건들이다. 이 의발을 통해서 제자는 스승으로부터 깨달음의 증명을 받게 된다. 그러나 진정한 깨달음은, 확실하게 깨달은 이는 그런 상징물들에 더 이상 의존하지 않는다. 깨달음은 깨달음마저 버릴 때 비로소 완전한 깨달음이 된다. 그렇기에 설두는 "선판과 포단 따위에 더 이상 의지하지 않는다"고 했던 것이다. 송의 후반부(제3구, 제4구)는 멋진 선시이자 동시에 설두 자신의 활구다. 평창문의 "여전히 턴녀 망상 속에 빠져 있다"는 말은 무슨 뜻인가? 반어적으로 설두를 칭찬한 대목이다. 뜻으로 풀어 본다면 다음과 같다. '부처와 중생이 모두 설두의 이 활구를 벗어날 수 없다. 아니 설두 자신조차……. 왜냐하면 이 세상 전체가 그대로 설두의 이 활구이기 때문이다. 이 활구 속에서 굽이치고 있기 때문이다.'

석지현 스님은 1969년 중앙일보 신춘문에 詩 당선. 1973년 동국대학교 불교학과 졸업. 이후 인도, 네팔, 티벳 등 불교유적지를 답사했으며, 편·저·역서로는 《禪詩》《禪詩감상사전》(전2권) 《바가바드 기따》《우파니샤드》《반야심경》《숫타니파타》《법구경》《불교를 찾아서》《선으로 가는 길》《혜초의 길을 따라서(인도 순례기)》《어찌하여 나를 버리시나이까(예루살렘 순례기)》 등이 있다.

碧巖錄 1

2007년 5월 15일 초판 1쇄 발행
2013년 6월 25일 초판 3쇄 발행

著　者: 圜悟克勤
譯註解: 釋　智　賢
발행자: 윤　재　승

발 행 처: 민 족 사
등록 제1-149. 1980. 5. 9.
서울 종로구 수송동 58번지 두산위브 파빌리온 1131호
전화 (02)732-2403~4, 팩스 (02)739-7565
E-mail//minjoksabook@naver.com

값 30,000원　ISBN 978-89-7009-564-6　04220
　　　　　　　ISBN 978-89-7009-563-9 (세트)